Annemarie Schwarzenbach
ou le mal d'Europe

Dominique Laure Miermont

Annemarie Schwarzenbach
ou le mal d'Europe

biographie

Payot

Sources iconographiques

Droits réservés : p. 18, 38, 44, 126, 170, 272, 370 ; Archives littéraires suisses, Berne : p. 80, 132, 182, 208, 246, 276, 346 ; Fonds Marie-Louise Bodmer-Preiswerk, © 2004 by Esther Gambaro : p. 174, 188, 196, 200, 234, 256, 268, 298, 322, 332, 368 ; Fonds Famille Bourdet : p. 54, 104, 164, 425 ; Archiv Marianne Feilchenfeldt-Breslauer Zurich : p. 8, 120, 282, 376 ; Thomas-Mann-Förderkreis München e.V. Sammlung Anita Naef : p. 60, 70, 94 ; Bibliothèque de la Ville de Munich, Monacensia, Archives littéraires : p. 212 ; Fonds Henri Pagau-Clarac : p. 8, 18, 150 ; Ullstein : p. 104.

© 2004, Éditions Payot & Rivages,
106, boulevard Saint-Germain, Paris VI.

Prologue

Je me demande comment les gens peuvent écrire la vie des poètes, puisque les poètes eux-mêmes ne pourraient écrire leur propre vie. Il y a trop de mystères, trop de vrais mensonges, trop d'enchevêtrement. Que dire des amitiés passionnées qu'il faut confondre avec l'amour et qui sont tout de même autre chose, des limites de l'amour et de l'amitié, de cette zone du cœur auquel des sens inconnus participent et que ne peuvent comprendre ceux qui vivent en série ? Les dates se chevauchent, les années s'embrouillent. La neige fond, les pieds volent ; il ne reste pas d'empreintes.

Jean COCTEAU,
Opium.

À Berlin (1932)

> Toute vie humaine est à la fois unique et représentative ; dans chaque destin individuel, dans chaque drame personnel se reflète et se module le drame d'une génération, d'une classe, d'un peuple et d'une époque.
>
> Klaus MANN,
> *Le Tournant*.

Ma première rencontre avec Annemarie Schwarzenbach remonte maintenant à plus de quinze ans. Elle s'est faite par le biais d'une photo, et c'est à une amie zurichoise, Nicole Müller, que je dois d'avoir découvert l'inoubliable cliché réalisé en 1932 à Berlin par Marianne Breslauer. Peu avant sa mort en février 2001, cette ancienne élève de Man Ray racontait : « Elle me fit alors le même effet qu'à tout le monde : cet étrange mélange d'homme et de femme. Pour moi, elle correspondait à l'image que je me fais de l'ange Gabriel au paradis. [...] Pas du tout comme un être vivant, mais comme une œuvre d'art. » De bien étranges paroles, qui traduisent pourtant à merveille l'énigmatique beauté de la jeune femme – elle avait alors vingt-quatre ans – et la fascination inquiète qu'elle suscitait parmi son entourage.

Désireuses d'en savoir plus, Nicole Müller et moi avons commencé à nous informer sur la vie d'Annemarie

Schwarzenbach : naissance à Zurich en 1908 dans une riche famille de la haute bourgeoisie conservatrice, enfance passée dans l'ombre d'une mère possessive, mort prématurée à l'âge de trente-quatre ans. Nous avons aussi appris ses dons de pianiste, sa soif d'écriture dès l'adolescence, son amour des femmes, son opposition à toute forme de fascisme, son amitié pour Klaus et Erika Mann, ses voyages aux quatre coins du monde, son mariage avec un diplomate français, son goût pour le tabac, l'alcool, la morphine...

Ce qui était frappant, c'était l'ambivalence dont était imprégnée la fameuse photo un peu floue occupant toute la couverture d'une revue suisse. À commencer par la forte présence de cet être androgyne que contredisait l'absence du regard. L'arrondi du menton qui tranchait avec les angles vifs du col. Les lèvres fermées au-dessus de la chemise ouverte sur un cou élancé. À cela s'ajoutait qu'inconsciemment ou non la photographe avait privilégié un éclairage latéral, laissant dans l'ombre le côté droit du visage. Il y avait là comme un clivage entre une force et une faiblesse, l'expression d'une détermination farouche mêlée de doute, et surtout, irradiant ce portrait de sa marque ténébreuse, une insondable désespérance.

Nous avons lu les quelques livres publiés en allemand, en particulier *La Vallée heureuse*. L'inimitable prose élégiaque de ce texte nous a donné envie de le faire connaître aux lecteurs français, mais les éditions Lieu commun se sont plutôt montrées intéressées par une biographie. Nous avons décidé de l'écrire ensemble, et c'est ainsi qu'a paru en 1989 *L'Ange inconsolable*. À l'époque, nombre de témoins directs étaient encore vivants. Ils avaient fait pour nous l'effort de remonter près de cinquante ans en arrière dans leurs souvenirs.

Aujourd'hui, Annemarie Schwarzenbach est reconnue, surtout dans son pays d'origine, mais aussi en Allemagne, comme une personnalité d'envergure : sept volumes de ses œuvres choisies ont été publiés, ses écrits font l'objet de travaux universitaires, de lectures et de colloques, ses photos sont exposées, une deuxième biographie est parue en Allemagne il y a sept ans, puis deux biographies romancées, un film documentaire a été réalisé, des projets cinématographiques et théâtraux ont vu le jour. Cette évolution rendait nécessaire une nouvelle biographie, d'autant que des découvertes récentes ont permis d'éclairer des périodes de sa vie restées jusqu'ici dans l'ombre.

Pouvais-je honnêtement me livrer à une sorte de rafistolage de *L'Ange inconsolable* ? N'était-il pas la première pierre d'un édifice biographique qui grandirait probablement au fil du temps ? Au lieu de le transformer, voire de le mutiler, j'ai préféré laisser intact son rôle de repère auquel on pourra mesurer l'avancement des recherches et l'évolution des analyses.

Il y a une raison encore plus importante à la rédaction d'un nouveau livre : pendant les douze années séparant ces deux biographies, j'ai traduit quatre ouvrages d'Annemarie Schwarzenbach : des nouvelles *(Orient exils)*, un « journal non intime » *(La Mort en Perse)*, des reportages aux États-Unis *(Loin de New York)* et des articles écrits en Afghanistan *(Où est la terre des promesses ?)*. Le contact étroit avec ces différentes formes d'écriture m'a permis de me faire une idée plus affinée de l'univers intérieur du personnage, de mieux cerner la diversité et la profonde originalité de son œuvre. Comme ses écrits sont très liés à son propre vécu, ce travail m'a également amenée à interroger en permanence les événements de son existence. Mes recherches m'ont alors propulsée dans des directions inattendues ; des noms ont été prononcés, sortes de sésames qui m'ont ouvert des pistes non encore foulées et des visions insoupçonnées. Bien sûr, des portes sont restées fermées, mais dans l'ensemble j'ai eu beaucoup de chance. Notamment celle de découvrir les correspondances à Claude Bourdet et à Marie-Louise Bodmer qui se succèdent dans le temps et couvrent ainsi les dix dernières années de la vie d'Annemarie Schwarzenbach. Jusqu'au bout, les résultats de mes recherches n'ont fait que me conforter dans l'idée qu'une nouvelle biographie n'était pas superflue.

Dans le portrait réalisé en 1932 par Marianne Breslauer, le plus intrigant est que le regard d'Annemarie paraît à la fois dirigé bien au-delà de l'objectif photographique et tourné vers un monde intérieur manifestement sombre. C'est seulement en 1998 que j'ai reçu, de la main même de l'intéressée, un début de réponse à cette énigme. Lors de ma dernière visite à Claude Achille Clarac, le Nantais qu'elle avait épousé à Téhéran en 1935, j'ai eu la surprise de le voir extraire de ses papiers cette même photo. Mais à y regarder de plus près ce n'était pas exactement la même. Il s'agissait cette fois d'un excellent tirage qu'elle lui avait envoyé à la fin de l'année 1934, peu après leurs fiançailles, et sur lequel elle avait inscrit de son écriture fine et régulière : « Quelque ressemblance de – Annemarie. » Au dos, un texte rédigé en trois langues expliquait les circonstances dans lesquelles elle avait été photographiée. Et après avoir précisé que sa mère détestait ce portrait à cause de son air « *a little bit mad* (un peu fêlé) », elle ajoutait : « Peut-être toi, mon chéri, tu supporteras ce regard ? C'est – en fixant *die dunkle Seite*... »

Die dunkle Seite – le côté obscur, la face ténébreuse... C'était donc ce basculement sur le versant sombre d'elle-même qui donnait à son regard ce caractère si douloureusement décalé.

Deux ans plus tard, alors que je m'étais enfin décidée à suivre une piste que m'avait suggérée depuis longtemps Claude Clarac, j'ai eu la chance d'accéder à la correspondance de Catherine Pozzi[1] avec son fils Claude Bourdet. Cette femme de lettres, qui avait été un temps la maîtresse de Paul Valéry et qui avait ébloui par son intelligence et son érudition nombre d'intellectuels du début du XXe siècle, avait rencontré Annemarie Schwarzenbach en juin 1933. Aussitôt la jeune femme repartie, elle s'était empressée d'écrire à son fils ses impressions : « Que de

qui, en 1940, lui a donné l'audace de fustiger la soi-disant « neutralité » suisse.

Le mal d'Europe va jeter Annemarie Schwarzenbach sur les routes de trois continents, à la recherche d'improbables remèdes. Au cours de sa très courte vie, elle parcourra une partie de l'Asie, de l'Amérique et de l'Afrique, dénonçant les injustices – la discrimination raciale aux USA, l'exploitation des métayers et des ouvriers des filatures dans les États du Sud, la condition des femmes en Afghanistan –, appuyant toute initiative susceptible d'améliorer la vie des plus démunis. En 1937, cette fille d'un riche industriel du textile prendra la défense des ouvriers des filatures en Amérique, et elle ira soutenir sur place les mouvements syndicaux.

Le regard qu'Annemarie Schwarzenbach promène sur le monde est un regard empreint d'humanité et d'humanisme. Mais c'est aussi un regard où se lit un authentique courage subversif. Un courage d'autant plus impressionnant et admirable qu'il est aux antipodes de la fragilité du personnage. À toutes ses formes de faiblesse et de dépendance elle a héroïquement opposé le bouclier de son esprit. C'est ce qui fait d'elle une femme moderne dans sa vie et dans son œuvre. Pionnière dans son désir d'émancipation, dans sa quête d'elle-même, dans sa recherche d'un état social plus humain et plus juste, elle est à la fois une photojournaliste sensible aux problèmes du monde et un écrivain qui, pour faire entendre la singularité de son chant, a rompu radicalement avec les conventions et créé sa propre poétique.

Aujourd'hui, Annemarie Schwarzenbach est reconnue comme l'un des trois grands écrivains voyageurs suisses du XXe siècle, à côté de Nicolas Bouvier et d'Ella Maillart. Certes, sa notoriété est loin d'avoir été négligeable de son vivant : en octobre 1933, un hebdomadaire zurichois faisait sa une avec un portrait grand format, annonçant par là le début de sa carrière au Proche-Orient, et neuf ans plus tard, publiant une photo d'elle sur toute sa couver-

grâce dans ce visage sérieux. Mais elle a un regard inquiet, comme sollicité par d'invisibles peines. [...] On a auprès d'elle un sentiment d'instabilité curieux. Elle vous donne le mal d'Europe. »

À la lecture de ces lignes, on ne peut qu'être frappé par l'extraordinaire intuition psychologique dont fait preuve Catherine Pozzi. Comment ? Elle n'a vu Annemarie Schwarzenbach qu'une « grande heure » et déjà elle a saisi l'essentiel ! Mais surtout, « son beau visage d'ange inconsolable » (Roger Martin du Gard) lui inspire cette expression aussi inattendue qu'inusitée : « le mal d'Europe ». En trois petits mots, la poétesse française dit tout ou presque. Elle dit d'abord la souffrance lovée dans le cœur et dans l'âme de la Suissesse. Et elle inscrit cette souffrance dans un drame qui est, à l'instant où elle parle, celui de tout un continent. Comment pouvait-elle savoir que dix-huit mois plus tôt Annemarie avait écrit : « Je trouve que l'on devrait quitter quelque temps l'Europe et les sentiers battus ; ici, on exige de nous trop peu de courage et beaucoup trop de patience » ? Elle ne pouvait pas le savoir, mais toutes les fibres de son intelligence et de sa sensibilité le lui soufflaient. Avec une assurance stupéfiante, son intuition de femme fait d'Annemarie Schwarzenbach le vivant miroir des conflits et des crises qui secouent l'Europe. Éclairage infiniment subtil et juste. Car, comme on le verra, la vie de l'écrivain est à l'image de l'instabilité et de l'effondrement progressif d'une société et d'un continent déboussolés.

Comme sa vie et son œuvre en témoignent, Annemarie Schwarzenbach était malade des idéologies auxquelles l'Europe s'est inféodée pendant les trente premières années du XXe siècle. Elle s'est opposée dès la première heure au national-socialisme et, contrairement à bon nombre d'intellectuels de renom, elle a détecté d'emblée les mécanismes pernicieux du communisme. C'est cette même connaissance intime de l'ambiguïté de toute chose

sa continuité ? Projet d'un intérêt d'autant plus justifié aujourd'hui que les pays où la journaliste a réalisé ses reportages – Afghanistan, Iran, Irak, Indes, Congo, etc. – sont depuis quelques années au cœur de l'actualité la plus brûlante. Quant à l'œuvre littéraire, journalistique et photographique déposée aux archives de Berne, elle dépasse de loin les dimensions des publications réalisées du vivant de son prolifique auteur et reste encore à explorer. De plus, comme l'ont prouvé de récentes découvertes, des documents peuvent à tout moment resurgir du néant où ils ont été plongés pendant des décennies. Des écrits considérés comme disparus, des films, des photos, des lettres existent – beaucoup de lettres, car Annemarie Schwarzenbach était aussi une infatigable épistolière.

Le travail du biographe est tour à tour exaltant et désespérant. Il est à la fois invitation au voyage et condamnation à l'errance. Écrire la vie d'un être que l'on n'a pas connu en chair et en os, c'est se projeter dans un temps définitivement révolu et dans les espaces d'événements qui en grande partie nous échappent. C'est en quelque sorte un travail d'archéologue – activité qu'Annemarie Schwarzenbach connaissait bien pour l'avoir pratiquée en Perse et en Afghanistan –, et aussi un travail de détective. Car, vivant ou mort, chaque être est en soi une énigme, et le demeurera à jamais. C'est dire les limites de l'entreprise biographique, mais certainement pas sa vanité. Le biographe n'enlève pas le voile, il se contente de le soulever, dans un geste pudique où devrait se lire son respect pour celui ou celle qu'il se permet de « découvrir ». Et si parfois il s'inquiète de son audace, il la sait toujours à l'aune de l'objectif qu'il s'est fixé et qui ne devrait être autre qu'un hommage et une reconnaissance.

ture, un autre magazine helvétique rendait hommage à la Suissesse disparue prématurément. Mais le souvenir de cette femme aux talents multiples devait sombrer dans le chaos d'un monde déchiré par la guerre.

Quand la paix revint, le silence persista autour de cette assoiffée d'absolu qui avait passé sa courte vie à errer d'un continent à un autre, à la recherche d'elle-même et d'un sens se dérobant sans cesse. Pourtant, on pouvait déceler çà et là des traces nombreuses de son passage sur cette terre et de la fascination qu'elle avait exercée sur nombre de ses contemporains. Son nom surgit en effet aux endroits les plus divers et les plus singuliers, depuis la dédicace de *Reflets dans un œil d'or,* le célèbre roman de Carson McCullers, jusqu'au *Tournant,* l'autobiographie de Klaus Mann, en passant par les journaux intimes du même Klaus et de son père Thomas, et par la correspondance de Catherine Pozzi avec son fils Claude Bourdet. La signature d'Annemarie Schwarzenbach ou d'Annemarie « Clarac-Schwarzenbach » apparaît aussi, bien sûr, à la fin des quelque trois cents articles qu'elle a écrits pour la presse helvétique – dont quelques-uns en anglais pour le *Geographical Magazine* et en français dans la presse congolaise –, et sur la couverture des sept livres qu'elle a publiés entre 1932 et 1940 – deux guides, un journal de voyage, une biographie et trois ouvrages littéraires. Annemarie est aussi, sous le pseudonyme de Christina, l'héroïne de *La Voie cruelle* d'Ella Maillart, et elle a inspiré l'écriture de plusieurs auteurs allemands et suisses, Klaus Mann, Wilhelm Speyer, Ruth Landshoff-Yorck, Albrecht Haushofer. Son nom apparaît également sous la plume de critiques aussi célèbres que Carl Seelig, découvreur et tuteur de Robert Walser, et Eduard Korrodi, de la *Neue Zürcher Zeitung*, qui ont accompagné, encouragé et commenté ses publications.

Comment, à partir de cette image éclatée en fragments épars, reconstituer le puzzle de la vie d'Annemarie Schwarzenbach sinon en se penchant sur son histoire dans

CHAPITRE PREMIER
Bocken, une cage dorée
(1908-1923)

La maison de Bocken aujourd'hui

Vue de Zurich au début du XXe siècle

> Comment la vie pourrait-elle ne pas être juste ?
>
> Annemarie SCHWARZENBACH,
> *Nouvelle parisienne II.*

Berceau de la Réforme selon Zwingli, Zurich est au début du XXe siècle l'un des foyers les plus rigoristes du puritanisme protestant – un état d'esprit particulièrement répandu dans les sphères de la haute bourgeoisie helvétique dont Annemarie Schwarzenbach est issue. Né en 1876, son père, Alfred Emil Schwarzenbach, est le deuxième fils de celui que l'on appelle le « grand » Robert Schwarzenbach. À partir du petit commerce déjà florissant de son père Johannes, cet entrepreneur a en effet réussi en l'espace de quarante ans à édifier un véritable empire de la soie. Élève brillant, Alfred est tout désigné pour lui succéder à la tête de la firme. Après la *Matura* – équivalent du baccalauréat –, il fait des études de droit à Leipzig et Zurich, obtient rapidement son doctorat et reprend l'affaire paternelle en 1902. Quand il se marie deux ans plus tard, des filiales prospèrent déjà en Allemagne, en France, en Italie et aux États-Unis. Les Schwarzenbach sont devenus de richissimes industriels employant environ treize mille personnes dans le monde. Le siège de la firme se trouve à Thalwil, petit bourg situé à une vingtaine de kilomètres de Zurich, sur la rive gauche du lac.

La mère d'Annemarie, Renée Marie Wille, vient de la rive opposée, plus prestigieuse. Elle est la fille cadette d'Ulrich Wille et de son épouse Clara. Cette dernière, née comtesse von Bismarck, peut s'enorgueillir d'être une cousine au troisième degré du fameux chancelier de fer, Otto von Bismarck. Quant à la famille de son mari, elle est originaire du canton de Neuchâtel et a porté le nom de Vuille avant d'émigrer en Allemagne au XVIIIe siècle. François Wille, le père d'Ulrich, était un journaliste de tendance démocrate progressiste. Après s'être heurté à bien des résistances, il a réussi à épouser la fille d'un riche armateur hambourgeois. Après la révolution de 1848, ne pouvant supporter l'atmosphère réactionnaire qui régnait en Allemagne, il est retourné dans la patrie de ses ancêtres et a acheté la somptueuse propriété de Mariafeld, sur la rive droite du lac de Zurich, la fameuse côte Dorée. C'est là que naît Renée en 1883.

À cette époque, le grand-père maternel d'Annemarie, Ulrich Wille, occupe la position de colonel commandant de corps. S'il va entrer dans les annales de l'histoire de son pays, c'est qu'il est nommé général en août 1914 et dirige les troupes suisses pendant la Première Guerre mondiale. Le Conseil fédéral n'a apparemment pas eu scrupule à mettre à la tête de l'armée un homme qui vénère l'Allemagne – il est vrai que sa femme est une Bismarck ! –, qui fréquente en privé l'empereur Guillaume II, parrain d'un de ses fils, qui hait les Romands et la France, méprise les parlementaires et les journalistes, a grand-peur des rouges, et dont l'arrogance et les manières autoritaires sont notoires. En 1915, cet instructeur en chef de cavalerie est tenté de faire entrer son pays dans la guerre aux côtés de l'Allemagne, prouvant par là qu'il n'est guère à cheval sur le sacro-saint principe de neutralité de sa patrie. Mais alors qu'on tente de le destituer en douceur, l'officier pressenti pour lui succéder décède subitement, ce qui vaut à Ulrich Wille de rester à son poste de général jusqu'à la fin du conflit. Autant dire que la discipline militaire est de rigueur à Mariafeld et que Renée Wille est élevée « à la prussienne ».

Tout comme Alfred Schwarzenbach, qu'elle épouse en 1904, elle fait partie d'une fratrie de cinq enfants composée de deux filles et de trois garçons, cas de figure qui se répétera dans la famille qu'ils vont fonder ensemble.

Quand Annemarie Minna Renée Schwarzenbach voit le jour à Zurich le 23 mai 1908, elle a déjà un frère et une sœur. Robert-Ulrich, surnommé Robuli, est né en 1904, Suzanne en 1906. Trois ans après Annemarie naîtra Alfred (Freddy), puis ce sera le tour de Hans (Hasi) en 1913. L'aîné des garçons est devenu aphasique en 1907 à la suite d'un choc violent, dit-on. Il a été confié aux soins du docteur Kölle, qui dirige le centre pour épileptiques de Zurich. Quand ce dernier prend sa retraite et va s'installer avec les siens à Stuttgart-Möhringen en 1909, il emmène Robert-Ulrich, qui passera donc le reste de sa vie dans cette famille. Cependant, malgré la distance, ses parents vont régulièrement le chercher pour des séjours de quelques semaines dans leur maison de Bocken, et il figure sur bon nombre de photos de l'album familial au milieu de ses frères et sœurs.

Pendant les sept premières années de leur mariage, les parents d'Annemarie habitent dans un quartier résidentiel de Zurich. Mais la famille s'agrandit à vue d'œil, et comme Alfred Schwarzenbach souhaite par ailleurs se rapprocher de son entreprise de Thalwil, il achète en 1911 le domaine de Bocken situé au-dessus du village de Horgen. La demeure patricienne qui constitue le joyau de cette propriété a été construite à la fin du XVIIe siècle par le bourgmestre de Zurich. Transformée plus tard en auberge, elle a attiré pendant des décennies de nombreux promeneurs séduits par l'air vivifiant et une vue d'une beauté exceptionnelle, tant sur le lac que sur les sommets environnants.

Avant d'emménager, Alfred Schwarzenbach confie à deux architectes de la région le soin de restructurer cette imposante bâtisse de cinq étages pour en faire une maison de maître agréable et fonctionnelle. Il fait construire sur la façade ouest, côté lac, une aile un peu moins élevée. Le « baron du textile » tient à faire installer les équipements qui sont alors à la pointe du progrès : électricité, chauffage central, téléphone, sanitaires reliés à une station d'épuration biologique. De nombreuses plantations, d'arbres et d'arbustes en particulier, viennent agrémenter les jardins et le parc autour de cette somptueuse résidence. Pour y accéder, il faut d'abord passer le portail en contrebas, puis monter la pente douce d'une allée de tilleuls. En tournant à gauche, on débouche sur une vaste plate-forme semée de gazon et bordée de hêtres protégeant les habitants des lieux des regards indiscrets.

Alfred partage avec sa femme une véritable passion pour l'équitation. Aussi fait-il construire à l'entrée de sa propriété un grand bâtiment destiné à abriter des écuries, un garage, et, en 1926, un manège couvert. Quant au domaine, il l'agrandit par l'achat de terrains mitoyens. Sur l'un d'eux se dresse une ferme datant de 1805. Il la fait rénover, y adjoint une maison de régisseur et un peu plus tard une étable ultramoderne importée directement d'Amérique. Bocken devient ainsi une véritable entreprise agricole spécialisée dans le fourrage, la production fruitière, le bétail, l'élevage de porcs et de volaille. En quelques années, elle sera réputée pour ses Leghorn (poules pondeuses), son porc « amélioré » et ses installations de pointe. Le premier séchoir à foin et le premier silo suisses seront mis en service dans cette ferme modèle, et des agriculteurs viendront des quatre coins du pays pour admirer la fameuse étable.

C'est dans ce lieu bucolique et quasi paradisiaque que se déroule l'enfance d'Annemarie. Vive et intrépide, elle peut s'en donner à cœur joie dans le vaste domaine de Bocken. Les jardins en terrasses, le grand bassin aménagé dans le parc, les champs vallonnés et un ruisseau tout proche lui offrent mille et une occasions de jeux. De plus, son père a fait construire entre les écuries et la maison un petit pavillon spécialement réservé aux enfants. Et quand elle en a assez de s'ébattre avec ses frères et sa sœur, elle va rejoindre les gamins de la ferme pour se livrer à d'autres divertissements, parfois plus excitants ou même plus dangereux.

C'est une enfant assez sportive. Elle pratique bien sûr l'équitation, aime la natation et met un point d'honneur à « faire le pont » le plus élégamment possible, acrobatie à laquelle elle se prêtera même à l'âge adulte. Une autre de ses spécialités consiste à dévaler les pentes à toute allure sur son vélo, et elle n'est pas peu fière de constater qu'aucun de ses camarades ne parvient à lâcher le guidon aussi longtemps qu'elle.

À ce train-là, elle se fait rapidement une réputation de garçon manqué. D'autant qu'elle porte fréquemment ces culottes de cuir inusables que sa mère lui a rapportées de Bavière. Le jour où, accompagnée de son oncle Ulrich Wille et de sa cousine Gundalena, elle veut visiter une église dans cette tenue, on lui fait vite comprendre que si celle-ci est fort pratique pour faire les quatre cents coups et gambader dans les champs, elle n'est certainement pas de mise dans les lieux sacrés.

On dit que les contraires s'attirent, et c'est on ne peut plus vrai pour le couple que forment Renée et Alfred Schwarzenbach. Le père d'Annemarie est un homme discret et effacé. Il souffre d'une insuffisance cardiaque congénitale diagnostiquée dans sa jeunesse et à laquelle son père et son grand-père ont tous deux succombé. Par mesure d'hygiène, il fait tous les jours de longues marches et l'été il pratique le golf en Engadine. Pendant ses loisirs, il aime entraîner ses enfants le long des nombreux sentiers autour de Bocken ou au bord du lac. Chemin faisant, il leur explique patiemment les phénomènes de la nature, désigne les arbres et les fleurs, répond aux questions. Tout comme ses frères et sa sœur Suzanne, Annemarie apprécie la présence apaisante de cet homme conciliant et affable, si différent de son impétueuse épouse.

Renée laissera le souvenir d'une femme extrêmement autoritaire qui peut certes être aimable et généreuse à ses heures mais dont le comportement trop souvent impulsif et brutal blesse profondément la sensibilité de gens moins bardés de défenses. Fille cadette du général Wille, elle a eu très tôt à s'affirmer face à trois aînés qui ne se sont sans doute pas privés de lui en faire voir de toutes les couleurs. Mais elle avait le caractère déjà bien trempé, et comme elle était de surcroît la préférée de son père, le prestige et l'autorité dont il jouissait ont dû rejaillir sur elle et renforcer cette formidable assurance qui lui a été donnée au berceau. Elle adore son père et elle est fière d'être une Wille. Pendant des années, l'anecdote suivante va faire les délices des réunions familiales : un jour que Renée, encore enfant, était tombée de cheval et pleurait au bord de la route, une femme qui passait par là lui avait demandé gentiment la raison de son chagrin. « Ferme ta gueule, vieille bique ! » s'était-elle entendu répondre. En fait, on n'est qu'à moitié surpris par la violence verbale de la fille du général quand on sait que son père n'était pas un homme particulièrement raffiné dans sa façon de s'exprimer et qu'il méprisait cordialement les gens des classes dites « inférieures ».

Chose troublante, même le pasteur Spinner dit de la défunte, le 30 avril 1959, dans ce qui est censé être un « éloge » funèbre :

> Elle n'avait pas le don de se faire aimer des gens, et elle ne voulait pas l'acquérir. [...] La défunte a rendu la vie difficile à beaucoup de gens, elle était bien trop impulsive, passionnée, et souvent injuste dans l'amour comme dans la haine. [...] Le côté radical de ses prises de position l'empêchait souvent de considérer les choses avec patience et objectivité.

Des quatre enfants vivant à Bocken, c'est certainement Annemarie qui a le plus souffert du caractère intraitable de Renée. Sa sœur Suzanne a eu la chance de pouvoir prendre le large assez tôt. Comme le lycée qu'elle fréquente est à Zurich, donc trop loin de Bocken pour des trajets quotidiens, elle va habiter pendant cinq ans chez son oncle Ulrich Wille et sa femme Inez. Elle s'entend si bien avec ses trois cousines qu'elle devient quasiment la quatrième fille de cette seconde famille. Puis, dès l'obtention de la *Matura*, elle épouse un homme d'affaires suédois et part vivre à Stockholm. Elle a alors tout juste dix-neuf ans. Quant aux deux garçons, ils arrivent à mettre au point des stratégies d'évitement, n'hésitant pas à recourir aux pires mensonges pour échapper aux foudres maternelles, et ce même à l'âge adulte. Par exemple, lorsque Hans reprendra la firme à la mort de son père, Renée se mettra à le harceler au téléphone pour s'assurer qu'il est bien au travail dès l'heure matinale qui lui paraît de rigueur. Aguerri à ses méthodes militaires, Hans ne tardera pas à trouver la parade : il fera raccorder la ligne de son bureau à celle de son domicile, faisant croire ainsi à sa mère qu'il est dès l'aube à pied d'œuvre.

En dehors de son amour pour son père et de son admiration pour son mari, Renée Schwarzenbach a au moins trois passions : les chevaux, la musique – surtout celle de Wagner – et Emmy Krüger.

La famille aime raconter que si elle est une excellente cavalière, c'est parce que son père a été nommé instructeur en chef de cavalerie le jour même de sa naissance. Accompagnée de son entraîneur, elle se rend régulièrement à des concours hippiques en Suisse et à l'étranger, et il n'est pas rare qu'elle gagne des prix. Sur nombre de photos, on peut la voir en culotte de cheval, la cravache à la main. Et cet attribut correspond bien à la façon dont elle administre le domaine, faisant marcher son monde – outre sa famille, une bonne dizaine de domestiques – à la baguette !

Annemarie et son frère Hans pratiquent l'équitation

avec assiduité, la première par sens du devoir, le deuxième par goût véritable. En 1960, il participera aux jeux Olympiques de Rome et remportera la médaille d'argent au sein de l'équipe helvétique – victoire dont sa mère ne pourra s'enorgueillir car elle est morte l'année précédente.

Après la mort de son mari en 1940, Renée se lancera également dans l'élevage des chevaux, et le pedigree de son étalon Padischa ne tardera pas à susciter les convoitises des haras européens.

Sa deuxième passion fait de Bocken un lieu de manifestations musicales et culturelles très prisées par la haute société zurichoise. On y reçoit des artistes locaux mais aussi un écrivain aussi réputé que Gerhart Hauptmann et de nombreux musiciens parmi lesquels les compositeurs Richard Strauss, Arthur Honegger et Eugène d'Albert, le pianiste Wilhelm Backhaus, les chefs d'orchestre Bruno Walter, Arturo Toscanini, Arthur Nikisch, Wilhelm Furtwängler. En leur temps, Richard Wagner et sa femme Cosima ont été les hôtes des parents de Renée à Mariafeld. Dans les années 1920, c'est au tour de leur fils Siegfried et de sa femme Winifred de se lier d'amitié avec les Schwarzenbach. Ils viennent souvent à Bocken, et c'est chaque fois pour eux l'occasion de retrouver une amie commune : la cantatrice allemande Emmy Krüger.

Cette mezzo-soprano a fait la connaissance de Renée Schwarzenbach en 1910, alors qu'elle commençait sa carrière au théâtre municipal de Zurich. Elle avait tout juste vingt-quatre ans. À cette époque, elle a enthousiasmé le public en interprétant l'Ortrude de *Lohengrin*, puis le rôle-titre du *Chevalier à la rose*. Renée lui voue un véritable culte, et une tendre amitié va lier les deux femmes pendant près de quarante ans. Emmy Krüger a sa chambre à elle à Bocken, et sa salle de bains est même la plus luxueuse de toute la maison. Aujourd'hui encore, on peut en admirer la robinetterie tout en argent et bakélite. Mais le plus étonnant, c'est un accessoire de baignoire dont la fonction n'est pas immédiatement évidente : sorte de licou percé de petits trous, il permettait à la diva de se doucher sans se mouiller les cheveux ! C'est aussi pour Emmy Krüger que Renée devient en 1919 cofondatrice du Festival de juin de Zurich – une manifestation musicale qui existe encore de nos jours.

Renée a photographié sa douce amie sous toutes les coutures, car une quatrième passion vient s'ajouter aux trois précédentes : la photographie et le film. Elle est l'une des premières femmes suisses à utiliser une caméra seize millimètres dès la fin des années 1920. Cette manie de fixer sur la pellicule tout ce qu'elle voit nous vaut aujourd'hui une sorte de chronique muette de la vie des Schwarzenbach. Elle a classé les négatifs des photos dans des enveloppes orange sur lesquelles elle a soigneusement noté dates et sujets, léguant ainsi à la postérité plus de neuf mille négatifs sur plaques de verre et supports Celluloïd réalisés entre 1903 et 1937. Beaucoup témoignent des nombreux voyages qu'elle a faits en Europe en compagnie d'Emmy Krüger. Il arrivait même assez souvent qu'Alfred se joigne à elles. Toujours affable et conciliant, il s'est apparemment « arrangé » de cette indéfectible amitié amoureuse.

Renée photographie beaucoup ses enfants, et son objectif se tourne avec une prédilection évidente vers Annemarie, dont elle ne cherche d'ailleurs pas à dissimuler qu'elle est sa préférée. Suzanne en fait très tôt l'amère expérience : elle est constamment éclipsée par sa sœur, soi-disant plus jolie, plus vive, plus charmante et intelligente. Alfred Schwarzenbach doit parfois intervenir en faveur de sa fille aînée, allant même jusqu'à l'éloigner de Bocken quand la situation devient trop insupportable pour elle.

On dit que Renée a failli mourir d'une hémorragie lors de son troisième accouchement. Est-ce la raison de l'amour possessif qu'elle voue à sa cadette ? On raconte également qu'elle a toujours voulu être un garçon et qu'elle a projeté ce désir sur Annemarie, en qui elle a cru reconnaître son double. Aussi s'amuse-t-elle à la photographier dans toutes sortes de déguisements masculins : page, matelot, soldat, berger, Chevalier à la rose...

Si Suzanne refuse de se prêter à ces mascarades, il ne déplaît pas à Annemarie d'apparaître par exemple en costume militaire, seule ou aux côtés de ses deux plus jeunes frères. Quand son grand-père maternel est nommé général en 1914, elle n'a que six ans et, impressionnée par l'uniforme, elle déclare à qui veut l'entendre qu'elle sera plus tard général elle aussi, ce qui doit enthousiasmer sa mère. Pendant la Première Guerre mondiale, tandis qu'Alfred Schwarzenbach remplit ses devoirs de colonel au sein de l'armée suisse, Renée prend plusieurs photos sur lesquelles ses trois derniers enfants, déguisés en soldats, sont au garde-à-vous. C'est son armée particulière ; elle les appelle ses « gardes du corps », peaufinant ainsi le climat de discipline militaire qu'elle fait régner à Bocken. Un climat auquel Annemarie deviendra parfaitement allergique à l'âge adulte : en 1934, quand son ami Claude Bourdet fera son service dans l'armée, elle s'irritera de le voir porter trop longtemps à son goût ce qu'elle appellera – peut-on s'en étonner ? – un « déguisement[1] ».

Mais vingt ans plus tôt, elle est encore la « chose » de sa mère. Renée la couve au point de l'étouffer. Sous prétexte que sa fille se remet mal d'une mauvaise scarlatine consécutive à une coqueluche, elle décide de la garder définitivement à la maison. Annemarie n'a donc fréquenté l'école primaire du village que quelques semaines. Jusqu'à l'âge de quinze ans, elle aura une préceptrice, une certaine mademoiselle Zweifel (mademoiselle Doute !), dont elle ne semble pas avoir longtemps apprécié les leçons. Certes, dans les premiers temps elle doit savourer son statut de privilégiée. Être « malade » a des avantages, en particulier celui d'être l'objet de toutes les attentions et de tous les soins. Cette expérience de la tendresse maternelle la marquera de façon indélébile. Les mains de sa mère, ces mains douces qui se posent sur son front fiévreux et lui prodiguent caresses et consolation, deviendront plus tard, dans ses moments de détresse, la quintessence d'un état de bien-être dont elle aura une nostalgie désespérée. Dans ses textes, il est souvent question de mains qui se touchent, se tiennent, effleurent la peau, de grandes mains où l'on peut enfouir son visage. Tout au long de sa vie, elle répétera plus ou moins consciemment ce schéma de son enfance, se mettant en position de souffrante pour recevoir amour et tendresse.

Toute médaille a son revers. Car être l'élue du cœur maternel, c'est devoir se plier à ses exigences, correspondre point par point à ses attentes, et aussi être coupée des autres, être rejetée dans une marginalité peu commune pour une petite fille. Annemarie ne tarde pas à se rendre compte du poids de l'emprise exercée sur elle jour après jour. Que peut-elle bien penser en voyant ses frères et sa sœur partir le matin rejoindre leurs camarades de classe ? Les photos fournissent des éléments de réponse. Bien rares sont celles en effet où elle esquisse un sourire. Son visage irradie plutôt une tristesse à la fois sauvage et résignée. On devine que cette enfant a été très tôt amenée à réfléchir sur elle-même et sur le monde. Dans le regard, intense et sombre, se lisent des interrogations fondamentales, et comme la révélation de vérités cruelles.

Du fond de sa solitude, Annemarie doit trouver des stratégies de survie. Par bonheur, les fées qui se sont penchées sur son berceau n'ont pas été avares de leurs dons. Outre la beauté et l'intelligence, elles lui ont accordé, entre autres, le goût de la musique. Comme pour toute jeune fille de bonne famille, les leçons de piano font partie du parcours obligé de son éducation. Elle y manifeste des aptitudes suffisamment exceptionnelles pour attirer l'attention du chef d'orchestre Arthur Nikisch. Quand ce dernier vient à Zurich en 1919 pour diriger la *Neuvième Symphonie* de Beethoven à l'occasion de l'ouverture du Festival de juin, il est d'abord reçu à Bocken. Renée veut sans doute exhiber son « enfant prodige » tout juste âgée de onze ans, et il semble que Nikisch soit si impressionné par son toucher qu'il l'invite à son concert. On lui fait remarquer qu'Annemarie est trop jeune pour être admise parmi l'auditoire. Mais Nikisch n'est pas homme à se laisser désarçonner pour si peu : il lui fait une place sur la scène, à côté de son pupitre de chef d'orchestre !

Après avoir pris des cours particuliers pendant plusieurs années, Annemarie fréquente un temps le conservatoire de Zurich. Au mois de février 1924, lors des traditionnelles auditions d'élèves, elle interprète une fantaisie de Mozart. Il lui arrive parfois aussi de faire du quatre-mains, par exemple avec Valeska Lindtberg-Hirsch, qui se souvient avoir joué avec elle sur les pianos à queue de sa mère (une pianiste professionnelle) une pièce de Bach transcrite pour deux pianos.

Adolescente, Annemarie est suffisamment virtuose pour exécuter le *Concerto pour piano* de Schumann, une œuvre qu'elle aime tout particulièrement. Son niveau pianistique lui permet d'envisager un temps une carrière de concertiste – il n'est en effet plus question depuis longtemps de devenir général ! –, mais une crampe persistante lui fait abandonner ce projet. Plus tard, elle se plaindra amèrement que Dieu ne lui ait pas accordé le talent nécessaire pour servir dignement « le plus profond et le plus sublime de tous les arts ».

La musique n'en continuera pas moins à jouer un rôle prépondérant dans sa vie car elle sera intimement liée à une autre activité pour laquelle Annemarie révèle aussi très tôt de grandes facilités et à laquelle elle vouera sa vie : l'écriture. Voici ce qu'elle raconte à ce propos dans une « Interview sans reporter » publiée en 1939 :

> Enfant, j'avais déjà tendance à coucher par écrit tout ce que je voyais, faisais, vivais et ressentais. À neuf ans, j'écrivis mon premier roman dans un cahier d'écolier ; comme je savais que les adultes ne prennent pas les enfants de neuf ans au sérieux, je décidai que mon héros aurait onze ans[2].

À travers des récits aux allures de contes ou de légendes, l'écriture est pour elle le moyen d'exorciser ses angoisses et ses tourments. Elle est donc son refuge, la fenêtre grande ouverte de sa prison dorée. Est-ce un hasard si l'un des tout premiers textes conservés, datant de 1929, porte le titre révélateur de *Conte de la princesse prisonnière* ? Annemarie y décrit en ces termes la genèse de sa vocation d'écrivain :

> Les pensées, qui sont perdues en moi comme des enfants tristes, s'amassent sur les feuilles blanches : je ne peux pas les garder car elles me tourmenteraient. Souvent, je les entends pleurer (j'ai bien dit qu'elles ressemblaient à des enfants tristes !) et elles frappent aux portes de mon cœur pour qu'il les laisse entrer. À quoi bon me renfermer en moi-même ? Je suis froide, ma propre froideur me glace, et la glace est solitude. J'aime ma souffrance.
> Je laissai les pensées entrer, et elles me réchauffèrent. Je pris la plume une fois qu'elles furent toutes arrivées, et me voilà assise à ma table en train d'écrire. [...] J'ignore ce que j'écris. Je ferme les yeux, et des images fondent avec la glace : avant que je ne les quitte, elles deviennent des mots, et je ne sais pas si quelqu'un d'autre peut les lire. Ceux qui entrent dans ma chambre, ils pensent que je suis malade[3].

« Malade » : c'est exactement le terme utilisé par Renée Schwarzenbach, mais cette fois Annemarie ne peut en tirer le moindre avantage, car le terme n'a plus rien d'affectueux ni de compatissant. Sans doute traduit-il, pour une part, l'inquiétude d'une mère voyant sa fille s'investir dans l'écriture avec une passion et une fébrilité peu communes. Mais il exprime aussi une forme de fureur : habituée à tout voir plier sous son autorité, cette mère ne peut supporter que sa fille se ménage un domaine réservé et échappe ainsi à son contrôle. À ses yeux, l'activité solitaire de son enfant est une arme dirigée contre elle, et elle en est blessée. Cependant, comme l'exprime très bien l'image de la chaleur qui fait fondre son cœur pris dans la glace, écrire est avant tout pour Annemarie un acte vital. Aussi se trouve-t-elle prise au piège d'une double contrainte : être au diapason de ses propres désirs tout en conservant l'amour de sa mère – mission éminemment impossible qui sera en partie le drame de sa vie.

À partir de 1920 – Annemarie a douze ans –, Renée Schwarzenbach lui donne le surnom de « Nain », traduisant par là l'ambivalence de ses sentiments, voire un mépris haineux pour cette enfant rebelle qui évolue à contre-courant de toutes ses espérances. L'amour-haine de la mère pour sa fille aurait-il dépassé les bornes d'un simple mot pour se manifester aussi dans des actes de violence physique, comme Annemarie l'aurait dit vingt ans plus tard à Carson McCullers ? Quoique sujet à caution du fait d'inexactitudes nombreuses et patentes, le témoignage de l'Américaine n'en est pas moins troublant. Certes, il était courant jadis de frapper les enfants, mais il est facile d'imaginer les conséquences désastreuses que de telles agressions ont pu avoir sur quelqu'un d'aussi sensible et psychiquement fragile qu'Annemarie. Le sentiment de culpabilité qui transparaît à travers ses textes et sa correspondance, et qui l'empêchera toute sa vie de se libérer de sa mère, pourrait bien avoir germé sur ce terreau-là.

Un autre élément troublant est rapporté par Ella Maillart : en 1939, lors du voyage qu'elles firent ensemble en Afghanistan, Annemarie lui aurait confié que Renée l'avait emmenée une fois pour une consultation chez l'illustre Carl Gustav Jung. Quelle âge avait-elle ? Sans doute entre dix et quinze ans. Si imprécise que soit cette information, il paraît peu probable qu'elle ait été inventée de toutes pièces. La mère aurait-elle eu des raisons de s'inquiéter pour l'équilibre psychique de sa fille ? Est-ce cette inquiétude qu'elle exprime en 1925, quand elle lui écrit de ménager ses forces et de veiller surtout à être *gesund*, c'est-à-dire en bonne santé, mot qu'elle souligne d'un trait ?

Comme les textes et journaux intimes écrits par Annemarie pendant ses quinze premières années ont disparu, il n'est pas facile de se faire une idée des événements ayant marqué sa vie à Bocken. D'où l'importance des témoignages de sa sœur Suzanne et de sa cousine Gundalena, et des éléments révélés par Annemarie elle-même dans ses textes ultérieurs. Parmi ceux-ci il est un passage qui retient particulièrement l'attention :

> Autrefois, quand j'étais encore toute petite, des femmes très belles venaient en visite à la maison. Elles conversaient avec maman et buvaient du thé dans des tasses bleues. Quand je venais leur dire bonjour, elles m'attiraient contre elles et me caressaient. Leurs mains blanches sentaient bon – un parfum doux et délicat qui persistait encore quelque temps dans ma chambre d'enfant. [...] Plus tard, [...] il n'y avait qu'une femme que je trouvais belle. [...] Cette femme me caressait aussi, m'attirait contre elle et me regardait dans les yeux. Et comme j'étais plus grande, j'avais le droit de rester, et je restais près d'elle qui me tenait parfois la main tout en bavardant avec d'autres visiteurs. Mais elle se tournait toujours vers moi, me parlait et souriait tout en caressant mes cheveux. Je rougissais et regardais maman qui m'appelait et m'envoyait faire quelque chose en dehors de la pièce. Je trouvais que c'était injuste, et je pleurais en cachette. Chaque fois que je rencontrais de belles femmes, c'était le début de l'injustice et des interdits[4].

Il est en effet difficile à l'adolescente qu'elle est devenue de comprendre pourquoi la tendresse qu'elle devine entre sa mère et Emmy Krüger lui est refusée. C'est ainsi qu'elle commence à découvrir le poids des convenances et les limites étroites imposées par sa famille et par sa classe.

Renée Schwarzenbach aura sans doute rêvé pour sa fille un brillant avenir de maîtresse de maison élégante et cultivée, musicienne et bonne cavalière. Au fond, un peu une réplique d'elle-même, mais en plus accompli, car Annemarie a une distinction naturelle, une beauté et un charme rares, sans compter son agilité intellectuelle peu commune. Certes, sur le plan musical, Renée peut être satisfaite. Mais en équitation la fille a beau faire des efforts considérables pour se montrer à la hauteur des espoirs de sa mère, elle ne lui arrive pas à la cheville. Chaque fois que son cheval doit franchir un obstacle, elle est comme paralysée. À vingt-deux ans, elle avoue qu'elle ne sait toujours pas « tenir » sa monture et fait des chutes répétées. Elle a l'impression d'être une « enfant de cirque », terme qu'elle emploie à plusieurs reprises quand elle parle des concours hippiques auxquels elle se sent obligée de participer pour essayer de faire honneur à la tradition familiale. Ce qui lui réussit parfois, même si elle n'est pas aussi douée que son plus jeune frère. En 1930, une cinquième place la remplit d'un énorme, quoique bien éphémère, sentiment de fierté.

Le témoignage de sa cousine Gundalena von Weizsäcker-Wille et certains passages de ses livres permettent de dégager un trait singulier de sa personnalité : son goût marqué pour la mise à l'épreuve de son courage. Enfant déjà elle a inventé un jeu qui consistait à garder le plus longtemps possible une boule de papier en flammes dans la paume de sa main. Au risque de s'en tirer avec de bonnes cloques, elle relevait toujours le défi.

Annemarie elle-même raconte que dans son enfance, alors qu'on lui lisait les histoires de la Bible, elle n'éprouvait que mépris pour ce fils prodige dont le « courage ne va pas plus loin que l'héritage paternel » et qui rentre à la maison dès que la faim le taraude. Elle ajoute : « Déserteur, lâche, traître – que n'est-il resté à garder ses pourceaux[5] ! » Si elle désavoue pareille attitude, l'intérêt qu'elle porte à cette parabole du fils quittant sa famille pour aller vivre sa vie dans un pays lointain n'en est pas moins un présage de sa destinée future.

Comme il est naturel pour toute adolescente, Annemarie sent germer en elle des aspirations étrangères à son milieu familial. Si elle en conçoit une grande détermination quant à ses propres choix, elle commence en même temps à souffrir de sa différence car elle la devine incompatible avec la pérennité de l'amour maternel. Après avoir été exclue de l'école et de la compagnie des enfants de son âge, elle se sent envahie par un sentiment d'abandon sans doute bien plus douloureux encore tant le lien tissé avec sa mère au cours de son enfance est désormais inscrit dans sa chair. Cet insupportable abandon devient à ses yeux un avatar du péché originel, une sorte de malédiction qui s'est abattue sur elle et qu'elle va s'employer à effacer tout au long de sa vie, s'infligeant des épreuves à la limite de ses forces. Prisonnière d'un monde où le poids des traditions est à la mesure de la rigidité des conventions, elle l'est également d'une forme de loyauté qui ne lui permet pas de se détacher des siens sans avoir le sentiment de les trahir.

Quant à sa famille, elle fera preuve de beaucoup moins de scrupules à son égard. En effet, aussitôt après sa mort en novembre 1942, Renée Schwarzenbach et sa mère Clara Wille détruiront, outre des journaux intimes, les centaines de lettres reçues par Annemarie, infatigable épistolière. Ainsi la postérité se voit-elle à jamais privée des correspondances de Klaus et Erika Mann, Erich Maria Remarque, Carson McCullers, Roger Martin du Gard, Claude Bourdet – et de beaucoup d'autres encore.

Je ne peux m'empêcher de penser à Beethoven. Aucun être humain n'a autant souffert – et pourtant il a écrit l'hymne à la joie de la *Neuvième Symphonie* !

La grande question qui va donner une orientation définitive à sa vie est la suivante : comment triompher du péché et retrouver la pureté originelle ? La seule solution, pense-t-elle, est de s'armer de courage et de suivre la voie qui vous appelle :

> Je ne souhaite rien d'autre que de voyager – d'un monde à un autre, et je ne veux pas m'arrêter avant d'avoir enfin obtenu le pardon de Dieu et trouvé la source de la pureté. Je n'ai encore jamais aspiré à quelque chose avec autant d'ardeur qu'à cette eau sacrée. Mais on ne la trouve pas[2].

Ainsi sont posées dès 1926 les prémices d'une vie d'errance à la recherche d'un inaccessible absolu. Plus tard, Ella Maillart écrira que la voie choisie par Annemarie n'est autre que « la voie cruelle de l'enfer[3] ».

Les deux années passées à Fetan sont aussi pour Annemarie une expérience de vie en communauté. Des albums d'élèves datant de cette époque confirment l'atmosphère de sensualité qui régnait dans ce genre d'internat – et que la réalisatrice allemande Leontine Sagan évoquera quelques années plus tard de façon à la fois réaliste et troublante dans son film *Jeunes Filles en uniforme* (1931). Sur les photos s'affiche la différence d'Annemarie : elle a les cheveux courts, le regard déjà comme absent, un certain air de sauvagerie hautaine qui est loin d'être dénué de charme. Lors d'un spectacle de danse ou de théâtre, elle porte un costume tsigane qui lui sied à merveille. On croirait voir un bel éphèbe. Ses compagnes l'admirent car elle ne craint ni l'effort physique ni l'effort intellectuel, et leur admiration frise parfois l'adoration : on se bat presque pour lui repriser ses chaussettes ! Mais elle reste à distance de la plupart de ses camarades, et celles qui ont la chance de faire partie de son cercle d'amies doivent faire face à de violentes réactions de jalousie de la part des autres.

À l'institut de Fetan (1925-1927)

Annemarie n'en a cure. Le dimanche matin, elle reste longtemps au lit, entourée de ses cahiers et de ses livres, rêvant de choses grandes et belles.

Le 29 octobre 1927, elle obtient brillamment la *Matura*. Sa décision est arrêtée : elle va s'inscrire à l'université de Zurich pour faire des études d'histoire et de littérature. Avant de quitter Fetan, elle écrit dans le carnet d'une de ses camarades : « La seule chose que je peux te dire maintenant, c'est que tu fais partie de celles qui vont le plus me manquer. (Tu sais, quand j'ai froid !) »

Au moment où elle entre à l'université, Annemarie a dix-neuf ans et demi. Elle en aura vingt-trois exactement quand elle terminera ses études. Après une année à Zurich interrompue par un bref séjour en Amérique du Nord, elle passera la suivante à Paris, puis les trois derniers semestres de nouveau dans sa ville natale. C'est de cette époque que datent les premiers textes disponibles aujourd'hui, ceux de sa jeunesse étant considérés comme disparus. *Conversation* ainsi que les trois *Nouvelles parisiennes* – tous textes écrits entre 1928 et 1930 – sont de facture nettement autobiographique. Ils ont de surcroît une valeur fondatrice dans la mesure où Annemarie y révèle des préoccupations et des réflexions qui vont orienter toute son existence.

Au sein de l'alma mater elle suscite étonnement et fascination, comme en témoignera son condisciple Hugo Mettler dans un hommage posthume. Les étudiants ne peuvent s'empêcher de se retourner sur le passage de cette jeune femme mince et élancée – elle fait un mètre soixante-seize – dont l'allure aristocratique lui vaut le surnom d'« Altesse royale ». Mais quelle étrange apparition ! Cette coupe à la garçonne qui tranche sur les longues chevelures des autres filles, cet air androgyne si troublant, ce regard comme absent – tout concourt à la nimber de mystère. Elle paraît tellement inaccessible qu'entre eux les étudiants la parent de noms mythiques. Tantôt elle est à leurs yeux la déesse Diane, vierge et chaste, vindicative et cruelle, tantôt elle leur paraît avoir la séduction mortelle de la Lorelei. Elle est Penthésilée dévorant les cœurs, ou bien Judith venant de tuer Holopherne.

Annemarie n'est pas inconsciente de l'effet qu'elle produit sur ses camarades. À Fetan, elle avait semé le trouble et une certaine zizanie parmi les jeunes filles de l'institution. À l'université, il y a surtout des hommes. Elle sent le désir qu'ils ont de faire sa connaissance, et le dépit que suscite sa réserve extrême. Sait-elle qu'entre eux les étudiants l'appellent aussi « l'ennemie » ? Mais elle a d'autres soucis et n'est pas mécontente d'être protégée par le respect craintif que son allure insolite leur impose. Alors, comme pour répondre aux questions qu'ils n'osent formuler, elle écrit *Conversation*. Ce texte autobiographique, dont l'écriture rappelle le style et le ton de la Bible, commence par ces mots :

> Vous ne comprenez pas le cœur ultime des choses, on peut l'effleurer comme par jeu dans la conversation, mais sans que vous le sentiez. La brûlante proximité ; sachez que cette proximité est mon secret ; je vous laisse approcher parce que j'en suis emplie, ainsi que mes pensées. Mais [...] je lis l'étrangeté sur vos visages, l'étrangeté de vos yeux et de vos lèvres. Comment, vous ne devinez donc pas que derrière le jeu il doit y avoir une gravité ? Croyez-vous que je parle pour rien, pour faire du bruit[4] ?

Et de leur reprocher leur manque de sérieux, leur verbiage superficiel qui tourne en rond, cette façon qu'ils ont de parler dans le seul but de briser leur solitude – et non pas par nécessité, « poussés par Dieu ». De son côté, elle aspire à cet état de « brûlante proximité » où l'on parvient à comprendre l'Autre sans même avoir à prononcer un mot. Où, marchant côte à côte, on prend conscience de ces deux pôles de la condition humaine, « la grandeur de notre solitude et la beauté d'être ensemble ». Mais pour cela, il faut d'abord être capable d'aller au fond des choses, il faut être « possédé » par la « vertu de la passion spirituelle », ce besoin irrépressible d'interroger le monde, de chercher un « sens » au-delà des apparences. De cette « nouvelle vertu », écrit Annemarie, on est le serviteur ; elle est en quelque sorte une manifestation supérieure, un signe de Dieu. Quand elle vous abandonne, vous êtes comme « vide », et vous n'avez plus qu'à attendre qu'elle s'empare à nouveau de vous.

Qui dit passion dit souffrance – état propice à sonder les abîmes. Aussi Annemarie lui voue-t-elle un véritable culte. En outre, comme on ne peut plonger dans les profondeurs sans que cela implique une prise de risque, elle énonce le principe du « vivre dangereusement » et apostrophe tous ces « esclaves » de la prudence qui évitent soigneusement les voies périlleuses – « N'avez-vous pas vu que ce sont elles qui mènent le plus haut ? » – et dont la vie est par conséquent banale et sans relief. Quant à elle, elle refuse d'être esclave : « Croyez-moi : nous devons d'abord briser des chaînes. Les chaînes des gens et des choses. Nous devons d'abord quitter la grand-route et nous égarer. » Un programme qu'elle s'emploiera à suivre à la lettre.

Dans *Conversation*, Annemarie traite aussi de la solitude. Elle avoue avoir une véritable « fringale de gens » et reconnaît qu'il lui arrive, dans ses moments de faiblesse, de se bercer de l'illusion que la solitude peut être abolie. Mais : « Il est stupide de parler de solitude à deux. On meurt seul. Et la mort solitaire, dont le caractère inéluctable est flagrant, n'est que le symbole de la vie solitaire. » En effet, si une force « d'une puissance incompréhensible » nous pousse vers l'Autre, si nous aspirons à fusionner avec lui, « le réveil est rarement sans douleur ». Ce qui est douloureux, ce n'est pas tant la difficulté voire l'impossibilité de pénétrer l'univers de l'Autre que de se dévoiler mutuellement ses points faibles. Avec un sens aigu de la « pudeur de l'âme », Annemarie ajoute qu'il est extrêmement difficile de ne pas violer ce que l'Autre possède en propre et ne peut partager : « C'est là que l'ami commence à détester l'ami. » En fin de compte, si nous sommes sincères avec nous-mêmes, dit-elle, nous devons bien admettre que la fameuse « seconde moitié » que nous recherchons tous n'existe pas. Toutefois, elle ne peut se résigner à ce triste constat. La révélation de ces vérités profondes ne l'empêchera pas de les remettre sans cesse en question et d'inscrire sa vie tout entière dans un double mouvement entre solitude et « communauté » – tension qu'elle n'hésitera pas à qualifier, de façon paradoxale et très révélatrice, de « bienfaisante » et « douloureuse ».

Ces considérations ne dissuadent pas le pasteur Ernst Merz d'envisager de partager sa vie avec Annemarie. C'est en tout cas ce qu'il confie à son journal intime en 1928. A-t-il osé en parler à l'intéressée ? On peut en douter car elle lui avait écrit cette même année : « Sachant que tu ne penses pas comme les autres, je peux te dire à toi [...] qu'il n'y a que les femmes que je puisse aimer avec une réelle passion[5]. » Comme ce fut le cas pour beaucoup d'homosexuels l'ayant rencontrée, elle fut sans doute la seule femme qu'il ait jamais aimée.

En octobre 1928, Annemarie quitte la Suisse pour la capitale française, ouvrant ainsi la voie aux nombreux départs qui émailleront sa vie. Elle ne s'y rend pas seule : ses cousines Gundalena et Elisabeth Wille l'accompagnent. Les trois jeunes filles sont logées boulevard Saint-Michel, au Foyer international des étudiantes. Pendant un an, Annemarie va suivre à la Sorbonne des cours d'histoire, de philosophie et de psychologie.

Outre les inévitables queues au self-service du foyer et l'art de faire son lit « à la française », elle découvre Paris – et la ville, au début, la séduit. Elle aime les étalages des marchands de primeurs de la rue Saint-Jacques, les cafés où l'on sert vin rouge et grenadine, et dont les chaises envahissent les trottoirs dès le premier rayon de soleil. On la rencontre dans les bars du Quartier latin, à la Coupole, dans les boîtes de nuit de Montparnasse, dans les ateliers d'artistes. Il lui faut souvent grimper des escaliers raides et étroits pour atteindre des chambres incroyablement minuscules où les dîners se prolongent tard au milieu des vapeurs d'alcool et de la fumée des cigarettes. Comme elle ne passe pas inaperçue, elle se fait très vite des amis, en particulier au sein d'un groupe d'émigrés russes réfugiés en France depuis la révolution d'Octobre. Les contacts sont nombreux et stimulants : « Pour la première fois, je pris conscience des vastes perspectives que m'offrait la vie, les limites reculaient, les obstacles qui me semblaient démesurés diminuaient à vue d'œil au point de devenir d'une ridicule insignifiance[6]. »

Même quand elle rentre tard, sa journée n'est pas terminée. D'autant moins qu'un réverbère allumé toute la nuit fait tomber dans sa chambre une lueur permanente. Elle lit quelques chapitres des *Cahiers de Malte Laurids Brigge* de Rilke ou des poèmes de Stefan George.

Mais les désillusions ne tardent pas. Dès que l'hiver fait son entrée et qu'une brume froide enveloppe Paris, elle commence à voir la ville avec, justement, les yeux de Rilke. Ce qui la frappe désormais, c'est la grisaille, les pavés sales, l'odeur d'humidité mêlée à celles des boucheries et des camions à ordures. Impossible de se débarrasser de cette poussière poisseuse qui s'abat sur tout, visages et vêtements. Le bruit des automobiles et des tramways, la hâte permanente des gens le long des boulevards : tout lui devient insupportable. Paris lui fait l'effet d'une prison construite par des gens ayant des « désirs de cercueil[7] ».

En outre, elle n'est pas vraiment à l'aise dans le milieu de la bohème parisienne ; elle prend plus que jamais conscience du fossé qui la sépare socialement des autres. Ses manières raffinées, ses vêtements soignés, le fait qu'elle n'ait pas de problèmes d'argent – tout lui rappelle sa différence. Elle se sent abominablement seule, étrangère, perdue. Heureusement, elle a sa plume. Dans trois textes intitulés *Nouvelle parisienne I*, *Nouvelle parisienne II* et *Paris III*, elle transpose expériences vécues et impressions, et précise des réflexions amorcées dans *Conversation*.

Au moment des fêtes de fin d'année, rapporte-t-elle dans *Nouvelle parisienne I*, les sapins de Noël rachitiques mis en vente sur les trottoirs de la capitale lui font l'effet de « petits cadavres ». Surgit alors le souvenir des somptueux sapins de son enfance à Bocken, des cloches de sa Suisse natale célébrant la naissance du Christ, de la « lisière sombre de la forêt endormie ». Une immense nostalgie l'envahit, et ses pensées s'envolent vers sa mère : « Maman, tu sens que nous t'aimons. Depuis que nous sommes partis loin de toi. » Aussitôt, la culpabilité la taraude. Pourquoi l'a-t-elle « abandonnée » ? Fallait-il donc qu'elle s'éloigne d'elle pour se rendre compte qu'elle l'aimait ? Comment a-t-elle pu lui faire du mal ? « Les mères, écrit Annemarie, ne veulent rien : elles regardent. Et nous nous éloignons de plus en plus. Un mince sillon marque le chemin, un étroit ruban de larmes aux reflets argentés. Une mère qui pleure. » Un instant, elle pense qu'il existe un moyen de se racheter : « Nous pensons à elle à chacune de nos souffrances. Et nous lui offrons chacune de nos souffrances comme un tribut. » Mais elle ne tarde pas à juger présomptueux de sa part d'imaginer qu'un tel « rachat » soit possible. En réalité, « la faute est beaucoup plus profonde ».

De quelle faute s'agit-il au juste ? Annemarie se reproche d'avoir dédaigné les « délicates » attentions de Renée, de lui avoir fait subir « mille petites humiliations » et, surtout, de lui avoir imposé son besoin de liberté, condition indispensable pour réaliser cette quête de « sens » et de « salut » dont elle fait la mission de sa vie. Par ailleurs, elle sait que du fait de son appartenance à la génération précédente sa mère, prisonnière des traditions, ne peut comprendre cet impérieux besoin de liberté. Alors, prise entre son propre désir et sa loyauté, Annemarie formule ainsi son insoluble dilemme : « Toute quête est un départ. On part loin de sa mère. [...] Et on continue, en s'éloignant de soi-même : comment pourrait-on sinon se sentir si désespérément perdu ? Puis on erre à travers les plaines infinies, et on a soif, mais on ne parvient pas à trouver le chemin de la maison. » Ne dirait-on pas le pressentiment de son propre destin ?

Dans *Nouvelle parisienne II*, elle reprend et élargit les thèmes de l'amour et de la solitude. Cette fois, il est question d'une relation entre un homme et une femme. Après avoir, dans un moment d'abandon, cédé au besoin de rompre sa solitude et passé quatre semaines de vacances avec un homme, la narratrice estime qu'il n'y a pas d'amour sans appartenance à l'autre, donc dépossession de soi-même, abolition de ce qu'elle appelle la « liberté du cœur » : « Comment puis-je faire don de mon âme ? C'était comme si on me supprimait l'air dont j'ai besoin pour respirer et la lumière pour voir. » Sacrifier cette liberté du cœur est à ses yeux un « sacrilège » impardonnable, car c'est vouloir « tuer un monde pour en édifier un autre ». Si elle est prête à renoncer à l'amour, c'est aussi parce que, loin de lui apporter le salut espéré, il n'aboutit qu'à lui donner une conscience encore plus aiguë de sa solitude. La distance entre les autres, qui se satisfont de ce qu'ils trouvent, et elle, qui cherche « dans toutes les souffrances du monde un sens, un Dieu, du Vrai », est proprement irréductible.

Fin septembre 1929, un de ses amis, le géographe Albrecht von Haushofer, lui envoie des poèmes où s'exprime discrètement son désir de lui demander sa main. Elle lui répond : « Je ne sais pas si vous pouvez vous mettre à ma place et comprendre qu'il m'est impossible d'accepter une telle proposition. Peut-être suis-je tout simplement trop jeune, trop absorbée par des projets personnels. » Peu auparavant, elle avait écrit à Ernst Merz que la plupart des femmes « vivent pour un homme » et que leurs meilleures qualités ne peuvent s'épanouir qu'à travers lui. Ce destin, elle le refuse. Elle veut être l'artisan de sa propre liberté.

Mais comment vivre dans un monde où l'amour est impossible, la solitude inéluctable ? C'est l'écriture, et elle seule, qui peut accomplir le « miracle » de procurer à

Annemarie des instants de bonheur. En 1925 déjà, elle disait éprouver un plaisir « extraordinaire » à faire de la musique avec les mots. Quatre ans plus tard elle écrit : « Dans la musique, il n'y a aucun événement, et pourtant elle nous bouleverse. J'aimerais écrire un livre que l'on pourrait lire à voix haute, très lentement, et où chaque phrase, même incohérente, serait musicale et belle[8]. » L'idéal à ses yeux serait d'atteindre à une forme d'écriture automatique où elle laisserait courir sa plume au gré de ses pensées afin d'extraire du plus profond d'elle-même le « vrai sens ».

De façon caractéristique, la tristesse est pour Annemarie la condition quasi indispensable à son activité d'écrivain. Si elle aime ses souffrances, c'est justement parce qu'elles sont « fécondes » et font jaillir l'inspiration. Quant au processus qui aboutit à la métamorphose de la souffrance en « verbe », elle affirme qu'il ne peut être le résultat d'un apprentissage, mais d'un don que l'écrivain, « chéri des dieux[9] », reçoit en partage. Pour elle, ce don équivaut à celui de la vie.

Après l'année passée à Paris, Annemarie reprend en octobre 1929 ses études à l'université de Zurich. Le hasard fait que le 13 de ce même mois est publiée dans la *Neue Zürcher Zeitung* – ou *NZZ* – sa nouvelle intitulée *Erik*. Le plus grand quotidien de Suisse alémanique inaugure ainsi une collaboration qui ne se démentira jamais. Six mois plus tard, c'est le tour d'un essai au titre fort explicite : « Position de la jeunesse[10]. » Comme elle l'écrit à Albrecht Haushofer, il est nécessaire dans une période de transition de passer au crible les anciennes valeurs et de conserver seulement celles qui résistent à un examen consciencieux. Dans son article, Annemarie analyse le désarroi de sa génération – une génération qui se retrouve après la guerre de 1914-1918 dans un monde ayant perdu tous ses repères, sur le plan tant moral que religieux ou politique. À cette jeunesse complètement désorientée, aspirant à reconstruire un monde sur des bases saines, les « anciens » reprochent son arrogance, sa prétention à vouloir faire mieux qu'eux :

> Mais comment vivre sans le croire ! Et la caractéristique de la jeunesse n'a-t-elle pas toujours été de vouloir l'incroyable, d'essayer d'atteindre l'inaccessible, de juger possible l'impossible ! Même dans un monde où Dieu serait absent, nous continuerons de croire en l'homme, et aucun progrès n'a jamais été accompli sans cet optimisme naïf et sacré.

Aux adultes qui reprochent aux jeunes de sa génération leur irrespect des valeurs traditionnelles, Annemarie répond que rien ne leur a été transmis qu'ils puissent respecter. Cependant, cette époque « déplorable et douteuse » ne les empêche pas de croire au « divin » : « Nous cherchons donc un nouveau Dieu, et dans nos espérances les plus secrètes, nous savons qu'il se révélera à nous. Quelle que soit la forme sous laquelle cela se produira, nous voulons être prêts à l'accueillir. » Et bien que chacun soit seul avec ses propres conceptions du progrès, du beau, du divin et du bonheur, toute la jeunesse, affirme Annemarie, a en commun un nouveau « sentiment du monde » qu'elle décrit en ces termes :

> Nous aimons la vie. [...] On nous demande si notre manière de vivre nous rend plus heureux. Mais ce n'est pas ce qui nous importe ; même si nous n'avons aucun but, nous avons le sentiment d'être une communauté parce que nous sommes jeunes, sans but et remplis d'une impatiente ardeur. Et même si nous ne connaissons pas le bonheur, nous savons que le bonheur au sens de repos est immobilité et absence de tension. Pour nous, la vie doit être mouvement ; notre corps, notre esprit toujours plein d'ardeur et d'activité en sont la preuve muette. Nous avons confiance en nous-mêmes, en notre totale réceptivité, en notre existence, même sans la comprendre. Nous attendons que quelque chose en émerge. Que nous soyons mûrs.

Claude Bourdet en avril 1932

> Nous ne voulons pas le plaisir ou le déplaisir, nous voulons l'œuvre.

Se rend-elle compte que cette dernière phrase n'exprime plus les aspirations de toute une génération mais les siennes propres – ou celles d'une infime minorité ? Ne dit-elle pas elle-même qu'elle est atteinte de la « maladie » de « vouloir tout savoir[11] » ? Pour satisfaire son désir d'« extraire des choses leur richesse cachée », l'exigence qu'elle s'impose de « pénétrer les mystères de la terre et de l'atmosphère[12] », elle est prête à supporter le fardeau d'une vie sans repos ni répit, tout en ignorant les conséquences extrêmes d'un tel choix.

À la fin du premier semestre de l'année 1930, le poids du travail universitaire commence à se faire durement sentir. Annemarie a l'impression d'être enfermée dans une « cuirasse » la privant de sa liberté d'écrire. Sa seule motivation pour travailler est la perspective d'obtenir bientôt son doctorat. « Je veux être libre, pour des choses complètement différentes, et pour cela il faut que je mette bientôt un terme à mes études », écrit-elle le 18 juin à Albrecht von Haushofer – qui espère peut-être secrètement qu'elle cédera un jour à ses timides avances.

Se doute-t-il qu'il est loin d'être son seul soupirant ? Quelques jours auparavant, lors d'une somptueuse garden-party comme Renée Schwarzenbach sait en organiser, un autre homme a succombé à ses charmes. C'est un Français nommé Claude Bourdet, et il a fait sa connaissance grâce à une amie commune, Dominique Schlumberger.

Si Claude Bourdet va devenir dix ans plus tard une figure importante de la résistance française et, après la guerre, un journaliste réputé doublé d'un politicien engagé[13], il n'est en 1930 qu'un jeune homme plutôt timide. Pourtant, son pedigree n'est pas mince : petit-fils du prestigieux chirurgien Samuel Pozzi, pionnier de la gynécologie ; fils de la poétesse Catherine Pozzi et du dramaturge Édouard Bourdet. En 1928, après deux années de classes préparatoires au lycée Hoche de Versailles, il est allé faire des études d'ingénieur à l'école polytechnique de Zurich.

La lettre que Claude Bourdet écrit à sa mère le 6 juin 1930 est un document intéressant dans la mesure où il s'agit probablement du seul témoignage décrivant une réception à Bocken vue à travers les yeux d'un Français :

> Les Schwarzenbach [...] ont une propriété si belle qu'elle est la renommée de toute la Suisse, à Horgen. [...] Ils donnaient concert à cinq heures et demie en garden-party, un quatuor allemand de femmes jouait Boccherini, Scarlatti, Pergolèse et Haendel, chanté par une amie de madame Schwarzenbach qui était du festival Wagner à Paris, et accompagné au cymbalo. Puis un quatuor de la *Symphonie inachevée*, et enfin des choses de Dvorak moins bien.
>
> Après on soupa par petites tables égaillées dans le parc, on allait se servir à un buffet monstre issu [de l'hôtel] Baur au Lac. Puis on dansa au son d'un orchestre modèle où trois gros Zurichois respectables, banquiers ou industriels, jouaient à six mains sur le piano, deux violonistes de l'après-midi écorchaient leurs violons en mesure, la violoncelliste battait la grosse caisse sur l'enveloppe du violoncelle et la chanteuse secouait frénétiquement une boîte à cigares en riant sans cesse ni raison. Le frère d'Annemarie Schwarzenbach jouait du saxophone, avec tout cela, et tout le monde avait l'air de s'amuser beaucoup.

Mais c'est la jeune fille de la maison que Claude Bourdet remarque avant tout. Dans la lettre à sa mère, il la qualifie de « fort jolie, grande et sympathique ». Beaucoup plus tard, dans un texte bref où il consignera ses souvenirs la concernant[14], il écrira :

> C'était une grande jeune fille délicate et athlétique à la fois, aux allures un peu gauches ou viriles ; sa voix était basse et douce, un peu brisée, son regard bleu infiniment doux lui aussi, et de même comme brisé, ou *reluctant*. [...] Dominique m'avait dit qu'elle me plairait – je fus du premier jour ébloui, misérablement frappé comme quelqu'un qui se sent tout à fait incapable d'atteindre ce qui lui paraît

plus désirable que tout. Sa famille, [...] leur demeure seigneuriale, [...] leur richesse célèbre en Suisse, et surtout sa beauté, sa culture, son expression facile laissaient interdit l'espèce de backfisch que j'étais.

À la fin de juillet, Annemarie est opérée de l'appendicite à l'hôpital de la Croix-Rouge. Claude Bourdet rapporte en ces termes la visite qu'il lui rend en compagnie de Valérie Korrbrunner, une amie commune, étudiante en médecine :

> J'ai été avec Valérie K. voir Annemarie Schwarzenbach qui était toute rose, en rose dans un grand lit blanc ; je lui ai apporté un grand bouquet de glaïeuls, roses aussi. Symphonie en rose, pour enfants blonds. Elle lisait *Défense de l'Occident* de l'excellent Massis. [...] La petite Schwarzenbach, deux jours après son opération, bouffait poulet, biscuits, etc. Valérie K. était horrifiée. À Zurich on fait les temps records, opéré et debout en une semaine[15].

Claude Bourdet conservera pieusement dans leurs enveloppes la cinquantaine de missives d'Annemarie. Le texte qu'il écrira à sa mémoire se termine par ces mots : « Son souvenir, la couleur de son écriture, me font trembler comme si c'était hier. »

CHAPITRE III
Les enfants terribles
(1930)

Au Lido de Venise avec Klaus et Erika Mann (mai 1932)

> Si nous pouvions mesurer la distance qui nous sépare de ceux que nous croyons le plus proches, nous aurions peur.
>
> Jean COCTEAU,
> *Opium*.

Le dernier trimestre de l'année 1930 constitue un tournant majeur dans la vie d'Annemarie Schwarzenbach : c'est le début d'une amitié déterminante, mais complexe et tourmentée, avec Klaus et Erika Mann.

Depuis quelque temps, les deux aînés de l'écrivain Thomas Mann ne cessent de défrayer la chronique. Déjà, adolescents, ils ont accumulé les frasques en compagnie d'une bande d'amis – parmi lesquels les deux filles du chef d'orchestre Bruno Walter –, faisant régner une quasi-terreur dans le quartier huppé de Munich où habitaient leurs parents. Cela leur a valu d'être envoyés dans des internats où les méthodes pédagogiques en vigueur étaient étonnamment libérales et progressistes pour l'époque. Contrairement à sa sœur – mais s'inspirant peut-être de l'exemple de son père ! –, Klaus a dédaigné de passer le baccalauréat, et en 1924 ils se sont retrouvés tous deux à Berlin, lui comme critique de théâtre, elle comme élève du metteur en scène Max Reinhardt. L'année suivante, non content de publier son premier recueil de nouvelles et son premier roman, Klaus est monté sur les planches pour jouer avec sa sœur et Pamela Wedekind une pièce de son cru, *Anja et Esther*. La mise en scène était assurée par Gustav Gründgens, l'étoile montante du théâtre de Hambourg – le futur Mephisto. Ce succès à scandale retentissant a fort amusé les quatre amis. Mais quand ils ont voulu récidiver dix-huit mois plus tard avec une autre pièce de Klaus, *Revue à quatre*, la qualité douteuse du texte et l'indignation générale ont eu raison des couples qui s'étaient formés – Klaus s'était fiancé avec Pamela, Erika avait épousé Gründgens. Écœurés par les très mauvaises critiques parues dans la presse, les enfants Mann ont alors décidé de se changer les idées en faisant le tour du monde. À leur retour, en juillet 1928, ils ont aussitôt publié le récit de leur voyage, et le prix Nobel de littérature, décerné à leur célèbre père en 1929, est tombé à pic pour éponger les dettes accumulées pendant leur périple. Erika a trouvé ensuite de nouveaux engagements aussi bien au théâtre que comme journaliste de presse et de radio. Quant à Klaus, il s'est mis à écrire un deuxième recueil de nouvelles, un deuxième roman et une comédie qui n'a eu aucun succès.

Voilà où en sont les « enfants terribles » de Thomas et Katia Mann au moment où Annemarie Schwarzenbach croise leur chemin. Elle fait d'abord la connaissance d'Erika lors d'un repas à Munich en septembre 1930. C'est le coup de foudre. Cette belle jeune femme de vingt-cinq ans, si dynamique et si drôle, incroyablement forte et sûre d'elle, est la séduction même. Annemarie l'aime aussitôt – et déjà elle est malheureuse car cet amour est sans espoir. Erika n'est certes pas insensible à son charme et à son intelligence ; il n'est toutefois pas question pour elle d'aller au-delà d'une forte mais simple amitié ; d'ailleurs, elle a déjà une liaison avec l'actrice Therese Giehse, et toutes deux sont très absorbées par les répétitions de *Frère et sœur*, la pièce que Klaus a écrite d'après *Les Enfants terribles* de Jean Cocteau.

Après leur rencontre, Erika et Annemarie vont s'écrire régulièrement, et leurs échanges, particulièrement intenses pendant les trois premières années, se poursuivront jusqu'à la disparition de la Suissesse. De cette correspondance il ne reste aujourd'hui que quatre-vingt-huit lettres d'Annemarie, et une seule d'Erika – la dernière –, datant de 1942.

Pour Annemarie Schwarzenbach, l'irruption dans sa vie de la fille du « Magicien » – surnom que les enfants Mann donnaient à leur père – est un cadeau de la Providence. Outre son charme naturel, attesté par de nombreux témoins, elle admire sa superbe assurance, sa drôlerie, son sens de la repartie, son énergie combative – toutes qualités qui lui font cruellement défaut. Elle se sent aussi des affinités profondes avec l'aventurière et la rebelle, la femme moderne et intrépide qui roule à toute allure au volant de sa Ford. Et bien qu'Erika ne soit que de deux ans et demi son aînée, elle se met d'emblée sous sa tutelle. La fille de Thomas Mann est désormais son guide, son soutien, sa conseillère. Ce sont d'ailleurs des rôles qui lui conviennent parfaitement et qu'elle assume volontiers auprès de tous ceux qui, comme son frère Klaus et son ami d'enfance Ricki Hallgarten, sont moins bien armés qu'elle pour affronter les vicissitudes de l'existence. Dans ses lettres, Annemarie l'appelle son « grand frère » et signe le plus souvent par les mots « Ton enfant », répétant là, sans doute inconsciemment, un schéma bien familier où elle est celle qu'il faut réconforter et protéger. Erika devient, à côté de sa mère, le deuxième pôle de sa vie, et elle sera effectivement souvent au centre des grandes décisions qu'Annemarie sera amenée à prendre. « Tu sais, écrira-t-elle à Klaus Mann le 19 mai 1935, rien ne peut me faire plaisir, m'encourager ou me rassurer si Erika n'est pas d'accord. » Elle précisera peu après que cette « dépendance amoureuse » l'a marquée autant qu'une éducation chez les Jésuites ou la fréquentation d'une école militaire...

Mais que s'écrivent donc les deux femmes pendant les premiers mois de leur correspondance ? Pour Annemarie, la séparation est déchirante, et si elle ne hurle pas son désespoir à la face du monde, dit-elle dans sa première lettre, c'est uniquement à cause de sa bonne éducation. De missive en missive, elle ne cesse de répéter à Erika le désir qu'elle a de vivre auprès d'elle. De son côté, Erika s'emploie manifestement à contenir les ardeurs de la Suissesse et à la tenir à distance. Quand son amie suggère qu'une photo pourrait l'aider à supporter tant bien que mal son absence physique, elle fait la sourde oreille, et elle ne lui donnera satisfaction qu'un an plus tard, malgré des demandes souvent réitérées. Il est également beaucoup question d'écriture et des doutes d'Annemarie quant à son talent d'écrivain. Son amie devient sa confidente, la femme avec qui elle peut aussi partager sa passion de l'automobile : elle s'enquiert souvent de l'état de la Ford d'Erika, l'informe des petits ennuis que lui cause sa Victory, compare les performances de l'une et de l'autre comme on le ferait pour des êtres chers.

Autre thème récurrent dans les lettres d'Annemarie : les conflits qui l'opposent à ses parents à cause de ses soi-disant « mauvaises » fréquentations. Cette fois, il s'agit de Ruth Landshoff-Yorck et de son ami Karl Vollmoeller, deux représentants du monde littéraire et artistique de l'époque dont elle a fait récemment la connaissance. Lui est non seulement l'auteur du scénario du film de Sternberg *L'Ange bleu* mais aussi l'heureux propriétaire du fameux palais vénitien Vendramin où Wagner termina ses jours ; quant à Ruth, nièce du célèbre éditeur Samuel Fischer, elle a été très tôt remarquée par Murnau qui lui a confié un petit rôle dans son film *Nosferatu le vampire*. Annemarie a informé ses parents qu'elle était invitée quelques jours à Venise au mois de septembre, mais elle a passé outre à leurs réticences. Quand, une fois rentrée, elle raconte son escapade, les foudres de sa mère s'abattent sur elle. Renée Schwarzenbach considère cette visite comme une trahison, et elle n'hésite pas à dire à sa fille qu'elle juge sa conduite dégradante. Mais les choses ne s'arrêtent pas là : « Tu comprends, ils sont absolument convaincus qu'il y a quelque chose qui "cloche" chez moi, que je ne suis pas normale, pas responsable de mes actes, et que j'ai un cœur de pierre par-dessus le marché. » Nul doute qu'Erika ait compris l'exaspération de son amie face à de pareilles accusations. Mais on peut imaginer sa stupéfaction quand elle lit quelques lignes plus loin : « Curieusement, je me sens en ce moment particulièrement attachée à mes parents, [...] ce sont des gens tout à fait merveilleux. Il faut absolument que tu fasses leur connaissance[1] ! » Ainsi ne va-t-elle pas tarder à prendre la mesure des dilemmes qui déchirent son amie.

Pour Annemarie, l'incident est lourd de conséquences : on lui interdit formellement de quitter la Suisse, et quand, quelques semaines plus tard, elle exprime le désir d'assister à la première de *Frère et sœur* qui doit avoir lieu en novembre 1930 à Munich, son père est catégorique : soit elle l'accompagne en Amérique, soit elle reste à Zurich ! Bon gré mal gré, elle accepte encore son rôle de « princesse prisonnière ». Pour l'aider à se libérer de l'emprise de ses parents, Erika Mann lui suggère alors de poursuivre ses études dans une autre ville universitaire. Annemarie lui répond qu'il ne peut en être question, et elle ajoute, comme pour se convaincre elle-même, qu'elle est somme toute très bien là où elle est et qu'elle n'a qu'à « faire des efforts[2] » pour que tout rentre dans l'ordre.

Et de fait, elle se donne un mal fou : en six mois, elle va préparer son doctorat d'histoire, écrire son premier roman et quelques nouvelles, faire une lecture publique de ses œuvres littéraires, organiser une conférence pour les Mann. C'est sans aucun doute cette dernière perspective qui lui permet de tenir, et, comme toujours, sa soif de connaissances et son besoin effréné d'écriture.

Dès son retour de Paris à l'été 1929, elle a en effet décidé de mettre un terme à ses études d'histoire par un travail qui doit lui conférer le titre de « Dr. Phil. », ce qui correspond à peu près au magistère actuel dans le système français. Elle a choisi comme sujet l'histoire de la haute Engadine au Moyen Âge et au début de l'époque moderne. L'Engadine est une région qu'elle aime tout particulièrement pour y avoir souvent séjourné pendant son enfance, et ce sera jusqu'à sa mort sa terre d'élection, celle dont elle dira qu'elle s'y sent « plus légère qu'ailleurs[3] ». Mais la tâche est ardue. Les cours commencent dès huit heures du matin et se prolongent certains jours jusqu'à dix-neuf heures. En outre, elle doit préparer des exposés sur des sujets comme « L'héroïsme chez Nietzsche, Spitteler et George » ou sur le poète Georg Trakl. Tout en reconnaissant la qualité de son travail, son professeur lui fait remarquer qu'elle est encore bien jeune. Ce qu'il ignore, c'est que pour Annemarie ce doctorat est une corvée dont elle veut se débarrasser au plus vite pour pouvoir enfin réaliser son rêve : se consacrer à l'écriture. Cette seule espérance lui insuffle le courage nécessaire pour venir à bout de l'énorme tâche qu'elle s'est fixée : « Quel plaisir de penser "plus tard" et d'imaginer sous ces mots ce que sera ce moment tant attendu : la liberté complète, plus d'horaires à respecter, tout sera possible[4]. »

Cependant, résister à la tentation d'écrire est au-dessus de ses forces. Elle écrit *Ruth*, un récit de quatre pages qui sera publié deux ans plus tard dans l'*Amalthea Almanach*. Depuis septembre 1930 elle travaille à son premier roman, *Les Amis de Bernhard*[5], qu'elle confessera un peu plus tard à Erika avoir écrit pour elle. Ce projet lui tient tellement à cœur qu'elle en rêve la nuit. Parfois même, « armée du courage du désespoir », elle va jusqu'à « sécher » les cours dès le début de la matinée pour aller se réfugier pendant cinq ou six heures d'affilée dans le bureau de son père. Le soir, elle s'efforce de rattraper le strict nécessaire pour l'université. Deux mois plus tard, son roman est quasiment terminé. Le 27 décembre, elle écrit une nouvelle de trente pages, *Yelinda*, et racontera plus tard à Erika : « À vrai dire, je voulais travailler et ne pas écrire une seule ligne, mais les phrases résonnaient en moi, toutes prêtes, cela me tarabustait tellement que j'ai mis un peu les révisions de côté, et j'ai tout écrit d'une seul jet jusqu'au dernier mot. » Quand on constate le peu de ratures que comporte le manuscrit, on mesure son étonnante facilité d'écriture. Cependant, elle doute sans cesse de ses capacités et traverse des moments de dépression qui lui font dire : « Que fait-on quand on est privé de tout talent ? Dans quel but vit-on ? » Mais dès que sa plume court à nouveau sans entraves sur le papier, elle éprouve un bonheur sans pareil et voit dans ce « miracle » une « confirmation de la vie. Une confirmation tout à fait irrationnelle[6] ».

Une occasion de se produire comme écrivain lui est offerte le 31 octobre 1930. Ce jour-là, elle est invitée par un club féminin à faire une lecture publique. Elle a choisi de présenter *Erik*, des extraits des *Amis de Bernhard* et *Ruth* : « Après, il y eut des applaudissements, des fleurs, du thé et des gâteaux », écrit-elle le soir même à Erika avant d'aller se coucher, heureuse du succès obtenu. Elle précise qu'elle a lu lentement, suivant en cela les conseils avisés de son amie – qu'elle appelle aussi « l'Actrice ».

Pendant ce temps, l'actrice en question est fort occupée à Munich par les répétitions de *Frère et sœur*. Mais dès la première, le 12 novembre, la pièce est huée. Les représentations doivent être rapidement interrompues. Indignée, Annemarie tente de faire jouer ses relations pour que la petite troupe puisse se produire au théâtre de Zurich. En vain. Heureusement, elle a plus de chance avec son idée d'organiser une lecture-conférence pour Klaus et Erika Mann. Le sujet sera la littérature allemande contemporaine. Au bout d'un mois de tractations avec le comité étudiant, les deux parties finissent par tomber d'accord sur la date du 16 décembre. Annemarie attend ce moment avec impatience car elle sait que ce jour-là elle va faire enfin la connaissance de celui qu'un témoin de l'époque décrit ainsi : « Il était l'image accomplie de "l'homme du monde jeune et cultivé" : toujours impeccablement soigné, habillé avec une nonchalante élégance, mince et élancé, avec un visage intelligent, racé, des gestes nerveux et une élocution incroyablement rapide[7]. » Cet homme, c'est le frère d'Erika. Mais ce qu'Annemarie ignore, c'est l'importance de cette rencontre. Avec Klaus Mann, c'est aussi la politique qui entre dans sa vie.

Trois mois auparavant, en effet, – le 14 septembre 1930 exactement, le NSDAP, parti national-socialiste, est devenu en Allemagne, avec plus de six millions de suffrages, le deuxième parti au Reichstag après le parti socialiste. Du jour au lendemain, il a réussi un bond énorme, passant de douze à cent sept sièges ! Cette victoire d'un mouvement ouvertement antidémocratique a fait prendre conscience à Klaus Mann de la menace d'une dictature. Il se reproche alors de s'être montré jusqu'ici trop peu concerné par la politique. Certes, il a parlé dès 1927, dans son essai *Aujourd'hui et demain*, de la « responsabilité sociopolitique » de l'intellectuel, mais cette parole est restée plutôt théorique. Au lendemain du choc des élections législatives, il devient un écrivain véritablement engagé. Et l'occasion de le prouver ne tarde pas à se présenter quand Stefan Zweig interprète la victoire des nazis comme une révolte de la jeunesse « finalement naturelle – et qu'il faut vivement encourager – contre la lenteur et l'indécision de la "haute politique" ». Klaus Mann lui répond aussitôt dans une lettre ouverte intitulée « Jeunesse et radicalisme » :

> Il y a une sorte de complaisance vis-à-vis de la jeunesse qui va trop loin. [...] Une grande partie des gens de mon âge [...] ont fait, avec l'enthousiasme qui devrait être réservé au progrès, le choix de la régression. C'est une chose que nous ne pouvons approuver sous aucun prétexte. Absolument aucun. [...] Je renie devant vous ma propre génération, ou tout au moins cette partie de ma génération que vous-même, justement, vous excusez. Entre ces gens-là et nous, aucune alliance n'est possible[8].

La lutte contre Hitler est désormais pour Klaus la priorité absolue – elle devient même sa raison de vivre. D'ailleurs, quand il prend la parole à l'École polytechnique fédérale de Zurich deux mois plus tard, c'est pour fustiger ces mêmes « excès réactionnaires » commis par une jeunesse dont il se désolidarise radicalement. Puis il en vient à l'autre jeunesse, celle qui cherche sa voie, celle qui est créative. Des jeunes écrivains mis à l'honneur ce jour-là, seul le nom de Joseph Roth est encore connu aujourd'hui hors d'Allemagne. Klaus Mann cède ensuite la place à Erika qui illustre les propos de son frère en lisant des poèmes et des textes en prose. Trois jours plus tard paraît dans la *Neue Zürcher Zeitung* un article d'Annemarie sur cette soirée. Elle loue la voix chaleureuse et émouvante de son amie et conclut sur l'intérêt et les applaudissements très nourris d'un public d'ordinaire fort réservé. Une semaine après, elle informe Erika qu'elle reçoit des lettres d'auditeurs enthousiastes, et elle ajoute : « Votre succès est incontestable, personne ne sifflerait si tu donnais ici *Frère et sœur*[9]. »

Frère et sœur : Klaus et Erika le sont à tel point qu'à plus de vingt ans ils se font encore passer pour des jumeaux ! Klaus est né juste un an après Erika, le 18 novembre 1906. Depuis leur plus tendre enfance, ils entretiennent une relation quasi symbiotique, mais on peut difficilement imaginer tempéraments plus opposés. Autant Erika est extravertie et dotée d'une assurance à toute épreuve, autant Klaus a été un enfant renfermé, hypersensible, fragile sur le plan psychologique. Dans ce « couple », Erika est depuis toujours l'élément dominant, celle qui a même assumé le rôle de seconde mère auprès de ses petits frères quand un début de tuberculose a contraint Katia Mann à passer plusieurs mois en sanatorium. Klaus s'inventait un monde à lui, racontait des histoires fantastiques et parfois terrifiantes à son frère Golo, son cadet de deux ans, et dès qu'il a su écrire, il a noirci des cahiers entiers. De ses journaux intimes il ressort que seule la pensée de sa sœur (et de sa

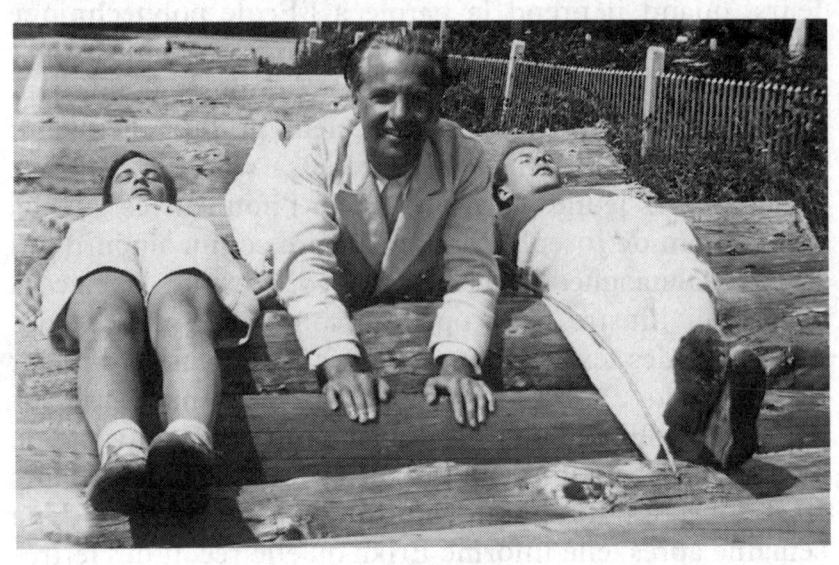

Avec Klaus Mann (vers 1932)

mère) rattache à la vie ce jeune homme dépressif et suicidaire.

Quand Annemarie le rencontre à Zurich en décembre 1930, il n'est pas vraiment un inconnu pour elle. Un an auparavant, elle a rédigé pour la *NZZ* un bref article rendant compte de son deuxième recueil de nouvelles. Elle y soulignait « la mélancolie de l'inéluctable » qui plane sur ces récits et terminait par ces mots : « On peut aimer ce livre ou le rejeter, mais il est indéniable qu'il porte le sceau du talent[10]. »

Entre Annemarie et Klaus Mann, il existe des affinités nombreuses et troublantes. Tous deux sont en effet des êtres qui – pour reprendre les mots employés par Jean Cocteau à propos de Klaus – « habitent mal sur cette terre ». Comme elle, il est écorché par sa différence et sa solitude ; comme elle, il est dépendant d'Erika sur le plan affectif ; et de même qu'Annemarie voudrait échapper à la toute-puissance de sa mère, Klaus cherche désespérément à se dégager de l'ombre que lui fait son père. Pour pallier leur mal-être, tous deux ont eu recours dès leur plus jeune âge à l'écriture, et il ne fait aucun doute que Klaus Mann aurait pu reprendre à son compte cette phrase d'Annemarie : « Vraiment, je ne vis que lorsque j'écris[11]. » Une écriture qu'ils ne peuvent concevoir qu'autobiographique puisque suscitée, disent-ils l'un et l'autre, par « ce qui vous brûle les doigts[12] ».

Tous deux se rejoignent aussi dans l'analyse qu'ils font de la situation de leur génération, cette *lost generation* – l'expression est de Gertrude Stein – dont le seul programme commun, au milieu du champ de ruines des valeurs traditionnelles, est de se chercher un but. Annemarie a-t-elle lu certains textes de Klaus Mann sur ce sujet avant d'écrire son article « Position de la jeunesse[13] » ? Les idées et parfois même les formules sont si proches qu'on serait tenté de le penser. Dans son essai *Aujourd'hui et demain*, Klaus Mann lançait en 1927 : « Notre bien le plus précieux est le mouvement. » Trois ans plus tard, Annemarie répond comme en écho : « La vie doit être mouvement. » Leur credo commun, c'est qu'il faut être « ouvert à tous les possibles », rien n'étant pire que l'immobilité. En quête d'une nouvelle transcendance, ils croient déceler dans la beauté d'un paysage ou d'un corps, dans une harmonie de sons et de couleurs, une manifestation de la « perfection de Dieu ». Ils sont également sur la même longueur d'onde quant à leur attitude vis-à-vis de leurs parents : pas question de se révolter contre eux, de les accuser ou de les haïr. Là où Klaus Mann affirmait qu'il serait « de mauvais goût » de « polémiquer sans fin » avec la génération précédente, Annemarie écrit dans « Position de la jeunesse » : « Ne nous sommes-nous pas suffisamment querellés avec nos pères ? [...] Nous allons vers la vie. Les autres vers la mort. Étant plus favorisés, ne devrions-nous pas faire preuve de plus de loyauté ? » Au-delà de la compassion, cette position leur est dictée par une raison majeure : la fracture ne sépare plus tant les générations que des conceptions du monde et des aspirations radicalement incompatibles. La lettre ouverte de Klaus Mann à Stefan Zweig l'a bien montré : au sein d'une même génération, la lutte peut devenir fratricide.

Pour Annemarie comme pour Klaus, le désarroi et l'inquiétude intrinsèquement liés à leur génération se conjuguent à leur propre « difficulté d'être », les poussant à leur insu à ne jamais rester en place, entraînés qu'ils sont dans un perpétuel mouvement de fuite en avant. Cette contrainte intérieure détermine leur mode de vie, d'où le repos est par définition exclu, et les condamne à l'errance. Fin 1930, Klaus Mann a déjà une longue habitude des chambres d'hôtel – il écrira quelques mois plus tard son poème *Bonjour à la mille deux centième chambre d'hôtel*. Jamais il n'aura de domicile fixe. Et pour Annemarie, le « départ » n'est plus qu'une question de mois.

Les désarrois de la génération née au début du XXe siècle sont justement au cœur du premier roman qu'Annemarie a commencé d'écrire juste après sa rencontre avec Erika Mann : *Les Amis de Bernhard*. Certains de ces amis ont beaucoup de points communs avec l'auteur, en particulier Bernhard, un garçon de bonne famille qui veut devenir pianiste et entre en conflit avec ses parents parce qu'il s'entête à choisir son entourage dans un milieu différent du sien, donc forcément « débauché ». Sa mère se sent trahie par ces « fils invisibles qui le rattachent à d'autres mondes », et son père lui interdit de persister dans cette voie. Mais des difficultés financières imprévues font que Bernhard se retrouve à dix-sept ans seul à Paris pour gagner sa vie et poursuivre ses études de piano. Comme il est beau et attachant, il se fait rapidement de nombreux amis parmi cette jeunesse qui n'a pour s'orienter que la confusion de ses sentiments, ce que Gert, autre alter ego d'Annemarie, exprime par ces mots : « Nous les jeunes, nous sommes beaucoup plus vulnérables parce que nous sommes plus ouverts, notre vie n'est qu'un immense point d'interrogation, et nous vivons seulement des émois de notre âme. » Ce à quoi Gerald, plus âgé, rétorque :

> C'est bien, vivez donc de vos interrogations et de votre inquiétude ; elle est ce que vous avez de meilleur en vous. Je voudrais que vous soyez toujours prêts à vous mettre en route ; ne vous soumettez pas trop facilement à la loi, ne devenez pas trop vite sédentaires, ne soyez pas satisfaits. [...] Préservez votre liberté, je veux dire le libre choix de votre âme, et n'ayez pas peur de votre inquiétude. La vie est complexe et inquiétante, c'est ce qui fait sa beauté et sa richesse.

Déjà apparaît en filigrane le thème du voyage, symbole de cette liberté dont parlait Gerald, et qui fait dire à Bernhard à la fin du livre : « Nous allons bientôt partir, [...] rouler sur les grandes routes du monde, jusqu'au point où l'horizon prend fin, et nous pénétrerons dans un nouveau lointain encore plus inaccessible. »

Outre leurs doutes, leurs espoirs, leurs désespoirs et

surtout leur profonde solitude, c'est aussi une sorte d'indétermination sexuelle qui rapproche tous ces jeunes gens pris dans une sorte de mélancolique ronde amoureuse où les partenaires seraient interchangeables et où toutes les combinaisons semblent possibles. Au moment même où la presse stigmatise la « perversité » des relations décrites par Klaus Mann dans *Frère et sœur*, Annemarie Schwarzenbach pressent pour son roman un sort comparable. Toutefois, à la parution de l'ouvrage en juin 1931, la critique sera plutôt bienveillante. Eduard Korrodi, le puissant rédacteur en chef de la chronique littéraire de la *Neue Zürcher Zeitung*, louera « le tact et la grâce de la forme », tout en déplorant le manque de « substance » de ce premier ouvrage, estimant probablement qu'il ne s'y passe pas grand-chose. En fait, Annemarie inaugure là une forme d'écriture qu'elle développera jusqu'au bout et qui a pour caractéristique principale d'être non événementielle. Ce sont davantage des atmosphères et des paysages intérieurs qu'elle s'attache à décrire, et la subtilité avec laquelle elle dépeint sentiments et états d'âme n'échappe pas à une lecture attentive.

Au milieu de la couverture, les éditions Almathea reproduiront dans un médaillon ovale une photo de l'auteur. Le cliché sera pris sous un angle original, mi-dos, mi-profil. Son pouvoir d'attraction sera si irrésistible que quelqu'un, rapporte-t-on, n'hésitera pas à briser la vitrine d'une librairie pour s'emparer d'un exemplaire.

Le 16 décembre 1930, jour de la lecture-conférence des enfants Mann, Erika est invitée à Bocken où elle passe deux nuits. Renée et Emmy sont conquises par la fille du Magicien, et c'est là une bonne chose pour Annemarie. Il est probable que dans les tout premiers temps l'amitié des deux femmes aura flatté les Schwarzenbach ; les parents d'Erika ne sont évidemment pas les premiers venus. De plus, on fréquente un peu le même monde ; des intellectuels et des artistes comme Gerhart Hauptmann, Bruno

Walter et Wilhelm Furtwängler sont les hôtes privilégiés des deux familles.

À en juger par le contenu des lettres écrites fin décembre, la rencontre de Zurich a manifestement rapproché les deux femmes. Annemarie s'adresse à Erika en utilisant une expression de son cru : « Ma petite peau de bébé », et elle évoque des conversations qui se sont prolongées jusqu'à une heure avancée de la nuit. Quand surgissent des difficultés concernant le paiement des cinq cents francs d'honoraires dus aux Mann pour leur conférence, Annemarie s'empresse de leur avancer la somme. On ignore s'ils la lui ont jamais remboursée, mais on peut en douter. Les « enfants terribles » ont en effet une curieuse tendance à considérer les autres comme leurs débiteurs, et la suite montrera qu'ils n'auront guère de scrupules à profiter de la générosité de celle qu'ils surnomment « la petite princesse », « Princesse Miro » ou tout simplement « Miro ». Ce dernier surnom est d'ailleurs la signature systématiquement utilisée pour les lettres à Klaus Mann – sauf exception rarissime. De cette correspondance ont été retrouvées une cinquantaine de missives souvent beaucoup plus longues et plus denses que celles destinées à Erika. Elles contiennent, entre autres, des débats approfondis sur la question de l'engagement de l'intellectuel dans les problèmes de son temps, des descriptions de voyages détaillées, des analyses psychologiques, en particulier concernant la toxicomanie, et elles sont une source d'informations précieuse sur l'évolution de leur auteur.

Quelques semaines après la visite d'Erika à Bocken, Annemarie est conviée à déjeuner à Munich dans la grande maison de la Poschingerstrasse où habitent les Mann, et c'est à cette occasion qu'elle fait la connaissance du Magicien. Dans *Le Tournant*, Klaus se souvient de la réaction de son père quand il a vu son amie pour la première fois : « Le Magicien, qui la regardait du coin de l'œil avec un mélange d'inquiétude et de plaisir, finit par dire : "C'est curieux, si vous étiez un *garçon*, on dirait certainement que vous êtes d'une beauté *extraordinaire*[14] !" » Étrange déclaration... Quoi qu'il en soit, les journaux intimes de Thomas Mann, où le nom d'Annemarie est souvent cité, révèlent un intérêt certain pour la belle Suissesse, et même, un peu plus tard, pour son œuvre littéraire et journalistique.

Annemarie devient très vite une habituée de la table des Mann. Entrer dans cette famille équivaut pour elle à explorer un nouveau continent aux antipodes de son milieu d'origine. Elle est évidemment fascinée par la stature de Thomas Mann, par toute cette fratrie nourrie dès son plus jeune âge au petit lait de la meilleure littérature. Mais elle découvre surtout un milieu libéral et tolérant où les rapports entre parents et enfants sont infiniment plus ouverts que chez elle et où l'on défend des opinions politiques diamétralement opposées. Autant à Zurich on espère une victoire des nazis, autant à Munich on la craint comme la peste. Et comme elle ne s'est jamais senti la moindre affinité avec les principes d'autocratie militaire prônés haut et fort par les Wille et les Schwarzenbach, elle prête une oreille attentive aux débats parfois houleux dont elle est témoin.

Car l'unanimité ne règne pas vraiment au sein de la famille Mann. Certes, Hitler est l'ennemi commun ; mais chacun exprime à sa façon son opposition au national-socialisme en pleine ascension, et les divergences ne sont pas négligeables dans la manière d'analyser les événements politiques et la conduite à tenir. Après avoir abandonné les positions conservatrices et nationalistes qu'il a défendues pendant la Première Guerre mondiale dans ses *Considérations d'un apolitique*, Thomas Mann s'est rapproché de celles de son frère Heinrich. Doué d'une rare clairvoyance, ce dernier est devenu l'un des plus ardents représentants d'un courant humaniste et pacifiste incarné en France par Romain Rolland. Républicain de la première heure, Heinrich Mann réitère ses appels en faveur de la démocratie en danger, et il exhorte tous les partis non fascistes à oublier leurs querelles pour faire front contre les nazis. C'est parler un langage on ne peut plus clair.

Celui de son frère Thomas l'est beaucoup moins. Un mois après les désastreuses élections législatives de septembre 1930, le lauréat du prix Nobel de littérature est à Berlin pour prononcer son *Discours allemand.* Il y met les Allemands en garde contre ce déferlement de la barbarie la plus primitive tout en les invitant à défendre les valeurs de la république. Mais à la question de savoir où le national-socialisme peut conduire l'Allemagne, il a cette réponse : « Nous l'ignorons, et ceci pour la simple raison qu'il ne le sait pas lui-même. » De ce manque de discernement surprenant son fils aîné est loin d'être victime. À la même date, Klaus Mann a en effet l'intime conviction que les agissements des nazis ne peuvent mener qu'« à une nouvelle guerre et à l'anéantissement total de la civilisation européenne ».

Annemarie vit quasiment au jour le jour les répercussions des événements politiques sur la famille Mann. Elle sait que le fameux *Discours allemand* de Thomas Mann s'est terminé sous les huées d'une vingtaine de SA en smoking. Entend-elle le Magicien raconter comment, contraint de quitter précipitamment la salle, il a pu sortir par une porte dérobée grâce à la présence d'esprit de Bruno Walter ? À la table des Mann, Klaus évoque avec sa mère la possibilité d'avoir à quitter l'Allemagne, et voilà qu'est prononcé le mot terrible : « exil ». Annemarie prend toute la mesure du danger auquel ses amis sont exposés et elle souffre de ne pas partager leur sort. Plus l'étau se resserre autour d'eux, plus elle se rend compte de la distance qui les sépare, car en tant que Suissesse sa position à elle est bien plus confortable. Mais leur combat est aussi le sien. Et déjà elle se demande comment elle va pouvoir les aider et leur prouver qu'elle est capable elle aussi d'aller jusqu'au bout de ses choix. C'est à ses yeux un devoir de solidarité et de loyauté.

CHAPITRE IV
Berlin
(1931-1932)

En Engadine avec le chien Dokterli (été 1934)

> Nous irons par les grands chemins, jusqu'aux confins du lointain.
>
> Annemarie SCHWARZENBACH,
> *Les Amis de Bernhard.*

Après la lecture-conférence de Klaus et Erika Mann à Zurich, Annemarie se sent pousser des ailes. Elle a tellement hâte de retrouver ses amis qu'elle met une ardeur redoublée à préparer ses examens et à achever la relecture de sa thèse. Voir se vider son encrier et diminuer le nombre de feuilles à corriger la remplit de joie. Mais ces activités forcées ne l'empêchent pas de consacrer au moins autant d'énergie à écrire pour elle-même. De plus, elle passe des heures à son piano pour mettre au point avec un de ses cousins un petit concert de Noël qui doit se dérouler dans le cadre familial. Immédiatement après la Saint-Sylvestre, elle décide d'aller passer deux jours à Lenzerheide, dans le canton des Grisons, chez son amie Hanna Kiel, historienne d'art et propriétaire du chalet Canols.

De retour à Zurich, elle ne se sent guère reposée et juge son état préoccupant : ses trous de mémoire sont tels qu'elle s'étonne de ne pas encore avoir oublié son propre nom ! Son médecin lui conseille alors de prendre au moins huit jours de repos en montagne. Quoi de plus salubre et de plus revigorant que le soleil de l'Engadine ? Trois semaines plus tard, elle part donc pour Saint-Moritz où ses vacances à l'hôtel Suvretta House prennent des allures plutôt mondaines. Comme il s'agit de sa santé, sa famille ne s'oppose pas à ce séjour. Mais quand Erika Mann l'invite, fin janvier, à venir fêter le carnaval à Munich, Annemarie lui répond qu'elle n'est pas « tout à fait libre » de ses mouvements et n'a surtout pas envie de déplaire à ses parents. En outre, la proximité des examens l'angoisse trop pour qu'elle puisse vraiment s'amuser. Le mois de mars se passe donc en révisions, une vraie « torture », au point que, le soir venu, elle ne comprend plus un seul mot. La musique est dans ces moments-là un refuge salutaire. Une autre consolation est d'imaginer la prodigieuse liberté dont elle jouira une fois son diplôme en poche.

Pendant les trois semaines d'examens, elle doit dominer sa fatigue, ses maux de tête et sa solitude forcée. Finalement, ses efforts sont récompensés puisqu'elle décroche le « glorieux » titre de « Dr. Phil. » qui figurera désormais sur son papier à lettres. À partir de cette fin d'avril 1931, « toutes les voies sont libres », et Annemarie est bien décidée à les explorer une à une.

Pour l'heure, il s'agit surtout de prendre des vacances bien méritées. La splendide Victory verte que ses parents lui ont offerte un an plus tôt est l'instrument rêvé au service de son besoin d'évasion. Il lui permet en outre de voyager en bonne compagnie. Début mai, Annemarie se rend d'abord à Munich avec son amie Valérie Korrbrunner, puis elle part pour Paris avec Hanna Kiel. Les deux femmes descendent à l'hôtel Matignon. Sa troisième destination est Bandol, sur la Côte d'Azur, où séjourne Klaus Mann. Mais cette nouvelle forme de vie semble ne lui réussir ni sur le plan physique ni sur le plan psychologique. Contrecoup de l'effort intensif fourni pendant les derniers mois ? De Paris elle écrit à Erika qu'elle est tombée malade : « Fièvre et impossibilité de parler. » De plus, elle se sent déprimée : « Je réalise chaque jour que je suis trop gâtée (!) et que la vie est quelque chose de complètement différent[1]. » Un mois plus tard, de retour à Bocken, elle souffre de vertiges et de maux de tête intolérables.

Une fois remise, elle reprend la route en direction de l'Autriche pour rejoindre Erika en villégiature près de Salzbourg. Elle y rencontre pour la première fois la femme qui partage la vie de son amie : l'actrice Therese Giehse. Au mois d'août, elle séjourne au bord de l'Ammersee avec Ricki Hallgarten et son amie Eva Hermann. L'été se passe ainsi en voyages d'agrément et en visites amicales. Mais si Annemarie a la bougeotte, c'est aussi pour des raisons professionnelles. On lui a demandé en effet de collaborer à la série des guides touristiques des éditions Piper intitulée « Ce qu'on ne trouve pas dans le Baedeker[2] ». Contrairement aux guides traditionnels où les sites intéressants sont énumérés et décrits de façon impersonnelle, ces livres devaient susciter chez les lecteurs l'envie de faire des découvertes plus insolites. Le directeur de cette collection est Eduard Korrodi, qui, nous l'avons vu, est aussi le rédacteur en chef de la chronique littéraire de la *NZZ*. Pour les deux tomes concernant la Suisse, il s'est assuré, outre les services d'Annemarie, ceux de Hans Rudolf Schmid et de Manuel Gasser. Pour le premier volume, consacré aux régions Est et Sud, Annemarie doit écrire, entre autres, les textes sur le Tessin et les Grisons. C'est donc à cette fin qu'elle se rend à Ascona et Lugano au début du mois de septembre 1931, et elle n'est pas mécontente que le soleil tessinois vienne agrémenter son travail de rédaction. Mais son plaisir est décuplé quand elle réussit à progresser dans son deuxième roman, *Départ en automne*[3].

On ne sait pas grand-chose sur ce livre puisqu'il n'a jamais été publié et est considéré aujourd'hui comme disparu. Annemarie en lira cependant des extraits le 4 janvier 1932 à Saint-Gall. L'article paru trois jours plus tard dans le *St Galler Tagblatt* soulignera le courage de l'auteur qui

« quitte les jardins de l'aristocratie et essaie de saisir l'esprit des faubourgs ». Les personnages, « des gens d'une grande solitude intérieure », cherchent tous à rompre leurs chaînes. En proie à une profonde détresse morale, ils se demandent avec angoisse de quoi sera fait leur avenir. L'article conclura sur la qualité « exemplaire » de la langue, la simplicité et la clarté du style, l'art du dialogue, tous éléments trahissant la « rigoureuse discipline » que s'est imposée l'écrivain.

Ce qui frappe une fois de plus, c'est le lien très intime entre cette « fiction » et le propre vécu d'Annemarie. Tout comme dans *Les Amis de Bernhard*, les événements de sa vie et son « sentiment du monde » deviennent immédiatement et spontanément sujet littéraire. C'est là encore un trait qui la rapproche de Klaus Mann – auquel certains critiques reprochent de « piller son vécu avant même d'en avoir pris possession ». Mais pour Annemarie, le lieu de l'écriture est justement celui où le monde prend une dimension de réalité et où elle peut donc essayer de se l'approprier. En d'autres termes, le monde – extérieur *et* intérieur – n'existe réellement qu'à partir du moment où il lui est possible de le traduire en mots.

Annemarie a décidé de partir. Mais pour aller où ? Bien qu'hésitant entre Paris et Berlin, elle se décide très vite pour la capitale allemande, et ce choix est aisé à comprendre. Au début des années 1930, Berlin est en effet non seulement la capitale artistique de toute l'Europe mais aussi la capitale culturelle des pays germanophones, et elle représente de ce fait une étape incontournable si l'on veut faire une carrière artistique ou littéraire. Aussi cette métropole en perpétuelle effervescence attire-t-elle un nombre considérable d'écrivains, de peintres, d'acteurs de théâtre et de cinéma, de metteurs en scène et de musiciens de talent. Parmi eux, des noms devenus prestigieux : Fritz Lang, Bertolt Brecht, Marlene Dietrich, Peter Lorre, Kurt

Weill, Wilhelm Furtwängler, Max Beckmann... Annemarie en est convaincue : c'est à Berlin qu'elle pourra avoir les meilleurs contacts avec des maisons d'édition, des agents littéraires et des journaux. Par ailleurs, elle se sent plus proche de la jeunesse allemande que de celle de son propre pays, car face à l'austérité et à la rigidité helvétiques les doutes et les incertitudes des jeunes Allemands lui paraissent davantage porteurs d'espoir. Enfin, à Berlin elle pourra retrouver régulièrement Klaus et Erika. C'est donc à Berlin qu'elle ira.

Or à Bocken les conflits ont repris de plus belle pendant l'été 1931, et l'atmosphère est devenue littéralement irrespirable. C'est « l'enfer », écrit Annemarie à Erika. Pendant quelques jours, en effet, Renée et Alfred Schwarzenbach refusent d'adresser la parole à leur fille, ce qui l'oblige à communiquer avec eux par écrit. En fait, la pomme de discorde est toujours la même : on voudrait ni plus ni moins qu'elle renonce à ses « fréquentations ». Mais Annemarie ne cède pas d'un pouce, et l'intervention directe d'Hanna Kiel, début septembre, semble apaiser les esprits. Toutefois, comme Annemarie a mauvaise conscience de « quitter » sa mère en partant pour Berlin, il lui faut trouver une raison valable. Par chance, l'un de ses professeurs d'université, Carl J. Burckhardt, lui propose un travail de recherche pour préparer un ouvrage de nature biographique. Avec cet alibi en or, plus rien ne s'oppose à son départ. Le 19 septembre, elle s'installe au volant de sa Victory fraîchement repeinte et met le cap sur la métropole allemande, heureuse de quitter « Zurich, cette ville étouffante, qui croupit dans son bien-être et sa futilité[4] ».

Néanmoins, il n'est pas si facile d'échapper à la férule maternelle. Elle souhaitait choisir un itinéraire passant par Munich afin de rendre visite à Erika, mais elle se voit contrainte de faire un détour par l'Alsace où des amis de sa famille possèdent un château. Elle surmonte sa déception et sa mauvaise humeur, et ne tarde pas à apprécier, le temps d'un week-end, le confort d'un bon feu et le spectacle des arbres parés des couleurs de l'automne. Quand elle arrive enfin à destination, via Fribourg-en-Brisgau et Fulda, elle est une fois de plus rattrapée par les siens : sa cousine Elisabeth Albers-Schönberg, mariée à un aristocrate allemand, est chargée de l'héberger dans son appartement du quartier résidentiel de Frohnau. Annemarie y reste cependant à peine un mois. Souhaitant habiter un quartier plus central, elle trouve d'abord un logement dans la Hohenzollernstrasse, et six mois plus tard dans la Königin-Elisabethstrasse, à deux pas de chez Maria Daelen, une amie dont elle a fait la connaissance trois ans plus tôt à Paris au Foyer international des étudiantes. Dès lors, les visites d'ordre familial se feront rares.

Annemarie Schwarzenbach est en effet très occupée. Au tout début de son séjour berlinois, elle entame consciencieusement le travail scientifique qui lui a été confié, puis elle est très vite happée par le vent de liberté qui souffle sur la capitale. Le contraste avec l'atmosphère à la fois étouffante et glacée de Zurich est saisissant. Certes, au moment où elle arrive à Berlin, la crise économique s'exacerbe et jette chaque jour à la rue un plus grand nombre de chômeurs – on en compte déjà près de cinq millions. Mais Annemarie ne fait pas partie des déshérités, et pour elle Berlin est la ville de tous les possibles. Savait-elle avant de s'y rendre que Berlin est aussi, depuis les années 1920, un haut lieu de la « libération » homosexuelle ? En tout cas, elle a tôt fait de découvrir quelques-uns des établissements lesbiens dont foisonnent les quartiers ouest, en particulier autour de la place Nollendorf. Elle fréquente les clubs de travestis, même si elle avoue que ces « grands oiseaux de nuit » lui font très peur. En l'espace de quelques semaines, elle devient une habituée du club très fermé Maly und Igel et d'Ariane, un nouveau bar lesbien. Son allure androgyne, sa coupe de cheveux à la garçonne, ses chemises d'homme, parfaitement en accord avec l'idéal de la beauté féminine des années 1930, lui valent un succès à la mesure de son charme « surnaturel ».

Des lettres envoyées à Erika il ressort toutefois qu'après l'euphorie du départ les doutes s'insinuent dans son esprit : où va la mener cette soudaine liberté à laquelle elle a pourtant si ardemment aspiré ? Est-ce là une forme de vie qui lui convient ? À peine deux semaines après son arrivée à Berlin, elle écrit à Erika qu'elle a fait pour la première fois de sa vie une « crise de nerfs » et a failli se tuer une nuit, entre quatre et sept heures du matin, au volant de sa voiture. Que lui arrive-t-il donc ? Son amie Ruth Landshoff-Yorck explique :

> Pour la première fois de sa vie, elle était sans aucune protection, c'est-à-dire que personne ne lui interdisait ou ne lui ordonnait quoi que ce fût. [...] Elle vivait dangereusement. Elle buvait trop. Elle n'allait jamais se coucher avant le lever du jour. Elle était très attachée à une jeune femme froide et cynique qui était serveuse dans un bar [...] et qui traitait les gens sans le moindre égard[5].

De fait, sortie du carcan universitaire et surtout familial, Annemarie se sent complètement perdue. Avec l'aide d'Erika, qui fait une brève apparition dans la capitale allemande, elle commence à comprendre qu'il n'est pas possible de vivre à Berlin « si on ne se fixe pas des limites très strictes ». Mais les lettres suivantes trahissent son incapacité à démêler l'imbroglio de ses « affaires de cœur ». Elle avoue son sentiment de honte d'avoir encore à vingt-trois ans des problèmes d'adolescente, et c'est avec une lucidité confondante qu'elle pose à Erika cette question pathétique : « Arriverai-je un jour à devenir *adulte*[6] ? » Même si elle semble en douter, elle s'efforce de jouer au mieux ce qu'elle appelle son rôle d'« apprenti de la vie[7] ». L'atmosphère de crise sociale et politique qui règne à Berlin n'est cependant pas faite pour l'aider dans cette tâche. Conséquence : elle oscille entre l'indifférence la plus totale à ce qui l'entoure et le désir « d'investir sa vie[8] ».

À Berlin, Annemarie Schwarzenbach est entourée d'une myriade d'amies dont beaucoup sont issues du même milieu qu'elle. À côté d'Hanna Kiel et de Ruth Landshoff-Yorck, il y a, entre autres, la journaliste Ursula von Hohenlohe, la doctoresse Maria Daelen, Lisa von Cramm, femme du champion de tennis Gottfried von Cramm, et la photographe Marianne Breslauer. Ancienne élève de Man Ray, cette dernière commence à cette époque une série de portraits de femmes qu'elle a l'intention de répéter tous les cinq à dix ans afin de tenir la chronique de leur évolution. Ce projet sera malheureusement réduit à néant par l'arrivée d'Hitler au pouvoir. Il n'en reste pas moins que le portrait d'Annemarie réalisé au studio Ullstein en 1932 garde encore aujourd'hui un rare pouvoir de fascination. Plus d'un demi-siècle après, la photographe racontera en ces termes sa première rencontre avec Annemarie : « Elle me fit alors le même effet qu'à tout le monde : cet étrange mélange d'homme et de femme. Pour moi, elle correspondait à l'image que je me fais de l'ange Gabriel au paradis. [...] Pas du tout comme un être vivant, mais comme une œuvre d'art[9]. »

Charmées par l'angélique et mélancolique beauté d'Annemarie, ses amies sont prêtes à la materner et à jouer auprès d'elle ce rôle de « consolatrice » qu'elle sollicite en permanence. Mais elles finiront toutes tôt ou tard par abandonner la partie après s'être rendu compte que rien ne peut vraiment consoler la jeune Suissesse ni l'arracher à son mal de vivre.

Sacrifiant à ses habitudes, Annemarie entreprend de « féconder sa tristesse » en faisant de ses mésaventures berlinoises le sujet d'un nouveau livre. Pendant les deux derniers mois de l'année 1931, alors même qu'elle vient de terminer *Départ en automne*, elle commence à écrire *Nouvelle lyrique*[10], où elle raconte les amours malheureuses d'un jeune homme de vingt ans avec une chanteuse de cabaret. À la fin du livre, le héros semble avoir suffisamment évolué pour se permettre de prononcer ces mots : « Je sais maintenant ce qu'est la vie, et je sais qu'on n'obtient rien sans renoncer à quelque chose. »

Les éditions Rowohlt ne pourront publier ce livre qu'en avril 1933, un moment peu favorable, vu le contexte politique, pour proposer au public un récit d'un lyrisme aussi personnel. Aussi la critique sera-t-elle partagée. Eduard Korrodi se montrera très dur. De même Charly Clerc, un professeur de littérature d'ordinaire plus indulgent. Ébranlée par la sévérité de son article, Annemarie lui adressera une lettre où elle reconnaîtra volontiers la légèreté du sujet comparée à la gravité de la crise européenne ; et elle lui fera part de son intention d'écrire à l'avenir de façon plus impersonnelle. Mais le « principal défaut[11] » de ce livre, ajoutera-t-elle, c'est que le héros est en réalité... une jeune femme.

Dans un article publié le 14 mai 1933 dans la *National-Zeitung*, Klaus Mann se montre plus nuancé que ses collègues : il déplore « l'atmosphère d'insouciance presque gênante face à la réalité sociale », mais il loue la beauté du style auquel il reconnaît « légèreté, parfum et rythme ». La sobriété de l'expression lui rappelle Hemingway, et le talent littéraire de son amie lui semble particulièrement éclatant dans les magnifiques descriptions de la nature qui émaillent l'ouvrage. Carl Seelig, critique et ami de nombreux écrivains, signale la « musicalité du style » et une écriture évoquant certains textes de Knut Hamsun. C'est en effet la limpidité et la précision de la langue qui font de ce texte une œuvre originale et moderne. À travers ce récit nimbé de mélancolie et d'irréalité s'expriment tour à tour une conscience aiguë du monde et le sentiment d'y être étranger.

Pourquoi Annemarie Schwarzenbach a-t-elle transposé sur un homme ses propres sentiments ? Pourquoi ne pas raconter une histoire d'amour entre deux femmes ? Très probablement pour épargner sa famille, et aussi pour s'assurer la possibilité d'être publiée par une maison d'édition de renom. Cela dit, ce glissement du féminin au masculin est fréquent dans sa correspondance, qu'il s'agisse d'elle-même ou d'amies. Elle écrit par exemple à Erika

Mann qu'elle est « un homme libre ». Et s'il arrive qu'on la prenne pour un homme, loin de s'en offusquer elle en éprouve au contraire un assez vif plaisir. Sans doute cultive-t-elle plus ou moins consciemment cette ambiguïté qui est dans l'air du temps et qui lui vaut les faveurs des femmes comme des hommes.

Les hommes, justement, sont eux aussi très présents à Berlin autour d'Annemarie, en particulier des écrivains comme Wilhelm Speyer, Bruno Frank, Erich Maria Remarque, Roger Martin du Gard et, bien sûr, Klaus Mann. Il n'est d'ailleurs pas rare qu'ils lui rendent hommage dans leurs écrits. Wilhelm Speyer, qui est tombé amoureux de la jeune et belle Suissesse, l'évoque dans deux de ses romans, *La Horde dorée* et *Été dans le Midi. Une histoire d'amour*. Quant à Roger Martin du Gard, avec qui elle dit s'entendre particulièrement bien, il lui dédicace un exemplaire de *Confidence africaine* avec ces mots inoubliables : « Pour Annemarie Schwarzenbach, en la remerciant de promener sur cette terre son beau visage d'ange inconsolable. » L'androgyne beauté de la « petite Suissesse » inspirera aussi plusieurs fois Klaus Mann, par exemple pour le personnage de Johanna dans son roman *Fuite au Nord*, et pour celui de Doris dans sa nouvelle intitulée *Romance africaine*.

Comme Annemarie se trouve dans l'une des capitales européennes de l'industrie cinématographique, elle fréquente beaucoup les salles obscures. Juste au moment de son arrivée à Berlin est sorti sur les écrans un film qui devait marquer l'histoire du cinéma : *M. le Maudit*, le premier film parlant de Fritz Lang. Est-elle allée le voir ? Une chose est sûre : le 27 novembre 1931, elle assiste au Gloria Palast à la première du film de Leontine Sagan, *Jeunes Filles en uniforme*, dans lequel Erika Mann joue un petit rôle. Adapté d'une pièce à succès de Christa Winsloe, ce film raconte la fascination amoureuse d'une élève d'un internat pour l'une des enseignantes, et Annemarie y a très certainement retrouvé l'atmosphère de l'institut de Fetan.

L'occasion de manier la plume à des fins journalistiques lui est offerte quelques mois plus tard par la *NZZ* qui lui ouvre de temps à autre les colonnes de sa rubrique cinéma. Elle rédige alors de longs articles très bien argumentés. Elle en consacre un par exemple au *Sang d'un poète* de Cocteau, un autre au génie de Sternberg qu'elle admire pour avoir su montrer dans *Blonde Vénus* les multiples facettes du talent de Marlene Dietrich – révélée un an plus tôt dans *L'Ange bleu* du même réalisateur. Dans un troisième article où elle analyse la nature spécifique du film en tant qu'œuvre d'art, elle insiste sur les rapports étroits que doivent entretenir l'auteur du scénario et le metteur en scène pour produire un film de qualité. Par ailleurs, elle découvre le cinéma soviétique – entre autres *Le Cuirassé Potemkine* d'Eisenstein, et visite les studios de la UFA, cette entreprise de production et de distribution de films que Fritz Lang a failli ruiner en 1927 avec le coûteux tournage de *Metropolis*.

Mais que sait-on au juste à Bocken de la façon dont vit Annemarie ? Sans doute beaucoup plus qu'elle ne le souhaiterait car les Schwarzenbach ont quantité de parents et de relations dans la capitale allemande – et les nouvelles ne sont guère rassurantes. Heureusement, Noël approche. À travers les lettres d'Annemarie à Erika en décembre 1931, le bilan de ce premier séjour de deux mois et demi à Berlin apparaît mitigé : elle sait qu'elle doit se montrer plus réservée dans ses relations affectives avec les autres ; elle se rend compte qu'elle arrive mieux à écrire en écoutant des disques sur son gramophone et en buvant de l'alcool – ce qui choque profondément son amie Ruth Landshoff-Yorck ; et elle fait cette amère constatation : « Je ne crois plus [...] qu'on puisse être heureux en amour, c'est toujours abominablement décevant, et on se retrouve dans une solitude absolue[12]. » Quand elle rentre en Suisse après une visite éclair à Munich chez les Mann, elle a, pense-t-elle, un peu appris le « dur métier de vivre ».

À Bocken, les fêtes de fin d'année sont « royales » : réception chez l'infant d'Espagne suivie d'un bal, dîner avec deux filles du roi d'Espagne... Ces obligations mondaines mettent Annemarie de mauvaise humeur, d'autant plus qu'elles l'ont obligée à quitter Munich – et donc Erika – plus tôt que prévu. Elle boude et se réfugie dans la lecture, se promène à cheval avec sa mère et son frère Hasi, et constate avec étonnement que Renée ne lui fait aucun reproche. Puis, comme tous les ans, elle part faire du ski dans les Grisons : d'abord à Arosa, où elle retrouve Ursula von Hohenlohe, puis à Lenzerheide chez Hanna Kiel après avoir fait un détour par Saint-Moritz.

C'est en ce début d'année 1932 qu'Annemarie ressent les premiers accès de ce que l'on pourrait appeler, à l'instar de Catherine Pozzi, le « mal d'Europe ». Le 3 janvier, elle écrit à Erika : « Je trouve que l'on devrait quitter quelque temps l'Europe et les sentiers battus ; ici, on exige de nous trop peu de courage et beaucoup trop de patience. » Cette phrase exprime avant tout un besoin impérieux de prendre de la distance face aux événements politiques qui empoisonnent de plus en plus l'atmosphère, et pour les enfants Mann cette proposition va tomber à pic.

Dix jours plus tard, en effet, Erika est invitée à participer à Munich à une réunion de la Ligue féminine internationale pour la paix et la liberté. Après l'allocution de la pacifiste française Marcelle Capy, elle doit lire quelques textes tirés de la revue allemande *Die Zukunft*. Mais sa lecture est perturbée par des SA en civil, ce qui nécessite l'intervention de la police. Dès les jours suivants, la presse nazie se répand en menaces non déguisées contre la famille Mann. Les femmes de la ligue sont traitées de « mégères pacifistes » et de « maquerelles des négriers juifs », les calomnies pleuvent sur Erika. Klaus répond publiquement aux « propos ignominieux[13] » dirigés contre sa sœur.

Aiguillonnée par la violence de ces attaques, celle-ci n'hésite pas à intenter un procès en diffamation contre deux quotidiens. Elle obtiendra réparation, mais cette cabale signera la fin de sa carrière d'actrice. Plus aucun théâtre n'acceptera de l'engager.

Si le projet de voyage d'Annemarie intéresse tant les Mann, c'est aussi parce qu'ils y voient une possibilité de distraire leur ami d'enfance Ricki Hallgarten de ses sombres pensées. Celui-ci, peintre et illustrateur de son état, souffre en effet de symptômes dépressifs récurrents aggravés par le pressentiment d'une catastrophe politique imminente. En 1930, Erika a écrit avec lui une pièce pour enfants, *Le Petit Chien merveilleux de Jan*, puis en juin 1931 elle l'a entraîné dans un rallye automobile de dix mille kilomètres à travers l'Europe organisé par la firme Ford – course dont ils sont sortis vainqueurs. Au printemps 1932, Ricki illustre *Stoffel traverse la mer*, le premier livre d'Erika pour enfants, et quand elle lui propose de les accompagner, elle, Klaus et Annemarie, dans un grand voyage, il accepte avec joie. Les quatre amis décident de partir à deux voitures à travers les Balkans et l'Asie Mineure jusqu'en Perse.

Pourquoi ce choix de la Perse ? Sans doute Klaus Mann a-t-il très envie de partir sur les traces d'Alexandre le Grand, dont il a fait en 1929 le héros d'un roman. Il est également possible qu'Annemarie soit à l'origine de ce projet, car l'historienne en elle ne peut manquer d'être attirée par ce berceau de la civilisation. Pendant les mois suivants, c'est elle qui épluche guides et cartes routières, s'occupe de contacter des éditeurs et des journaux susceptibles d'être intéressés par des articles ou des récits de voyage. Elle règle également les problèmes financiers tandis que Ricki prend en charge tout l'aspect équipement. Le départ est fixé au 6 mai 1932. L'avant-veille, Erika et Klaus ont réussi à obtenir un rendez-vous dans les studios de la société cinématographique Emelka. Le quatuor est filmé pour passer aux actualités.

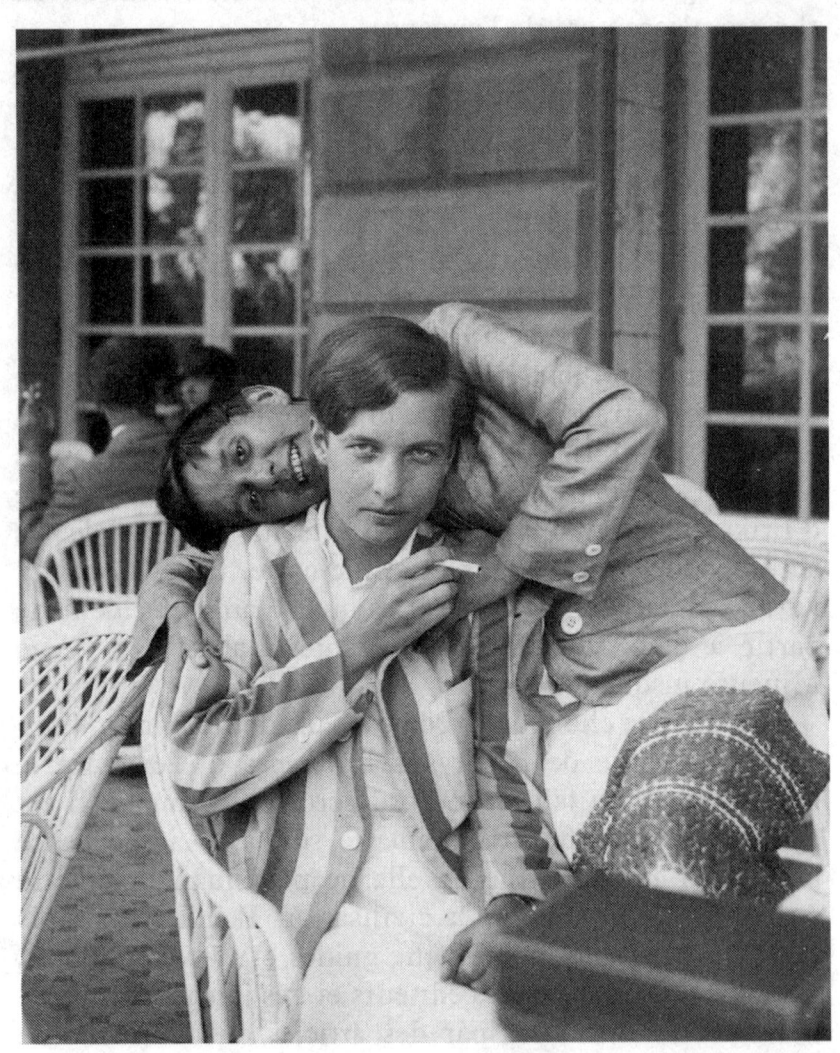

Avec Erika Mann à l'hôtel des Bains du Lido (mai 1932)

Mais quelques heures plus tard, la nouvelle tombe comme un coup de tonnerre : Ricki s'est tiré une balle en plein cœur. Dans son autobiographie, Klaus raconte : « Scène cauchemardesque ! [...] Le visage d'Annemarie – son beau visage d'ange inconsolable – devint blanc comme un linge [...] et Erika, ah ! mon Dieu, avec quelle véhémence à vous fendre l'âme elle se mit à sangloter[14] ! » C'est un choc terrible, surtout pour les Mann qui voient tous leurs efforts anéantis et perdent leur meilleur ami. Fasciné lui-même par le suicide – n'a-t-il pas écrit quelques mois plus tôt dans un article consacré à ses nombreux amis suicidés que c'est « le geste le plus noble de tous » ? –, Klaus explique : « Il y avait sans doute deux voyages différents qui le tentaient en même temps et pour lesquels il se tenait prêt. Celui qui devait le mener à Téhéran, il l'aurait fait avec nous, pour nous, par amour pour nous ; mais l'autre, on l'entreprend seul, dans une cuirasse de solitude qu'aucun amour ne peut plus traverser[15]. »

Après l'enterrement, plus question de partir pour la Perse. Klaus, Erika et Annemarie, accompagnés de Herbert Franz (Babs), décident d'aller se remettre de leurs émotions à Venise. Ils descendent à l'hôtel des Bains, situé sur la plage du Lido et presque désert à cette époque. Vingt ans plus tôt, Thomas Mann y a mis en scène sa nouvelle *La Mort à Venise*. Ils se baignent malgré la fraîcheur de l'eau, se promènent en gondole, déambulent dans les innombrables ruelles, essuient beaucoup d'averses, vont voir les tableaux du Tintoret et de Véronèse au palais des Doges, les madones de Bellini au musée de l'Académie. Annemarie a emporté une caméra – malheureusement les films ont disparu. En revanche, quelques très belles photos témoignent de ce séjour. Sur l'une d'elles, on voit Annemarie assise entre Klaus et Erika dans une gondole. La « petite Suissesse » a l'air renfrogné. Dans *Le Tournant*, Klaus Mann explique pourquoi : elle a eu sa mère au téléphone, et celle-ci, de mauvaise humeur à cause d'une contre-performance de son meilleur cheval, a reproché à sa fille de mener une vie de débauche. « Toujours la même rengaine », commente Annemarie. Mais ce qui la met encore plus en colère, c'est la nouvelle du traitement infligé à Toscanini par les adeptes du Duce : « Le frapper au visage ! Cette racaille fasciste ! Parce qu'il refusait de jouer leur hymne imbécile ! Et personne ne proteste contre cette monstruosité ! À Venise, en Italie, en Europe, tout continue comme si de rien n'était ! C'est à devenir fou[16] ! »

Impossible donc d'échapper à l'actualité politique. Quand ils repartent au bout de deux semaines, les trois amis apprennent que Brüning a dû quitter la chancellerie pour s'être opposé au développement des organisations paramilitaires du parti national-socialiste, et qu'il est remplacé par von Papen. Pressentant que ce dernier va se faire l'instrument docile des nazis, Klaus note dans son journal intime le 1ᵉʳ juin 1932 : « Défiance et peur. »

Après Venise, c'est le retour à Berlin. Annemarie Schwarzenbach écrit une pièce de théâtre, *Cromwell*, mais elle avouera elle-même plus tard ne pas avoir su maîtriser le sujet et cette pièce ne sera pas publiée. La maison d'édition contactée loue son style, mais on lui conseille d'écrire « quelque chose de plus simple ».

Cependant, l'Histoire poursuit sa marche inexorable. Annemarie perçoit plus que jamais la menace qui plane sur l'Allemagne, mais que faire ? L'esprit nationaliste lui faisant horreur, il lui faut trouver une activité qui l'éloigne le plus possible de l'actualité politique. C'est alors que resurgit l'idée de l'Asie. Avec Klaus Mann et Hanna Kiel, elle va voir un documentaire de Victor Turin, *Turksib*, sur la construction de la voie ferrée qui doit traverser le Moyen-Orient et donner accès aux champs de blé et de coton du Turkestan. Elle est éblouie par la beauté des paysages et découvre l'intérêt du film « culturel ». Dans le droit fil des lectures qu'elle a faites quand elle préparait le voyage en Perse, elle se met aussi à étudier les collections archéologiques asiatiques des musées de Berlin. « Vous savez que je hais le nationalisme et que j'aime par contre la culture commune à toute l'Europe. Où la trouve-t-on encore aujourd'hui si ce n'est là où elle a été fondée ? Et il en existe des témoignages formidables et fascinants, de Mycènes et Cnossos jusqu'à Ur, Kish ou Tell Halaf », écrit-elle à Claude Bourdet le 4 juillet 1932.

Ce désir d'Orient va faire son chemin au cours des mois suivants, parallèlement à une autre idée : travailler pour des journaux. Annemarie prend contact avec l'agence Akademia dans l'intention d'aller faire des reportages en Scandinavie. Comme les Mann projettent eux aussi de s'y rendre, elle veut les rejoindre et par la même occasion rendre visite à sa sœur Suzanne. Le 23 juillet, Klaus va la chercher à la gare de Stockholm. Ils embarquent dès le lendemain pour Helsinki, puis la Ford d'Erika les emmène chez un ami de Klaus, Hans Aminoff. Le dernier soir, après avoir mangé des écrevisses et des fraises arrosées de gin, Erika fait de la balançoire tandis qu'Annemarie joue au piano des pièces de Bach et de Chopin. Ce séjour au « pays des mille lacs » inspirera à Klaus son roman *Fuite au Nord*, et il donnera à son héroïne Johanna les traits d'Annemarie.

Pendant ce temps, de nouvelles élections législatives ont lieu en Allemagne : le parti nazi remporte deux cent trente sièges et devient du même coup le parti le plus représenté au Reichstag. Autour du cou de la République de Weimar le nœud se resserre.

Dès son retour à Bocken via Berlin, Munich et Salzbourg, Annemarie doit se mettre au travail afin de livrer en temps utile les dix articles qui lui incombent pour le deuxième volume du guide Piper. Cette fois, il s'agit des régions Nord et Ouest de la Suisse, ce qui l'amène à faire de brefs séjours dans le Valais, à Genève et à Nyon. Après avoir accompli cette tâche qui l'a accaparée une bonne partie du mois de septembre, elle fait une lecture à la radio le 2 octobre puis repart à Berlin, non sans s'offrir un petit détour par l'Autriche pour passer deux jours dans la propriété d'une « amie délicieuse », la comtesse Palffy-Erdödy.

Pendant les trois derniers mois de l'année 1932, les activités d'Annemarie à Berlin sont variées. Elle se lève tôt pour monter les superbes chevaux mis à sa disposition à la caserne de la Reichswehr, elle fait de longues promenades dans les forêts environnantes, elle écrit beaucoup – « Je suis prise d'une véritable rage d'écriture », rapporte-t-elle à Erika –, et elle a de nombreux contacts avec des représentants des milieux littéraire et journalistique. Un jour de la fin d'octobre, Ruth Landshoff-Yorck lui propose d'aller prendre le thé avec elle chez son amie Mopsa Sternheim. Elle se reprochera toute sa vie d'avoir suscité une rencontre qui va se révéler lourde de conséquences.

Amie proche des enfants Mann, Mopsa est la fille du dramaturge expressionniste Carl Sternheim. Au grand dam de René Crevel qui, bien qu'homosexuel, aurait aimé l'épouser, elle est liée au peintre autrichien Rudolf Carl von Ripper. Celui-ci, baron de son état, a des relations qui lui permettent de se procurer facilement de la drogue et de satisfaire ainsi la toxicomanie de sa compagne. Voilà qui explique pourquoi Mopsa est la planche de salut de tous ceux qui ont besoin d'une bouffée d'extase.

C'est au cours du mois de novembre 1932 qu'Annemarie reçoit son « baptême » de morphine, probablement en compagnie des enfants Mann. Klaus et Erika ont déjà été initiés aux plaisirs des paradis artificiels. Lors d'un séjour à Fez en 1930, ils ont même éprouvé dans leur chair les affres d'une overdose de haschich. Klaus a goûté à la morphine dès 1929, puis il a essayé l'héroïne et fumé des pipes d'opium avec Jean Cocteau. Dans son journal intime il note scrupuleusement sa consommation. Le 14 novembre 1932, justement, il écrit : « Pris (3) » – le chiffre signifiant trois cachets. Il prend de la morphine en injections ou en comprimés d'Eucodal dont le principe actif est le chlorhydrate de codéine, un dérivé morphinique connu pour ses effets toxiques. Comme il ressort de sa lettre à Erika en date du 24 novembre 1932, Annemarie semble avoir commencé par les « médicaments » – Eucodal, Benzédrine, etc.

L'attitude et les réactions du trio face à la drogue sont extrêmement différentes. Alors que pour Erika elle représente un plaisir convivial, une façon d'optimiser le plaisir d'être avec des amis, elle permettra à Klaus et Annemarie de pallier leur sentiment de solitude et leur mal de vivre. En présence des Mann, Annemarie arrivera le plus souvent à contrôler sa consommation, mais elle sait que dès qu'elle se retrouve seule elle risque de se laisser entraîner dans de périlleuses dérives. À cela s'ajoute que, contrairement à ses amis, son organisme supporte très mal la drogue. Son entourage s'effraiera parfois de sa pâleur extrême, on craindra même pour sa vie. Mais comme par miracle, quelques jours plus tard les pires craintes s'avéreront sans fondement.

Si Erika semble être, du trio, celle qui maîtrise le mieux la situation, il lui arrive cependant de faire des excès dramatiques. Dans une lettre de mars 1933, alors que l'exil vient tout juste de commencer pour la famille Mann, elle met son frère Klaus en garde contre la tentation de recourir au « vice petit-bourgeois ». Elle-même, écrit-elle, vient de faire en compagnie d'Annemarie une expérience presque aussi traumatisante que celle de Fez. Deux heures après avoir pris une poudre qui leur a causé sur-le-champ des démangeaisons épouvantables, elles ont été victimes toutes deux de crampes d'estomac si horribles qu'elles ont été contraintes, à trois heures du matin, d'appeler le médecin.

Malgré ses promesses réitérées d'être raisonnable, Annemarie ne tarde pas à glisser dans la dépendance et l'accoutumance. Très vite s'installe un état où la drogue, loin de lui apporter le plaisir qu'elle serait en droit d'attendre, a pour seule fonction de satisfaire son organisme en manque.

Voici en quels termes Ella Maillart rapporte ce que lui confiera sa compagne de voyage à Kaboul en 1939 :

> Partons au plus vite. Je dois être loin des villes : je sais alors que je ne peux pas m'en procurer et il m'est plus facile de vivre. Dans les villes, je ne peux pas m'empêcher de penser : « La tentation peut venir d'un moment à l'autre... Je vais céder... » Je suis obsédée par les quelques instants d'oubli que cela me donne – quoique je les paie par des heures d'écœurement. Je n'en éprouve même pas de plaisir... Ce serait plutôt comme une pause dans le vide, la seule détente que je connaisse ! Le reste du temps [...] je vis en craignant [...] que cette tentation qui me taraude vienne à percer le mur de ma résolution[17].

À partir de la fin de l'année 1932, les mots « thon » et « poisson » – expressions déguisées pour désigner la drogue – reviennent régulièrement, aussi bien dans les lettres de « Miro » à Klaus Mann que dans le journal intime de ce dernier. Tous deux ne cessent de s'exhorter mutuellement à se débarrasser de cette « drogue maudite », qualifiant leur addiction de « péché », et après une cure de désintoxication ils se cachent l'un à l'autre qu'ils ont rechuté. Bien des proches d'Annemarie, incapables d'imaginer qu'une amie aussi franche et honnête ait pu leur mentir, seront surpris d'apprendre après coup qu'ils ont été dupés.

Mais en 1932 la situation n'est pas encore aussi dramatique. Les vacances de Noël viennent à point nommé mettre provisoirement fin aux excès berlinois. Il semble toutefois qu'on ait eu vent à Bocken de ce qui se passait. Comment expliquer sinon que, après avoir dépensé une petite fortune, début novembre, pour offrir à leur fille une splendide Mercedes-Mannheim, Renée et Alfred Schwarzenbach resserrent soudain les cordons de la bourse ? Sans doute espèrent-ils ainsi freiner ses écarts de conduite. Le résultat, c'est qu'à partir de cette date Annemarie se trouve en butte à des difficultés financières qui, pour être relatives, n'en sont pas moins réelles. L'entretien de cette fameuse voiture va grever considérablement son budget, au point qu'elle écrira à Erika, trois semaines après Noël, qu'elle a du mal à « parer au plus pressé ». Il lui faut donc songer à un moyen de gagner quelque argent, et c'est ce à quoi elle va s'employer dès le début de l'année 1933.

Au même moment, le bruit des bottes sur les pavés de Berlin se fait assourdissant.

CHAPITRE V
Le nuage noir
(1933)

À Berlin (1933)

> J'ai beaucoup d'amis mais aucun compagnon de route.
>
> Annemarie SCHWARZENBACH,
> lettre à Ernst Merz.

Tandis qu'à Saint-Moritz Annemarie Schwarzenbach se remet des festivités familiales en compagnie de Maria Daelen, Erika Mann frappe un grand coup en ouvrant dès le 1ᵉʳ janvier 1933 à Munich son cabaret littéraire antifasciste le Moulin à poivre. On sait à la suite de quels événements, intervenus près d'un an plus tôt, la comédienne n'a pratiquement plus obtenu d'engagements. Peut-être espérait-on ainsi avoir raison de sa combativité. Mais c'était mal connaître la fille du Magicien dont la pugnacité naturelle ne pouvait que redoubler sous l'aiguillon de l'adversité. Les théâtres allemands refusent de la faire jouer ? Qu'à cela ne tienne ! Elle va créer son propre théâtre. Ou plutôt un cabaret. Ce sera plus amusant, et on va bien rire du petit minable à moustache et des pantins en chemise brune qui le suivent comme un seul homme ! Aussitôt dit, aussitôt fait ! En l'espace de trois mois et avec l'aide d'une bonne demi-douzaine d'artistes – dont son amie Therese Giehse, l'actrice-vedette des Kammerspiele de Munich, et le compositeur Magnus Henning –, tout est prêt. Erika loue la Bonbonnière, un petit théâtre qui

– singulier hasard – jouxte la Hofbräuhaus, cette fameuse brasserie où Hitler est justement en train de préparer son arrivée au pouvoir. Épaulée par Klaus, elle écrit la majorité des textes destinés à être présentés : des chansons, des sketches, des poèmes et des contes qui, sous leur apparente naïveté, dénoncent discrètement les agissements fascistes. Le succès est tel qu'au bout de deux mois la petite troupe doit chercher un local plus spacieux.

Annemarie a regagné Berlin depuis la mi-janvier, mais l'éloignement d'Erika ainsi que l'aggravation des événements politiques semblent rejaillir sur ses problèmes personnels. À peine arrivée, elle est victime d'une intoxication due à une consommation abusive de cognac. Heureusement, elle a en la personne de Maria Daelen une amie attentionnée et un médecin compétent qui passe une nuit entière à la soigner. Le lendemain, mal remise de cet épisode, elle s'assoit au volant de sa Mercedes-Mannheim toute neuve et entre en collision avec un tramway. Le 28 janvier, Klaus Mann note dans son journal : « Démission de Schleicher, retour de von Papen, ô obstinée catastrophe ! »

Moins de deux jours plus tard, le monde bascule. Pendant que les nazis fêtent en grande pompe la nomination d'Hitler au poste de chancelier, Annemarie est au fond de son lit avec une bonne grippe, et elle se réjouit que la fièvre la plonge dans un état de semi-conscience. Klaus Mann a quitté Berlin le matin même pour rejoindre un ami à Leipzig. Il apprend la nouvelle en descendant du train et il n'en revient pas. Moins d'un an plus tôt, en effet, il a vu par hasard dans le salon de thé du Carlton Hitler s'empiffrer de tartelettes aux fraises et de crème fouettée. Le spectacle répugnant qu'offrait la « face blême et bouffie » de ce « méchant petit bourgeois au regard brouillé par l'hystérie » l'avait plutôt rassuré. Comment imaginer qu'un « raté[1] » pareil arriverait un jour au pouvoir ? Fatale erreur. Ce 30 janvier 1933 marque le début du Reich millénaire. Les jours des Mann en Allemagne sont désormais comptés.

Pourtant, la Bavière résiste encore. Munich fête son dernier carnaval de folle et désespérée liberté. Annemarie n'est pas de la partie : la réduction drastique de ses finances l'oblige à limiter ses déplacements, et elle doit s'estimer heureuse d'avoir pu assister le 10 février à une représentation du Moulin à poivre avant d'aller faire du ski en Autriche.

Dans la nuit du 27 au 28 février 1933, en pleine euphorie carnavalesque, la nouvelle tombe comme une bombe au milieu des derniers confettis : le Reichstag brûle, et voilà que les nazis accusent les communistes ! Avec sa perspicacité naturelle, Klaus Mann note le jour même : « Cet incendie tombe fort bizarrement à point nommé pour eux – ne serait-ce pas eux qui l'auraient déclenché ? »

Une semaine plus tard, les élections législatives donnent quarante-quatre pour cent de votes au NSDAP. Klaus et Erika sont à Lenzerheide, dans les Grisons. Ils ont un mois pour écrire les textes du nouveau programme du Moulin à poivre dont la réouverture est fixée au 1er avril. Annemarie les y rejoint pour quelques jours. La presse et la radio déversent leur flot de nouvelles catastrophiques. L'opposition bavaroise est désormais réduite à néant, et quand les « enfants terribles » rentrent à Munich le 10 mars, c'est dans l'allégresse que la ville, désormais mise au pas, accueille un fidèle du Führer, le gouverneur von Epp. Le chauffeur de la famille – espion à la solde des nazis, mais espion au cœur généreux ! – fait comprendre à Klaus et Erika que leur arrestation est imminente. Ils téléphonent à leurs parents, alors en vacances à Arosa, et parviennent non sans mal à les convaincre de rester en Suisse. Le 12 mars, Erika les y rejoint, et dès le lendemain Klaus prend le train pour Paris. À peine installé à l'hôtel Jacob et d'Angleterre, il tire trois grands traits horizontaux en travers de son journal intime et écrit ces mots : « Début de l'émigration. » Il est loin de se douter que douze années vont s'écouler avant qu'il puisse à nouveau poser le pied sur le sol allemand.

Au moment où ont lieu ces événements dramatiques, Annemarie s'apprête à partir pour le Tyrol. Quand elle est de retour à Berlin, le 1er avril, le boycott des magasins juifs vient d'être déclenché. Entre-temps, le Reichstag a signé son propre arrêt de mort en accordant les pleins pouvoirs à Hitler. La dictature est en marche. Pour la Suissesse, aucune hésitation : sa place ne peut être que dans l'opposition. C'est d'ailleurs ce qu'elle écrit une semaine plus tard à Klaus Mann dans une longue lettre où, en bonne historienne, elle analyse les raisons du succès des nazis, tout en glissant au passage que c'est la *vox populi* qui fait l'Histoire, le plus souvent dans l'urgence du désespoir et à contre-courant des analyses des intellectuels. Et elle espère que ces mêmes citoyens, avides d'ordre et de discipline, qui ont plébiscité Hitler en grande partie du fait de leur peur irraisonnée du communisme ne vont pas tarder à se rendre compte que la terreur de droite ne vaut pas mieux que celle de gauche.

Mais la question essentielle est désormais de savoir quelle forme va pouvoir prendre son engagement politique, cette « mission » à laquelle elle ne veut en aucun cas se dérober. Une chose est certaine : à Berlin, « *le destin est trop près*[2] ». Et comme elle n'a aucune envie de rester « *sous le nuage noir*[3] », elle va, tout comme ses amis, mais sans y être directement contrainte par les événements, choisir la fuite. Cette fuite doit donner une orientation constructive à sa vie. Loin d'être la manifestation d'un manque de courage, elle doit se transformer en une quête de sens, à l'écart des dangers et de la confusion du monde. Face au drame qui se joue en Allemagne, Annemarie veut prendre du champ et de la hauteur – et c'est bien ce qu'exprime le titre de l'ouvrage qu'elle a commencé au début de l'année : *Le Refuge des cimes*[4].

Le héros de ce roman, Francis von Ruthern, fils aîné d'un junker prussien, rentre en Europe après avoir passé huit ans en Amérique du Sud. Mais il ne parvient pas à reprendre pied dans la vie normale. En proie à un sentiment de déracinement et de solitude proche du désespoir, il trouve refuge dans une station de ski au-dessus d'Innsbruck. Là, son destin croise celui d'hommes et de femmes tout aussi accablés que lui par un sentiment d'étrangeté face à eux-mêmes, par leur incapacité à communiquer, à aimer, à trouver leur voie. Dans la montagne, les jours s'écoulent entre l'immensité vide des champs de neige, les courses à ski et la vie tissée d'ennui d'un hôtel de luxe. Chacun est dans l'attente d'un événement qui pourrait lui permettre de donner une orientation à sa vie. C'est finalement à Francis qu'est dévolue cette « chance » : quand son frère Carl Eduard, un officier de l'armée de métier, se tire une balle en plein poumon, il doit redescendre dans la vallée où « tous les chemins s'ouvrent à lui ». La mort de Carl Eduard et la confrontation avec un monde en proie aux flambées nationalistes opèrent en lui une sorte de catharsis : il découvre la valeur de la vie et de l'amour. Et il saisit alors qu'il lui faut faire un choix grâce auquel il pourra « devenir adulte ». Se sentant inapte à se lancer dans la mêlée où « s'affrontent les puissances humaines déchaînées », il comprend que sa place est en haute montagne, lieu où il peut répondre aux attentes des autres tout en développant ses aptitudes propres. Il en reçoit d'ailleurs confirmation dès son retour, quand l'occasion lui est donnée de sauver la vie d'un jeune garçon égaré dans la neige et le brouillard.

Bien construit, captivant jusqu'à la dernière ligne, ce roman où évoluent des personnages contrastés occupe une place tout à fait unique dans la production littéraire d'Annemarie Schwarzenbach : c'est le seul texte de cette envergure dans lequel elle ne s'implique pas directement. Certes, elle y a transposé son vécu du début de l'année 1933, alors qu'elle naviguait entre Berlin et différentes stations de sports d'hiver. On y perçoit aussi l'écho de réflexions probablement suscitées par le suicide de Ricki

Hallgarten. Mais écrire ce roman, c'est surtout l'occasion pour elle, à travers le personnage de Francis, de formuler son sentiment face à un monde au bord du gouffre et de tenter de tracer sa propre trajectoire.

Le 4 juillet 1933, elle participera à Zurich à une lecture publique où elle présentera des extraits du *Refuge des cimes* ainsi qu'une nouvelle intitulée *Le Fleuve*[5]. Cinq articles parus dans différents quotidiens témoignent de l'intérêt porté au talent de la jeune femme. C'est toujours la musicalité de sa langue qui frappe en premier lieu. Un critique relèvera aussi sa capacité à exprimer les inquiétudes et les désarrois de sa génération. Quant à Klaus Mann, à qui elle en a lu des passages le 11 mai au Lavandou – le lendemain même du jour où elle en a achevé la rédaction –, il confie dans son journal intime : « C'est vraiment très beau ; des progrès considérables. » Mais pour des raisons sans doute liées au contexte politique du moment, ce roman ne pourra être publié. Longtemps considéré comme disparu, le manuscrit de plus de trois cents pages sera retrouvé en 1997 à la Bibliothèque centrale de Zurich dans le legs des éditions Oprecht, auxquelles la Suissesse l'a sans doute soumis à l'époque[6].

Tout au long de ce travail d'écriture, Annemarie réfléchit à la façon dont, à l'instar de Francis, son alter ego, elle pourrait se rendre utile. À ses yeux, la tâche la plus urgente est de manifester haut et fort son opposition au régime nazi. Le 8 avril 1933, elle écrit à Klaus Mann :

> L'opposition a elle aussi une mission à remplir. Je veux dire par là qu'il n'est pas possible de se détourner de l'Allemagne, ce serait surestimer la liberté de l'individu. S'opposer ne signifierait donc pas fuir, se désintéresser ou se retrancher dans un mépris pharisien, ce serait au contraire cultiver les valeurs spirituelles auxquelles on croit, dans l'attente de temps meilleurs.

C'est là l'idée fondatrice. Mais comment la mettre en pratique ? La réponse, ambitieuse, ne tarde pas à s'imposer à elle : en créant une revue antifasciste. La première personne à qui Annemarie s'ouvre de ce projet n'est pas Klaus Mann mais cet ami français dont elle a fait la connaissance trois ans plus tôt : Claude Bourdet. Le 16 avril, elle est à Hambourg où elle passe le week-end de Pâques en compagnie de Maria Daelen. En pleine nuit, elle esquisse au crayon, d'une écriture irrégulière, le concept d'une revue « apolitique » de caractère humaniste qui permettrait aux antifascistes d'être entendus et de protester dignement contre les violations systématiques infligées aux libertés individuelles. Il s'agirait d'un « mensuel indépendant » dont elle définit très précisément la structure : on y publierait des articles rédigés par des opposants de sa génération, des textes importants d'« Anciens » – « de Goethe à Thomas Mann » ! –, des témoignages de gens persécutés en Allemagne, et enfin des critiques concernant l'actualité littéraire, cinématographique et théâtrale. Les aspects matériels de ce projet ne lui échappent pas : elle propose que cette revue soit imprimée et publiée en Suisse, par exemple chez Conzett & Huber qui commercialise l'hebdomadaire *Zürcher Illustrierte*, et elle pense faire appel à des fonds privés pour en assurer le financement.

Si Annemarie confie son idée à Claude Bourdet, c'est qu'elle aimerait justement que des Français puissent apporter leur contribution à ce qu'elle conçoit comme un organe d'opposition. La revue en question pourrait être bilingue, et si elle ne paraissait qu'en allemand des articles français seraient traduits dans cette langue. En outre, elle envisage de partager la direction du comité de rédaction avec Claude Bourdet et Klaus Mann. Ce choix n'est pas fortuit. Elle connaît l'attachement de son ami français aux valeurs spirituelles de l'humanisme européen, attachement qui se confirmera tout au long de sa carrière d'homme politique et de journaliste. Quant à Klaus Mann, elle sait que la lutte contre le national-socialisme est désormais au centre de sa vie et que cette revue constituerait pour lui, ainsi que pour tous les intellectuels bannis de leur pays, un forum idéal. Mais il y a davantage, et c'est là que se révèle une fois de plus la profonde amitié d'Annemarie pour ce « petit frère » – le « grand frère » étant bien sûr Erika. En proposant à Klaus de faire partie du comité de rédaction, elle espère de tout cœur contribuer à améliorer l'image assez négative qu'il s'est forgée auprès du public à travers ses pièces à scandale. Cette revue, pense-t-elle, serait pour lui l'occasion de démontrer qu'il est quelqu'un de sérieux et tout à fait capable de se faire le porte-parole de l'émigration.

Le 3 mai 1933, elle le retrouve au Lavandou, à l'hôtel des Roches fleuries, et lui fait part de son projet. Klaus Mann est aussitôt enthousiasmé. L'idée lui semble d'emblée être « une grande chance » pour lui. Dès le lendemain, Annemarie écrit de nouveau à Claude Bourdet pour lui réitérer sa demande de participation et préciser certains points sur lesquels Klaus et elle se sont mis d'accord : la revue publiera des textes en français et en allemand – d'où la nécessité d'avoir un rédacteur en chef français –, elle paraîtra sans doute à la fois à Zurich et à Paris, le premier numéro devra sortir si possible en juillet, au plus tard le 1er août. Reste à trouver un directeur commercial – et à se mettre au travail ! « Nous pensons que cela vaut la peine et que c'est faisable, mais cela exigera du temps, beaucoup d'efforts et du *dévouement*. » En marge de cette lettre, Klaus Mann ajoute quelques lignes de sa main. Il n'a jamais rencontré Claude Bourdet, mais Annemarie et Erika lui ont beaucoup parlé de ce jeune Français qui a l'originalité d'écrire des poèmes en langue allemande tout en faisant des études d'ingénieur à Zurich. Il sait que sa sœur trouve dans la « gaucherie » de ces petits textes un charme presque irrésistible. Annemarie Schwarzenbach a d'ailleurs le projet de les publier dans un recueil rassemblant également les siens propres ainsi que ceux de ses amis Mann – projet qui ne sera jamais réalisé.

Klaus n'ignore pas non plus que la mère de Claude, Catherine Pozzi, a d'excellentes relations dans le milieu littéraire, en particulier avec Jean Paulhan, le directeur de la *Nouvelle Revue française*. Or il a appris que Gallimard voulait créer une « collection étrangère ». Voilà qui pourrait constituer une ouverture, songe Klaus Mann, et il engage Annemarie à explorer cette piste. Simultanément, il commence à prendre des contacts avec différents amis écrivains et esquisse dès le 7 mai le contenu des deux premiers numéros. À cette date, le titre de la revue est déjà trouvé : elle s'appellera *Die Sammlung (Le Rassemblement)* car sa vocation sera de rassembler tous ceux qui s'opposent à la barbarie nazie et veulent défendre les valeurs démocratiques. Mais il s'agit maintenant de s'attaquer à une question infiniment plus délicate : comment trouver l'argent nécessaire ? Sur ce point, Klaus Mann s'en remet principalement à Annemarie dont la famille, comme chacun sait, est une des plus fortunées de Suisse. Ce faisant, il semble oublier d'une part que les Schwarzenbach ont resserré les cordons de la bourse de leur fille, d'autre part qu'un tel projet est en contradiction radicale avec leurs propres positions politiques. Ce n'est donc certainement pas du côté de ses parents qu'Annemarie peut espérer trouver des subsides. Elle s'adresse en fait à son oncle Georg Reinhardt, avec qui elle entretient depuis son enfance une relation privilégiée. Dans la lettre qu'elle lui adresse de Sanary le 11 mai – au lendemain des autodafés dont ont été victimes les ouvrages des plus grands écrivains de langue allemande –, il est question cette fois d'une revue bimensuelle comportant des articles français, allemands et anglais, et dont la publication doit commencer à la mi-juillet. Puis elle ajoute : « Nous avons besoin d'un peu d'argent, environ six mille francs en tout, pour assurer les premiers numéros. » L'expression « un peu d'argent » est un bel euphémisme car il s'agit d'une somme vraiment importante[7].

La réponse ne se fait pas attendre. Elle est négative. L'oncle Georg – déjà sollicité au mois d'avril pour soutenir un projet de « film culturel » – ne donne pas la moindre chance de succès à une revue qu'il juge condamnée d'avance du fait de ses orientations et de ses maigres débouchés. De plus, il n'a aucune confiance en Klaus Mann dont il a manifestement entendu dire le plus grand mal. Sans doute sa nièce prend-elle à cette occasion toute la mesure de la déplorable réputation de son ami. Dans une deuxième lettre à Georg Reinhardt, elle semble faire machine arrière et reconnaître que ce discrédit – parfaitement immérité à ses yeux – pourrait faire renoncer Klaus à se poser en « représentant » de la littérature en exil. Mais c'est de toute évidence pour ne pas attrister cet oncle auquel elle se sent liée par une réelle affection. En fait, il n'est à aucun moment question pour Klaus Mann de laisser tomber *Die Sammlung* ni pour Annemarie de désavouer son ami, ce qui reviendrait d'ailleurs à se désavouer elle-même puisqu'elle est à l'origine de ce projet.

Cependant, du côté familial les pressions sont énormes. Georg Reinhardt aurait-il, malgré la demande expresse d'Annemarie, informé les Schwarzenbach des projets de leur fille ? Toujours est-il qu'elle reçoit début juin une missive de son père lui rappelant les devoirs auxquels son nom l'oblige. Voici comment Erika Mann rapporte les faits à Thomas Mann le 4 juin : « Il lui écrit que personne ne devrait avoir la mesquinerie d'oublier, à cause de quelques excès sans importance, la grandeur, la pureté, l'aspect constructeur et nécessaire de la formidable affaire qu'est le mouvement hitlérien. » Et Alfred Schwarzenbach d'exhorter sa fille à repartir « sur-le-champ en Allemagne pour participer à l'édification de l'esprit nouveau au lieu de faire une revue qui, à cause de son "caractère internationaliste plutôt fade", devrait être éliminée d'un bon coup de balai. »

Mais Annemarie reste inflexible. Au moment même où sa mère se rend à Munich en compagnie d'Emmy Krüger et photographie les croix gammées signalant le quartier général des nazis, elle est à Paris pour accélérer les tractations autour de *Die Sammlung*. Le 14 juin, elle fait deux démarches importantes : elle rencontre Catherine Pozzi, la mère de Claude Bourdet, et signe avec Klaus Mann une « garantie » aux termes de laquelle tous deux s'engagent à verser une contribution mensuelle globale de six cents francs suisses afin d'assurer les honoraires des auteurs pour les trois premiers numéros. Quant à l'entrevue avec Catherine Pozzi, elle est motivée par le besoin de trouver une maison susceptible de prendre en charge la fabrication et la distribution de *Die Sammlung*. La poétesse sait que son fils est flatté d'être pressenti pour codiriger la revue, même s'il lui a précisé dans sa lettre du 15 mai : « Tout ce que je demande, c'est qu'on ne se mette pas à la remorque de la IIIe I[nternationale], genre NRF ; j'aime bien les communistes, mais pas le littérosnobomarxisme. » Néanmoins, et quoiqu'elle doute fort que Gallimard puisse s'intéresser à la revue en question, elle est bien décidée à user de toutes ses armes pour convaincre Jean Paulhan de rencontrer Annemarie. Une première tentative téléphonique entreprise le matin même de son rendez-vous avec la Suissesse échoue : Jean Paulhan n'est pas homme à se déplacer sous le premier prétexte venu.

L'entrevue avec Annemarie a donc lieu en tête à tête dans l'appartement de Catherine Pozzi, avenue d'Iéna. D'emblée, la mère de Claude Bourdet est conquise par la beauté de sa visiteuse. Cependant, sa perception va bien au-delà de l'apparence physique, comme en témoignent ces lignes écrites à son fils aussitôt après le départ de son amie : « Que de grâce dans ce visage sérieux. Mais elle a un regard inquiet, comme sollicité par d'invisibles peines. [...] On a auprès d'elle un sentiment d'instabilité curieux. Elle vous donne le mal d'Europe. »

Tandis qu'Annemarie Schwarzenbach parle longuement de cette revue qui lui tient tant à cœur, Catherine Pozzi, partagée entre fascination et inquiétude, discerne sa noble nature, tout en se surprenant à penser que cette jeune femme tout à fait charmante n'est « pas très bien équilibrée ». Elle n'en est pas moins impressionnée par

Catherine Pozzi avec Paul Valéry (vers 1924)

son désir farouche de s'engager dans la lutte antifasciste. Et même si elle craint – non sans pertinence là encore – qu'elle n'en oublie son propre travail d'écriture et que Klaus Mann ne la cantonne dans des « besognes ingrates », elle n'hésite pas à relancer Paulhan, cette fois avec succès. Il accepte de venir déjeuner avenue d'Iéna le 23 juin. Voici dans quel style inimitable son hôtesse lui confirme son invitation : « Je vous attends donc vendredi à midi et demi pour déjeuner avec Anne-Marie Schwarzenbach, romancière de vingt ans et communiste encore inappliquée[8]. C'est l'amie de Claude, ce qui n'est pas un titre, et la petite-fille de Bismarck, ce qui n'en est plus un. » On admirera avec quelle maîtrise Catherine Pozzi pratique l'art du raccourci ! La Suissesse se trouve rajeunie de cinq ans, son prénom scindé en deux et son arbre généalogique tronqué de quelques ramifications. Sans parler de cette étiquette politique systématiquement infligée à l'époque par les gens de droite à tous ceux qui sont du bord opposé.

Pendant ce temps, Klaus Mann a été contacté par Fritz Landshoff, ancien codirecteur des éditions Kiepenheuer. Après avoir dû quitter précipitamment Berlin au lendemain de l'incendie du Reichstag, celui-ci s'est vu proposer à Amsterdam, au sein des éditions Querido, la création d'un département allemand ouvert aux écrivains condamnés à l'exil. Considérant Klaus Mann comme un représentant essentiel de la littérature antifasciste, il souhaite s'assurer sa collaboration. C'est là une véritable aubaine pour le fils de Thomas Mann, une reconnaissance de la pertinence de ses positions politiques et de ses capacités sur le plan littéraire. Le 16 juin, il signe avec Querido un contrat qui fait d'Amsterdam son quartier général pour les cinq prochaines années et qui lui offre de surcroît une structure éditoriale et commerciale pour *Die Sammlung*.

Cela n'empêche nullement Annemarie de se rendre au déjeuner avec Jean Paulhan une semaine plus tard. Erika est également invitée. Elle fait très mauvaise impression à Catherine Pozzi, qui la juge « agitée [...] et pleine de fétiches qui se croient modernes ». On ignore la réaction de Paulhan à propos de la revue, mais il ne peut manifestement pas faire grand-chose. De toute façon, Klaus Mann a déjà obtenu des garanties du côté de Querido, et à partir de cette date le projet lui appartient en propre. Le nom de Claude Bourdet n'est plus prononcé, mais le Français n'est pas rancunier le moins du monde, comme le prouvent ces mots écrits un mois plus tard : « Klaus, aussi longtemps que vous défendrez l'esprit, je vous aimerai et je vous admirerai. » Quant à Annemarie, son rôle se limite presque exclusivement à soutenir la publication de ses deniers. Klaus Mann est l'unique rédacteur en chef de *Die Sammlung*.

La parution du premier numéro a lieu le 1er septembre 1933. Parrainée par André Gide, Aldous Huxley et Heinrich Mann, la revue tiendra pendant deux années complètes en dépit d'énormes difficultés de gestion et de financement. Conformément à son titre, elle permet à plus de cent cinquante auteurs de s'exprimer, témoignant de la diversité des appartenances politiques des antifascistes. Des écrivains tels que Bertolt Brecht, Joseph Roth, Jakob Wassermann s'y côtoient en parfaite intelligence. Le caractère cosmopolite de *Die Sammlung* est illustré par des personnalités de renom comme Boris Pasternak, Ernest Hemingway, Jean Cocteau ou Albert Einstein. Mais Klaus Mann se trouve confronté très tôt à des problèmes insolubles liés à l'ambiguïté de certains auteurs très en vue qui sont soucieux de ne pas rompre complètement avec le nouveau régime pour pouvoir continuer d'être publiés en Allemagne. C'est ainsi que Thomas Mann, Stefan Zweig, Hermann Hesse, Alfred Döblin, Robert Musil déclarent forfait dès la parution du premier numéro – à la grande joie des nazis naturellement.

Plusieurs facteurs permettent d'expliquer pourquoi Annemarie a abandonné l'idée de codiriger la revue deux mois après en avoir elle-même conçu le projet. La réponse négative de son oncle Georg et les remontrances de son père n'y sont certainement pas pour rien. Comme si souvent, sa mauvaise conscience a repris le dessus, et elle écrit à Claude Bourdet le 2 juin : « J'ai les parents les plus charmants du monde, et j'aime ma famille. Je ne peux pas exister sans l'effort continu de m'entendre avec eux, avec leur vie, parce que je me sens responsable envers eux. » Il est également possible que Catherine Pozzi lui ait fait comprendre à mots couverts que son travail risquait de se limiter à des tâches peu exaltantes. Mais c'est surtout un projet d'une tout autre nature qui attire Annemarie désormais : on lui a proposé d'accompagner un groupe d'archéologues qui doit passer six mois au Proche-Orient, et cette expédition ne pouvait tomber mieux. C'est pour elle l'occasion rêvée de s'éloigner enfin du chaos européen, de se défaire de son état de dépendance envers ses amis et de se prouver à elle-même qu'elle est capable de réussir quelque chose d'« objectif [9] ».

Elle ne se désintéresse pas pour autant du destin de *Die Sammlung*. Deux semaines après la parution du premier numéro, Klaus Mann reçoit une lettre dans laquelle elle qualifie les défections de Thomas Mann et de Stefan Zweig de « coup de poignard dans le dos » et s'indigne à juste titre que les « Anciens », auxquels la revue a la générosité d'offrir une « tribune », se comportent de façon aussi lâche et déloyale envers ceux qui ont le courage de défendre les libertés. Elle ne cache pas à son ami qu'il doit être sans illusions face aux déceptions qui l'attendent. Mais à aucun moment elle n'envisagera de le laisser tomber ; son aide se prolongera bien au-delà des trois premiers mois, et elle paiera même son propre abonnement. Les lettres à Klaus témoignent de son indéfectible affection et de son souci constant d'apporter à *Die Sammlung* le soutien financier nécessaire, quitte parfois, quand elle n'est pas en fonds, à faire appel à la générosité de certains amis.

On peut s'étonner que dans ces conditions elle n'ait pu y publier un seul texte personnel. Sa contribution se limite en effet à deux critiques littéraires parues dans les numéros

En Andorre (mai 1933)

À San Cugas (mai 1933)

un et trois : la première traite du roman de Thomas Wolfe *L'Ange exilé*, la deuxième de *Fontamara* d'Ignazio Silone. En 1934, Klaus Mann recevra un article écrit de sa plume, mais, à la demande expresse d'Annemarie, ce projet de publication sera suspendu.

Outre la création de *Die Sammlung*, l'année 1933 est marquée par un événement d'importance pour la carrière professionnelle d'Annemarie Schwarzenbach : elle fait ses véritables débuts de journaliste – activité qu'elle pratiquera jusqu'à la fin de sa vie avec une intensité croissante. La photographe Marianne Breslauer lui a proposé de l'accompagner dans les Pyrénées espagnoles afin d'écrire des articles à partir des photos que lui a commandées Lily Abegg, de l'agence berlinoise Akademia. Voyageant dans la décapotable d'Annemarie, les deux femmes passent une douzaine de jours, à la fin du mois de mai, entre Barcelone et Pampelune. Marianne Breslauer se souviendra que sa compagne de voyage conduisait « très vite et très bien », et elle trouvait très « chic » de la voir allumer ses Chesterfield à l'allume-cigares : « Elle fumait beaucoup et avec beaucoup de grâce. En principe, je n'aime pas qu'on fume, mais avec elle c'était très séduisant ! » Et elle ajoutera :

> Nous travaillions très bien ensemble, Annemarie et moi, sans problèmes. À Barcelone, nous avons passé une soirée avec Piet Meyer, un Suisse très séduisant qui vivait là-bas et qui nous a emmenées voir des spectacles de travestis réputés. À l'époque, j'étais stupéfaite et ébahie, j'avais l'impression d'être Bécassine tout droit sortie de sa campagne alors qu'Annemarie faisait preuve d'une souveraine assurance. Ensuite, mes souvenirs ne redeviennent précis qu'à Pampelune, une destination très importante pour moi car nous étions alors de grands lecteurs d'Hemingway[10].

Les deux voyageuses font aussi quelques incursions dans les salles de cinéma. À Saint-Sébastien, elles voient un film de Stroheim et *Tumultes* de Robert Siodmak, avec l'acteur Emil Jannings. L'article qu'Annemarie rédigera pour la *NZZ* sur « le cinéma dans la province espagnole » ne sera publié qu'un an et demi plus tard, mais de ce périple naîtront surtout quatre autres articles très représentatifs de l'intérêt qu'elle porte déjà aux problèmes politiques et sociaux. En commentaire aux visages d'enfants fixés sur la pellicule par Marianne Breslauer, elle évoque par exemple le caractère rétrograde des écoles espagnoles, où l'on n'enseigne aux filles que la religion et les bonnes manières, et elle exprime l'espoir que la République va leur permettre d'avoir davantage accès aux études universitaires. De même, elle parle avec beaucoup d'humanité de la misère des enfants tsiganes, de leur vie de déracinés, et on la sent très proche de ces âmes encore juvéniles trop tôt marquées par les vicissitudes de la vie. Sa compassion va aussi aux femmes espagnoles contraintes de travailler jusque tard le soir à l'usine ou aux champs, et donc séparées la plupart du temps de leurs enfants.

Un autre article sur la principauté d'Andorre affiche sans ostentation les compétences de l'historienne : elle y décrit les luttes que livra ce pays minuscule dès le IXe siècle pour gagner son autonomie, et quant à la rébellion qui y a éclaté moins d'un mois après sa visite elle exprime son soutien à ce peuple avide de liberté et d'indépendance. Marianne Breslauer l'a photographiée en train d'ouvrir avec une lourde clé le bâtiment où sont entreposées les archives nationales. C'est justement cette clé que les insurgés refuseront de livrer au préfet de Perpignan. Annemarie fait quand même publier cette photo, symbole pour elle des libertés bafouées. Elles visitent aussi le monastère fondé par Ignace de Loyola. Un an plus tôt, les Jésuites ont été contraints de l'abandonner et d'aller se réfugier en Belgique. Sous la plume d'Annemarie résonnent le silence et le vide de ce sanctuaire autrefois imprégné de spiritualité.

Une surprise de taille attend les deux femmes à leur retour : comme Marianne Breslauer est juive, il lui est désormais impossible de publier ses photos en Allemagne.

Grâce à l'intervention d'Arnold Kübler, le rédacteur en chef de la *Zürcher Illustrierte*, elles paraîtront en Suisse, mais sans que le nom de la photographe soit mentionné, sauf pour l'article sur Loyola où il est déguisé sous la forme « Brauer-Akademie ».

Au moment où ses articles paraissent dans la presse helvétique, Annemarie est plongée dans les ultimes préparatifs de son voyage au Proche-Orient. Son dernier séjour à Berlin, début août, l'a convaincue, si besoin était, de l'opportunité de ce départ. Les moyens employés par Hitler pour réduire le chômage et imposer sa loi l'écœurent, écrit-elle à Claude Bourdet le 23 août 1933, ainsi que la soumission de nombre d'Allemands qu'elle considérait comme des gens « convenables » – même si elle peut comprendre leurs raisons : « Pour vivre et travailler, il faut être nazi. » Elle semble toutefois hésitante quant à l'attitude à adopter face à la menace de guerre qu'elle perçoit déjà à cette date : « *Tout ce que nous faisons est provisoire, presque inutile – sauf peut-être de se donner tout à fait corps et âme à la politique, à cette opposition qui est la nôtre et qui sera l'avenir*[11]. »

C'est précisément ce qu'essaie de faire son ami français : espérant que Dollfuss saura préserver l'indépendance de l'Autriche face à l'Allemagne nazie, il s'est fait mandater par deux revues françaises pour aller à Vienne interviewer le chancelier. Claude Bourdet a foi en Dollfuss, il est convaincu que ce « syndicaliste chrétien de souche paysanne[12] » va inciter son peuple à sauvegarder la culture européenne. Et il s'étonne que la France puisse redouter une « certaine tendance "fasciste" du gouvernement autrichien[13] ». Craintes partagées par Annemarie après que le régime parlementaire a été suspendu : « Vas-tu sauver l'esprit européen ou bien te rends-tu compte que Dollfuss n'est rien de plus qu'un être humain et un "petit Napoléon", et qu'il préconise beaucoup de choses que nous n'apprécions pas le moins du monde ? » lui écrit-elle en août. Cette analyse sera confirmée par la lutte farouche menée contre les sociaux-démocrates et par la répression dans le sang des milices ouvrières socialistes de Vienne le 12 mars 1934. Quatre ans après ces événements dramatiques, au moment de l'Anschluss, elle accusera Dollfuss d'avoir tué la démocratie en Autriche et d'avoir étouffé la voix du peuple.

Annemarie a en fait un sens si exacerbé de la relativité de toute prise de position qu'elle ne peut « se donner tout à fait corps et âme à la politique ». C'est à ses yeux une question d'honnêteté envers les autres, et envers elle-même. En outre, elle se sent faite pour d'autres tâches. Tandis que Klaus est absorbé par son activité de rédacteur en chef de *Die Sammlung* et qu'Erika se prépare à reprendre les représentations du Moulin à poivre à Zurich, elle se réjouit de pouvoir mettre ses compétences d'historienne à profit en se livrant à une activité qui la fascine tout particulièrement en cette période d'exacerbation des nationalismes : remonter aux sources de la civilisation et mettre au jour les vestiges témoignant des origines communes des peuples européens. Deux ans plus tard, elle analysera ainsi les raisons de son départ :

> N'ai-je pas quitté l'Europe et mon pays natal par probité ? [...] Il s'agissait là-bas de faire un choix et de lutter pour quelque chose, même si l'on n'avait pas choisi le grand conflit qui déchire les peuples et empoisonne les gens. Il était déloyal de regarder sans rien faire – et de toute façon cela m'était insupportable. Mais je voulais encore moins lutter, le rôle que l'on m'imposait me semblait faux. Oui, je suis partie par probité, et beaucoup de gens m'ont envié ma liberté et mon choix[14].

CHAPITRE VI
Un désir d'Orient
(1934)

À Persépolis (1934)

> Mais les vrais voyageurs sont ceux-là seuls qui partent
> Pour partir ; cœurs légers, semblables aux ballons,
> De leur fatalité jamais ils ne s'écartent,
> Et sans savoir pourquoi, disent toujours : Allons !
>
> Charles B<small>AUDELAIRE</small>,
Les Fleurs du mal.

En octobre 1933, c'est apparemment une femme très résolue qui s'apprête à quitter le continent européen. Résolue à suivre sur le terrain une formation d'archéologue tout en développant son activité de journaliste. Sa collaboration avec Arnold Kübler, le rédacteur en chef de l'hebdomadaire populaire *Zürcher Illustrierte*, s'est révélée en effet très fructueuse. Comme celui-ci s'efforce depuis quatre ans d'axer le journalisme photographique autour des réalités politiques et sociales, il a beaucoup apprécié la conscience professionnelle avec laquelle Annemarie a rédigé les articles sur les Pyrénées espagnoles et il ne demande qu'à continuer de travailler avec elle, d'autant qu'elle est désormais prête à s'occuper elle-même de la partie photographique.

Le 27 octobre 1933, Arnold Kübler fait la couverture de son journal avec un portrait pleine page de celle qu'il présente comme « notre collaboratrice », précisant qu'il a l'exclusivité des reportages photographiques réalisés par elle en Orient. Nul doute que l'extraordinaire pouvoir d'attraction de ce visage ne lui ait gagné, au moins pour ce numéro-là, un nombre accru de lecteurs. À cette date Annemarie est déjà en Turquie, mais il est sûr qu'elle aura apprécié l'hommage. Il lui apporte une reconnaissance dont elle a cruellement besoin face à l'attitude hostile de sa famille. Déjà avant de partir elle a insisté pour qu'Arnold Kübler lui remette un document en bonne et due forme afin de pouvoir montrer aux siens qu'elle n'est pas aussi « dilettante » et « incapable » qu'ils le pensent. Il est important qu'on sache à Bocken qu'elle tient à essayer d'avoir une certaine indépendance financière et que, loin de partir sur un simple coup de tête, elle a des objectifs et des engagements professionnels solides.

Outre la *Zürcher Illustrierte*, Annemarie bénéficie toujours de l'accréditation de la *Neue Zürcher Zeitung*, et elle a consolidé ses arrières en contactant le quotidien bâlois *National-Zeitung*, de tendance radicale-démocrate, et l'hebdomadaire *Die Weltwoche* dirigé par Karl von Schumacher. Tout est donc prêt pour que son séjour se passe au mieux, et elle écrit à Claude Bourdet qu'elle a « beaucoup de courage » – mais on la sent déchirée entre son désir de partir et celui de demeurer auprès de ses amis.

Il lui reste encore quelques formalités à accomplir avant son départ : une opération des amygdales au tout début du mois de septembre, des vacances sur le lac Majeur avec Maria Daelen à Porto Ronco, près de Locarno. Elle en profite pour rendre visite à Erich Maria Remarque qui séjourne à Ascona, à quelques kilomètres de là. De retour à Zurich, elle assiste le 30 septembre à la reprise des soirées du Moulin à poivre. La veille de son départ, elle déjeune à Küsnacht chez Thomas Mann. Enfin, le 12 octobre, elle monte à Genève dans l'Orient-Express en compagnie d'Alfred Pasternek, cet ami grâce auquel elle a fait la connaissance d'Erika.

Pendant près de sept mois, son périple va la conduire de Turquie en Syrie, de Beyrouth à Damas et Jérusalem, puis de Bagdad à Téhéran. Dès la première page de son journal de voyage elle inscrit un mot en parfaite harmonie avec son état d'âme : « mélancolie ». C'est cette mélancolie qui drape de son voile léger mais tenace toutes les impressions reçues aux portes de l'Asie. Elle inonde les Balkans, les montagnes grises, les plaines brunes, les troupeaux de moutons et les champs de maïs, les visages aux rides profondes des femmes coiffées d'un fichu. Annemarie vit cette irruption dans un monde complètement étranger comme une plongée dans l'intemporel et l'incertain, mais elle se fait réceptive à tout ce qui l'entoure, aux regards, à ceux des animaux comme à ceux des hommes, des femmes et des enfants. Regards pleins de sagesse, dépourvus de moquerie, rendus placides par l'expérience de la souffrance. Ou regards ardents. Surgit alors sous ses yeux tout un paysage de villes asiatiques – pointes des minarets, coupoles des mosquées – et tout un peuple de mendiants, porteurs d'eau, aveugles, popes, artisans, au milieu d'odeurs parfois à la limite du supportable.

Après Istanbul, vingt-quatre heures de train entre Ankara et Konya. La Ford du groupe d'archéologues qu'elle a rejoint traverse les steppes arides de l'Anatolie battues par les vents. Longeant les crêtes et se détachant sur un ciel vide, apparaissent de temps à autre de longues processions de chameaux ou bien une troupe de cavaliers kurdes galopant au milieu d'un nuage de poussière. Annemarie Schwarzenbach ne se lasse pas de décrire les paysages qu'elle parcourt parfois à cheval : alternance de collines et de plaines, de champs cultivés et de grandes étendues sablonneuses où poussent de hauts chardons. Mais le plus souvent, les lieux sont plutôt effrayants, paysages lunaires baignés d'une lumière blafarde, visions irréelles de structures géologiques envahissant l'espace : cônes rocheux, pyramides, tours, cheminées de fées, habitations troglodytiques. Puis soudain les écluses du ciel s'ouvrent, répandant sur cette apocalypse un flot lumineux, et tout est métamorphosé. Annemarie compare son soulagement à celui de Peter Schlemihl retrouvant son ombre à ses pieds... Elle découvre les changements brusques de température, les orages d'une violence inouïe, l'omniprésence de la nature qui, sans cesse, confronte l'homme à son insignifiance. Et, intimement liée à l'angoisse que font naître ces expériences insolites, surgit très vite la question du but du voyage. Où conduisent ces routes qui donnent l'impression de tourner en rond ? Où, sinon dans un monde inconnu et dangereux ? « Ce pays fait peur aux Européens. Aucun ne s'y acclimate vraiment ; les années n'y font rien. On leur fixe des missions importantes, ils les accomplissent, mais le succès ne les rend pas plus heureux[1]. »

Pourtant il faut continuer. Annemarie reprend le train pour traverser le Taurus, et après deux mois sans un seul arbre, c'est enfin la Méditerranée, les palmiers et les cactus géants. Encore quatre heures avant la frontière syrienne. Le 8 décembre, elle est à Alep, entre mer et désert, et note dans son journal : « Nous sommes allés dans le village de Rihanija, à mi-distance entre Alep et Antakya [Antioche]. Là, invitée par l'expédition américaine, j'ai appris sur le terrain les fondements de l'archéologie[2]. » Mais autour d'elle c'est un monde vivant qu'elle évoque : souks couverts, étoffes et tapis aux couleurs éclatantes posés sur les balustrades des cours, braillement des ânes, chameaux couchés au milieu des ballots de marchandises, grands Nubiens coiffés de leur turban, femmes voilées de noir, pareilles à des oiseaux de nuit. Derrière l'exotisme, elle perçoit la dure réalité sociale : visitant une lainerie, elle constate les conditions de travail inhumaines qui sont le lot des femmes de bédouins complètement soumises à leur patron et à leur mari. « Elles travaillent comme des bêtes. La plupart d'entre elles meurent avant trente-cinq ans[3] », commente le maître des lieux.

Une excursion de quatre jours lui permet de visiter Damas puis les ruines du temple de Jupiter à Baalbek.

À Beyrouth elle rencontre au Service des antiquités Henri Seyrig[4] et Daniel Schlumberger[5], et elle découvre dans le musée archéologique du professeur Ingholdt des témoignages passionnants de l'histoire de l'Orient. Le Liban, si réceptif au brassage des ethnies, lui fait l'effet d'une véritable poudrière. Ensuite, c'est le retour à Rihanie par Tartous et Lattaquié.

Le jour de l'an 1934, elle suit les traces des croisés et des princes d'Antioche, Bohémond et Tancrède, jusqu'à Baghras. Et, s'interrogeant sur les raisons qui ont poussé tous ces hommes à venir se perdre dans des contrées si lointaines, elle est tentée d'assimiler les croisades à des tentatives de fuite hors d'Europe :

> Sans doute ne voulaient-ils [...] plus rentrer chez eux. L'Europe sombrait. [...] Mais mourir ici a dû leur coûter de terribles souffrances. Car il n'y a jamais qu'une seule réalité, on est toujours prêt à douter du jour précédent, et ce qui remonte encore plus loin on ne peut l'évoquer que dans la douleur[6].

Le 5 janvier, Annemarie quitte le site archéologique de Rihanija, la pluie et le froid, pour retourner à Beyrouth. En longeant la côte, elle ne peut s'empêcher de penser à la Côte d'Azur. En Orient, cependant, la Méditerranée est plus étincelante et l'air encore plus transparent. La nuit suivante, la neige tombe. Le paysage se mue en un spectacle féerique qu'Annemarie et ses compagnons de voyage vont admirer du haut des terrasses de vignobles au-dessus de Bhamdoun, après avoir chaussé leurs skis. Le lendemain, elle assiste de sa fenêtre au lever du jour et s'émerveille du miracle sans cesse renouvelé de la naissance de la lumière.

Puis c'est la fête de la fin du ramadan avec son cortège de saltimbanques, de danseurs, de singes dressés et de lutteurs. Musiques et couleurs se mêlent à la beauté insolite des visages. Une excursion seule à Byblos, aujourd'hui

*Près de Kayseri (Turquie)
avec des paysans anatoliens (novembre 1933)*

Djebail, site paradisiaque et comme déserté des hommes : Annemarie nage jusqu'au point où elle peut apercevoir les cimes enneigées de la chaîne du Liban, puis se sèche au soleil. Le lendemain, elle essuie dans les montagnes une tempête de neige et de grêle.

Fin janvier, à la veille de quitter Beyrouth, elle songe aux jours heureux et paisibles passés dans cette ville. Elle a le sentiment d'avoir affermi sa volonté quant à ses projets d'avenir, et elle a surtout pris conscience, lors des arrivées et départs répétés qui conféraient à ses séjours un caractère forcément « épisodique », qu'il lui faut limiter ses ambitions à des tâches précises. Devant les menaces qui pèsent sur le monde et les changements qui se préparent, cette prise de conscience lui semble la seule façon de conserver une certaine dignité et de « vivre en harmonie avec ce que nous aimons[7] ».

Le trajet en voiture jusqu'à Jérusalem met la patience d'Annemarie à rude épreuve malgré la beauté des paysages traversés : « Qui ne connaît pas ce doute qui nous saisit, nous qui faisons confiance au mot, quand un être ou un lieu, que notre amour a paré depuis longtemps des atours de l'imagination, doit prendre la forme de la réalité[8] ? » Mais elle apparaît enfin au milieu des oliviers, la fascinante cité blanche tant attendue. Annemarie est logée dans un couvent. Il y fait un froid à la limite du supportable. Le soir, toute l'équipe, sevrée de musique classique depuis plusieurs mois, se précipite à la salle de Sion où le violoniste polonais Bronislaw Hubermann, accompagné par l'Orchestre philharmonique de Jérusalem, interprète les concertos de Brahms et de Beethoven. Immédiatement après cet événement culturel, elle note dans son journal : « Je me souvins des arguments tendant à présenter le retour en Palestine comme un fantasme romantique des sionistes, indéfendable et déraisonnable d'un point de vue réaliste et pratique. [...] Aucun pays en dehors de la Palestine ne peut porter la pensée du peuple juif : à côté, le problème arabe semble insignifiant[9]. »

Trois jours à Jérusalem, puis elle rejoint Damas en passant par le lac de Tibériade et s'envole une nuit pour l'Irak. Quand le jour se lève, elle a tout juste le temps de voir des troupeaux de gazelles s'enfuir sous l'avion et, au loin, le ruban argenté de l'Euphrate. Quelques minutes plus tard surgissent les tours dorées de la mosquée de Bagdad, et Annemarie avance à nouveau sa montre d'une heure, signe de sa progression au cœur de l'Orient.

Pendant un mois environ, elle va visiter les très nombreux sites archéologiques irakiens à partir de Bagdad. Elle déplore l'afflux de touristes à Babylone, évoque le mariage d'Alexandre avec Roxane puis sa mort dans les murs de l'antique cité. Au retour, elle est prise pour la première fois de sa vie dans une tempête de sable. Dès le lendemain, toujours dans la tempête, elle repart pour Hilla, longe les rives « paradisiaques » de l'Euphrate, traverse d'immenses plaines parsemées de tentes de bédouins avant d'atteindre Ur. C'est un dimanche. Elle est accueillie par le célèbre archéologue anglais sir Leonard Woolley qui se propose de lui montrer lui-même temples, palais, ziggourats et tombes royales mises au jour par ses hommes. Puis, traversant une région désertique autrefois prospère mais désormais abandonnée aux chacals et aux serpents, elle rejoint les fouilles de Warka où travaille une équipe allemande. Hayy, Kut, Ctésiphon, Tell Asmar. À Kut, le groupe ne trouve pour tout logement à la Government Resthouse que deux pièces froides traversées de courants d'air ; Annemarie et ses compagnons doivent passer la nuit sur des chaises longues poussiéreuses et branlantes. Au petit matin, ils constatent qu'on leur prépare du thé avec de l'eau tirée du réservoir des W.-C. !

Ce sont ensuite les cités saintes des chiites : Kerbela et Najaf. Annemarie est très impressionnée par les pèlerins perses qui lui semblent encore plus fanatiques que les Irakiens : « C'est un peuple inquiétant. Blêmes, sinistres avec leur barbe noire, ils offrent le spectacle d'hommes qui veulent à tout prix nier la réalité et la fuir[10]. » À cette occasion, elle perçoit combien peut être négative et dangereuse l'influence d'un système de pensée complètement refermé sur lui-même. Et le souvenir de ce qui se passe en Europe l'effleure...

Le séjour en Irak tire à sa fin : Al-Ukhaidar, immense forteresse posée dans le désert, puis Kufah, la ville traîtresse où fut assassiné Ali, cousin et gendre de Mahomet. Mais le 26 février Annemarie est toujours à Bagdad : impossible de passer en Perse, les cols enneigés sont fermés à la circulation. En attendant, elle participe à quelques chasses au chacal ; quand la tempête se lève, elle s'enferme dans sa chambre d'hôtel. Deux jours plus tard la douceur de l'atmosphère a fait fondre la neige. Laissant la plus grande partie de ses bagages dans la capitale irakienne, la voyageuse pénètre dans ce qui fut jadis l'empire glorieux des Achéménides et des Sassanides.

C'est d'abord une succession ininterrompue de chaînes montagneuses et de larges vallées, puis les grands champs de pavots du Kurdistan, les villes de Kermanchah et d'Hamadan, avant l'arrivée à Téhéran. Le but d'Annemarie est de rejoindre le professeur Erich Schmidt sur le site archéologique de l'antique Rhagès où Alexandre le Grand aurait fait une halte avec son armée. Comme en Syrie elle entreprend de longues excursions les jours où le travail ne la retient pas : elle franchit le redoutable massif de l'Elbourz pour rejoindre la province plus verdoyante du Mazandéran et les rives de la mer Caspienne. La forêt alterne avec les rizières où sévit la malaria. Le 25 mars, au soir du dimanche des Rameaux, elle note une grande similitude entre les paysages aux environs d'Ab-i-Germ et les montagnes des Grisons. Le retour est proche... Mais auparavant, une dernière expédition à Ispahan, Persépolis et Chiraz :

> Nous avons mis deux jours à atteindre Persépolis. Mais il nous a toujours fallu conduire jusqu'à une heure avancée

de la nuit, car il pleuvait et les routes étaient mauvaises. Nous avons crevé plusieurs fois et avons dû rafistoler les pneus dans l'obscurité au bord de la route. Une autre fois, ce fut la magnéto qui avait pris l'humidité, chose très embêtante. [...] Vers le soir, nous avons atteint le toit de la Perse, un immense désert. Il me semblait que nous allions arriver d'un instant à l'autre au bout du monde. [...] Persépolis s'étendait aux confins d'une nouvelle plaine ; sur une haute terrasse, ses colonnes s'élevaient magnifiquement dans le ciel nuageux, et le nom devint réalité[11].

Les notes de voyage s'achèvent le 15 avril 1934 à Pahlavi, port de la Caspienne d'où le caviar est acheminé vers l'Europe. Annemarie prend la même direction car on lui a dit que le trajet par l'Union soviétique était près de deux fois moins cher que par les Balkans. Déjà, le long du quai, elle aperçoit le bateau russe qui doit la conduire à Bakou. Et c'est de Bakou justement que quarante-huit heures plus tard elle envoie deux cartes postales : l'une à Klaus Mann, l'autre à Claude Bourdet. Début avril, elle a déjà annoncé à ces deux amis qu'elle était presque décidée à retourner en Perse dès le mois d'octobre pour faire un stage pratique de trois mois sur le chantier de Rayy :

> Quand je pense à l'Europe, je ne trouve *rien* qui puisse m'y retenir ou qui m'apparaisse un tant soit peu supportable. [...] À Rhagès, je serai essentiellement occupée à mesurer des crânes et je pourrai ainsi prouver l'absurdité de ces idiots de racistes allemands sur des spécimens iraniens – c'est la seule chose qui me paraisse attrayante[12].

À son retour, fin avril 1934, cette perspective lointaine ne l'empêche pas de jouir sans modération de la joie de retrouver l'Europe, « cette chère terre ». Dans ses bagages, elle rapporte un journal à partir duquel elle va dès son retour rédiger le texte d'un livre qui sera publié six mois plus tard aux éditions Rascher de Zurich sous le titre

Hiver au Proche-Orient. Elle a dû s'engager à financer elle-même les mille premiers exemplaires, c'est-à-dire la moitié du tirage, somme qui devra lui être remboursée dès la vente de ce contingent. Mais quatre-vingt-neuf exemplaires seulement seront écoulés entre 1934 et 1940. Illustré de seize photos, l'ouvrage est rédigé dans un style qui se force la plupart du temps à une stricte objectivité. L'éditeur, qui avait beaucoup aimé *Nouvelle lyrique*, n'a pu d'ailleurs s'empêcher d'en faire la remarque : « J'ai le sentiment que vous avez été arrêtée par quelque chose, si bien que vous n'écrivez pas toujours ce que vous aimeriez écrire[13]. » Annemarie est la première à le reconnaître. Ayant constaté que le public suisse n'apprécie pas les propos trop intimes, elle a décidé d'« écrire quelque chose d'inattaquable », refoulant « ce qui a tendance à être trop personnel[14] ». À peine deux semaines après son départ, elle avait déjà confié à Claude Bourdet : « Ce ne sera pas honnête, *parce que je n'écris pas tout. Pas les rêves et la fièvre*[15]. » Mais si les réflexions personnelles sont rares, elles n'en sont pas pour autant complètement absentes. C'est surtout le pourquoi du voyage qui tourmente Annemarie. Il lui apparaît comme une « fuite dans l'inaccessible qui nous force à assumer inconfort et solitude, et à rompre de façon arbitraire avec nos habitudes de vie, sans pouvoir donner une explication sensée[16] ».

Pour en savoir plus, en particulier sur sa santé et son état psychologique, il faut lire sa correspondance, car c'est à ses amis qu'elle a confié ses « mauvais rêves » durant son périple : à peine arrivée à Ankara, elle a le mal du pays, boit, se drogue, tombe malade, doute de ses compétences en archéologie. Au fil des lettres il est question de bouteilles de whisky, d'« étranges » escapades nocturnes, d'une soirée à Alep en compagnie de prostituées, de doses de « poisson » et des nombreuses femmes qui, à toutes les étapes, s'émeuvent de sa fragilité et se montrent prodigues de soins et de tendresses. Agacée, Erika Mann a écrit à son frère le 24 janvier 1934 :

Les lettres sèches et confuses de Miro m'arrivent aussi. Cette gamine est vraiment bizarre. Et il est malheureusement probable qu'il n'en sortira jamais rien, tant sur le plan humain que créatif. Même son scepticisme à l'égard d'elle-même a quelque chose de mou, et le résultat de son voyage est bien mince : whisky, thon, un peu de cet orgueil du grand voyageur – comme nous en Corée, mais nous étions plus jeunes et c'était une autre époque.

La directrice du Moulin à poivre ignore-t-elle que « Princesse Miro » a des engagements avec différents quotidiens et hebdomadaires helvétiques ? Qu'elle doit tenir un journal de voyage et rédiger les commentaires de ses photos ? Qu'elle étudie l'archéologie et apprend l'arabe ? On pourrait le croire. Certes, il est incontestable qu'Annemarie a commis des excès. Le 8 février à Bagdad, elle s'est sérieusement intoxiquée, à tel point qu'elle a dû garder la chambre pendant que dans la salle du bas ministres et diplomates participaient à une soirée dansante. Mais entre deux nausées elle a quand même trouvé la force d'écrire à Klaus Mann et de le tranquilliser : « En ce qui concerne le poisson, ce n'est pas si grave, mon petit Klaus : je n'ai tout simplement pas le temps d'en prendre parce que ici on doit souvent se lever à cinq heures. » Son état ne l'a nullement empêchée de s'enquérir de la revue *Die Sammlung* et d'affirmer à son ami qu'elle se débrouillerait d'une façon ou d'une autre s'il avait besoin d'argent. Toutes les lettres à Klaus Mann datant de cette période montrent d'ailleurs qu'elle est constamment soucieuse de gérer au mieux son propre budget afin d'être en mesure de lui envoyer une contribution mensuelle de trois cents francs suisses. Pour garantir l'avenir de la revue, elle a même envisagé de repousser à une date ultérieure la réalisation d'un projet qui lui tenait à cœur depuis l'été 1933 : louer dans le Tessin ou dans les Grisons une maison de vacances où recevoir ses amis.

En Asie, l'acheminement du courrier est si lent et capricieux qu'Annemarie s'est plainte à plusieurs reprises de ne pas recevoir *Die Sammlung*. Et il était inutile de compter sur les librairies allemandes de Téhéran où l'on ne trouvait pas grand-chose à part de la littérature nazie. Début mars, peut-être à la demande de Klaus Mann, elle lui a envoyé un texte sur Gertrude Bell, cette exploratrice anglaise dont Thomas Edward Lawrence – plus connu sous le nom de Lawrence d'Arabie – a écrit un jour : « Sa vie ne fut qu'une succession de crises. » Cette petite « excursion poétique », commente Annemarie, l'a agréablement divertie de l'austérité des articles destinés à la presse. Mais elle hésite : tout en étant consciente de l'honneur qu'il y aurait pour elle à être publiée aux côtés d'auteurs de renom, elle sait l'anathème que les nazis ont jeté sur la revue et craint d'être interdite de séjour en Allemagne, ce qui l'empêcherait d'aller rendre visite à ses amis de Berlin dès son retour d'Asie. Cependant, par amitié pour Klaus Mann, elle est prête à faire le sacrifice de sa liberté de mouvement.

On ne sait pas si le rédacteur en chef de *Die Sammlung* a accepté ce texte dont il ne reste plus trace aujourd'hui. De toute façon, c'est Annemarie elle-même qui le prie un peu plus tard de le mettre de côté, et ce pour des motifs en rapport avec l'ambassadeur d'Allemagne à Téhéran, Wippert von Blücher, et sa « *plus que charmante*[17] » épouse. Lors de son voyage en Perse, en effet, elle a été hébergée chez eux et compte bien profiter encore de leur hospitalité quand elle retournera à Téhéran en septembre. Elle est même persuadée qu'une publication signée de son nom dans une revue ouvertement antinazie pourrait nuire à son hôte, voire lui coûter son poste.

Malgré cette précaution elle se verra interdite de séjour en Allemagne dès le mois de juillet 1934 – et privée du même coup de la possibilité de loger à la légation d'Allemagne à Téhéran. Les autorités du Reich n'ignorent sans doute pas qu'elle s'est portée garante de *Die Sammlung*, et de toute façon sa participation est devenue patente dès le premier numéro où a paru sous sa plume une critique de livre. Début juin, elle rend visite à la baronne Maud von Thyssen-Bornemisza à Berlin. Celle-ci est ensuite arrêtée et conduite au poste de police. Persuadés qu'elle a accueilli une espionne à la solde d'Erika Mann, les nazis l'interrogent pendant plusieurs heures avant qu'un ami SS d'Hanna Kiel n'intervienne pour la faire relâcher.

Dans le numéro de mars 1935 de *Die Sammlung*, Klaus Mann consacrera un court article à *Hiver au Proche-Orient*. Il relèvera la qualité de l'observation, le niveau remarquable de la langue, et annoncera que l'auteur a réservé ses impressions personnelles pour un recueil de nouvelles à paraître prochainement. Effectivement, dès qu'elle a mis le point final à son manuscrit, Annemarie, « aussi laborieuse qu'une abeille », commence à écrire une série de récits inspirés de son séjour en Orient. Elle y met en scène des hommes et des femmes ayant quitté l'Europe ou l'Amérique soit par goût de l'aventure, soit pour des raisons politiques ou professionnelles, et qui se rendent vite compte qu'ils ne devraient « pas rester trop longtemps dans cette partie du monde ». « Ces petites histoires sont toutes très inoffensives, rien de vraiment poignant ni de bouleversant, même pas une histoire d'amour. Peut-on offrir ça aux lecteurs ? » demande-t-elle à Klaus Mann – et de fournir elle-même la réponse : « Oui, pourquoi pas [18] ? » Son travail avance si vite qu'elle en est presque angoissée, mais la réaction très positive d'Erika l'incite à poursuivre de plus belle. Klaus lui-même trouve ses textes « très denses au plan de l'atmosphère, très *à la Hemingway* [19] », et dès le mois d'août 1934 Annemarie envoie une partie de son manuscrit aux éditions Rascher qui sont sur le point de publier *Hiver au Proche-Orient*. Quelques semaines plus tôt, elle a adressé à Rascher une lettre dans laquelle elle exprimait combien il lui était désagréable d'être considérée comme une « fille de riches » jouissant de privilèges exceptionnels. Affirmant qu'elle ne demanderait jamais l'aide de son père « pour une affaire professionnelle », elle ajoutait : « De plus, je travaille comme tout un chacun, essayant de tirer le meilleur parti de mon talent, et il n'est agréable à personne de voir son travail considéré comme une sorte de passe-temps[20]. »

Cette frénésie d'écriture parvient toutefois difficilement à masquer un malaise persistant, exacerbé par la lecture des journaux qui déversent quotidiennement leur lot de nouvelles alarmantes en provenance de l'Allemagne hitlérienne. Après l'élimination brutale de Röhm et des principaux chefs des SA pendant la Nuit des longs couteaux (30 juin), ainsi que de nombreux opposants au régime, Annemarie espère, sans trop y croire, que ce bain de sang servira au moins à réveiller les esprits et à démasquer les agissements des frontistes helvétiques qui commencent à faire parler d'eux. Mais pour sa part elle doit constamment trouver une position tant soit peu tenable entre une famille favorable à la montée du fascisme et des amis engagés dans la résistance. Dès qu'elle lâche la plume, elle a l'impression de tomber dans un trou noir : « J'ai une peur demesurée de chaque moment où on me laisse seule en face de ce tourbillon gris. Klaus, qu'est-ce qui peut nous aider à nous débarrasser de cette peur sans espoir ? » écrit-elle le 14 juillet. À cette date, elle vient de passer deux semaines en Autriche avec Maud von Thyssen. Deux semaines qui auront eu raison de leur liaison, d'où son désespoir : « *Je n'ai pas du tout envie de continuer à vivre. [...] Je quitte Maud, cette enfant amie pleine de tendresse et de cruauté, avec le sentiment d'"impossible", profondément découragée*[21]. » Aussi la tentation de la drogue se fait-elle plus pressante. Il en a d'ailleurs été question dès son retour d'Orient, d'autant plus qu'elle dit connaître quelqu'un pouvant lui rédiger toutes les ordonnances possibles et imaginables. Au début, les mises en garde d'Erika l'empêchent de commettre des excès. Cependant, l'envie est si forte qu'elle en rêve la nuit. Il suffit d'une rencontre avec Mopsa Sternheim pour que la drogue soit à nouveau à portée de main, et certains soirs les « fêtes au thon » en compagnie des enfants Mann et de

Therese Giehse battent leur plein. La seringue passe de main en main et Klaus n'est pas toujours très soucieux de l'hygiène, ce qui lui vaut de temps à autre des abcès extrêmement douloureux.

Face à tous ces facteurs déstabilisants, les souvenirs du séjour en Orient refont surface – singulièrement la Perse qui « dévoile à nouveau l'immense visage de ses hauts plateaux ». Aux yeux d'Annemarie, Bocken fait figure de lieu irréel, un peu comme un lieu de vacances, tandis que les choses sérieuses commenceraient en Perse : « Ici, c'est un monde artificiel, ce n'est plus du tout la "terre" ; là-bas, c'est à nouveau le soleil et l'ombre, la poussière, la solitude, la réflexion – et c'est alors que se pose la question du BUT sous sa forme la plus cruelle et la plus décourageante[22]. ». Une question qu'elle ne cherche pas à éluder, bien au contraire. Sa décision est irrévocable : elle retournera en Perse. Mais au lieu de prendre l'avion directement pour Bagdad, comme c'était son projet initial, elle fait une chose d'une audace peu commune pour une jeune femme issue de la grande bourgeoisie : elle accompagne Klaus Mann au premier congrès des écrivains soviétiques qui doit s'ouvrir le 17 août à Moscou.

Membre d'une délégation de douze écrivains allemands – parmi lesquels Ernst Toller, Balder Olden, Theodor Plivier, Johannes Becher, Albert Ehrenstein et Oskar Maria Graf –, Klaus Mann est invité non comme orateur mais comme participant. Le régime soviétique traverse à cette date une période de relative souplesse, juste avant l'instauration de la terreur stalinienne, et les organisateurs de cette manifestation ont tenu à attirer des éléments de la « bourgeoisie de gauche » susceptibles de rejoindre un « front commun ». Klaus Mann explique très bien dans *Le Tournant* qu'il a répondu à cette invitation parce qu'il estimait « possible et souhaitable » une « collaboration [...] entre l'Est et l'Ouest, entre la démocratie et le socialisme,

[...] pour le salut [...] de la civilisation menacée par un ennemi commun[23] ». Cet ennemi commun, le fascisme, représente à ses yeux, comme à ceux d'Annemarie, un danger bien plus grand que le communisme dans la mesure où il « inocule aux masses faciles à exalter le poison de la mégalomanie raciste et nationaliste[24] ».

Partis le 13 août de Zurich, les deux amis arrivent trois jours plus tard à Moscou via Vienne et Varsovie. Tous deux vont consigner leurs impressions de ce séjour : Klaus dans ses *Notes à Moscou*, parues dans *Die Sammlung* dès le mois d'octobre, Annemarie dans ses *Notes sur le congrès des écrivains à Moscou*[25]. Le congrès est une immense manifestation aux allures de fête populaire. Il réunit soixante délégués en provenance des différentes républiques soviétiques et une quarantaine d'écrivains étrangers. Dans la salle pleine à craquer, le public est composé de paysans, d'ouvriers, de marins. Il y a de nombreuses femmes ; en revanche, Annemarie est une des rares représentantes de son sexe qui soient invitées officiellement. L'écrivain bavarois Oskar Maria Graf, à qui Klaus Mann la présente, écrira un peu plus tard : « C'était la fille d'un millionnaire suisse, une femme écrivain qui pour s'amuser et sans doute se rendre intéressante fréquentait assidûment les gens célèbres et faisait de grands voyages[26]. » Difficile de partager cet avis quand on connaît la discrétion d'Annemarie et quand on lit ses notes sur le congrès.

Elle et Klaus sont chaleureusement accueillis, et dès le premier jour ils sont portés à croire qu'ils se trouvent au « pays de cocagne des écrivains » tant est grande la ferveur de la population pour la littérature. D'immenses portraits d'auteurs, dont ceux de Dante, Shakespeare, Tolstoï, Goethe, pavoisent la salle. Le seul problème, leur dit-on, c'est le manque de papier ! Commentaire d'Annemarie dans une lettre du 19 août à Claude Bourdet : « Alors qu'en Europe il n'y a quasiment plus de gens qui lisent, que l'écrivain [...] doit s'estimer heureux quand il trouve un éditeur qui le paie mal, ici, un homme comme Gorki est, avec Staline, au centre de l'intérêt du plus grand nombre, c'est un véritable héros national – et ici tout le monde s'occupe de littérature. » Au moment même où *Die Sammlung* se débat dans des difficultés financières sans nom, on lui montre une revue littéraire bimensuelle de qualité ne coûtant que quinze roubles. Les dix mille exemplaires du tirage sont régulièrement épuisés en moins de quatre jours ! Mais les deux amis ne tardent pas à se rendre compte que les livres en question ne traitent que de l'édification du socialisme, des progrès réalisés dans les kolkhozes, des résultats obtenus dans les usines, des performances de l'économie. Un soir tard, et après avoir bu quelques verres, Johannes Becher leur confie que tous ces livres sont absolument insipides.

Quoi qu'il en soit, Annemarie est conquise par l'enthousiasme des Soviétiques, par leur volonté de mettre fin à l'exploitation de l'homme par l'homme, par les moyens qu'ils se donnent pour rendre meilleure la vie de chacun. Chez nous, écrit cette fille de « capitalistes », les déshérités ont plutôt tendance à être fatalistes et à accepter leur condition, comme si leur sort avait été fixé une fois pour toutes par un décret divin. Et ceux qui s'accommodent le plus facilement de cette situation sont évidemment ceux qui auraient le pouvoir d'y remédier :

> En effet, comme tout va bien pour eux, ils font certes de leur mieux, mais sans aller au-delà de leurs forces. Ils ont aussi suffisamment de distractions pour ne pas penser nuit et jour à la misère de ceux qui n'en ont pas et n'ont pas non plus la possibilité d'agir. Je le répète : c'est humain. Mais naturellement, un ancien ouvrier de la confection ou de la métallurgie, un ancien valet ira au-delà de ses simples forces humaines pour user de son pouvoir nouvellement conquis et pour changer les choses. Ces gens ont travaillé nuit et jour, et nous voyons qu'il est possible de transformer l'utopie en réalité[27].

Elle est choquée cependant par deux aspects de cette réalité, également caractéristiques du fascisme : la totale soumission des « camarades » au parti et le militarisme omniprésent.

Au cours du congrès, c'est le débat lancé par Louis Aragon sur le rapport entre individualisme et collectivisme qui retient toute l'attention de Klaus et Annemarie. Karl Radek, le représentant de la ligne officielle du parti, qualifie l'individualisme de « résidu poussiéreux des idées bourgeoises ». Ce à quoi Jean-Richard Bloch, se faisant le champion des libertés individuelles, répond par la formule : « *Individualisme non, individu oui*[28] *!* »

Une semaine après leur arrivée à Moscou, les deux amis font le constat qu'au pays du « matérialisme » la fonction strictement sociale de la littérature la prive de sa nécessaire dimension métaphysique. Les thèmes incontournables de la littérature, notent-ils chacun de leur côté, seront toujours et éternellement la mort, l'amour, la solitude. Ces thèmes, ils ne les retrouvent que dans les livres de Ilia Ehrenbourg. Signe de l'incompréhension entre deux conceptions du monde : quand André Malraux a interrogé les ouvriers sur leur rapport avec la mort ils ont éclaté de rire. Et Annemarie de conclure, comme pour conforter sa position personnelle sur la fonction de l'écrivain : « Je ne crois pas que sa mission soit de faire passer les décisions d'ordre militant et politique avant son travail personnel[29]. »

Le 26 août, Klaus Mann quitte Moscou pour la Finlande, via Leningrad. Miro l'accompagne jusqu'à la ville de Pierre le Grand. Ils visitent le musée de l'Ermitage, s'arrêtent longuement devant deux « fabuleuses » madones de Léonard de Vinci et *Le Fils prodigue* de Rembrandt : « Le tableau le plus saisissant du monde », commente Klaus – saisissant au point d'en être « presque insoutenable », écrit sa compagne. Le 28, en attendant le départ du train de Klaus, ils font sur le quai un dernier bilan, se demandant si le « bolchevisme » pourrait servir de modèle à la société nouvelle qui naîtra de la mort du fascisme européen. Pour la Suissesse, « on ne peut pas la copier sur ce qui se passe ici. On voudrait quand même que ce soit quelque chose de complètement différent[30] ».

Annemarie reste encore une journée sur les rives de la Neva. La taille impressionnante des palais qui la bordent et leur « despotique solitude » lui paraissent annoncer l'Asie, « si bien qu'au-delà on n'imagine rien d'autre que la steppe[31] », lui a prédit le « très nerveux[32] » Malraux. Puis elle retourne à Moscou. Cette troisième semaine dans la capitale soviétique lui permet d'avoir un meilleur contact avec la vie quotidienne au lieu d'être comme au début une observatrice extérieure. Un jour elle survole Moscou en avion, un autre elle assiste à des projections. À cette occasion, elle fait la connaissance du réalisateur hollandais Joris Ivens et caresse même un temps le projet de partir en Chine avec son équipe. Les films *Zuiderzee* et *Misère au Borinage*, qui traitent des dures réalités du monde du travail, lui font une forte impression. Dans ses notes, elle exprime son indignation face aux déviations d'un capitalisme n'autorisant même pas les ouvriers à profiter du fruit de leur labeur. Mais le plus surprenant, c'est qu'à la suite d'une journée de visite à l'Armée rouge, cette petite-fille de général se déclare – non sans une pointe d'ironie – presque « reconvertie » à la chose militaire !

> La discipline est remarquable, mais elle n'est pas le résultat d'une autorité formelle qui, chez nous, paraît si peu naturelle et si rebutante. Ici, un soldat peut ouvrir la bouche, poser des questions et même critiquer. [...] Chez nous, on prétend aussi que le service militaire a des objectifs pédagogiques. Mais cette pédagogie-là consiste à faire en sorte que les gens trouvent normal d'être privés de permission si la position de leurs pieds n'est pas la bonne, ou de se faire engueuler sans sourciller par des sous-officiers à cause d'une brosse à dents oubliée. Ils apprennent à avaler leurs repas en deux minutes et à hurler des réponses stéréotypées aux questions qu'on leur pose. [...]

Dans l'Armée rouge, on apprend aux gens à penser par eux-mêmes et à agir en êtres sensés[33].

Le 6 septembre 1934, Annemarie prend le train pour rejoindre Téhéran via Tbilissi et Bakou. Quelques jours plus tôt, elle a confié à Claude Bourdet qu'elle commençait déjà à avoir le mal du pays. Et elle ajoutait : « Je me demande parfois quel démon peut bien m'obliger à m'infliger de si singulières épreuves. Je déteste *tellement* être seule[34]. »

CHAPITRE VII
La Perse
(1934-1935)

Près de Téhéran (été 1935)

> De son visage pensif éclairé par la pâleur du front émanait un charme qui agissait infailliblement sur ceux que la tragique grandeur de l'androgyne attire.
>
> Ella MAILLART,
> *La Voie cruelle.*

En contrepoint du congrès des écrivains soviétiques, il y a eu non seulement des banquets bien arrosés au cours desquels, sacrifiant à la tradition, Klaus et Annemarie ont dû porter des toasts à différents ministres soviétiques, mais aussi, comme toujours, la drogue. Klaus avait bien pris soin d'emporter des « comprimés de thon » dont il a fait profiter sa compagne pendant le voyage entre Zurich et Moscou. Le soir de leur arrivée, ils se sont retirés tôt dans leur chambre de l'hôtel Métropole pour célébrer en tête à tête une « fête au thon ». Klaus a noté à ce sujet le lendemain : « Amitié », un terme qu'il utilise à plusieurs reprises dans son journal intime et qui semble correspondre à des moments d'échanges affectifs et émotionnels particulièrement intenses.

Ce rapprochement avec Klaus Mann tombe à un moment où la question du mariage se pose pour Annemarie de façon insistante. C'est qu'elle a reçu de Perse début mai 1934, juste après son retour, une « demande en mariage exaltée[1] ». Peut-être s'agissait-il de Chefik, cet « ami arabe » qui lui envoie tous les jours une lettre par avion pour la supplier de le rejoindre à Batavia (aujourd'hui Djakarta) ? Ou d'un autre ? Les prétendants ne manquaient pas. Toujours est-il qu'elle a informé Klaus Mann de cette demande, pour l'éluder aussitôt en arguant qu'elle ne pouvait se passer de ses amis et aurait trop « le mal du pays ». Mais l'idée, une fois qu'elle s'est insinuée dans son esprit, ne la quitte plus. Un mariage aurait évidemment, sur le plan tant privé que professionnel, l'avantage majeur de la délivrer de la tutelle familiale et de lui laisser les mains libres.

Ces avances lui rappellent qu'un autre homme s'intéresse sérieusement à elle, un homme qui, avant son départ au Proche-Orient, lui a déclaré son amour de façon non équivoque : Claude Bourdet. Depuis leur première rencontre, les sentiments d'Annemarie à son égard sont passés d'une banale amitié à une « amitié tendre ». Une nuit de 1933, se souvient-il, elle l'a raccompagné chez lui dans sa Mercedes :

> Elle arrêta la voiture – c'était dans une rue du haut Zurich –, elle se tourna vers moi, il y avait un réverbère qui nous éclairait à travers le pare-brise, elle me tendit d'elle-même ses lèvres et m'embrassa vraiment, ses cheveux me caressaient la joue – je n'oublierai jamais ses cheveux à travers lesquels brillait la lumière du réverbère. Ce jour-là, et depuis lors, j'ai été à elle pour toujours, et pourtant plus jamais je ne l'ai embrassée, plus jamais même je ne lui ai dit – je l'ai écrit souvent – : « *Ich liebe dich*[2]. »

Quand Annemarie est rentrée en Suisse fin avril 1934, le lieutenant Claude Bourdet faisait son service militaire à Grenoble. Elle lui a envoyé lettre sur lettre – la plupart du temps en exprès –, télégramme sur télégramme, afin de lui fixer des rendez-vous qu'elle décommandait peu après parce qu'elle ne cessait de naviguer entre Zurich, Bâle,

Nyon, Berlin, le Tessin et le Tyrol. Claude avait la forte impression qu'Annemarie modifiait ses projets en fonction de ce qu'il appelait « des étoiles passagères ». Certes, il n'ignorait pas son goût pour les femmes, mais « était-ce si certain et si définitif ? » Le 18 juin, elle lui a annoncé qu'elle avait une proposition très importante à lui faire, sans rien lui révéler du contenu. Le 1er juillet, elle l'a presque supplié de demander un « congé spécial de quatre jours » pour la rejoindre au Tyrol en avion. Prétexte à invoquer auprès de son supérieur hiérarchique : « quelque chose de *très urgent* » ! Claude Bourdet ne disposait que de deux jours. Impossible donc pour lui de se déplacer aussi loin. Deux semaines plus tard : « Il faut, Claude, que tu me donnes *quelques précisions* » – et d'énumérer :

    1. Que veux-tu faire après ton service militaire ? Quel âge as-tu, quel métier veux-tu exercer, où vivras-tu ?
    2. Quel est ton degré d'indépendance ? a) vis-à-vis de tes parents ? b) financièrement ? As-tu beaucoup d'argent ?
    3. Quand et comment penses-tu que nous puissions nous voir[3] ?

Bien des années après, se remémorant peut-être cette lettre, ou une autre, non retrouvée, Bourdet écrira : « Je crus comprendre qu'elle m'offrait d'aller vivre avec elle : j'étais bouleversé, fou de bonheur et aussi désespéré – car maman était mortellement malade. Je lui répondis qu'il m'était impossible de quitter maman[4]. » Atteinte en effet depuis longtemps de tuberculose, Catherine Pozzi n'avait plus que quelques semaines à vivre.

Aucune possibilité de rencontre n'est donc arrivée à se concrétiser entre Claude et Annemarie avant son départ pour Moscou. Puis fin août, juste avant de quitter la capitale soviétique, elle a envoyé à Klaus Mann une lettre contenant entre autres des « remarques sur le mariage[5] ». De quelle nature étaient-elles exactement ? Nul ne le saura jamais, mais il semble qu'à cette date Klaus ait sérieusement envisagé de lier son destin à celui de Miro. Un an plus tard, en effet, il notera dans son journal intime : « Je pense à nouveau beaucoup à elle. Aurais-je pu vivre avec elle ? Pourrais-je vivre avec elle[6] ? »

De Moscou également, Annemarie a écrit deux lettres circonstanciées et un télégramme à Claude Bourdet. Elle y regrette certes de ne pas avoir pu le revoir, mais on ne perçoit plus trace de la nerveuse impatience des semaines précédentes.

Après « quelques jours sur les grandes routes du Caucase », Annemarie Schwarzenbach retrouve la Perse et rejoint le professeur Erich Schmidt et « the Joint Expedition to Persia » à la mi-septembre 1934. Rayy se trouve à une trentaine de kilomètres au sud-est de Téhéran, sur l'emplacement de l'antique Rhagès, dont on trouve mention dans la Bible et dans l'Avesta. Fondée cinq siècles avant Jésus-Christ, cette cité a été prospère sous les Achéménides, les Grecs, les Sassanides et les Parthes, avant sa destruction par les Mongols en 1220. Les fouilles du site ont permis de relever les plans de bâtiments semblant avoir été des palais et d'exhumer de nombreuses reliques ainsi que de très belles poteries seldjoukides.

Pour Annemarie, ce deuxième séjour en Perse est très différent du premier. Sur le chantier archéologique où elle travaille pour le compte des musées de Boston et de Philadelphie, les journées commencent à cinq heures et les matinées, consacrées à la recherche des précieux vestiges du passé, sont longues. L'après-midi, elle se retrouve avec ses collègues dans le « musée » de la mission américaine, et le travail se prolonge souvent bien après le dîner : à la clarté de la lampe à pétrole, elle répertorie les objets et tape à la machine les fiches pour le catalogue, tandis que d'autres déchiffrent les inscriptions des pièces de monnaie sous le microscope ou dessinent les plans de la cité mise au jour. Parfois, avant d'aller se coucher, elle fume un peu de haschich avec ses amis. Au bout d'une dizaine de jours de ce régime, elle écrit à Claude Bourdet : « *Je trouve cela étrange, dur et consolant. C'est assez près – je m'imagine – de la vie.* » De la vie, peut-être, mais pas de *sa* vie, car elle poursuit : « *Je n'écris pas. Je pense que je recommencerai en hiver, en Suisse. [...] Mais voilà que j'ai peur du retour. Je ne crois à rien et un peu à personne comme je doute de ma vie. C'est pourquoi je me sens tentée de rester ici, loin du monde*[7]. »

Ce qu'elle ne dit pas, c'est que la nuit une peur irraisonnée s'empare d'elle. C'est tout d'abord la crainte de traverser seule le jardin planté de grenadiers pour regagner sa chambre. Pourtant, combien de dangers autrement effroyables n'a-t-elle pas affrontés jusqu'ici sans trembler ! Mais à Rayy, les nuits ne ressemblent en rien aux nuits légères et claires de Persépolis qui s'ouvraient toujours sur un avenir plein de promesses. Ici, elles sont plongées dans une obscurité sans issue. Allongée sur son lit, Annemarie perçoit les bruits étranges de ce monde étranger : cloches des caravanes qui passent sur la route, cris des chameliers, bruissement de la rivière qui coule de l'autre côté du mur du jardin. Alors, elle se sent horriblement abandonnée – livrée sans défense à ce pays démesuré.

Un homme va l'empêcher de sombrer dans le désespoir : Claude Achille Clarac, deuxième secrétaire à la légation de France en Perse, arrivé à Téhéran le 23 septembre. Originaire du pays nantais, il a fait pendant trois ans ses premières armes de diplomate à Washington sous la direction de Paul Claudel, et c'est son premier contact avec une région du monde où il accomplira par la suite une brillante carrière. Le souvenir de sa rencontre avec Annemarie Schwarzenbach restera à jamais gravé dans sa mémoire : image d'une femme d'une beauté et d'un charme exceptionnels occupée à gratter la terre au milieu d'un nuage de poussière. Vision de rêve en parfaite adéquation avec « l'atmosphère irréelle du haut plateau iranien[8] ». Claude Clarac invite la Suissesse à dîner, met à sa disposition à la légation une chambre et une salle de bains – attentions qu'elle apprécie car sur le champ de fouilles le confort laisse à désirer. Ils passent des soirées entières à discuter, découvrent qu'ils partagent un même intérêt pour l'histoire et l'archéologie, font de longues promenades en voiture jusqu'à une heure avancée de la nuit. Les gens se mettent à bavarder. On leur conseille la prudence.

Pendant ce temps, Claude Bourdet séjourne à la Graulet, maison familiale du Périgord. Sur sa table, trois photos : « Une Catherine à la rose, l'Annemarie de Chiraz et Dollfuss à l'œil de ciel. Mes icônes : ma mère, ma sœur (*for she is that more than all for me*[9]) – et un homme, *mein Vater vielleicht*[10]. »

Le 4 novembre, Annemarie écrit à Klaus qu'elle n'en peut plus : la Perse est un pays « trop grand », la vie sur le chantier « trop à l'écart », la capitale « trop pleine de monde ». Elle ne veut qu'une chose : rentrer en Suisse et retrouver ses amis. Un seul regret : elle va devoir quitter un certain Claude Achille... C'est la première fois que Klaus déchiffre ce nom, et il n'en saura pas plus. Sinon qu'elle pourrait également épouser un prince kurde : « Il possède bien plus d'un village – mais je suis trop attachée à vous. »

Le 22 novembre, elle annonce ingénument à Claude Bourdet :

> Tu sais que tu m'as un peu abandonnée ces derniers temps ? J'ai vécu dans notre camp d'excavations, très isolée du monde de mes amis, et en voilà le résultat : je me suis fiancée avec le seul garçon qui était entre ce monde que j'aime et mon nouvel entourage d'Orient. C'est Claude Achille Clarac, chargé d'affaires de France – et ton oncle Pozzi[11] sera donc notre chef à Téhéran !

On imagine ce qu'a dû représenter pour Claude Bourdet la nouvelle que son oncle allait unir la femme qu'il aimait à un autre. Il écrira plus tard :

> Le 3 décembre, la veille de la mort de maman, je reçus une lettre m'annonçant ses fiançailles avec Claude Clarac, second de mon oncle à l'ambassade de France. Je fus frappé comme un homme à qui on enlève la moitié de sa vie. Le

lendemain maman mourait et je perdais l'autre moitié. Jamais, même en concentration[12], je ne me suis senti si abandonné que ce 4 décembre 1934[13].

Entre-temps, la nouvelle est parvenue à Erika qui s'empresse de prévenir son frère. Le 30 novembre, dans son hôtel d'Amsterdam, Klaus est tiré de son sommeil par l'arrivée du télégraphiste. Commentaire : « Ce serait, probablement, *la fin de l'amitié*[14]. » Le 1ᵉʳ décembre, Erika prend le temps de lui donner de plus amples détails : Annemarie lui a écrit noir sur blanc qu'elle doit d'abord demander à ses parents l'autorisation d'épouser un « catholique français ». Et elle poursuit :

> J'aurais préféré qu'elle épouse Henne, le chef des frontistes. Car il a confié à une dame qui me l'a rapporté que s'il s'est engagé dans le Front, c'est uniquement par déception, Annemarie l'ayant éconduit. Sans parler de la campagne qu'il a déclenchée contre nous pour cette seule raison. C'est lui le chef, et la Suisse serait sauvée si notre petite princesse le prenait dans ses bras.

Le ton pour le moins sarcastique d'Erika Mann est motivé par une exaspération somme toute compréhensible quand on sait les ennuis qui pleuvent sur elle depuis une quinzaine de jours. Les frontistes – c'est-à-dire les sympathisants nazis helvétiques dont Rudolf Henne est le meneur – ont déclenché contre elle une cabale d'une violence telle que son cabaret risque de disparaître corps et biens.

Depuis 1933, la politique helvétique envers les émigrés fuyant l'Allemagne nazie est d'une rigueur d'autant plus choquante qu'au cours de la Première Guerre mondiale la Suisse a fait preuve d'une attitude humanitaire tout à fait à la hauteur de sa réputation de terre d'accueil. La législation, relativement libérale au début envers les réfugiés, leur rend très vite impossible un séjour prolongé puisqu'ils n'ont pas le droit d'exercer une activité professionnelle.

Quant aux Juifs, ils sont purement et simplement déclarés indésirables. Il faudra attendre 1944, c'est-à-dire la certitude qu'Hitler perdra la guerre, pour qu'ils obtiennent le statut de réfugiés politiques. Antisémitisme et xénophobie conjugués aboutiront au résultat suivant : lorsque le conflit éclatera, la Suisse n'aura accordé un droit d'asile prolongé qu'à cent vingt personnes environ – dont Thomas Mann, qui a l'avantage d'offrir des garanties financières et de faire rejaillir sur le pays sa très internationale notoriété de prix Nobel.

Nul doute que la gloire de son père n'ait profité à Erika dans un premier temps pour lui permettre de rouvrir son cabaret antifasciste à Zurich. Les frontistes se sont quelque peu manifestés en octobre 1933, mais les menaces sont restées sans lendemain. Toutefois, l'ambassadeur d'Allemagne à Berne, Ernst von Weizsäcker, a demandé au Conseil fédéral puis aux gouvernements des cantons qu'on interdise les représentations du Moulin à poivre. Sans succès. Thomas Mann s'est également vu signifier en février 1934 d'intervenir auprès de la directrice du cabaret pour la dissuader de poursuivre son travail de sape. Il a fait comprendre que sa fille n'était pas femme à se laisser marcher sur les pieds, même par son propre père.

En novembre 1934, les choses se gâtent. Cela commence par un tract anonyme accusant Erika d'avoir une liaison intime avec un membre du Conseil national, le social-démocrate Schneider, qu'elle ne connaît ni d'Ève ni d'Adam. Comme par hasard, ce même Schneider a demandé quelques jours auparavant la révocation du commandant de corps Ulrich Wille, un des frères de Renée Schwarzenbach. Pour quelle raison ? Parce que au mépris du principe de neutralité et à l'insu du gouvernement il a eu des entretiens secrets avec Hitler et Rudolf Hess à Munich, puis avec Goebbels à Rome, et enfin avec Blomberg, ministre de la Reichswehr, à Kiel. Ulrich Wille ne faisait là que récidiver. En 1923 déjà il avait reçu Hitler à Zurich, lui permettant ainsi d'exposer son programme à un aréopage de personnalités du monde économique qui lui avaient ensuite apporté leur soutien financier. Il n'est d'ailleurs pas exclu que l'industriel Alfred Schwarzenbach, le père d'Annemarie, ait figuré parmi ces généreux donateurs.

Malgré le scandale déclenché par les révélations de Schneider, Ulrich Wille reste en place. Le 16 novembre, Erika, trouvant suspect que les billets bon marché de son spectacle aient été achetés en bloc, demande et obtient la présence de policiers en civil dans la salle. Effectivement, à un signal lancé par James Schwarzenbach – neveu d'Alfred et cousin d'Annemarie ! – éclate une véritable émeute : sifflets et invectives du style « Mort aux Juifs ! » dégénèrent en bagarre avec clés anglaises à l'appui. La police procède à vingt-quatre arrestations, dont celle de James Schwarzenbach, qui nie faire partie des frontistes. Quatre jours plus tard, la *Neue Zürcher Zeitung* publie une lettre dans laquelle il accuse Erika Mann d'être communiste et de violer le principe de neutralité suisse. Les deux soirs suivants, l'agitation persiste, et c'est au tour de Rudolf Henne d'être arrêté – l'homme qui serait devenu le chef des frontistes par dépit amoureux. Erika reçoit des menaces d'enlèvement et se voit contrainte de se mettre sous la protection de la police. Dans sa réponse à James Schwarzenbach qui paraît dans presque tous les quotidiens suisses – seule la *NZZ* a refusé de lui ouvrir ses colonnes –, elle s'efforce d'apaiser les esprits. Trop tard : le ver est désormais dans le fruit. Ce ne sont pas les frontistes que l'on rend responsables des échauffourées mais le cabaret antifasciste d'Erika Mann ! Si la tournée de novembre est maintenue, celle de décembre doit être interrompue au bout de neuf représentations – presque toujours sous protection policière –, différents cantons ayant annulé leurs engagements. Et Erika de se demander si la solution ne serait pas d'aller s'installer sur la lune, la planète terre et notamment la Suisse étant devenues à ses yeux inhabitables.

Dans son esprit, cette cabale n'a pu être déclenchée que par une seule personne : Renée Schwarzenbach, cette « nazie pure et dure » qui a décrété qu'Erika faisait partie de la « racaille de réfugiés communistes[15] » venue pervertir la paisible Helvétie. Depuis son arrivée sur le territoire suisse, début avril 1933, elle est de fait devenue persona non grata à Bocken. Thomas Mann note dans son journal que Renée Schwarzenbach, persuadée de la responsabilité d'Erika dans les ennuis que traverse son frère Ulrich Wille, aurait « payé » des « voyous » pour perturber les soirées du Moulin à poivre. Il indique aussi que la police aurait été « très virulente envers la vieille Schwarzenbach[16] », ce qui n'est confirmé par aucun autre document. En revanche, dans une lettre à son petit-fils Jürg Wille, Clara Wille, la mère de Renée, se déclare scandalisée par les agissements des frontistes et la « malveillance » exprimée à l'endroit du cabaret d'Erika Mann.

On le voit, quand Annemarie rentre de Perse à la mi-décembre, c'est pour se retrouver en plein psychodrame. L'exaspération d'Erika vis-à-vis des familles Wille et Schwarzenbach est à son comble. Mesurant la gravité de la situation, Annemarie n'hésite plus à prendre clairement position. Certes, elle ne peut croire un instant que sa mère ait été à l'origine de la cabale déclenchée contre le cabaret d'Erika : connaissant les comportements typiques de son milieu, elle sait qu'on y a une peur bleue de tout scandale. En revanche, elle ne ménage pas les siens ; ce qu'elle leur reproche avant tout, c'est d'avoir cautionné les ignobles accusations lancées contre son amie et d'avoir ainsi dérogé aux principes d'honnêteté et de loyauté les plus élémentaires. Parallèlement, elle clame haut et fort de quel côté elle se situe, et elle n'hésite pas à contacter les salles de rédaction. Enfin, elle écrit un article dans lequel elle prend publiquement fait et cause pour le Moulin à poivre, dénonçant la violation d'« une des meilleures traditions suisses » au profit du « droit du plus fort ». Ce texte ne sera cependant publié que le 27 décembre dans la *Zürcher Post*.

En attendant, Erika se montre intraitable, et Annemarie n'arrive à juguler son désespoir qu'en se « nourrissant » de « thon » – avec tout ce que cela implique de détresse physique : vomissements, insomnies, crises de larmes... D'un côté, elle est presque soulagée, après avoir tenté pendant des mois de dissimuler dans la fuite son statut de « brebis galeuse », de voir les circonstances lui faciliter la rupture avec sa famille. Mais d'un autre côté, l'idée que son dernier séjour en Perse et ses fiançailles puissent inciter Erika à s'éloigner définitivement d'elle lui est parfaitement insupportable. Le 21 décembre, elle écrit à Klaus : « Tu [...] sais bien qu'on ne s'en sort pas sans Eri. Je le savais, je l'ai toujours su. Mais je lui ai demandé si elle venait à Sils – et je n'oublierai jamais la douceur avec laquelle elle m'a dit "non". »

Si ce refus a pour Annemarie une résonance particulièrement douloureuse, c'est aussi parce que Sils est la réalisation toute récente de ce rêve qu'elle cherchait à concrétiser depuis plus d'un an : avoir une maison à elle où elle pourrait recevoir ses amis. Au mois de juillet, elle a averti Klaus qu'une agence de Saint-Moritz lui avait promis « une ferme (ancienne et en pierre, avec sept pièces et une grange) au bord du lac de Sils[17] » et que son père allait peut-être consentir à l'acheter pour elle. Fin septembre, c'est à Claude Bourdet qu'elle annonce : « J'aurai dès le 1er janvier une maison à Sils en Engadine. » En fait, ne pouvant en faire l'acquisition, elle la louera à l'année.

Le jour de Noël, elle fait envoyer des fleurs à la famille Mann. Le lendemain de la parution de son article, elle leur rend visite après avoir participé à Berne à une manifestation contre les frontistes. C'est la réconciliation. « Très amaigrie, [...] affamée. Erika la réconforta avec des œufs et du thé », note Thomas Mann. L'autre facette de la réalité, on la lit à cette même date du 28 décembre 1934 dans le journal de Klaus Mann : « Elle est belle, maigre et charmante. Très dépendante du thon. Avons consommé ce mets ensemble (à trois). La vie. Énigmatique. » Tous trois passent finalement la Saint-Sylvestre à Zurich avec des amis. Au cours de cette soirée, comme pour conjurer le sort, ils s'amusent à faire une partie de « jeu du Führer », sorte de jeu des sept familles qui commence à faire fureur dans les foyers : « le Führer ami de la nature », « le Führer ami des chiens », etc.

En réalité, cette fin d'année n'a rien de réjouissant, ni pour Annemarie ni pour les enfants Mann, aussi leur consommation de drogue augmente-t-elle dans des proportions inquiétantes. Depuis plusieurs mois, Klaus alterne héroïne et morphine à un rythme tellement accéléré qu'il envisage comme solution ultime de demander à Erika de cacher ses réserves. Pour Annemarie, il est déjà trop tard : elle doit être hospitalisée début janvier dans la clinique du docteur Ruppanner à Samedan (Engadine). Mais alors qu'elle est en pleine cure de désintoxication, elle reçoit de son père une lettre qui semble lui donner le coup de grâce : le 14 janvier, elle tente de s'ouvrir les veines.

Quel était le contenu de cette lettre ? On en est réduit à des conjectures puisqu'elle a été détruite par les soins de la famille ; il n'est toutefois guère difficile, à partir de divers témoignages, d'imaginer qu'Alfred Schwarzenbach avait beaucoup de choses à reprocher à sa fille : son mode de vie, ses fréquentations féminines, sa prise de position récente en faveur des émigrés antifascistes et – *last but not least* – ses fiançailles avec un Français. Dire que les trois cousines d'Annemarie côté Wille ont toutes épousé des Allemands ! Et il faut que ce Français soit de surcroît issu d'une famille profondément catholique ! Claude Bourdet, qui dit s'être rendu à Samedan « comme on peut imaginer qu'Abélard vit Héloïse après son entrée au couvent », rapporte qu'Annemarie soutenait à ce moment-là « une lutte épuisante entre ses parents et ses amies (la femme de von Cramm [18] et deux autres filles). Les parents – le père était là – voulaient l'arracher à ce milieu. Ils avaient raison, mais ils étaient la maladresse même. Je défendais Annemarie contre son père, essayant de faire comprendre à ce vieux Suisse borné que tout changerait après son mariage – ce mariage qui me désespérait. Quel crève-cœur furent ces semaines[19] ». La photo que Claude a prise d'Annemarie lors de sa visite en est la meilleure preuve : mieux qu'aucune autre elle dévoile le tragique de son « beau visage d'ange inconsolable »... aux poignets bandés.

Ainsi désamorcée, la crise a quelque temps un effet salutaire. Annemarie se réjouit de voir que ses parents font désormais des efforts sincères pour la ménager. Quant à l'épineuse question de son mariage, il a été convenu qu'il n'en serait plus question entre elle et ses amis avant début mars afin de lui laisser le temps de la réflexion. Sa convalescence est lente : « *Il faut du temps, plonger dans le rien, retrouver la mémoire, l'image. [...] Hier j'ai eu un accès formidable de faiblesse, on m'a ramenée à l'hôpital* », écrit-elle à Claude Bourdet depuis Sils-Baselgia en février. En effet, elle est désormais installée dans la Jägerhaus, et c'est une nouvelle amie, « épatante », qui la soigne : Margot Lind, une Allemande de Hambourg.

Un mois après sa tentative de suicide, elle est suffisamment remise pour se lancer sur les pistes de Saint-Moritz, mais le 19 février une chute à skis l'oblige à annuler une visite chez Thomas Mann, en villégiature dans le tout proche village de Chantarella. Cette chute est sans gravité : deux jours plus tard elle quitte l'Engadine pour passer un long week-end avec Erika et Therese Giehse dans la maison du Magicien à Küsnacht.

À la mi-mars, elle a manifestement pris la décision d'épouser Claude Clarac, et comme il ne peut quitter Téhéran elle se rend seule à Nantes via Paris pour aller se présenter à ses futurs beaux-parents. Voyage éclair, mais la famille de Claude est très favorablement impressionnée et ne tarit pas d'éloges sur la Suissesse – déjà partie rejoindre Erika et son Moulin à poivre en tournée aux Pays-Bas. Le 1er avril elle assiste à la première du cabaret

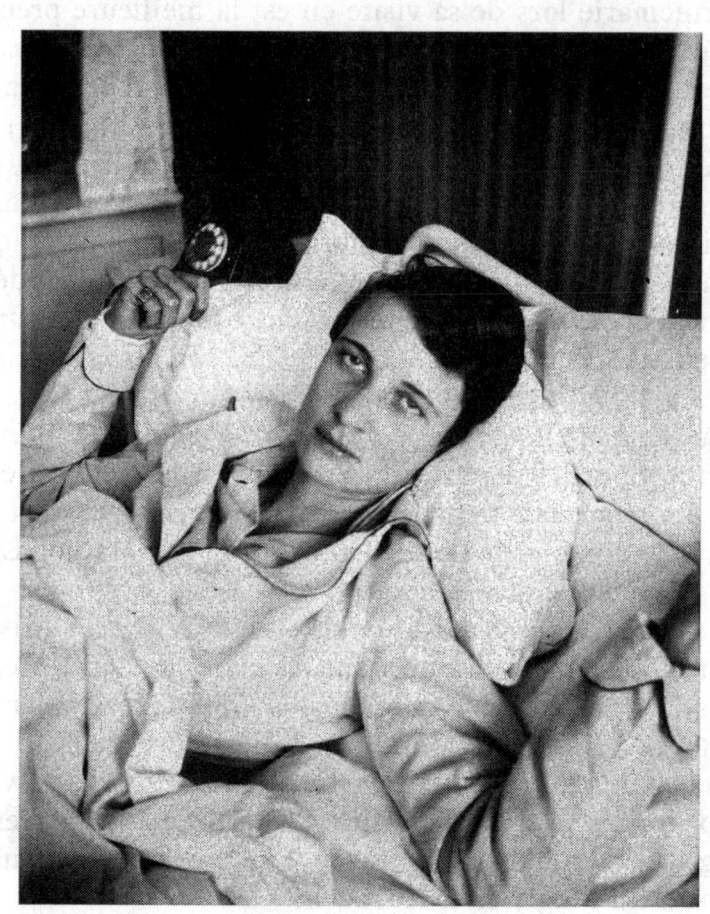

À Samedan (janvier 1935)

à La Haye, puis elle fait un saut à Paris, juste pour vingt-quatre heures, le temps d'un essayage chez Vera Borea[20], rue Saint-Honoré, et d'une rencontre avec Claude Bourdet. Peu à peu, elle s'habitue à l'idée de devoir quitter la Suisse dans le courant du mois : « C'est tellement difficile de savoir ce qui doit être fait, et ce qui n'est que hasard. *Je voudrais écarter le hasard de ma vie*[21]. » Son sentiment intime, c'est qu'épouser Claude Clarac est la meilleure solution dans sa situation. D'autant qu'il se montre très pressant, très amoureux, et qu'elle détesterait le faire souffrir. Au moment où les liens avec sa famille et ses amis ont démontré leurs limites, Claude représente un soutien et une présence dont elle a besoin pour reprendre confiance. Elle lui a écrit qu'il y avait trois choses primordiales dans sa vie, trois choses auxquelles elle n'avait pas l'intention de renoncer : sa liberté, son amitié pour Klaus et Erika Mann, son travail journalistique et littéraire. Il lui a aussitôt répondu qu'elle n'aurait rien de tout cela à sacrifier en l'épousant. De son côté, elle lui a assuré que son activité de journaliste n'avait aucun caractère politique et ne pouvait donc nuire à la discrétion professionnelle de rigueur pour tout diplomate. C'est d'ailleurs cette profession qu'Annemarie juge être le seul obstacle éventuel à leur mariage au cas où l'évolution politique serait défavorable, mais elle compte sur les facultés de jugement de Claude et sur son intelligence pour prendre les décisions qui s'imposeraient. De toute façon, écrit-elle à Klaus Mann, elle aura toujours la possibilité de se séparer de lui. Mais grâce à cette union avec un étranger elle ne sera plus constamment sous la lumière des projecteurs helvétiques, ce qui aura l'énorme avantage de lui laisser une plus grande liberté d'expression tout en préservant sa famille et ses amis. Annemarie sait en effet qu'en épousant Claude Clarac elle deviendra citoyenne française et perdra du même coup la nationalité suisse. D'ailleurs, une fois ce nouveau statut acquis, elle envisage d'aider Klaus Mann à obtenir un passeport français en bonne et due forme.

Comme l'immense majorité des émigrés, son ami est en effet confronté à des difficultés sans nom et risque d'être ravalé au rang d'apatride.

À Bocken, Renée Schwarzenbach pousse sa fille dans ses derniers retranchements : elle ne lui cache pas qu'elle n'est pas dupe de ce qu'elle considère comme un mariage arrangé et elle lui prédit un « désastre ». Quant à Alfred Schwarzenbach, il use une dernière fois de chantage psychologique pour modifier le cours des choses, mais Annemarie a beau souffrir de faire souffrir son père, sa décision est prise. Elle juge indispensable de tenter l'expérience, incontournable la « *nécessité de l'acte*[22] », et se rassure en se disant que dans trois mois elle rentrera en Suisse afin de passer une partie de l'été à Sils avec Erika. Elle confie néanmoins à Claude Bourdet qu'elle doit faire un énorme effort sur elle-même pour lutter contre la dépression qui l'envahit : « *C'est du courage pur.* [...] *Mais je sais que, en s'efforçant d'être courageux, le courage augmente*[23]. » Dix jours avant de quitter l'Europe et d'entamer son troisième voyage en Perse, voici en quels termes elle exprime à l'adresse de Klaus Mann son sentiment du monde :

> Quand j'y repense, j'ai l'impression que la vie de ces dernières années éclate en petits épisodes qui impriment à l'ensemble avec une inquiétante netteté le sceau du provisoire. Rien n'est durable, rien ne prend forme, tout nous échappe – et c'est exactement ainsi que se présentera la mort lors d'un ultime retour sur soi-même[24].

Le 16 avril 1935, Annemarie prend son courage à deux mains. Ni Margot Lind ni sa mère n'ont accepté de faire le voyage de Téhéran. Renée Schwarzenbach a toutefois consenti à l'accompagner jusqu'à Trieste. « En vérité, je suis affolée[25] », avoue Annemarie à Claude Bourdet. Les photos prises par Renée sur le port avant l'embarquement pour Beyrouth sont une pathétique confirmation du récit que sa fille fera quatre ans plus tard à Ella Maillart : « Je sentais que j'allais vers une prison. [...] Je ne sais pas pourquoi, mais j'étais trop faible pour me libérer alors que c'était encore possible.[26] » Dans son visage marqué par la fatigue et la dépression, les yeux, inquiets, sont entourés de grands cernes noirs.

De son côté, Claude Clarac a informé sa famille fin 1934 de ses fiançailles avec Annemarie. Il l'a présentée comme une jeune femme – elle est de cinq ans sa cadette – ayant « une grande habitude d'indépendance, une vie intellectuelle très active et des moyens de fortune qui seront toujours bien supérieurs » aux siens : « Nous vivrons l'un à côté de l'autre dans une absolue mutuelle confiance, mais sans essayer de nous dominer l'un l'autre. Parce que nous avons convenu de garder la liberté de partir, de nous séparer, de nous isoler lorsque nous le voudrons, j'espère que nous n'en sentirons jamais le besoin[27]. » Il avouait être surpris de ce qui paraissait représenter un « tournant » dans son « destin », mais, estimant que « tout ce jeu de circonstances était déjà inscrit », il se gardait d'y faire opposition. En raison de « ses goûts et habitudes », Claude Clarac est en effet davantage porté vers les hommes. Il sait que pour sa part Annemarie ne peut « se passer de la complicité émotionnelle, sentimentale et charnelle des femmes[28] ». Cependant il est emporté par la force de ses sentiments. Il dira plus tard : « Elle est la seule femme que j'ai aimée. »

CHAPITRE VIII

La mort en Perse

(1935)

*Avec Claude Clarac chez Nezam Radjé Nouri à Golandnak
(Perse, été 1935)*

> Tu sais bien que personne ne peut pénétrer, ne serait-ce qu'un bref instant, dans le cœur de l'autre et s'unir à lui.
>
> Annemarie SCHWARZENBACH,
> *La Mort en Perse.*

Beyrouth, 13 avril 1935. Claude Clarac accueille Annemarie à sa descente de bateau. Il lui réserve une surprise de taille : une Buick-Packard de sport – son cadeau de noces. Après un bref séjour à l'hôtel Saint-Georges, ils partent pour Téhéran. Comme Claude est venu avec sa vieille Dodge, ils prennent chacun le volant de leur automobile. Délaissant Bagdad, ils passent plus au nord, par la Syrie, l'Irak et le Kurdistan persan. Leur itinéraire est parsemé d'incidents et d'aventures en tout genre. À Palmyre, ils s'arrêtent à l'hôtel de Marga d'Andurain, « moderne Zénobie » régnant sur une tribu de Bédouins. Henri Seyrig, conservateur des Antiquités de Beyrouth et grand ami de Marga, s'y trouve lui aussi. Le couple y passe une nuit mémorable pendant laquelle Seyrig a toutes les peines du monde à convaincre la maîtresse des lieux de ne pas intervenir dans les querelles tribales – comme elle s'y est engagée auprès des autorités françaises après la mort fort suspecte de son mari bédouin.

En Irak, peu après Mossoul, Claude et Annemarie

doivent traverser le Grand Zab en crue. Les prochaines étapes ont pour nom Arbil, Ourmia, puis un village du bout du monde sur les rives de l'Araxe, la rivière qui marque la frontière entre l'Iran et la Russie, enfin Tabriz. À Ourmia, ils jouissent pendant trois jours de l'hospitalité des pères lazaristes. Les missionnaires aux longues barbes leur racontent les massacres des chrétiens par les Turcs quinze ans auparavant. Annemarie note tous ces épisodes, et de bien des personnages rencontrés au cours de ce périple elle fera les héros d'un cycle de nouvelles. Elle prend également des photos. Pendant les dix-huit mois compris entre décembre 1933 et juin 1935, pas moins d'une soixantaine d'articles signés de son nom de jeune fille auront été publiés par la presse helvétique. Dans son numéro du 17 juillet 1935, la *Zürcher Illustrierte* fait sur deux pages le recensement de ses correspondants à l'étranger et écrit à propos de la responsable pour l'Iran : « Ce que nous apprécions dans les reportages photographiques de cette jeune femme, c'est l'humanité de son regard et le sérieux de son travail qui est le fruit d'une solide formation scientifique. »

Le 21 mai à onze heures, dans la grande galerie de la légation de France à Téhéran, et en présence d'un père lazariste, Jean Pozzi, ministre de France en Iran et oncle de Claude Bourdet, déclare Claude Clarac et Annemarie Schwarzenbach unis par les liens du mariage[1]. Leurs témoins sont le premier secrétaire de la légation royale d'Italie et le chancelier de la légation de France, Marcel Bleuzet. Annemarie devient citoyenne française et se voit délivrer un passeport diplomatique qui lui facilitera bien des démarches lors de ses voyages ultérieurs. Mais en même temps elle perd la nationalité suisse, ce qui l'obligera à demander un permis de séjour chaque fois qu'elle voudra passer quelque temps dans sa maison de Sils. À partir de cette date, ses articles porteront la signature « Annemarie Clark » ou « Annemarie Clark-Schwarzenbach », souvent précédée de la mention « Dr. ». Si elle adopte le pseudonyme « Clark », c'est pour ne pas nuire à la carrière de son mari.

Téhéran, ville de plus de cinq millions d'habitants aujourd'hui, ne compte en 1935 pas plus de trois cent mille âmes. Depuis l'avènement de la dynastie des Pahlavi en 1925 et le couronnement de Reza Chah, qui a instauré un pouvoir autoritaire et centralisé, cette capitale s'est beaucoup occidentalisée. Le goût du gouvernement pour les vastes avenues et les alignements impeccables s'est traduit par un véritable séisme transformant la moitié de la cité en un immense chantier. Le statut des femmes s'est amélioré : elles peuvent désormais emprunter les mêmes trottoirs que les hommes, et celles qui en font la demande à la police reçoivent l'autorisation de porter le costume occidental. La modernisation du pays touche aussi les hommes : les fonctionnaires sont maintenant condamnés à la cravate et au veston. 1935, c'est l'année où la Perse devient officiellement l'Iran et où est fondée la première université. De nombreux cafés ainsi qu'une dizaine de cinémas se sont ouverts. Pourtant, l'électricité reste un luxe que même la légation de France – au contraire de toutes les autres ambassades étrangères ! – ne s'est pas encore accordé. On s'éclaire au moyen de lampes à huile ou à acétylène. Pendant les mois d'hiver, généralement glacials, le courrier ne peut franchir les cols enneigés. Car la route est l'unique moyen d'accès à la capitale depuis que la ligne aérienne régulière allemande a fait faillite. Le chemin de fer n'existe pas encore.

Les étés, en revanche, sont torrides. Aussi le corps diplomatique a-t-il pour habitude, afin d'échapper à la chaleur poussiéreuse de la capitale, de se transporter à Chimran, plus près des montagnes. Cette année-là, Claude Clarac a loué dès la fin du printemps une demeure située à vingt kilomètres de Téhéran, dans le village de Farmanieh. Il s'agit du pavillon de réception de la propriété du prince Firouz-Mirza, ancien ministre des Finances qui sera emprisonné et assassiné quatre ans plus tard. Au milieu

À Farmanieh avec le chien Toufane (été 1935)

d'un parc de verdure, cette bâtisse en briques recouvertes d'un enduit, avec des décorations en stuc, est réalisée dans le plus pur style local[2]. Entre deux rangées de platanes d'Orient, un grand réservoir d'eau se déverse de bassin en bassin. Les soirs de réception, les bordures en marbre de cet escalier d'eau sont éclairées par des lampadaires qui ajoutent à la féerie de l'endroit. Les domestiques, nombreux – c'est le seul luxe des diplomates dans ces contrées reculées –, ont transporté à Farmanieh toute la vaisselle et tous les meubles du pavillon de la chancellerie où Claude habite le reste de l'année. La cuisine est excellente.

Annemarie est désormais la maîtresse des lieux. Elle apprécie le cadre enchanteur et le calme de cette oasis persane. Dès le matin, elle s'installe dans le jardin pour compléter le cycle de nouvelles commencé un an plus tôt. Le rythme de ses journées est régulier. Après avoir écrit quelques heures, elle nage dans le grand bassin ombragé. Vers trois heures, pendant la sieste de Claude, elle se rend en voiture au village le plus proche et joue sur le piano à queue de la légation allemande désertée. En fin d'après-midi, elle monte à cheval ou fait une promenade à pied. Les soirées sont consacrées à la vie mondaine, pas toujours inintéressante. Elle retrouve Maud von Rosen, une excentrique baronne suédoise, « belle comme un ange[3] », qu'elle a rencontrée l'année précédente et dont elle narre les frasques dans l'une de ses nouvelles, *Une femme seule*[4]. Elle revoit également Henri Seyrig et sa femme, venus leur rendre visite. Les compliments que Seyrig lui fait à propos de ses nouvelles lui mettent du baume au cœur. Deux semaines plus tard, début juillet, son manuscrit est terminé. Il comprend dix-huit récits. Elle l'intitule *La Cage aux faucons*[5] et l'envoie à Fritz Landshoff, l'éditeur de *Die Sammlung*. Mais ni lui ni aucun autre des éditeurs pressentis ne pourront ou ne voudront publier ce recueil. Même les interventions de Stefan Zweig et de Thomas Mann, qui le proposeront l'année suivante à leurs éditeurs respectifs, resteront sans effet. Aujourd'hui, six de ces textes sont considérés comme disparus[6].

« *Ce sera un livre sur la Syrie et sur la Perse, et ce sera triste. [...] Toutes les nouvelles sont ainsi : sur des Européens égarés dans ces pays. Ce sont des pays dangereux*[7] », annonce Annemarie. Car si le premier contact avec la magnificence des paysages est littéralement magique, « la nature est si puissante ici qu'elle vous tue. Il faudrait cesser d'être un homme lié aux contingences de sa condition. Il faudrait pouvoir devenir un peu désert et un peu montagne, et un bout de ciel au crépuscule. Il faudrait s'abandonner à ce pays et s'y perdre. S'y *opposer* est d'une telle audace qu'on est mort de peur[8]. » Aussi ces êtres déracinés se retrouvent-ils très vite face à eux-mêmes et à leur solitude : « Je me suis enfui. [...] Je suis un lâche. [...] Maintenant, je suis seul et impatient car je voudrais rentrer[9]. » Ces paroles qu'Annemarie fait prononcer à l'un de ses personnages sont l'exacte traduction de ses propres tourments car rien ne peut entamer son mal d'Europe – « comme une maladie physique » – ni son sentiment d'isolement, aussi bien géographique qu'humain. À propos de Claude, qu'elle qualifie une fois de « gamin », elle écrit : « *Il est très jeune, et très gentil. Et il n'a jamais souffert*[10]. » Deux jours avant son mariage, déjà, ces mots adressés à Klaus Mann auguraient mal de l'avenir :

> Tu sais, c'est seulement maintenant que je réalise vraiment qu'il est rare et presque impossible de vivre avec quelqu'un de « nouveau » comme je pouvais le faire avec toi, sans le moindre doute ni la moindre difficulté, et si volontiers. Je vois que Claude ne s'en rend pas compte du tout, et je ne le fais donc pas souffrir – ce dont je me réjouis –, mais je m'étonne tout de même parfois qu'il ne lui vienne pas à l'idée que peut-être, si loin d'Erika, je puisse ne pas être vraiment *heureuse*. Il a le don de prendre les choses comme elles viennent – c'est-à-dire qu'il vit complètement dans la réalité et ne se soucie guère du passé ni d'un avenir lointain[11].

Au moment où elle écrit ces lignes, Annemarie sait qu'Erika ne pourra pas rester à Sils au-delà de la mi-juillet. Elle renonce donc à rentrer en Suisse dès l'été. Décision qui, à ses yeux, a plusieurs avantages : elle lui permet de ménager la susceptibilité de Claude, d'éviter le qu'en-dira-t-on et d'économiser ses propres forces. Mais cela ne l'empêche pas de faire aussitôt des projets de rencontre avec Klaus. Elle lui propose de venir à Téhéran dès la fin de la saison chaude, lui conseille l'itinéraire par Bakou et Pahlavi, où elle ira le chercher en voiture, prévoit que Claude et elle lui feront visiter ce pays « étrange et hostile ». Et pour mieux s'assurer de sa venue, elle lui envoie l'argent du voyage. « Claude aussi se réjouit », précise-t-elle, non sans ajouter : « L'inconscient[12] ! » À la mi-juillet 1935, Claude Clarac est effectivement toujours le seul à ignorer que sa femme a l'intention de rentrer en Europe en même temps que Klaus Mann. Passer encore l'hiver à supporter « cette stupide vie mondaine » et à jouer son rôle d'épouse de diplomate, qu'elle n'accepte que « *par loyauté pour la carrière de Claude*[13] », est de toute évidence au-dessus de ses forces.

Quand Bourdet s'étonne – et désapprouve discrètement – qu'elle puisse envisager de quitter son mari au bout de trois mois, elle lui répond : « *Je me suis mariée pour transformer ce qu'il peut y avoir de sérieux dans ma vie à moi dans une vie légitime – pour ne pas être déchirée en deux –, pour suivre la ligne de mon développement. Je vais faire ce qu'il faut comme femme de Claude, mais je ne vais pas sacrifier ma vie*[14]. »

En fait, ni les tendres attentions de Clarac ni la paisible splendeur du jardin de Farmanieh ne peuvent remplacer la présence des Mann, et bien qu'elle fasse des efforts héroïques pour s'armer de « courage » et de « patience », il lui est impossible de « ne pas se sentir malheureuse[15] ». Les seules choses qui l'aident à s'évader en pensée de ce pays tout à tour désespérant et beau, ce sont son activité littéraire et épistolaire et l'arrivée, tous les mois, de *Die Sammlung*. À cette époque, la revue de Klaus Mann est à l'agonie. Annemarie remue ciel et terre pour trouver des subsides, envoie d'Iran des billets dans des enveloppes, organise des transactions compliquées pour faire parvenir à Fritz Landshoff une hypothétique somme d'argent. Mais une fois qu'elle a mis le point final à *La Cage aux faucons*, elle se retrouve face à un vide qui ne fait qu'amplifier son mal-être. Quant à ses malaises, qui vont de la simple nausée à la syncope, ils sont permanents depuis son arrivée en Perse. Claude les attribue à la malaria qui l'a terrassée à deux reprises, mais ils sont dus aussi à la drogue – morphine, opium, Eucodal –, sa fidèle compagne.

Un jour de juillet, alors qu'elle est en proie à un accès de malaria et tremble de froid sur son lit en attendant le soulagement qu'apportera la fièvre, elle reçoit la visite de la fille aînée de l'ambassadeur de Turquie. C'est le début d'une histoire d'amour aussi brève que dramatique. Non seulement Yalé souffre d'être séparée de sa mère, qui a quitté le foyer familial, et de devoir subir l'irascibilité d'un père blessé dans son honneur d'homme, mais elle est de surcroît atteinte d'une maladie pulmonaire incurable. Dès leur première rencontre, Annemarie ressent la présence de cette jeune fille comme le seul réconfort que lui offre ce pays où la souffrance humaine se heurte à l'indifférence générale. Une fois rétablie, elle fait tous les jours le trajet qui sépare Farmanieh du jardin des Turcs à Téhéran et passe l'après-midi allongée à l'ombre d'un arbre aux côtés de Yalé. Parfois, toutes deux regardent les joueurs de tennis, mais jamais très longtemps car le soleil fatigue la jeune Turque. Irrité par cette trop forte amitié, l'ambassadeur ordonne à sa fille d'y mettre un terme. Est-ce à ce moment-là qu'Annemarie songe à s'enfuir à Istanbul avec elle ? Erika, en tout cas, informe son frère que la « petite Suissesse » a provoqué un « scandale à Téhéran[16] ».

Il devient urgent de quitter la capitale, d'autant qu'Annemarie commence à « haïr » la Perse – et la canicule. C'est justement pour échapper à cette dernière que Claude Clarac accepte l'invitation de ses collègues de la légation anglaise d'aller passer les deux premières semaines d'août dans un camp de toile installé dans l'une des plus belles vallées d'altitude, à deux mille cinq cents mètres. Il espère que ce séjour permettra à son épouse de se rétablir. Quatre-vingts kilomètres séparent Téhéran de cette « Vallée heureuse ». Après Abala commence la longue montée à dos de mulet en direction des cols. Les vallées se succèdent, rocailleuses ou herbeuses, le plus souvent solitaires. La nature environnante est si gigantesque qu'on se sent très petit et comme hors du monde. Au loin, le Demavend se dresse tel un phare dont la base resterait toujours invisible. Au bout de huit heures, plantées sur les rives verdoyantes du fleuve Lar, surgissent au détour du chemin les tentes blanches des Anglais.

Les matins, abritée du soleil par l'auvent de sa tente, Annemarie contemple le paysage qui s'offre à ses yeux : à ses pieds, les bancs de sable le long du fleuve argenté ; à l'horizon, le cône zébré de neige du Demavend. Sous le ciel bleu foncé, des parois de basalte gris encadrent les étendues d'herbe grasse où paissent les immenses troupeaux de chevaux appartenant au chah. Parfois des bouquetins surgissent, trop rapides pour être saisis sur la pellicule. De l'autre côté du Lar, une *tchaikhana*, refuge où les voyageurs peuvent se restaurer autour du samovar, et même passer la nuit. Vers cinq heures, il est enfin possible de quitter les tentes, d'aller pêcher quelques truites et de se baigner dans les eaux drainées par un fort courant.

La Vallée heureuse ne parvient cependant pas à distraire Annemarie de ses morbides pensées. La lumière blanche fatigue ses yeux, les nuits sans sommeil la terrorisent. Pour juguler ses angoisses et son désespoir, elle commence une sorte de journal « non intime » qu'elle intitulera plus tard *La Mort en Perse*. Il lui semble en effet que cette vallée est le lieu ultime d'où aucun retour n'est possible. Elle est arrivée « au bout du monde », dans ces régions égarées où ni le danger ni la peur ne peuvent être désignés par des mots. Mais, paradoxalement, les mots jaillissent pour interroger et explorer les sentiers tortueux qui l'ont conduite dans cette impasse où « il nous faut finalement nous abandonner aux vents des sommets qui mettent en lambeaux nos ultimes espérances[17] ». Et, au moment où sa souffrance atteint son paroxysme, au moment où, ayant appris la mort de Yalé, elle est résolue à commettre l'irréparable, c'est le nom de sa mère qui s'impose :

> Maman, pense-t-on (comme ce nom aide à pleurer !), il y a quelque chose, tout au début, que j'ai fait de travers. Mais ce n'était pas moi, c'était la vie. Tous les chemins que j'ai suivis, tous ceux que je n'ai pas suivis aboutissent ici, dans cette « Vallée heureuse » d'où il n'y a plus d'issue, et qui, pour cette raison, doit ressembler au royaume des morts[18].

Une autre façon de s'évader de cette vallée sans issue, c'est d'écrire aux amis restés en Europe et de faire des projets d'avenir. Annemarie réconforte Klaus dont la revue vient de publier son vingt-quatrième et dernier numéro, et lui propose de partager désormais sa vie entre Amsterdam et la ville où Claude devrait être bientôt muté – soit Londres, soit Paris : « Tu pourrais alors avoir près de nous une pièce où travailler et dormir sans avoir à te faire trop de souci pour le reste. Si tu vis quasiment avec nous, tout s'arrangera de façon agréable, et nous pourrions tous deux travailler tranquillement comme bon nous semble[19]. » Et comme il s'apprête à la rejoindre en Iran, elle lui prodigue des conseils détaillés sur la façon la plus efficace d'obtenir un visa, précisant les provisions de bouche nécessaires pour le voyage – « une boîte de biscuits, un peu de fromage, du chocolat, des fruits et de l'eau minérale » –, les vêtements à emporter – « un manteau d'hiver, [...], un de tes costumes gris, un pull-over, et surtout n'oublie pas ton smoking » – et les médicaments à avaler contre le typhus – « et pendant le voyage, ne bois que de l'eau bouillie, même en Russie[20] ».

Quant au principal intéressé, il est à Prague depuis le 12 septembre et attend désespérément son visa russe. Sans doute n'a-t-il pas reçu à temps les lettres de recommandation que Clarac lui avait envoyées le 25 août et qui auraient dû lui faciliter les démarches. Dans ces missives, Claude précisait : « Monsieur Mann se rend en Iran comme touriste et sera mon hôte pendant quelques mois. » Le 19 septembre, Erika, à qui ce voyage ne dit rien qui vaille, téléphone à son frère. Invoquant une épidémie de malaria, l'imminence d'une guerre – les troupes italiennes sont à deux doigts d'envahir l'Abyssinie – et la santé chancelante de leur amie, elle tente de le dissuader de se risquer jusqu'à Téhéran. Déstabilisé, Klaus s'en remet le lendemain à une « vieille pièce de monnaie anglaise » et joue son sort à pile ou face[21]. Le résultat est négatif, et comme il n'obtient toujours pas son visa ce jour-là, il fait télégraphier à Annemarie qu'il ne viendra pas. Une opération qu'il regrettera vite de ne pas avoir faite lui-même car le portier de son hôtel a choisi la formule la plus coûteuse et il est furieux de voir plus de trois cents couronnes partir en fumée. Bien sûr, Annemarie est déçue, mais elle juge cette décision raisonnable et y trouve une raison supplémentaire de rentrer le plus tôt possible en Suisse.

Si elle supporte bien le choc de cette déception, c'est aussi parce qu'une femme accapare désormais toutes ses pensées : Barbara Wright, une photographe américaine dont Claude Clarac a fait la connaissance quand il était en poste à Washington et qu'il a invitée à Téhéran. Ayant songé un temps à l'épouser, il l'avait même présentée à ses parents ; mais à Nantes elle avait fait très mauvaise impression. Après l'enfer vécu pendant l'été, la visite de cette femme dont Annemarie a tout d'abord apprécié les « jolies lettres fort amusantes[22] » est providentielle : « Barbara est charmante et très intelligente, tout à fait selon notre cœur. En outre, elle m'aime bien. Tu sais que cela peut faire des miracles, et le courage de vivre grandit en moi de jour en

Avec Claude Clarac à Charis-Danek (Elbourz, été 1935)

jour. [...] La Perse retrouve ses anciens charmes, et j'ai tendance à être moins injuste envers Claude[23]. »

Ensemble ils vont passer quelques jours dans le massif de l'Elbourz où le prince Firouz-Mirza possède le camp de chasse de Chariz-Danek. Un peu plus tard, les deux femmes se rendent à Ispahan et Persépolis où les fouilles sont maintenant assurées par des archéologues américains, le professeur Herzfeld ayant été contraint, en tant que Juif allemand, de s'exiler aux États-Unis. Annemarie a le sentiment que le site est livré à des « boy-scouts ». Mais la vie retrouve ses couleurs. Sans celle qu'elle appelle désormais Baa, elle aurait à coup sûr plongé encore davantage dans la drogue et le désespoir, au point même d'être incapable de quitter la Perse, dit-elle. Grâce à l'Américaine, elle peut briser les liens qui la retiennent dans ce pays où elle a failli se perdre corps et âme.

Au mois d'octobre 1935, l'heure des séparations a sonné : Barbara rentre aux États-Unis, Annemarie en Europe où elle compte retrouver Claude Clarac en mars, date probable de son prochain congé. En fait, ils ne se reverront pas avant l'été 1937. Le bilan de ces six mois de vie commune, elle le dresse d'elle-même dans une lettre du 7 novembre à Claude Bourdet en constatant qu'elle n'est pas faite pour assumer les fonctions de femme de diplomate : « *Je détestais surtout passer mon temps avec des gens que je n'avais pas choisis.* » Elle est également déçue de constater que contrairement à elle son mari ne réserve pas le meilleur de lui-même à un « *but absolu* », qu'il considère « *le travail intellectuel comme vacances, comme luxe personnel* ». « *Je vois, poursuit-elle, qu'il faudra faire des concessions pour gagner un camarade – mais qu'il faudra aussi* make up my mind[24] *en ce qui concerne ma propre vie avec ses nécessités.* »

Ces « nécessités », Claude Clarac ne les perçoit à l'époque que confusément. Cinquante ans plus tard, il dira de celle qui devait rester sa femme jusqu'à sa mort :

> Elle demandait qu'on la comprenne, qu'on la choie, qu'on la plaigne ; la tendre facilité avec laquelle elle s'abandonnait la justifiait assez de cette exigence. Cependant, elle résistait avec « héroïsme » à toute incursion susceptible de dévaster sa forteresse sentimentale et littéraire. [...] Je suis [...] persuadé que la clef de la tragédie dont elle a été la victime gît précisément dans l'impossibilité innée ou entretenue qui lui a toujours interdit de fondre les éléments disparates de sa personnalité au feu d'une grande et vraie passion. Parler ainsi de quelqu'un qui m'a été si cher crispe encore ce qui me reste de cœur ; je le fais [...] sans le moindre retour de ressentiment. Mais il a fallu que j'aie été ou bien fou ou bien amoureux pour ignorer tout cela. C'est là, je m'en rends compte aujourd'hui, [...] que réside ma culpabilité véritable. Notre indépendance réciproque n'était qu'un leurre. Il est vrai que, même si j'avais reconnu dans ma femme l'existence de la déchirure dont elle souffrait, mes dispositions personnelles m'auraient sans doute rendu incapable de la fermer[25].

Revenant sur la personnalité d'Annemarie et sur leur mariage, il précisera :

> La complexité de son caractère, qui la faisait vivre dans un univers de contradictions, était inépuisable. [...] Tiraillée comme elle l'était entre ses besoins contraires d'évasion et d'attachement, il était impossible de la suivre dans le monde émotionnel teinté de littérature où elle s'était enfermée. Je suis persuadé qu'elle a éprouvé pour moi ce qu'elle était capable de ressentir d'amour pour un homme ; et, de mon côté, je le proclame parce que c'est la vérité, j'étais amoureux d'elle. L'idée de nous unir par un mariage était complètement absurde. Elle n'avait nul besoin de moi ; j'étais lié à elle par l'un de ces sentiments qui inspirent les pires imprudences. Elle était correspondante de la *Zürcher Zeitung* ; elle était engagée dans la lutte contre le national-socialisme. Comment concilier tout cela avec la condition d'épouse d'un diplomate français ? Elle était belle ; elle rayonnait d'un charme naturel auquel il était impossible de résister. Ses dons, son intelligence, sa

distinction sociale la mettaient sur un plan d'éminence qui réduisait en fumée mes prudences de petit-bourgeois[26].

Pour Claude Clarac, le souvenir de cet été 1935 passé à Farmanieh en la compagnie d'Annemarie restera impérissable. Poète à ses heures, il lui consacrera un poème qu'il ne cessera de peaufiner jusqu'à la veille de sa mort. En voici l'ultime version :

FARMANIEH

Farmanieh, Farmanieh, ermitage enchanté
Où nous passions l'été à l'écart de la ville,
Que ses murs aveuglants et son âcre poussière
Rendaient fort déplaisant en ce temps de l'année.
Le site n'était pas d'une fraîcheur notable,
Mais un prince persan y avait édifié,
Au milieu de jardins dont un grand luxe d'eaux
Nourrissait la splendeur, deux séjours de plaisance.
J'occupais celui qu'il avait destiné
À fêter des amis ou recevoir des hôtes.
Il fallait emprunter des pistes caillouteuses
Au pied de la montagne, avant de pénétrer
Sous les ombrages blonds des platanes d'Orient,
Qui signalaient de loin l'entrée de Farmanieh.

La femme que j'aimais, dont la svelte beauté,
La grâce naturelle, les talents natifs,
Transfiguraient l'espace où elle se mouvait,
Semblait toujours entrer dans ce lieu singulier
Comme dans l'avenue d'un nouvel avatar.
Nos goûts étaient divers, mais un pacte tacite
Consacrait entre nous une complicité
Qui motivait assez nos rapports conjugaux ;
Et j'aimais à penser que nos corps traduisaient
En essaim de baisers, en douceurs inventées,
Ce qu'ils ne savaient pas autrement exprimer.

Nous passions nos journées en échanges de riens,
En travaux, en loisirs, en jeux avec nos chiens,
Et le soir nous dînions à la lueur des cristaux,

Près d'un bassin cerné de volutes de pierre,
D'où un escalier d'eaux, par degrés de turquoise,
Descendait au désert éclaboussé de lune.
Nous nous plaisions aussi aux heures indolentes
Où, réfugiés d'ailleurs dans les bras l'un de l'autre,
Nous passions de la veille à l'assoupissement,
Du rêve à la vision ou du doute aux élans.
Les improvisations des rossignols épris
Illustraient d'élégies les marges de la nuit,
Tandis que sous le dôme de notre palais,
Un jet d'eau hoquetait d'une peine infinie.

J'étais trop saoul de moi, trop habité de rêves,
Pour retenir longtemps la créature ailée
Que j'avais épousée, dont je ne savais pas
Que la vie serait brève ; mais très longtemps après
Son silencieux départ, l'œuvre qu'elle a laissée
Émerge de l'oubli, et nos ombres figées
Par un charme tenace à l'exquise harmonie
De ce jardin d'Iran en font le reposoir
D'un rêve suspendu aux branches du hasard.

CHAPITRE IX
Sils-Baselgia
(1935-1936)

Avec sa Mercedes-Mannheim (vers 1936)

> Où je me sens plus légère que partout ailleurs.
>
> Annemarie Schwarzenbach,
> lettre à Erika Mann.

L'Europe qu'Annemarie trouve à son retour n'est plus tout à fait celle qu'elle a quittée sept mois auparavant. Pendant son absence, l'ombre du national-socialisme n'a fait que grandir. En janvier 1935, quatre-vingt-dix pour cent des habitants de la Sarre se sont prononcés en faveur de leur rattachement au Reich – un événement considéré par Klaus Mann comme « la plus grave défaite politique[1] » des antifascistes depuis la prise du pouvoir par les nazis. En mars, violant ouvertement les clauses du traité de Versailles, Hitler a rétabli le service militaire obligatoire, et le réarmement allemand a été tacitement accepté par l'accord naval conclu en mai entre le Royaume-Uni et l'Allemagne. Si cette évolution ne semble pas inquiéter outre mesure les démocraties occidentales, les émigrés sont pour leur part confrontés à des difficultés croissantes. Les plus proches amis d'Annemarie doivent se débattre quotidiennement avec des problèmes de passeport qui leur empoisonnent la vie. La meilleure solution est d'essayer de trouver un partenaire avec qui contracter un mariage blanc, mais la tâche n'est pas facile. Après plus d'un an de recherches, Erika Mann se remarie avec le poète britannique Wystan H. Auden en juin 1935 – juste une semaine après avoir été déchue de la nationalité allemande ! Son amie Therese Giehse devra attendre encore un an avant de pouvoir faire de même avec l'écrivain anglais John Hampson-Simpson. Quant à Klaus, devenu apatride en novembre 1934, il se verra certes accorder par les Pays-Bas un passeport de faveur – donc provisoire –, mais il ne pourra avoir l'esprit tranquille qu'en 1937, date à laquelle tous les membres de la famille Mann sauf Erika obtiendront la nationalité tchèque.

À ces tracasseries administratives s'ajoutent les revers qu'essuient les enfants Mann dans leur combat contre le fascisme. Si le Moulin à poivre continue de remporter de véritables triomphes lors des tournées annuelles aux Pays-Bas, au Luxembourg et en Belgique, les autorités locales commencent à ne plus pouvoir résister aux pressions exercées par les ambassades allemandes : la directrice du cabaret est invitée à renoncer à toute allusion politique et à se contenter d'amuser le public. De son côté, faute d'abonnés et de moyens financiers, Klaus n'est plus en mesure de publier *Die Sammlung* après août 1935. Ce demi-échec n'est guère propice à remonter un moral déjà très entamé par le suicide de René Crevel deux mois plus tôt et par chaque avancée de la politique hitlérienne, qui équivaut pour lui à un pas de plus en direction de la guerre. Tout au long de l'année 1935, il tient la chronique de ses cauchemars et de sa consommation de drogue, qui prend des proportions de plus en plus inquiétantes. Au mois de janvier 1935, l'hospitalisation d'Annemarie semble tout d'abord lui avoir servi d'avertissement, mais quelques jours plus tard toute prudence est oubliée : « Ah, comme c'est bon ![2] » – et il compare les traces laissées par les aiguilles des seringues sur ses cuisses à des « traces de morsure après une nuit d'amour[3] ». Son journal est truffé de brèves indications du style : « Médecin. Pharmacie. Pris », « De nouveau trop pris », « Il faut que j'arrête. » Bien qu'il sache qu'il joue « avec le feu », il est évidemment incapable de maîtriser la situation. À doses excessives, la « terrible et douce consolation » l'empêche de travailler, mais la plupart du temps elle donne au contraire un coup de fouet à sa productivité littéraire. Avec sa lucidité habituelle, il constate : « La soif de drogue est quasiment assimilable à l'aspiration à la mort[4]. » La seule solution qu'il puisse entrevoir : « Il faut [...] que j'aie une liaison stable, sinon le thon va l'emporter[5]. »

Le 27 octobre 1935, lendemain du jour où il écrit ces mots, Annemarie appelle Erika de Vienne. Avant de rentrer en Suisse, elle veut faire un détour par Berlin pour rendre visite à Maud Thyssen qui se remet d'un grave accident de voiture. La nouvelle du retour de Miro est loin de réjouir la « commandeuse » du Moulin à poivre. Elle craint en effet que sa présence en Suisse ne déclenche à nouveau les hostilités de la famille Schwarzenbach : « En vérité, je te le dis, elle ne mérite pas les ennuis qu'on a en permanence avec elle. Elle ferait mieux de rester loin d'ici[6] », écrit-elle à son frère. Klaus, qui n'a pas revu Annemarie depuis leur séjour en Union soviétique, plus d'un an auparavant, semble lui aussi assez remué, mais dans un sens nettement plus positif puisque dans son journal il se demande à nouveau s'il serait capable de vivre avec elle. Cette perspective n'est cependant pas faite pour le distraire de ses noires pensées : « Mais il est sûr que je préférerais de loin être mort *sur-le-champ*[7]. »

Quand la Suissesse refait son apparition chez les Mann, le 5 novembre, il n'échappe ni au père ni au fils qu'elle est toujours aussi « charmante », mais très dépendante de la morphine. Le 9, Erika fête son trentième anniversaire en compagnie de toute sa famille et de quelques amis. Annemarie est là – « en pantalon ! » s'exclame Thomas Mann dans son journal. Une fois que « les vieux » sont allés se coucher, la fête vire à l'orgie : ce qui a débuté aux sons de la musique et de la danse se prolonge dans l'alcool et la drogue. Cette nuit-là, Klaus s'injecte de la morphine pure et observe avec intérêt que l'effet est très différent de celui de l'Eucodal : « Le choc physique plus intense – *le coup de revolver*[8] –, l'euphorie moindre[9]. » Malgré les mises en garde réitérées d'Erika, il n'arrive pas à réduire sa consommation. Annemarie, en revanche, était avant même son départ d'Iran parfaitement consciente de la gravité de son propre « état maladif » et bien décidée à se soigner pour préserver ses « meilleures forces ». À la mi-novembre, elle entame une cure de désintoxication dans la clinique du docteur Forel à Prangins, près de Nyon. La veille de son départ pour la Suisse romande, elle téléphone de Bocken à Klaus qui note : « La pauvre et chère petite, si menacée. J'aimerais bien être plus ami avec elle ; mais il y a en plus son étrange manque de fiabilité sur le plan humain, ou plutôt : son côté insaisissable. » Pas moins de deux lignes plus bas, il avoue s'être à nouveau procuré de la drogue : « Incapable de me dominer[10]. »

Pour Annemarie, le calvaire a commencé – une torture inimaginable pour qui ne l'a pas vécue dans sa propre chair. La cure consiste d'abord à réduire les doses de morphine tout en prescrivant de puissants somnifères. Dès le deuxième jour, l'organisme se révolte, réclame haut et fort son dû, et les symptômes classiques du manque mettent la patiente au supplice : sensation d'arrachement au niveau des poignets et des genoux, débâcle intestinale, nausées, sueurs froides, spasmes incoercibles de tout le corps. Cet état, Klaus Mann le comparera plus tard, quand lui-même aura traversé cet enfer, aux tressautements convulsifs d'un poisson arraché à son élément naturel. Le châtiment semble démesuré par rapport à la faute commise – une véritable injustice. Profitant d'un moment d'accalmie, Annemarie conjure son ami : « Le jeu n'en vaut pas la chandelle, [...] c'est trop horrible après. Je n'ai pas envie de te décrire les choses, mais il n'y a rien de pire[11]. » Parallèlement à ce traitement, elle est prise en charge sur le plan psychologique par le docteur Forel dont elle apprécie les qualités humaines, sans comprendre toutefois où il veut en venir lors de leurs entretiens. Elle est persuadée que ses « complexes psychiques » sont dus uniquement aux rapports difficiles qu'elle entretient avec sa mère et à sa relation avec Clarac ; au lieu de chercher en elle-même les ressorts de ses multiples dépendances, elle compte que tous deux la ménageront une fois qu'elle sera guérie de la drogue, de façon à lui permettre d'assumer ses « responsabilités intellectuelles[12] ». De plus, tout en affirmant être décidée à se libérer de la drogue, elle n'hésite pas à poser des limites à ce renoncement et à retomber dans une position infantile, imaginant qu'Erika, si Klaus et elle sont bien « sages », les autorisera à en consommer lors de leurs fameuses « fêtes ». Quand Klaus Mann, un an et demi plus tard, subira sa première cure de désintoxication, il aura exactement la même attitude ambiguë, le désir d'arrêter définitivement étant aussitôt annulé par celui de recommencer tôt ou tard : « À quoi bon avoir quatre-vingts ans[13] ? » écrira-t-il à sa mère.

Curieuse coïncidence : au moment où Annemarie souffre à Prangins les « affres de l'obsession toxique », Klaus est terrassé le 22 novembre par une probable surdose d'Optalidon, et son état dépressif est tel qu'il est pris pour la première fois de sa vie d'une crise de larmes qui dure une bonne demi-heure. Ses parents doivent appeler un médecin. Le lendemain, il a un entretien avec un psychiatre, le docteur Katzenstein, mais là aussi, même comportement de dénégation barrant toute possibilité de réflexion approfondie sur son état : « Mais à quoi bon, je savais déjà tout cela[14]. » Annemarie, qui a retrouvé entre-temps le goût de vivre, tente de lui remonter le moral : « Tu ne peux pas te *permettre* d'être déprimé ! Nous n'en avons tout simplement pas le loisir. Et vois ce que tu as fait : *Die Sammlung* – elle existe, elle a eu de l'importance, et elle restera comme document[15]. » Elle lui conseille de ne pas rester seul, sachant d'expérience combien la présence chaleureuse d'une personne aimante peut être secourable. Ces tendres attentions, elle se réjouit pour sa part de les trouver à Prangins où ce que Clarac appelle son

« potentiel d'attirance exceptionnel » suscite de tels émois parmi les autres patientes que le docteur Forel doit la faire surveiller de près et lui interdire formellement de voir ses amies. Il est question dans ses lettres d'une certaine Janine Auzépy avec qui elle prétend avoir, « comme les Enfants terribles », des rapports tout à fait innocents, et d'une madame Maquinay dont les charmes semblent irrésistibles : « J'ai rarement succombé avec aussi peu de scrupules à une telle "séduction des sens[16]". »

Ces miniscandales vont-ils précipiter sa sortie de clinique ? Ce n'est pas impossible car la cure n'aura duré que deux semaines, un laps de temps trop court pour que l'organisme soit suffisamment affranchi du poison. Le 5 décembre, Annemarie est à Bâle pour assister au nouveau programme du Moulin à poivre. Quand Klaus l'y rejoint huit jours plus tard, il la trouve en meilleur état mais « encore très transparente[17] ». Une transparence qui ne saute manifestement pas aux yeux de Magnus Henning. Pour le compositeur et pianiste de la troupe d'Erika Mann, la présence de la Suissesse n'est au contraire que source de conflits et de tensions.

Pendant les neuf mois suivants, Annemarie va rester en Europe, partageant son temps entre les lieux de séjour des enfants Mann et Sils, petit village situé à une dizaine de kilomètres de Saint-Moritz et qui a été cinquante ans plus tôt le refuge estival de Nietzsche. À la différence du philosophe allemand qui avait élu domicile à Sils-Maria, elle habite à Sils-Baselgia, la partie du village orientée sur le flanc ouest de la vallée. La frontière italienne n'est qu'à trente kilomètres.

Annemarie connaît le canton des Grisons, et plus particulièrement l'Engadine, depuis son enfance ; elle y a fait de nombreux séjours avec ses parents et y a vécu ses deux années de pensionnat à Fetan. Ce n'est donc pas un hasard si elle a choisi cette région comme sujet de son doctorat et si elle lui a consacré une trentaine de pages dans le guide

Piper. Elle y décrit Saint-Moritz, qu'elle connaît très bien, comme « une ville située à mille huit cents mètres d'altitude dans une haute vallée, non pas à cause d'une mine de charbon ou d'une centrale électrique, mais simplement pour le plaisir, comme pour s'amuser[18] ». Entre 1931 et 1934, elle a souvent logé au Suvretta House, l'un des plus grands hôtels de cette luxueuse station – qui possède en outre depuis 1927 la première école de ski du monde. Elle y retrouve oncles et cousins, et surtout une foule d'amis fortunés habitant au Palace, au Carlton ou au Grand Hôtel. Mais avant toute chose, elle apprécie l'ensoleillement et la paix de cette « vallée d'une beauté insurpassable[19] », où les neiges éternelles se détachent sur un ciel d'un bleu d'une limpidité à nulle autre pareille ; aussi n'hésite-t-elle pas à comparer Sils à Venise : « Elle s'étend déjà de l'autre côté des plus hauts sommets et s'ouvre avec un empressement manifeste vers les paysages italiens. Et c'est précisément cette alliance de la lumière du Sud et de l'âpreté du Nord qui lui donne ce charme difficile à saisir et si particulier. On parle volontiers du ciel de l'Engadine, de son bleu d'une surprenante profondeur, c'est un bleu du Sud, comme celui des côtes de la Méditerranée, des montagnes au-delà de Gênes ou de Naples[20]. »

Au début de l'année 1935, Annemarie n'avait guère eu le temps de s'habituer à sa nouvelle demeure. Cependant, avant de partir en Perse, elle avait veillé à payer d'avance six mois de loyer afin que les enfants Mann profitent de ce qu'elle concevait depuis le début comme une sorte de « refuge sioniste[21] ». La Jägerhaus – maison Jäger, ainsi nommée parce qu'elle était à l'origine la propriété des Jäger, une famille de menuisiers – appartient en 1935 à la famille Godly qui tient également la pension Chastè, située à deux pas. En cas de problème, Annemarie a conseillé à ses amis de s'adresser à Annigna Godly, la patronne de la pension, avec qui elle nouera une solide amitié.

Effectivement, Klaus, Erika et Therese Giehse ont passé une quinzaine de jours à Sils tout au début de l'été 1935.

La Jägerhaus de Sils-Baselgia (fin des années 1930)

Lors de promenades en direction de Chantarella et le long de sentiers traversant les éboulis, Klaus a été bouleversé par la splendeur de cette région que Nietzsche, un demi-siècle auparavant, avait nommé « le pays des couleurs argentées ». Assis au soleil sur le rebord en pierre d'une fenêtre, il s'est plongé très opportunément dans la lecture du philosophe, et le calme de ce séjour lui a permis de progresser dans l'écriture des tout derniers chapitres de *Symphonie pathétique*, son roman sur Tchaïkovski. De Perse Annemarie s'est inquiétée de leur séjour : « J'espère que vous trouvez la maison habitable, même s'il y avait pas mal de désordre, [...] et réfléchissez et dites-moi comment on pourrait s'arranger un intérieur agréable[22] ! » Un mois plus tard, elle confie néanmoins à son ami que le loyer mensuel – deux cents francs suisses – est au-dessus de ses moyens, et elle envisage alors de demander à son père de lui faire construire une petite maison. Mais ce projet ne verra pas le jour.

Située tout au bout du village de Sils-Baselgia, la Jägerhaus, bâtie tout au début du XVIIe siècle, est une de ces maisons engadinoises traditionnelles couvertes d'un crépi badigeonné au lait de chaux. La façade, percée de petites fenêtres s'évasant de l'intérieur vers l'extérieur et irrégulièrement distribuées, est ornée d'une logette triangulaire en saillie. Après avoir grimpé les marches d'un perron double puis franchi la porte, on entre dans le *sulèr*, énorme vestibule à la voûte surbaissée, commun à l'habitation proprement dite et à la grange. De chaque côté s'alignent les six pièces du rez-de-chaussée : à droite la pièce principale lambrissée d'arolle, un pin montagnard poussant jusqu'à deux mille cinq cents mètres d'altitude. Le bois en est clair et étonnamment lisse. Un grand poêle à bois en céramique alimenté à partir de la cuisine contiguë est la principale source de chaleur de cette demeure somme toute assez peu confortable. La curiosité de cette pièce, c'est, tout contre le poêle, un escalier étroit qui conduit à une trappe donnant accès à la chambre du premier étage – la chambre d'Annemarie.

Au tout début du mois de janvier 1936, Erika, Klaus et Fritz Landshoff retrouvent Miro à Sils. Les journées se passent en promenades à skis, en discussions sans fin, en visites dans les bars des luxueux hôtels de Saint-Moritz. Tandis qu'Annemarie a une aventure avec une Belge habitant au Palace, Klaus s'enthousiasme pour *Bel-Ami*, le roman de Maupassant qu'il vient tout juste de commencer. Erika, elle, s'amuse à lire dans une boule de cristal : elle prédit à ses compagnons qu'ils mourront d'ici dix ou quinze ans au plus et qu'elle-même vivra jusqu'à quatre-vingt-dix ans. Un pronostic qui ne se révélera juste qu'à moitié : Erika décédera dans sa soixante-quatrième année, près de vingt ans avant Fritz Landshoff.

Le 5 janvier, une fois Erika et Fritz repartis, Sonia Sekula[23], alors étudiante à l'école des beaux-arts de Florence, arrive à Sils, invitée par Annemarie dont elle a fait la connaissance un an plus tôt. Klaus Mann ne tarde pas à sonder la nouvelle venue sur ses opinions politiques, et il est effrayé de constater l'ampleur des ravages que la propagande italienne a fait subir à une âme aussi jeune – elle n'a que dix-huit ans. Aussi entreprend-il le soir même de faire son éducation politique. Le lendemain, il trouve le titre du nouveau roman qu'Hermann Kesten lui a suggéré d'écrire à partir de l'exemple de son ex-beau-frère, l'acteur Gustav Gründgens, qui fait une brillante carrière sous le régime nazi : ce sera *Mephisto*. Les jours suivants, entre deux randonnées à skis dans le val Fex, sous un soleil printanier, son manuscrit avance à vive allure, et ses compagnes ont droit le 12 janvier, veille du départ de Sonia Sekula, à une lecture du deuxième chapitre. Klaus reste encore quatre jours, seul avec Miro. Comment pourraient-ils résister à la tentation de la morphine ? Pourtant Klaus vient de constater avec étonnement qu'il a de la drogue une énorme envie « théorique », curieusement contredite par un besoin « pratique » quasiment inexistant. À peine a-t-il repris le train de Zurich qu'Annemarie, déjà légèrement souffrante, tombe vraiment malade. Si elle parle de « grippe », c'est que les symptômes de cette maladie ressemblent à s'y méprendre à ceux du manque. Une nouvelle hospitalisation est envisagée, cette fois à Samedan, dans la clinique du docteur Ruppanner où elle a séjourné un an auparavant. Toutefois, grâce à un médecin trouvé sur place, elle arrive à surmonter cette crise. Mais la solitude lui pèse, surtout le soir, et elle a le plus grand mal à chasser ses démons : « Tu sais, écrit-elle à Klaus, je me rends bien compte [...] que je masque et repousse en permanence un danger latent, ce qui représente une dépense d'énergie constante. [...] Mais si brusquement, au bout d'un certain temps, j'en ai assez de résister, était-il si important d'avoir tenu le coup un peu plus longtemps [24] ? »

Cet hiver-là, elle fréquente souvent un couple avec lequel les liens d'amitié se sont resserrés au fil des ans : Marie-Louise [25] et Robert Bodmer – Busy et Bobby pour les intimes. Les deux femmes se connaissent en fait depuis longtemps car Busy était au lycée de Zurich dans la même classe que Freddy, le frère cadet d'Annemarie. Elles s'étaient également croisées au conservatoire de musique où elles prenaient toutes deux des cours de piano, ainsi que sur les champs de courses hippiques. Busy est en effet une intrépide cavalière et, d'une manière générale, une grande amie des bêtes. Elle a d'ailleurs été la première femme suisse à commencer des études de vétérinaire, études qu'elle a interrompues quand elle a épousé en 1931, à l'âge de vingt ans, un homme qui en avait dix-sept de plus qu'elle, avec trois fils d'un premier mariage. Le hasard et l'exiguïté de la Suisse ont voulu que Robert Bodmer soit un parent éloigné d'Annemarie du côté maternel. Le couple Bodmer, qui habite à Hergiswil près de Lucerne, passe chaque hiver quatre ou cinq semaines avec les enfants à l'hôtel Sonne de Silvaplana, village situé sur le

Avec Busy Bodmer sur le lac gelé de Saint-Moritz (vers 1930)

lac du même nom, à égale distance entre Saint-Moritz et Sils.

Quand elle a appris que le Moulin à poivre devait se produire à l'hôtel Adler de Lucerne à la fin du mois de novembre 1935, Annemarie a averti les Bodmer qui ont aussitôt envoyé de « magnifiques roses[26] » à Erika Mann en cadeau de bienvenue. Comme en témoigne leur livre d'or, plusieurs rencontres ont eu lieu à Hergiswil pendant cette période, et c'est ainsi que Klaus et Erika Mann, Therese Giehse et Magnus Henning ont fait la connaissance de Busy et Bobby. Ces derniers ont également assisté en décembre à une représentation donnée à Bâle. Désormais, les « Bodmerli » font un peu partie de la famille, on apprécie leur courtoisie, leur jovialité et leur sens de l'hospitalité. Pendant cet hiver 1936, Annemarie assiste en leur compagnie aux différentes manifestations sportives traditionnelles de la région – dont le skijöring, ou turf blanc, course de skieurs tirés par des chevaux lancés au galop sur un lac gelé – et dévale avec eux les pistes de Saint-Moritz.

Au même moment, les IVes jeux Olympiques d'hiver s'ouvrent à Garmisch-Partenkirchen. Malgré les exactions du régime nazi qui a proclamé six mois plus tôt les lois de Nuremberg visant à exclure les Juifs de la communauté allemande, tout « le beau monde » s'y retrouve, note Klaus Mann qui aurait souhaité une attitude plus courageuse de la part des démocraties occidentales – par exemple le boycott pur et simple de cette manifestation. Le 7 mars, au mépris du pacte de Locarno, les troupes allemandes envahissent la Rhénanie démilitarisée, et Hitler, « comme plaisanterie en rab », dissout le Reichstag ; à Amsterdam, Klaus écoute à la radio le discours du Führer et commente avec lucidité : « Il remplit l'éther candide de ses mensonges. Et la guerre approche[27]. »

À l'arrivée du printemps, la solitude lui seyant mal et son manuscrit de *La Mort en Perse* étant terminé, Annemarie décide de suivre Erika en tournée aux Pays-Bas, mais comme Alfred Schwarzenbach a de sérieux ennuis de santé elle doit repousser son départ. Dès que l'état de son père s'améliore, elle part pour Rotterdam où le Moulin à poivre fait chaque soir un triomphe. Le 26 avril, Erika fête la millième représentation de son cabaret à Amsterdam. Annemarie y assiste-t-elle ? Rien n'est moins sûr car c'est vers cette date qu'un télégramme la rappelle d'urgence à Bocken. Son père a dû subir une opération et on craint une péritonite. La situation est jugée si préoccupante qu'Alfred Schwarzenbach junior rentre de New York avec sa femme et que Suzanne Öhman fait le voyage depuis Stockholm. Le 9 mai, tout danger de mort étant manifestement écarté, Annemarie part en voiture rejoindre Erika et Fritz Landshoff à Paris via Bâle. Le 24, ils retrouvent à Toulouse Klaus qui, après un mois de travail intensif à Sanary-sur-Mer, vient de mettre le point final à son roman *Mephisto*. Aussi bien pour lui que pour sa sœur, le besoin de vacances est impératif. Les deux voitures – la Ford d'Erika et la Mercedes-Mannheim d'Annemarie – franchissent les Pyrénées par le col de Puymorens où la neige fond lentement, puis, à Barcelone, véhicules et passagers sont embarqués pour Majorque.

Ces deux semaines à l'hôtel Camp de Mar d'Andraitx sont un agréable interlude. Au programme : bains de mer, excursions, lectures, flirts. Annemarie et Klaus n'en oublient pas le travail pour autant. Tandis que lui remanie son manuscrit et le tape à la machine, elle rédige deux articles qui paraîtront quelques semaines plus tard dans la *National-Zeitung*. Dans celui concernant la frontière formée par les Pyrénées, elle explicite la fonction de cette barrière naturelle comme ligne de partage entre Nord et Sud, Europe et Afrique. Dans l'autre, consacré à Majorque, elle relève des ressemblances entre cette île et des paysages déjà rencontrés en Syrie, au Liban ou en France, s'émerveille d'y trouver mêlés éléments européens et orientaux. Et elle conclut par ces mots caractéristiques : « Un jour, il me faudra repartir et quitter cette île, poussée par mon impatience, en proie à l'errance, à cette force impérieuse et à ce penchant qui me jettent vers des buts inconnus[28]. »

Au milieu du séjour a lieu cependant un incident inquiétant que Klaus Mann rapporte dans son journal à la date du 7 juin : « Au dîner dans la salle à manger, les excès passablement fâcheux de Miro : elle s'effondre, sans connaissance, sur la table – les cheveux dans les épinards –, vomit, se débat ; nous sommes obligés de la *porter* dans sa chambre. » La drogue poursuit son lent travail de sape. À cette occasion, Klaus apprend de la bouche de sa sœur d'étranges « histoires de thon » relatives non seulement à Annemarie mais aussi à leur ami Fritz Landshoff. Jeu de cache-cache classique entre toxicomanes, chacun exhortant son compagnon d'infortune à tenir des promesses auxquelles il est lui-même incapable d'être fidèle.

Le 20 juin 1936, le trio rejoint Therese Giehse à Sils après une semaine de route via Marseille, Nice et Lugano, ponctuée de pannes à répétition. Les trois femmes se retrouvent bientôt entre elles car Klaus doit rentrer à Zurich pour préparer la publication de son roman. Il a néanmoins le temps de jeter un coup d'œil au manuscrit de *La Mort en Perse* et de juger qu'il y a là de la « *matière pour un roman intéressant*[29] ». Fin juillet, Thomas Mann, qui a un faible pour la belle Annemarie, vient passer cinq jours à Sils avec sa femme Katia et leur fils Golo. Habitant à l'hôtel Margna, situé à deux pas de la Jägerhaus, il a l'occasion de découvrir cette « drôle de maison » et un compagnon dont l'intérêt justifie plusieurs mentions dans son journal intime : Doktor ou Dokterli, l'airedale-terrier d'Annemarie, le frère jumeau de son propre chien Toby. Il a d'abord été baptisé « Doktor Dollfuss », mais son nom a été raccourci après l'assassinat du chancelier autrichien. Ce chien « très amusant[30] » qui adore prendre en chasse tout animal croisant sa route – même des biches – apparaît sur de nombreuses photos, et il est souvent question de ses frasques dans les lettres à Busy Bodmer. Cette amie s'est en effet attachée à ce chien, qu'elle prend en pension quand Annemarie part en voyage. Justement, peu avant la venue de Thomas Mann, Dokterli a atterri dans un tas de fumier en voulant poursuivre un chat ! Annemarie a eu beau le laver à grande eau dans l'Inn, comme elle l'écrit à Busy Bodmer, Therese Giehse ajoute de sa plume qu'il « sent abominablement mauvais [31] » – désagrément qui a manifestement disparu lorsque le couple Mann arrive à Sils.

Outre une longue promenade dans le val Fex, ce séjour est marqué par une lecture qu'Annemarie fait à ses amis de deux nouvelles de *La Cage aux faucons*. Thomas Mann semble les juger suffisamment intéressantes pour appuyer le désir de l'auteur de faire publier son recueil car il écrit aussitôt à son éditeur, Gottfried Bermann, une lettre dans ce sens. En vain.

Pendant ce temps, à Berlin, les jeux Olympiques battent leur plein et l'Allemagne nazie ne cesse de jeter de la poudre aux yeux de toutes les nations réunies. En Espagne, les troupes franquistes gagnent du terrain. L'idée de s'éloigner du volcan européen et d'aller tenter leur chance aux États-Unis, comme l'ont fait bien d'autres émigrants avant eux, s'impose de plus en plus aux enfants Mann. Dès le mois de mai, les restrictions imposées à son cabaret ont incité Erika à contacter un agent littéraire susceptible de l'aider à mettre sur pied une tournée aux USA. Et en effet, Rudolf Kommer ne tarde pas à organiser pour un cercle restreint de mécènes américains une représentation exceptionnelle du Moulin à poivre. Elle a lieu au château de Leopoldskron, la résidence privée de Max Reinhardt à Salzbourg. Ce sera d'ailleurs la seule et unique occasion pour le cabaret de se produire en Autriche, les demandes d'Erika n'ayant jamais pu aboutir dans ce pays. Cette soirée du 14 août 1936, à laquelle Annemarie assiste, se déroule dans d'étranges conditions : Max Reinhardt ayant des dettes jusqu'au cou, on lui a coupé l'électricité et la troupe doit jouer à la lueur des bougies, à même le sol. Quant au public, une vingtaine d'invités seulement, il se compose de riches Américains qui ne comprennent pas grand-chose aux textes déclamés mais qui applaudissent poliment. Une femme est parmi eux, une star dont l'allemand est certes la langue maternelle, mais qui n'arrive pas non plus à suivre le spectacle parce qu'elle est sans cesse appelée au téléphone : Marlene Dietrich. Annemarie, qui en 1932 a jugé remarquables les progrès de l'actrice dans *Blonde Vénus*, commente : « Très belle, un peu sotte[32]. »

Douze jours plus tard, Miro embarque au Havre pour les États-Unis. Seule. Et elle n'est pas peu fière de prouver ainsi à ses amis qu'elle est désormais « majeure et vaccinée », c'est-à-dire libérée de la drogue et capable d'avoir des projets personnels au lieu de « s'accrocher aux basques d'Erika[33] ». En fait, Barbara Wright l'a invitée à réaliser avec elle, pendant tout le mois de septembre, des reportages dans des « régions d'Amérique peu connues et intéressantes sur le plan social[34] », et cette proposition tombe à pic. D'une part parce que Erika doit elle aussi franchir l'Atlantique avec son cabaret, d'autre part parce que Annemarie va pouvoir reprendre une activité journalistique intensive et essayer de s'assurer ainsi une indépendance financière. Car les problèmes d'argent se sont fait cruellement sentir ces derniers temps, au point que Klaus Mann n'a pas pu recevoir les cent francs qu'elle continue de lui verser mensuellement – malgré la cessation de *Die Sammlung*. Lui aussi a négocié avec un agent littéraire sa venue aux États-Unis, et même si les choses se présentent plutôt mal pour lui, il est bien décidé à accompagner sa sœur. Annemarie lui a assuré que Barbara allait les faire profiter de ses nombreuses relations et qu'il pourrait ainsi entrer en contact avec des gens intéressés par le destin d'un jeune émigrant allemand. Elle lui conseille d'ailleurs de commencer déjà à préparer des conférences sur la situation de la jeunesse allemande émigrée ou encore sur la scission de la littérature allemande en deux camps – « une situation complètement inédite[35] ».

Pendant cette année 1936, Annemarie aura passé six mois à Sils-Baselgia – son plus long séjour. Quand elle quitte son pays à la fin du mois d'août, elle laisse en Engadine beaucoup de gens, souvent de condition modeste, qui se sont attachés à elle. Désormais, la « Frau Doktor », comme on l'appelle avec un respect mêlé d'admiration, fait partie du village de Sils. Ses manières affables, sa générosité, sa simplicité naturelle ont séduit aussi bien monsieur Schulthess, le pasteur, que monsieur Zuan, le postier, et tous ne cherchent qu'à rendre service à cette femme étrange et belle qui, arrivée au volant d'une fabuleuse voiture – on n'en avait jamais vu de pareille dans ce village du bout du monde ! –, a fait de leurs quelques arpents de terre le centre du monde.

Déjà, à Sils, on attend impatiemment son retour.

CHAPITRE X
Le Nouveau Monde
(1936-1937)

Aux États-Unis (1937)

> La vie exige de nous que nous tirions notre force de nos faiblesses.
>
> Annemarie SCHWARZENBACH,
> *Le Refuge des cimes.*

Entre septembre 1936 et janvier 1938, Annemarie va effectuer deux séjours aux États-Unis s'étalant sur une durée totale de dix mois. C'est pour elle une période d'activité journalistique intense. Après avoir réalisé une première série de reportages dans les villes industrielles de Pennsylvanie (Scottsrun, Pittsburgh), elle passera sept mois en Europe. Son intérêt se concentrera alors sur la situation socio-économique et l'évolution politique dans les pays baltes, en Union soviétique et en Scandinavie. Lors de son deuxième séjour aux USA, elle s'intéressera plus particulièrement aux conditions de vie des ouvriers agricoles et aux problèmes raciaux dans les États du Sud.

L'Amérique que découvre Annemarie est un pays profondément meurtri. Sept ans plus tôt, au mois d'octobre 1929, le krach de Wall Street a frappé l'ensemble de l'économie, provoquant récession et misère. Un Américain sur quatre s'est retrouvé au chômage. L'effondrement des cours a particulièrement touché le monde rural et jeté sur les routes huit millions de fermiers et de métayers à la recherche d'un travail. Élu en novembre 1932, le président démocrate Franklin D. Roosevelt a lancé dès son entrée en fonctions son fameux New Deal (nouvelle donne), programme de réformes fondé non plus sur le laissez-faire des républicains mais sur une régulation étatique et une plus grande solidarité sociale. Cette politique visant notamment à renforcer les droits des travailleurs tout en préservant la liberté d'action des entreprises est vivement critiquée par les milieux conservateurs qui la taxent de communisme. Toutefois, s'appuyant sur l'opinion publique à laquelle il s'adresse régulièrement dans des causeries au coin du feu retransmises à la radio, Roosevelt a réussi à redonner confiance aux Américains.

Pour mieux faire connaître les nombreuses mesures destinées à aider les agriculteurs (prêts à faible intérêt, études sur la préservation des sols, fermes expérimentales, etc.), le gouvernement a mis en place en 1935 un Secrétariat aux réformes rurales (Resettlement Administration), rebaptisé deux ans plus tard Farm Security Administration (FSA). Cet organisme s'est vu adjoindre un service de documentation photographique. Confié à Roy Stryker, il s'emploiera jusqu'en 1942 à réaliser, dans le monde rural essentiellement, une vaste enquête photographique destinée à faire prendre conscience aux Américains qu'une grande partie de la population vit dans la misère, et à faire appel au soutien et à la solidarité des gens épargnés par la crise. Aujourd'hui, la FSA reste dans les mémoires comme l'une des plus ambitieuses entreprises de la photographie pour représenter toute une société. Les quelque deux cent soixante-dix mille clichés des archives de la FSA sont l'œuvre d'une trentaine de photographes. Plusieurs d'entre eux se sont fait un nom, tels Walker Evans, Dorothea Lange, Russell Lee, Ben Shahn, Arthur Rothstein. Ils ont inauguré un nouveau style de reportage, le documentalisme social, témoignant de la détresse d'un peuple à la dérive.

À son arrivée en septembre 1936, Annemarie est reçue à Washington chez la mère de Barbara Wright qui habite une petite maison en brique rouge sur Waterside Drive, à proximité de Rock Creek Park. Bénéficiant d'une certaine fortune, madame Wright tient salon, et Annemarie assiste à de nombreux cocktails où se presse toute la bonne société de la capitale. C'est ainsi qu'elle fait très vite la connaissance de Roy Stryker ; il la conseille et lui donne accès aux photos de la Resettlement Administration, dont elle fera usage pour illustrer ses premiers articles publiés dès le mois suivant dans la *Zürcher Illustrierte*. Rédigés à la veille de la réélection de Roosevelt, ces textes dressent un état des lieux de l'Amérique de la Grande Dépression, dans le dessein de montrer aux Européens que le mythe de l'oncle Tom est une vision bien superficielle et étroite de la réalité. Les titres sont éloquents : « Pauvres Américains », « Le roi coton... et ses sujets aux USA ». Lors d'un reportage dans le Maine, région qui a été ravagée par des inondations au printemps, elle découvre sur le terrain les effets du New Deal trois ans après son entrée en vigueur. De toute évidence, Annemarie est enthousiasmée par la politique de Roosevelt : « Ici et là le gouvernement est intervenu, réglant les problèmes et reconstruisant. Partout on tombe sur des camps du Civilian Conservation Corps (CCC), c'est-à-dire des camps pour jeunes chômeurs, et sur les chantiers de la Public Works Administration (PWA)[1]. » Et elle rapporte ces mots prononcés par un fermier après que les élections locales ont donné la victoire aux républicains : « Chez nous, dans le Maine, [...] la crise est terminée, grâce à Roosevelt me semble-t-il. Je connais mes paysans : ils n'ont plus besoin de lui et retournent à leurs vieilles habitudes. Mais on aurait pu penser que la crise leur aurait appris à avoir un peu de reconnaissance et de discernement[2] ! »

Le 18 septembre, Klaus et Erika débarquent à leur tour à New York après neuf jours de bateau. Quand ils arrivent à leur hôtel, les nouvelles concernant Annemarie sont si alarmantes qu'Erika part aussitôt pour Washington. Il

Carte postale de l'hôtel Bedford (1937)

semble que l'utilisation d'une aiguille non stérilisée ait provoqué un début de septicémie dont Martin Gumpert, médecin et ami des Mann, parvient à la tirer in extremis. Son entourage en est quitte pour une bonne frayeur, mais elle mettra du temps à se rétablir. La fameuse aiguille aurait-elle également causé un abcès récidivant ? Ces mots adressés à Busy Bodmer le 9 novembre le laissent supposer : « MAIS je suis encore loin d'être guérie ; avant-hier, on m'a collé sur le nez pour la deuxième fois le masque d'anesthésie et on a charcuté dans ma jambe malade. On dirait un vrai champ de bataille, et en plus j'ai mal, je dois rester couchée et j'ai de la fièvre. [...] Je perds parfois patience, mais Erika me ramène toujours à la sagesse et à la raison. » Erika ne se fait cependant plus beaucoup d'illusions : « Annemarie va mieux, mais comme son inconscience est sans bornes, elle ne va certainement pas tarder à tout gâcher de nouveau », écrit-elle à sa mère le 27 novembre.

Au cours du dernier trimestre 1936, Annemarie séjourne soit à Washington chez Barbara Wright, soit à New York où, tout comme les Mann, elle loge à l'hôtel Bedford, 118 est, 40e Rue. Cet établissement tenu par monsieur Nägel, un Allemand marié à une Américaine, est l'adresse privilégiée de nombreux réfugiés juifs et allemands. Annemarie prépare ses prochains reportages, écrit ses articles, aide parfois Klaus à traduire les siens en anglais. De son côté, Erika doit organiser la première de son cabaret – rebaptisé Peppermill – prévue pour le 5 janvier 1937. Rendez-vous, lunchs et cocktails se succèdent à un rythme effréné, et quand le reste de la troupe la rejoint à la fin du mois de novembre, les tensions sont grandes : « Il règne une atmosphère d'extrême nervosité à cause de l'anglais, de jalousie inquiète à cause des nombreuses et mystérieuses relations et amitiés qui se sont nouées dans l'intervalle[3]. » C'est qu'Erika fréquente beaucoup – beaucoup trop même au goût de Therese Giehse – deux hommes qui lui font une cour assidue : Martin Gumpert et Maurice Wertheim. Ce dernier est un banquier new-yorkais prêt à soutenir le Moulin à poivre de ses deniers, même à perte, et Erika essaie de le ménager le plus longtemps possible. Therese Giehse, qui ne croit pas un instant à la capacité de la troupe de s'implanter aux États-Unis mais qui s'est inclinée face à la volonté de la « commandeuse », est hors d'elle. Les événements lui donnent raison : le 5 janvier 1937, la première du Peppermill à l'auditorium Chanin de New York (à l'angle de la Lexington Avenue et de la 42ᵉ Rue) est un vrai fiasco. Les acteurs ne maîtrisent pas suffisamment l'anglais pour être à l'aise dans leur jeu, et comme les Américains ignorent les détails de la politique européenne, ils ne réagissent pas aux multiples allusions et sous-entendus contenus dans les textes. De plus, ce type de show leur est parfaitement étranger ; ils s'étonnent qu'il n'y ait ni girls ni *stepdancers* ! La presse ne se montre pas tendre. Malgré un accueil plus chaleureux à la New School for Social Research, le cabaret ne peut être sauvé. Après quatre années d'existence, c'est bel et bien la fin du Moulin à poivre.

Cet échec cuisant a au moins deux conséquences néfastes : un énorme déficit financier – rapidement comblé par l'« incommensurablement riche » banquier Wertheim –, et l'explosion de ressentiments refoulés jusque-là pour sauvegarder la cohésion du groupe. Selon plusieurs témoignages, en effet, Erika Mann ne traitait pas ses artistes avec beaucoup d'égards, faisant par exemple voyager le gros de la troupe en troisième classe tandis qu'elle-même et ses deux collaborateurs les plus proches – Therese Giehse et Magnus Henning – sont confortablement installés en première classe. Cette fois, ce sont ces privilégiés eux-mêmes qui se répandent en récriminations. D'abord, ils ont dû faire la traversée de l'Atlantique non sur un paquebot, comme tout passager ordinaire, mais sur un cargo transportant du ciment. Ensuite, ils ne comprennent pas pourquoi ils sont si mal payés alors qu'Erika « vit avec un millionnaire ». Le Bedford devient alors le théâtre d'un véritable psychodrame qui atteint son comble avec les menaces de suicide proférées par Therese Giehse et Martin Gumpert.

Quant à Annemarie, scandalisée par l'attitude de son amie, elle prend clairement fait et cause pour les membres du cabaret. Voici comment Erika narre les événements dans une lettre à Klaus : « Annemarie, [...], *ivre de déballages*, allait d'une chambre à l'autre, faisant de gros dégâts avec ses racontars et ses manières puériles et parfaitement déplacées de pensionnaire. » Non contente d'aligner ces flatteuses épithètes, elle poursuit en qualifiant Miro, qui lui reproche de faire front commun avec un « sale capitaliste », de « révolutionnaire et communiste invétérée ». Mais les choses ne s'arrêtent pas là. Ce qu'Erika ne pardonne pas à la Suissesse – traitée dans la même lettre de « douce échappée de l'asile[4] » ! –, c'est de l'avoir trahie en allant raconter à Maurice Wertheim que ses relations avec sa troupe n'étaient pas aussi bonnes qu'elles paraissaient, et qu'au lieu d'éponger les dettes d'Erika il ferait mieux de verser à chaque artiste les honoraires qui lui étaient dus. Il n'est pas impossible non plus que Miro ait révélé des « choses d'ordre privé », concernant par exemple les relations d'Erika avec Martin Gumpert. Toujours est-il qu'après cet incident un certain froid s'installe entre les deux femmes. De son côté, Annemarie assure à Klaus qu'elle savait parfaitement ce qu'elle faisait, au risque de s'attirer les foudres de la « commandeuse » : « Il m'aurait été si facile de rester à l'écart de tout cela et d'utiliser ma position à mon seul avantage. Mais la fin du séjour à New York a été détestable pour toutes les personnes concernées, à cause de la conjonction malheureuse de facteurs humains et d'une autre nature – dont nous savons bien qu'Eri ne les a jamais traités séparément[5]. »

Un mois et demi après ces événements, le souvenir du cauchemar new-yorkais est encore si vif qu'Annemarie, pour une fois, n'est pas mécontente de ne plus entendre parler d'Erika. En fait, toute son attention est focalisée à partir de la mi-janvier 1937 sur son projet de reportages dans la région minière des Alleghanys et à Pittsburgh. Ce qui l'intéresse surtout, c'est de voir, au moment où une grève paralyse la General Motors, comment évolue le mouvement ouvrier depuis que Roosevelt a accordé la liberté syndicale aux travailleurs. S'étant renseignée très précisément, elle sait que le CIO (Committee for Industrial Organization), le nouveau syndicat créé en 1935 par John L. Lewis, veut donner à chaque secteur industriel une représentation officielle et légale à partir de laquelle les ouvriers pourront faire entendre leurs revendications. Lewis a déjà fondé pour les mineurs la structure des United Mineworkers of America, c'est lui qui dirige la grève dans l'industrie automobile, et il ne va pas tarder à s'occuper des travailleurs de l'acier à Pittsburgh. Inutile de dire qu'il est la bête noire des patrons : « [Ils] le craignaient davantage que le parti communiste au grand complet (auquel il n'est pas affilié)[6] », commente Annemarie.

En compagnie de Barbara Wright, elle se rend dans cette zone comme on part pour le front : « Habillez-vous discrètement. N'ayez pas sans arrêt votre Leica braqué sur les gens. Ne faites pas trop souvent laver votre Ford[7] ! » lui a-t-on conseillé à Washington. À Scottsrun, elle photographie les logements misérables des mineurs construits sur une terre noircie par le charbon, engage la conversation avec des hommes – Noirs, Blancs, jeunes et vieux, infirmes –, tous au chômage depuis que la mine a fermé, tous tributaires de la soupe populaire. Partout elle débusque la détresse d'une population impuissante face au malheur économique et que manifestement elle sait mettre en confiance. À l'école du FSA, ses photos ont gagné en éloquence. Elles ne fixent plus de simples paysages mais des êtres humains pris dans une réalité économique et sociale qui les dépasse. Sur ces visages résignés qui se prêtent sans artifice à son objectif, son regard se pose avec une humanité qui ne cherche qu'à s'engager. Et ses clichés ont cette qualité qu'elle définit elle-même en ces termes : « Une photo n'est vraiment bonne que quand son message saute littéralement aux yeux de celui qui la regarde[8]. »

Pour une partie de ces chômeurs, le gouvernement de Roosevelt a offert à la ville de Westmoreland la possibilité d'une reconversion : chaque mineur reçoit une maison avec un jardin, ainsi qu'un emploi dans une ferme-coopérative spécialisée dans l'élevage des poules. Annemarie visite les lieux, approuve ces mesures qui aident les déshérités à retrouver une dignité pour peu qu'ils sachent faire preuve d'initiative et s'investir dans un projet collectif. Elle estime toutefois qu'il est encore plus important de lutter pour que « l'élément "travail" ne soit plus, sous couvert de "liberté", soumis sans défense à la conjoncture, au système du profit et à l'arbitraire du patronat[9] ».

Près de Pittsburgh, ville dominée par les hauts fourneaux et « où coexistent une richesse tonitruante et une pauvreté criante[10] », les deux femmes visitent l'une des plus grandes aciéries des États-Unis, la firme Jones & Laughlin. Grâce aux bonnes relations de Barbara, Annemarie a pu obtenir de la fille de Laughlin en personne les lettres de recommandation indispensables pour pénétrer, sous bonne escorte d'une police privée et armée, dans cette usine où la presse n'est pas la bienvenue. Le lendemain, elle entend un dirigeant syndical lui dire : « Vous l'avez compris : vingt mille hommes d'une même ville dépendent d'une seule entreprise privée. Mais cette entreprise dépend également de ces vingt mille hommes. [...] Une industrie repose sur les deux piliers "capital" et "travail", mais le travail ne peut plus être seulement une fonction ; la force de travail et l'existence de l'ouvrier ne peuvent plus dépendre de la puissance du capital[11]. » Des paroles qui ont, pour cette fille de grand industriel soucieuse de voir des conditions d'existence décentes garanties à ceux qui vivent de leur seul travail, un air d'évidence.

Un dimanche, elle assiste dans la petite ville d'Isabella Mine à l'inauguration d'une salle de réunion construite avec l'argent du syndicat. Elle est impressionnée par la discipline avec laquelle la population écoute pendant plusieurs heures des discours dépourvus de démagogie, et surprise de voir abolies les appartenances nationales et raciales de gens qui fraternisent pour une même cause : « Droits de l'homme contre droits de la propriété. » Et elle dénonce l'adage selon lequel chacun peut faire fortune en Amérique pourvu qu'il y mette du sien : « C'est le vieil argument des milieux réactionnaires pour justifier le manque de législation sociale en matière d'assurance et d'assistance[12]. » Tout comme sa manière de photographier évolue, son style se fait incisif, voire combatif. Qu'un homme aussi déterminé que Lewis puisse tenir l'Amérique en haleine pendant plusieurs semaines lui paraît symbolique de temps meilleurs à venir pour les faibles et les exploités. En rendant compte de la façon dont l'Amérique du New Deal cherche à réinsérer chaque individu dans le tissu économique et social, le but d'Annemarie est de susciter en Europe une réflexion sur l'avenir de la démocratie. C'est là, à ses yeux, la seule mais essentielle justification de sa « modeste activité » de « *labor writer*[13] ». À Klaus Mann qui est rentré en Europe elle écrit le 31 janvier 1937 : « Il est vraiment honteux que tu n'aies rien vu de tout cela. »

Mais que pense-t-on à Bocken de telles prises de position ? Trois mois après ce reportage, le quotidien bâlois *National-Zeitung* publie deux de ses articles. Ernst Merz, qui est peut-être tombé par hasard sur l'un d'eux, en informe les Schwarzenbach en toute innocence. La réaction de Renée, incendiaire, en dit long sur ce qu'elle pense des activités de sa fille et des gens qui s'intéressent à son travail : « Je ne comprends pas que quelqu'un comme vous puisse lire la *National-Zeitung* ! Comment cela se fait-il ? Une feuille de chou aussi haineuse, bourrée d'informations inexactes, complètement tendancieuse, pas du tout suisse. » Quant à *Die Weltwoche*, ce serait purement et simplement « un canard pas possible[14] ». On peut se demander quel qualificatif emploierait la maîtresse de Bocken si elle savait que des articles de sa fille encore plus caustiques paraîtront également dans l'*ABC*, un hebdomadaire de gauche dont le premier numéro va sortir en février de cette même année 1937...

De retour de Pittsburgh, Annemarie décide aussitôt de rentrer en Europe avec Therese Giehse. Cette dernière, dont les nerfs ont été éprouvés par l'échec du Peppermill, et davantage encore par les liaisons masculines d'Erika Mann, a grandement besoin de calme, aussi Miro lui propose-t-elle de venir se reposer à Sils. À la mi-février elles débarquent au Havre, dans une Europe où les alliances ont pris des allures menaçantes pour la sécurité collective. Tandis que les démocraties restent littéralement paralysées par la crainte de déclencher une guerre contre les dictatures, l'Allemagne a réussi à sortir de son isolement diplomatique. Après s'être rallié à la France et au Royaume-Uni en condamnant les initiatives allemandes, Mussolini s'est tourné vers Hitler qui lui a apporté son soutien pendant la guerre d'Éthiopie. Proclamé en novembre 1936, l'axe Rome-Berlin se raffermit de jour en jour, tandis que le général Franco, soutenu par ce même Axe, arrive aux portes de Madrid.

Pendant les quelque deux mois passés à Sils, Annemarie rédige ses articles et, stimulée par l'écho qu'ils rencontrent, prépare de futurs reportages. Cette fois, un de ses objectifs principaux est d'aller à Moscou pour tenter de retrouver les documents laissés par Lorenz Saladin, un alpiniste suisse renommé ayant succombé à ses engelures en septembre 1936 après avoir réalisé la première ascension du Khan Tangri (sept mille deux cents mètres), entre les Turkestan soviétique et chinois. Elle réussira effectivement à rencontrer des compagnons de route de Saladin qui lui feront un récit circonstancié des événements, et elle récupérera les centaines de photos prises par l'alpiniste lors de ses multiples expéditions, entre autres celles réalisées au Caucase et au Pamir, qui ont fait sa réputation. Ce matériel lui permettra d'écrire une biographie de Saladin qui paraîtra en 1938 aux éditions Hallwag sous le titre *Lorenz Saladin, une vie dédiée à la montagne*[15]. Ce sera son plus grand succès de librairie.

Juste avant son départ pour ce périple de deux mois à travers l'Europe du Nord et de l'Est, Annemarie fait à la radio le 29 avril 1937 une conférence sur l'avenir de la démocratie en Amérique. Une démocratie qui, sur le vieux continent, est de plus en plus fragilisée : trois jours auparavant, les bombardiers allemands de la légion Condor ont déversé leurs cinquante tonnes de bombes sur la ville basque espagnole de Guernica ; et tout au long de son voyage, qu'elle effectue en chemin de fer, la Suissesse va constater l'ampleur des dégâts causés par la progression du national-socialisme à l'intérieur et au-delà des frontières du Reich. Concevant ses reportages comme des « documents humains », elle va à la rencontre de l'Allemand moyen, soucieuse de donner la parole aux anonymes et confiante que, « en dépit de la mise au pas et de l'oppression », ces voix triompheront un jour. Un forestier lui raconte par exemple :

> On m'envoie alors un gamin stupide et insolent pardessus le marché qui n'a jamais entendu parler ni de forêt, ni de bois, ni de sylviculture, mais qui déclare être « expert forestier » et porte l'uniforme, et c'est le gauleiter en personne qui l'a envoyé – alors bien sûr il peut tout se permettre. « Reboisez, me dit-il, reboisez plus vite. L'Allemagne a besoin de bois, nous devons vivre en autarcie. » Comme si on pouvait ordonner aux pins, au nom du Führer, de pousser plus vite ! [...] Ces messieurs du parti avec leurs titres ronflants, ce sont tous des bons à rien. Des gens en échec dans la vie pratique, dans leur profession, dès l'école primaire – des gens qui n'ont rien appris de sérieux et qui veulent faire fortune dans le parti[16].

Le hasard fait qu'elle arrive dans la ville libre de Danzig l'avant-veille du jour où Goebbels doit honorer de sa présence le congrès de la culture. Elle photographie les rues pavoisées de drapeaux à croix gammée, les rassemblements des jeunesses hitlériennes, un kiosque où s'étale la presse nazie parée de gros titres peu rassurants. Engageant la conversation avec une femme dont le mari et les trois enfants sont mobilisés au service du parti pour cette journée historique, elle l'entend dire : « Nous ne critiquons pas. [...] Et la jeunesse appartient à notre Führer. » Cette même femme qui se plaint de la dévaluation de la monnaie décrétée par Hitler explique : « Ce sont les Juifs et les Polonais qui ont décidé ça pour nous porter préjudice[17]. » Préférant prendre les choses avec humour – « J'adore la pureté de cette orientation, je me sens merveilleusement bien ici », écrit-elle à Klaus le 5 mai 1937 –, Annemarie poursuit sa route en direction de la Prusse-Orientale. Là, des rencontres avec des agriculteurs qui ne s'en laissent pas conter par le parti et les signes de résistance des catholiques aux persécutions lui redonnent l'espoir que les Allemands sauront surmonter ces « temps difficiles ».

Reprenant le train pour les pays baltes, elle croise des jeunes gens qui vont prêter main-forte à leurs camarades pronazis et ne raisonnent qu'en termes d'« unité nationale » et d'« obéissance ». À Kaunas, alors capitale de la Lituanie, elle est frappée par l'enthousiasme et l'énergie mise par la jeune génération au service de la construction d'un pays qui jouit de son indépendance depuis quinze ans à peine. Toutefois, elle est choquée par l'arrogance nationaliste, la xénophobie et l'antisémitisme ambiants. Riga, superbe capitale de la Lettonie, ne lui fait guère meilleure impression : on la regarde de travers parce qu'elle parle allemand, langue que tout le monde comprend mais refuse d'utiliser. Certes, en Estonie, il ne lui est même pas possible de s'exprimer en anglais, tout idiome autre que l'estonien étant banni, et les gens les plus bienveillants consentent à communiquer avec elle en russe, ce qui ne l'avance pas à grand-chose. Mais c'est pour elle un soulagement de n'y trouver aucune trace de nationalisme agressif. Après avoir traversé les immenses forêts de pins qui font la richesse du pays, elle photographie sur le port de la capitale, Tallinn, deux robustes paysannes débardant le bois. À l'université de Tartu, elle est agréablement surprise de voir à l'œuvre l'esprit de tolérance envers les minorités allemande et russe.

À la fin du mois de mai 1937, Annemarie arrive à Moscou, la ville où se déroulent depuis l'année précédente les grands procès intentés par Staline contre ses adversaires réels ou supposés. Karl Radek, rencontré trois ans plus tôt au congrès des écrivains, a déjà été condamné – « COMMENT ces "aveux" sont-ils obtenus ? » a noté Klaus Mann dans son journal le 29 janvier 1937, pressentant qu'il s'agissait d'une parodie de justice. En dehors de ses recherches concernant Saladin, Annemarie retrouve Johannes Becher avec qui elle a de grandes discussions. Mais il a beau tenter de l'éclairer sur les particularités de l'âme slave, les assassinats politiques et les déportations en Sibérie l'horrifient. Par ailleurs, en entendant Becher exprimer des idées dans la droite ligne du politiquement correct, elle se rend compte que le régime s'est encore durci depuis 1934, n'accordant d'espace ni à la réflexion individuelle ni à la critique.

De Moscou elle retourne sur Leningrad pour rallier Helsinki, où elle est accueillie par son beau-frère. Il l'emmène aussitôt assister à une régate de voiliers copieusement arrosée, comme il est de coutume en Finlande. Le lendemain, ils s'envolent pour Stockholm. Là, en attendant Barbara Wright et son ami Michael Logan, Annemarie passe une semaine chez sa sœur Suzanne, collectant des informations sur la Suède, rencontrant des étudiants. Aux environs du 10 juin, les deux Américains la rejoignent. Il semble que Barbara se soit vu confier une mission journalistique dans cette partie du monde et ait proposé à

Michael, danseur de ballet contraint de se reconvertir à la suite d'un accident, de l'initier aux arcanes du métier. Le 29 juin, tous trois arrivent à Sils où se trouvent déjà Erika et Therese Giehse, ainsi que Klaus et son nouvel ami, le journaliste américain Thomas Quinn Curtiss. C'est pendant ce séjour que Klaus écrit *Ludwig*, sa nouvelle sur Louis II de Bavière.

À la mi-juillet, Erika retourne à New York avec ses douze valises. Klaus l'accompagne jusqu'à Paris. Annemarie s'y rend également quelques jours plus tard pour retrouver Claude Clarac, qu'elle n'a pas revu depuis deux ans. Au début du mois de juin, elle a reçu de son mari des nouvelles inquiétantes dont elle a entretenu Klaus en ces termes : « C'est peut-être parce qu'il a longtemps résisté que la maladie perse semble s'être emparée de lui avec plus de violence que pour moi, qui pouvais la "briser" en quelque sorte grâce à la drogue et trouver un apaisement dans le rêve[18]. »

Après trois années passées à l'ambassade de Téhéran sans le moindre congé en Europe, Clarac n'est pas mécontent en effet à l'idée de retrouver ses parents, et Annemarie qu'il n'a pas revue depuis octobre 1935. Mais une terrible nouvelle l'attend à son arrivée à Marseille, le 2 août : quelques jours plus tôt, son père s'est noyé dans le bassin de sa propriété de la Noé-Nive. Annemarie et Claude s'empressent de rallier Nantes, mais il est déjà trop tard pour assister à l'enterrement d'Achille Clarac. Pendant ce séjour endeuillé à la Noé-Nive, Claude fait visiter les environs à sa femme ; il la photographie sur la Divatte, route surélevée en bordure de Loire, le dos à l'objectif, en train de déchiffrer la plaque signalant la bénédiction de la chapelle Saint-Simon par Richelieu en 1640. Une autre photo montre Annemarie de face, appuyée sur un muret qui lui arrive à la poitrine. Sur les deux clichés, elle est simplement vêtue d'un pantalon et d'une chemise dont elle a retroussé les manches presque jusqu'aux épaules – une tenue que sa belle-famille juge quelque peu excentrique.

Cependant, sa gentillesse et ses bonnes manières, ainsi que son amour pour les enfants, lui valent la sympathie de tous, en particulier de sa belle-sœur qui a trois petites filles. L'aînée n'avait que huit ans à l'époque, mais elle se souvient encore aujourd'hui d'un homme et d'une femme qui, tels deux grands adolescents semblant surgir d'un autre monde, descendaient dîner dans la même tenue : pantalon gris et chemise de soie blanche.

Il était prévu que Klaus Mann ferait la connaissance de Claude Clarac pendant cet été 1937, mais cette rencontre ne pourra finalement pas avoir lieu. Vu les circonstances, Claude souhaite en effet demeurer quelque temps auprès de sa mère. Au bout d'une semaine, Annemarie rejoint Klaus et Thomas Curtiss à Paris. Ils vont voir ensemble une grande exposition sur la peinture française et prennent le 17 août le train de nuit à destination de Zurich. Claude et Annemarie se retrouvent ensuite à Sils en compagnie de Barbara Wright et de Michael Logan.

Le ballet des relations qui se nouent et se dénouent alors entre les quatre amis rappelle un peu celui des personnages des *Amis de Bernhard*. Claude tombe amoureux du danseur américain, et les photos qu'il fait lors de cette « halte heureuse » dans la maison de sa femme sont le reflet de ses sentiments : Michael se détachant sur le ciel de Sils, Annemarie et Michael surplombant la vallée, Barbara allongée dans l'herbe, Annemarie à contre-jour sur le bord du lac, désignant du doigt quelque sommet invisible. La réalité a cependant une autre facette, plus bassement matérielle : Annemarie se voit contrainte d'assumer non seulement le boire et le manger pour quatre personnes, mais aussi, comme elle en informe Klaus, « cigarettes, blanchissage, timbres, coiffeur, drinks, cinéma, essence, télégrammes, dentifrice – bref : TOUT ». Ce qu'elle reproche à Claude, tout en suggérant qu'elle est « sans doute un peu injuste » envers lui, c'est de vivre aux frais de la princesse malgré ses « importantes réserves », de ne pas tenir compte des désirs des autres, et surtout de fuir les vrais problèmes :

> Ce qui m'agace et me vexe dans tout cela, c'est [...] que ce mutisme et ce « laisser-aller » me sont complètement étrangers. Ce fut toujours le centre et l'origine de nos désaccords les plus profonds ; je crois que si je n'avais pas mis le sujet sur le tapis lors de notre promenade dans le val Fex, il aurait évité jusqu'à aujourd'hui de parler de mes lettres et de notre divorce ou non-divorce[19].

Qu'est-il ressorti de cette conversation ? Rien, manifestement, qui aille dans le sens d'un divorce. Mais, à la mi-septembre, leurs chemins bifurquent à nouveau : tandis qu'Annemarie part pour les États-Unis, Claude rejoint Paris où l'attend une nomination à l'administration centrale. Ils ne se reverront que cinq ans plus tard, sur le continent africain.

Au cours de l'été, Annemarie a demandé à son père s'il pouvait lui acheter la maison de Sils afin de la soulager d'un loyer à la limite de ses moyens. Ce n'est pas la première fois – ni la dernière – qu'elle le sollicite ainsi, sans que Renée Schwarzenbach soit au courant. Après la mort de son mari, celle-ci découvrira dans les tiroirs du bureau de Thalwil un paquet de lettres adressées au docteur Alfred Schwarzenbach – toute une correspondance secrète témoignant que le baron de la soie s'est souvent montré généreux avec sa fille. Mais cette fois la réponse est négative car lui aussi subit le contrecoup de la crise économique. Pour mieux faire passer ce refus, il invoque les ennuis auxquels tout propriétaire ne manque pas d'être confronté, argument qu'Annemarie comprend parfaitement. L'essentiel pour elle, à cette date, c'est de pouvoir retourner en Amérique avec Barbara, d'y exercer à nouveau son activité journalistique et de vivre à proximité des enfants Mann – Klaus et son ami Curtiss ont déjà embarqué le 18 septembre sur le *Champlain*. Comme elle veut faire bonne figure face à Erika, elle s'efforce de « soigner quelque peu » ses nerfs mis à rude épreuve au cours des dernières semaines. Dix jours après un dîner chez Thomas Mann qui a fait à cette occasion la connaissance de Barbara Wright, les deux femmes quittent l'Europe. Rendez-vous a déjà été pris avec Klaus et Erika pour le 5 octobre au Bedford.

Après le succès de ses premiers reportages aux USA, Annemarie a obtenu l'aval de différents journaux suisses pour aller enquêter dans les États du Sud, ces « parents pauvres » de la nation américaine. Fin octobre, munies chacune d'un Rolleiflex, les deux femmes reprennent la route à bord de leur Ford 8 et entament un périple qui va durer un bon mois. « La vision d'une vie meilleure, vieux rêve américain, devient de plus en plus nébuleuse au fur et à mesure que les routes progressent vers le sud[20] », écrit la Suissesse. Ce qu'elles découvrent en effet au cours de ce deuxième voyage à travers le Tennessee, la Virginie, l'Alabama, la Géorgie et les deux Carolines, c'est une Amérique particulièrement éprouvée, la grande crise ayant été encore aggravée dans cette région par des catastrophes naturelles – tempêtes de poussière, inondations, maladie du coton. C'est aussi un pays où les structures économiques et sociales n'ont pas évolué pendant les soixante-dix dernières années, c'est-à-dire depuis la fin de la guerre de Sécession, et où les Noirs, souvent condamnés aux travaux forcés pour des délits mineurs, sont victimes, même en prison, de la ségrégation raciale.

Dans les nombreux articles qu'Annemarie rédige pour la presse helvétique, elle dénonce le système du *share-cropping,* ou métayage, forme moderne d'esclavage qui a maintenu les métayers du coton – aussi bien les Noirs que les pauvres blancs – dans une forme de dépendance digne de l'ère féodale : contre un lopin de terre, une cabane, quelques outils et un mulet, ils doivent céder la moitié de leur récolte. En outre, comme ils ne touchent pas d'argent liquide, ils sont forcés d'acheter à crédit dans le magasin du planteur – où les produits coûtent entre dix et vingt-cinq pour cent plus cher qu'ailleurs –, ce qui a pour conséquence d'endetter les familles de génération en génération. La crise ayant détrôné le roi coton et révélé ce scandale, le gouvernement de Roosevelt tente de rendre leur dignité à ces laissés-pour-compte par le biais d'une reconversion radicale : le coton est généralement remplacé par des produits de première nécessité – maïs, fruits, légumes, pommes de terre –, et ils apprennent désormais à cultiver la terre selon un projet collectif. En Géorgie, Annemarie se rend dans la communauté agricole de Pine Mountain Valley, photographie d'anciens *sharecroppers* qui élèvent du bétail ou qui se sont spécialisés dans l'élevage des poules, et elle exprime l'espoir qu'ainsi la vie de ces hommes va pouvoir mieux correspondre à l'idéal de liberté et d'aspiration au bonheur inscrit dans la Constitution américaine.

Elle visite également un autre symbole de l'ère Roosevelt : le barrage de Norris, l'un des nombreux ouvrages construits par la TVA (Tennessee Valley Authority) pour réguler le cours du Tennessee jusqu'à sa confluence avec l'Ohio et éviter ainsi des inondations catastrophiques. Mais son enthousiasme pour ces réalisations est fortement tempéré par sa découverte de la « face obscure » de Knoxville, la ville où est installé l'état-major de la TVA :

> À trente miles du barrage de Norris, des quartiers entiers n'ont ni électricité, ni eau courante. [...] Sur les pentes escarpées se trouvent des maisons sans lumière et sans vie, semblables à un décor, sans fumée sortant des cheminées, toutes portes fermées. Personne n'habite ici, pourrait-on croire – personne *ne peut* habiter ici. [...] C'est le quartier des habitants les plus déshérités. Des enfants blêmes jouent sous les piliers du pont, escaladent l'échafaudage d'acier, grandissent dans l'ombre. Des petits Noirs, chétifs, [grelottent] dans leurs vêtements trop légers. [...] Une Indienne allaitait son dernier-né, un petit garçon maladif qu'elle me montre en disant : « Il n'a pas envie de vivre. Je ne sais pas ce qu'il a[21]. »

Dans la Westfront Street semble se concentrer toute la misère de ce peuple de chômeurs affamés à qui la face lumineuse et prospère de Knoxville est interdite. Son « unique splendeur », poursuit Annemarie avec cynisme, ce sont « six grosses automobiles reluisantes laquées de noir. Quand les moteurs démarrent et que les véhicules débouchent dans la rue, on se rend compte que ce sont des corbillards[22] ». Une nuit, jetant un dernier regard en direction de la Westfront Street, elle conclut : « La "vision d'une vie meilleure" s'y amenuise au même rythme que le croissant de lune[23]. »

Ce pessimisme est justifié par un autre scandale : celui de l'exploitation d'un prolétariat de la campagne par les industriels du Nord venus s'installer dans les régions du Sud où la main-d'œuvre est bon marché. Le système mis en place ressemble à s'y méprendre à celui des plantations : la firme est propriétaire des logements où vivent les ouvriers, et au lieu de leur verser leur salaire en argent liquide elle se contente de leur distribuer des bons d'achat pour qu'ils s'approvisionnent dans son propre magasin. Après avoir décrit la baraque misérable où vit une ouvrière du textile avec un mari malade et huit ou neuf enfants, Annemarie doit avouer qu'un paysan suisse ne songerait même pas à en faire une étable pour ses vaches ! Mais ce qui la sidère encore davantage, c'est de constater que cette femme ne se plaint pas de son sort : « Que faire si les gens ne se rendent même pas compte de leur situation[24] ? » demande-t-elle. Une seule chose, lui répond Myles Horton[25], le fondateur de la Highlander Folk School de Monteagle (Tennessee) : « Pour lutter contre la pauvreté, il faut lutter contre l'ignorance. » En d'autres termes : apprendre aux ouvriers à connaître et à défendre leurs droits. C'est ce à quoi s'emploie Myles Horton dans son école, tout en collaborant étroitement avec le mouvement syndical.

Aussi Annemarie se fait-elle l'écho de John L. Lewis (CIO) pour dénoncer les violations répétées de la législation du travail, les embauches d'enfants de moins de seize ans, les licenciements abusifs, les cadences infernales imposées aux ouvriers du textile, les heures supplémentaires non rémunérées, l'insalubrité des logements, la sous-alimentation. Après avoir côtoyé tout ce peuple de bûcherons protégeant, le fusil à la main, leur forêt massacrée par les spéculateurs du bois, de mineurs en grève à cause de réductions de salaire arbitraires, d'ouvrières jetées en prison pour s'être syndiquées, elle écrit à Klaus le 10 novembre 1937 : « Parfois, je souhaiterais que tu nous accompagnes un jour, parce que beaucoup de choses qui sont ici en gestation nous concernent directement, et parce que c'est l'avenir. »

Avant même son retour à Washington et New York, Annemarie commence à rédiger article sur article. Une vingtaine seront publiés, dont cinq dans la *Thurgauer Zeitung*, quotidien de Thurgovie dirigé par Eric Streiff avec qui la Suissesse entame une collaboration qui se poursuivra jusqu'à sa mort. Au mois de juin 1938 paraîtra sur cinq des grandes pages de la *Zürcher Illustrierte* un reportage intitulé « Le drame de la ceinture des plantations américaines [26] », illustré de onze photos dont deux de Barbara Wright. Annemarie y stigmatise aussi la politique réactionnaire et violemment raciste du Ku Klux Klan et des vétérans de la guerre de Sécession. Il lui arrive encore d'utiliser des photos du FSA, mais beaucoup plus rarement. Parfois, Otto Kleiber, le rédacteur en chef de la *National-Zeitung*, lui renvoie des articles jugés trop « encombrés de données économiques », pas assez dans le style du « feuilleton littéraire ». Thomas Mann, en revanche, appréciera beaucoup le « point de vue [...] très socialiste et sympathisant avec Roosevelt [27] » de son article intitulé « Le drame des États du Sud américains [28] ». Aussi insistera-t-il pour qu'il soit publié dans la revue *Mass und Wert* [29] – ce qui sera fait en mars 1939. On y trouve notamment ce passage qui illustre bien le ton combatif de l'auteur :

> Le Blanc qui, avec de si cruelles méthodes, maintient le Nègre dans la dépendance et la terreur craint manifestement davantage l'autre race qu'il ne la méprise. Pour justifier les moyens de défense indignes dont il se sert, il invoque l'incapacité du Nègre sur le plan économique et ses tares sur le plan moral. [...] Mais s'il s'agit de la défense et des droits d'une race supérieure – et non pas d'une lutte de classes –, comment expliquer alors que la majorité des métayers blancs des plantations soient obligés de vivre dans les mêmes conditions que les Nègres, dans la même dépendance, dans la même misère ? [...]
>
> Il y a quelques années, une poignée d'hommes et de femmes courageux, appartenant à cette classe spoliée de ses droits, a fondé une sorte de syndicat paysan. [...] N'étant pas tout à fait aussi abrutis et résignés que la plupart de leurs compagnons d'infortune, ils étaient manifestement encore en mesure de sentir le vent de révolution qui, depuis la grande crise économique, souffle sur les champs de coton des plantations. Blancs et Noirs font partie de ce syndicat dont le premier objectif est de réconcilier les deux races et de les convaincre que leur hostilité traditionnelle ne sert qu'à renforcer le pouvoir du *landlord*, leur exploiteur et oppresseur commun.

De retour de Géorgie, Annemarie retrouve Erika Mann à New York vers la mi-décembre. Comme elles ont toutes deux un grand besoin de concentration pour écrire, elles décident de s'isoler une dizaine de jours à Boonton, dans le New Jersey. Tandis que la Suissesse rédige ses articles, Erika travaille à son projet de livre sur l'embrigadement de la jeunesse allemande par les nazis[30]. Le 22 décembre 1937, elle écrit à son frère : « Nous travaillons comme des folles, Miro seulement par goût des frasques, moi parce que je voudrais absolument finir mon livre. » Puis elle ajoute : « Je fais à nouveau avec Miromachin des expériences très étranges mais assez émouvantes – quelle drôle de fille ! » Et quatre jours plus tard : « Petits soucis à propos de princesse Miro qui tout d'un coup, et pour la première fois depuis huit ans, se désespère à cause de moi. »

En fait, surmenée par le travail intensif fourni pendant les trois derniers mois et se retrouvant en tête à tête avec Erika pour la première fois depuis fort longtemps, Annemarie cherche à obtenir d'elle davantage qu'une simple amitié. L'amour de la fille du Magicien lui semble en effet la condition indispensable pour abolir sa solitude, prendre confiance en elle-même et acquérir un peu de stabilité. Toutefois, elle se heurte à un doux refus. La tentation de la drogue, apparemment jugulée pendant les reportages dans les États du Sud, refait alors surface. Trop forte pour qu'elle n'y succombe pas. Voulant à tout prix cesser d'être un boulet et d'accaparer Erika, comme ce fut régulièrement le cas par le passé, elle ne voit que deux solutions : dissimuler ses rechutes dans la toxicomanie ou s'éloigner.

Justement, au mois de janvier 1938, tandis qu'Erika fait une tournée de conférences, Joris Ivens lui propose de l'accompagner en Chine où il doit tourner un film [31]. Annemarie envisage un temps d'accepter cette invitation, mais comme Erika n'est pas dupe des vraies raisons qui la poussent à se lancer dans ce projet, elle y renonce et préfère rentrer en Suisse.

D'autant plus qu'elle ne supporte pas la vie dans les grandes villes américaines. Dès son premier séjour, en 1936, New York lui est apparu comme une « monstruosité de pierre [32] » où l'homme s'est laissé prendre à son propre piège et s'englue dans une circulation qui aurait dû au contraire faciliter ses déplacements. Les tunnels routiers passant sous l'Hudson lui semblent surgir tout droit d'une nouvelle de Kafka, les efforts entrepris par le gouvernement pour assainir et mettre en valeur les zones périphériques, dignes des travaux d'Hercule. Un an plus tard, New York, cette Babylone qu'elle qualifie de « surhumaine [33] », continue de l'inciter à la fuite. Tout prétexte est bon pour s'asseoir au volant afin d'échapper au Moloch. Ainsi, le 18 janvier 1938, elle n'hésite pas à faire les sept cents kilomètres qui la séparent de Cincinnati (Ohio)... où Erika donne une conférence.

Ultime voyage avant que ne sonne l'heure du retour en Europe. Le 12 février, Annemarie embarque avec Klaus à bord de l'*Île de France*. Destination : Le Havre.

CHAPITRE XI
Les champs de pavots
(1938)

À Genève (juin 1939)

> Découvrir ce vice, c'était comme d'être expulsé une deuxième fois du paradis.
>
> Annemarie SCHWARZENBACH,
> *La Vallée heureuse.*

Le sol sur lequel Annemarie pose les pieds le 18 février 1938 est ébranlé de sourds grondements qui ne sont pas sans rappeler ceux d'un volcan avant l'éruption fatale. Pendant son absence, le mal qui s'est emparé de l'Europe n'a pas connu de trêve. Il n'a fait au contraire que s'aggraver. Le jour même où l'*Île de France* a quitté New York, le chancelier autrichien Schuschnigg, convoqué par Hitler à Berchtesgaden, s'est vu imposer Seyss-Inquart, le chef des nazis autrichiens, comme ministre de l'Intérieur. « Les démocraties ne bougent pas. La catastrophe poursuit sa marche », a noté Klaus Mann sur le paquebot.

Pour Annemarie, cette traversée a fort mal commencé : dès le deuxième jour, elle s'est fait voler tout son argent liquide. Certes, il ne s'agissait que de trente dollars. Beaucoup plus préoccupante et épuisante est cette lutte qu'elle doit livrer à chaque instant contre un état de manque envahissant. Fidèle à sa résolution de ne plus accabler ses amis avec ses problèmes de drogue, elle n'en a pas dit un seul mot à Klaus. Cependant, le sixième et dernier jour, à bout de résistance, elle s'est fait prescrire deux ampoules par le médecin du bord.

Le cycle infernal est à nouveau enclenché. Une fois à Paris, elle entre en contact avec Mopsa Sternheim qui continue à jouer sans faiblir son rôle de pourvoyeuse de « thon ». Klaus ne réalise les choses qu'à la gare de l'Est, au moment du départ de Miro, le 20 février. Cette découverte provoque en lui deux réactions apparemment paradoxales : d'une part, il est profondément agacé par les capacités de dissimulation de la Suissesse, chose aisément compréhensible. D'autre part, et c'est plus surprenant, la rechute de sa compagne a un effet immédiatement contagieux : le jour même, il met fin à trois mois d'abstinence – et non à cinq, comme il le prétend dans son journal ! – en s'administrant une dose telle qu'il est pris de nausées. Encore plus étonnant : il écrit le lendemain à Annemarie une « lettre très dure », tout en ayant l'honnêteté de confier à son journal qu'il est bien mal placé pour lui faire des reproches.

Pendant ce temps, les événements politiques se précipitent. Frustré par son échec de 1934, Hitler n'a pas l'intention d'atermoyer davantage. Après avoir contraint Schuschnigg à la démission et placé Seyss-Inquart à la chancellerie, il fait le 14 mars une entrée triomphale à Vienne. C'est l'Anschluss. Face au coup de force allemand, les grandes puissances se contentent de protester faiblement – ou de se taire. Ratifiée en avril par référendum, l'annexion de l'Autriche est considérée par le Royaume-Uni comme une application du droit des peuples à disposer d'eux-mêmes. Quant à la France, elle est en pleine crise intérieure et n'a pas les moyens militaires d'agir. Combien sont conscients que c'est le début de la fin ? Klaus Mann joue une fois de plus les Cassandre : « On va *tout* accepter : la victoire de Franco, la mise au pas de la République tchécoslovaque[1]. »

En attendant, l'heure est à la solidarité avec les persécutés, les antifascistes prisonniers d'un territoire occupé par les chemises brunes. Mais les enfants Mann, proscrits, sont pieds et poings liés. Annemarie sait que, vu les circonstances, ils comptent sur elle pour faire sortir d'Autriche leur ami Magnus Henning, pianiste et compositeur du Moulin à poivre, et pour tenter d'établir le contact entre les réfugiés allemands et les résistants autrichiens. Cette fois, elle ne veut surtout pas les décevoir. C'est d'ailleurs dans ce dessein que, dès son retour des États-Unis, elle a consulté le docteur Ruppanner, ce psychiatre de Samedan qui l'a déjà soignée au début de 1935, et a passé quelques jours dans sa clinique. Aussi peut-elle affirmer à Klaus le 18 mars : « Je suis bien sage et en bonne santé, et opérationnelle pour franchir la frontière autrichienne. » Deux jours plus tard, elle part « en mission secrète ». Son but est de rallier Vienne en voiture via Innsbruck, Kitzbühel, Salzbourg et Linz. Dès qu'elle quitte la Suisse, elle est atterrée par les changements qui se sont produits en l'espace de quelques jours. Trouver une chambre d'hôtel dans cette Autriche en état de siège relève de l'exploit. Partout des soldats casqués, baïonnette au canon. À Salzbourg, on n'a pas traîné : la place Dollfuss a déjà été rebaptisée « place Adolf Hitler ». Elle y photographie des jeunes défilant au pas, des chômeurs faisant la queue pour recevoir une allocation offerte par le parti nazi – aumône à la fois dérisoire et nécessaire pour acheter leur suffrage. À Vienne, les magasins juifs sont pillés. Mais ce n'est pas le pire :

> Chaque jour, on rencontre dans les rues des « colonnes », groupes de Juifs inoffensifs menés par des chemises brunes et astreints à nettoyer les rues et les latrines des casernes. Ces brimades sont la distraction préférée des nazis. Il s'est cependant produit parfois qu'un officier allemand SS, apercevant des nazis autrichiens s'amusant ainsi, leur ait discrètement rappelé que ces mauvais traitements infligés aux Juifs ne faisaient pas partie du programme du Führer. Il est difficile d'imaginer les réactions de ces cerveaux

primitifs devant ces observations, mais il est certain qu'ayant le sens de l'obéissance, ils s'inclinent[2].

Comme à son habitude, Annemarie sait mettre en confiance les petites gens, ce qui lui permet de tâter au plus près le pouls de la population. Comment s'y prend-elle ? Rien de plus simple, apparemment : dans le quartier ouvrier d'Ottakring où, en 1934, Dollfuss a fait tirer sur les rouges, elle entre par exemple dans une taverne portant l'inscription « Service uniquement aryen » et où est placardé un portrait du Führer. Une fois assise, elle commande une bière et entame très naturellement la conversation avec les deux serveuses présentes. Iront-elles assister le soir même à la grande parade des SA ? L'une, méfiante, se tait ; l'autre, qui semble en avoir gros sur le cœur, déclare que ces manifestations de propagande sont quotidiennes et que « les gens ne se laissent plus piéger par les Allemands ». Remarquant que la jeune femme n'a pas dit « les nazis » mais « les Allemands », Annemarie s'informe si ce sont les SA autrichiens qui vont défiler : « Ce sont surtout des Allemands, répond la jeune fille. En tout cas, tout est organisé, ordonné et commandé par des Allemands. Personne ne sait où sont passés nos soldats autrichiens et même nos nazis. On ne leur fait pas confiance. » Ainsi, de fil en aiguille, elle recueille des informations précieuses concernant l'état d'esprit des Autrichiens et la situation sur le terrain. Elle arrive même par ce biais à obtenir des renseignements sur les gens avec lesquels elle doit entrer en contact. L'une des adresses auxquelles elle doit se rendre est celle d'« un fonctionnaire des "socialistes révolutionnaires" », qui a déjà été arrêté. À la deuxième adresse, elle tombe sur un couple en train de dîner. Elle demande à l'homme s'il a un message pour son « camarade » réfugié en Suisse, et s'entend répondre :

> Camarade, ça n'existe plus maintenant. Il faut s'adapter. [...] J'ai été au chômage depuis 1934. J'étais contrôleur dans le tramway. Sous le gouvernement « noir », j'ai été un paria. Maintenant j'ai retrouvé mon emploi. Ma femme

> [...] part demain pour Munich avec un train de la Force par la joie. Des vacances, un beau voyage, tout payé. La seule condition, c'est que je cesse toute relation avec mes anciens camarades.[...] Peut-on refuser ? Continuer d'avoir faim ? Rester un paria ? Pour quoi ? À quoi nous a servi d'être dans l'opposition ? Est-ce que l'étranger nous a aidés comme monsieur Schuschnigg nous l'avait promis ? Est-ce que monsieur Schuschnigg nous a aidés ? Il a fait appel à nous au dernier moment, aux travailleurs, au peuple, alors qu'il était trop tard ! Ici, à Ottakring, quelques ouvriers se sont unis, ils ont barricadé la rue et tiré quand les troupes allemandes sont arrivées. Certains ont été tués, d'autres blessés ; et ceux qu'on a pu attraper sont maintenant dans un camp de concentration. À qui tout cela a-t-il servi ? C'étaient des idiots. Non, je ne marche plus. J'en ai assez de la clandestinité[3].

Dans la suite de ce même article, Annemarie analyse la situation quelques semaines plus tard, juste après le référendum ayant ratifié l'Anschluss. Elle observe que, loin d'être persécutés, les milieux de gauche sont plutôt courtisés par le nouveau régime. En revanche, les rangs des généraux et colonels ainsi que ceux des fonctionnaires de justice – tous coupables d'être intervenus contre des nazis après l'assassinat de Dollfuss – sont l'objet de purges radicales de la part de la Gestapo. Mais confiante dans les capacités de sursaut du peuple autrichien et espérant la création d'un front populaire ou d'un parti paysan et ouvrier, elle conclut avec un relatif optimisme : « Hitler n'a absolument rien du discernement et des qualités d'homme d'État de Bismarck : il semble ignorer que la violence et la terreur sont tout aussi impuissantes à étouffer une tradition profondément enracinée que le simple germe d'une idée de liberté. »

Pour sa part, il semble qu'elle ait fait bon usage de son passeport diplomatique afin d'aider des antifascistes autrichiens à se réfugier en Suisse. Mais elle a présumé de ses forces. Son organisme déclare forfait. Dès son retour d'Autriche, début avril, elle doit être hospitalisée une dizaine de jours. Exactement au même moment, Klaus Mann se voit lui aussi contraint d'entamer une cure de désintoxication dans une clinique privée de Zurich, sous le contrôle du docteur Ludwig Binswanger[4]. À peine sorti, il rechute : « Peut-être très grave. Mais si agréable. Est-ce que je regrette ? Oui. Non[5]. » La maladie européenne et la drogue infiltrent lentement leur venin dans le sang de ces deux êtres hyperréactifs.

En contrepoint aux événements politiques, l'année 1938 est une année maudite pour Annemarie. Elle doit livrer en permanence un combat contre ses « nerfs » et est sujette de façon répétée à ces « crises de vitalité » qu'elle caractérise ainsi : « Ne plus vouloir vivre et chercher refuge dans le rêve et le soulagement que procure le thon[6]. ». Sur les onze mois compris entre le début d'avril 1938 et la fin de février 1939, elle en passera plus de six en clinique, soit cinq hospitalisations dont la durée sera chaque fois plus longue. Entre deux rechutes, les promesses et les bonnes résolutions ne tiendront pas longtemps face à l'épreuve de la réalité.

Vers le 12 mai, un mois après être sortie de l'hôpital, elle doit de nouveau être admise à la clinique du docteur Ruppanner de Samedan. Dans une lettre à Klaus Mann, elle reconnaît s'être « laissée aller » et, vu la gravité de la situation, jure ses grands dieux qu'on ne l'y reprendra plus. Elle va même jusqu'à s'autoanalyser avec une lucidité confondante :

> Ma fragilité et mon manque d'instinct vis-à-vis de mes forces, ma vitalité défaillante, mon désir d'autoconservation pas très solide : ce sont là des facteurs qui favorisent la tentation exercée par la morphine et qui en augmentent le danger. C'est pourquoi je n'ai pas le choix. Car face à la décision et au désir de vivre, il y a comme deuxième possibilité quelque chose qui n'est pas une possibilité mais tout bonnement une autocondamnation que je n'ai plus le

droit de dissimuler et de minimiser : être malade, préférer les bizarreries du rêve à la vie[7].

Or vivre, cela signifie pour elle à cette époque mettre toutes ses forces au service de la lutte antifasciste. Elle ne peut donc pas se « permettre de faire la moindre concession aux soulagements que procure la drogue » ; alors, entièrement et « étrangement soumise[8] » à la décision qu'elle vient de prendre, elle attend que se manifestent les signes du sevrage. Il semble cependant qu'elle ait réalisé l'exploit de s'intoxiquer pendant sa cure à Samedan et qu'on ait dû l'hospitaliser pour lui faire subir lavages d'estomac et autres traitements des plus désagréables. Ne supportant pas qu'on veuille la garder plusieurs jours dans cet hôpital, elle s'habille et fait à pied, en pleine tempête de neige – on est pourtant au mois de mai ! – le trajet jusqu'à la clinique du docteur Ruppanner qu'elle atteint « claquant des dents et à moitié inconsciente[9] ». Passage à l'acte dont elle reconnaît volontiers qu'il traduit une attitude parfaitement irresponsable.

À Samedan, Annemarie subit, pour la première fois semble-t-il, une thérapie à l'insuline, traitement qui provoque un coma hypoglycémique susceptible d'aboutir à une réorganisation des facultés mentales[10]. Somnifères et comprimés d'Eucodal complètent la cure car le médecin tient à ménager un organisme déjà très fragilisé ; sa patiente ne pèse plus en effet que cinquante kilos pour un mètre soixante-seize. Mais comme la clinique ferme aux alentours du 25 mai, elle doit poursuivre le traitement à Bocken sous surveillance médicale. Voyant que sa fille arrive malgré tout à exercer son activité de journaliste et d'écrivain, Renée Schwarzenbach est prête à faire le maximum pour l'aider et éviter que son état ne s'aggrave : « Elle sait que le thon n'est pas un élément primaire mais la conséquence d'une angoisse mortelle face à la vie, de cette propension à la fuite qui m'a entraînée dans l'aventure perse, et d'une attirance pathologique pour les forces obscures, attirance que toi et moi ne connaissons que trop bien », explique Annemarie à Klaus Mann[11].

Bien que ses lettres, comme si souvent, se veuillent rassurantes, son état, vu de l'extérieur, l'est manifestement beaucoup moins, et le journal de Klaus Mann se fait l'écho de l'inquiétude croissante de ses amis. Le 1er juin, Erika tente d'intervenir afin qu'Annemarie puisse être mieux prise en charge, mais Renée Schwarzenbach – dont Klaus n'hésite pas ce même jour, dans son journal, à qualifier le rôle de « diabolique » – s'y oppose.

Une autre amie semble avoir plus de succès, bien qu'elle ne soit entrée dans la vie d'Annemarie que depuis un mois à peine : Anita Forrer. Fille d'un politicien et avocat renommé de Saint-Gall, née en 1901, elle a eu l'audace, à dix-neuf ans à peine, d'écrire au poète Rainer Maria Rilke après l'avoir entendu lire ses œuvres en public : « Ce serait merveilleux de faire votre connaissance. Et c'est seulement parce que c'est une chose impossible que je me permets de vous l'écrire. » Sans attendre, il lui a répondu : « Comment puis-je vous remercier ? Je me sens si démuni devant une toute jeune fille » – et leur correspondance s'est prolongée jusqu'à la mort de Rilke six ans plus tard. Malgré le « style solidement bourgeois[12] » qui caractérise cette femme de sept ans son aînée, Annemarie se sent d'emblée en sécurité auprès d'elle. Voyant cette relation d'un bon œil, Renée Schwarzenbach accepte qu'à sa sortie de la clinique de Samedan sa fille soit accueillie au château Bothmar de Malans, dans les Grisons, dont Anita Forrer loue une partie de l'aile sud. Le suivi médical est assuré par le propriétaire du château en personne, le docteur von Salis, « excellent médecin », et d'une « bonne » infirmière venue de Davos. Sur la nature de ses relations avec Anita, dite « Nickie », Annemarie écrit à Klaus le 22 mai : « Elle a accepté et laissé s'accomplir entre nous un amour qui me bouleverse et me donne une très grande confiance en l'avenir. »

Cependant, force est de reconnaître la faillite complète du traitement puisque un mois plus tard a lieu une nouvelle rechute. Cette fois, Annemarie va devoir passer six semaines dans le service fermé du docteur Ludwig Binswanger à Kreuzlingen, sur le lac de Constance. En deux semaines, la cure de désaccoutumance proprement dite est terminée et le médecin peut passer à la phase psychiatrique du traitement. Un impératif : l'isolement de la patiente doit être total. Elle peut travailler, écrire, lire, mais pas question qu'elle sorte ou reçoive des visites. Elle en profite alors pour terminer sa biographie de Lorenz Saladin, qui paraîtra au mois d'octobre suivant, et écrire un très long article sur cet alpiniste – publié dès le mois d'août dans la revue *Atlantis* ainsi qu'en anglais dans le *Geographical Magazine*. Mais une fois ce travail terminé, elle s'impatiente et se sent comme un ours en cage. D'autant que les Mann et Therese Giehse passent une partie de l'été dans sa maison de Sils et qu'elle aimerait les y rejoindre[13]. En outre, elle a la pénible impression qu'au milieu de tous ces malades mentaux on la prend elle aussi pour une folle. Une consolation : ses parents la soutiennent du mieux qu'ils peuvent en lui envoyant des lettres « pleines de tendres encouragements et ne contenant pas le moindre reproche[14] ». Mais ce réconfort est très relatif car leur fille perçoit toujours le double tranchant des choses, en l'occurrence sa position d'obligée vis-à-vis des siens. Quant à Klaus Mann, il plaint la « pauvre enfant » et analyse ainsi son cas : « Son sentiment moral très développé contredit les tendances autodestructrices de son psychique – et de son physique. » Puis, reprenant sans doute un diagnostic qu'il a dû entendre prononcer par des médecins de son entourage – tel Martin Gumpert –, il ajoute ce mot : « Schizophrénie[15]... »

Le 2 août 1938, lendemain de la fête nationale suisse, Renée Schwarzenbach arrive à Kreuzlingen avec l'intention de repartir avec sa fille après ces quatre semaines d'internement. Mais le docteur Binswanger est catégorique : seul un isolement de plusieurs mois pourrait permettre à sa patiente de se reprendre en main. Quand Annemarie s'insurge contre le fait d'être mise en quarantaine comme une pestiférée et demande à réintégrer la vie normale puisqu'elle est désintoxiquée, le médecin conjure sa mère de ne pas l'écouter. Ne sait-elle pas que sa fille est inégalable dans l'art d'embobiner son entourage ? Pour lui, la seule méthode valable dans un cas pareil, c'est la manière forte. Toutefois, quelque peu ébranlée à la vue des malades mentaux qui déambulent dans le parc de la clinique, Renée Schwarzenbach préfère se ranger du côté d'Annemarie et l'emmener à Bocken. À peine deux semaines plus tard, cette dernière est de retour à Sils où elle retrouve Erika, Klaus et Therese Giehse. Le 14 août au soir, Thomas Mann, qui passe une semaine à l'hôtel Margna tout proche, vient prendre café et liqueur à la Jägerhaus. Quatre jours plus tard, Annemarie lui donne à lire cet article sur les États du sud des USA dont il soutiendra la publication. Mais dès la fin d'août 1938, son état se détériore à nouveau. Quand Thomas Mann la reçoit à Küsnacht les 9 et 10 septembre suivants, il note dans son journal : « Ange dévasté. »

Espérant que le travail lui permettra de surmonter cette nouvelle crise, puisant dans ses dernières ressources, elle prend l'avion pour Prague le 19 septembre, au moment même où le volcan gronde de plus belle. Encouragé par la facilité avec laquelle il a pu annexer l'Autriche, Hitler fait désormais pression sur le gouvernement tchèque pour obtenir le rattachement au Reich des trois millions d'Allemands des Sudètes. Annemarie photographie des enfants fuyant avec leur mère le régime de terreur instauré par Henlein, des réfugiés accueillis par la Croix-Rouge et l'organisation communiste Solidarité. À l'hôtel Ambassador, elle croise les meilleurs journalistes de la presse internationale, dont certains sont arrivés il y a une quinzaine de jours. Convaincus « de la monstruosité et de l'impudence avec laquelle on pratique l'art du mensonge, de la déformation et de l'invention pure et simple des faits », ils ont le sentiment d'avoir à remplir une « mission davantage morale que politique[16] » en soutenant la Tchécoslovaquie contre Hitler, et tous attendent dans la fièvre le résultat des négociations entre le Führer et Chamberlain à Bad Godesberg. Le 23 septembre, Prague décrète la mobilisation générale. N'ayant plus les moyens d'entrer en contact avec leurs rédactions, tous les correspondants étrangers se retrouvent pendant quarante-huit heures condamnés à l'inaction – se demandant s'il ne leur faudra pas à l'avenir se munir de pigeons voyageurs ! Jamais la guerre n'a paru aussi imminente. Annemarie n'en continue pas moins à rédiger ses articles, même si les conditions de travail sont rendues plus difficiles, comme en témoigne cet ajout au bas d'un article non publié : « Prière d'excuser les fautes car tapé à la machine sans lumière[17]. »

Le 25, les communications téléphoniques et certaines liaisons aériennes sont rétablies. Le 29, Annemarie prend l'avion spécial envoyé par la Swissair pour rapatrier les journalistes suisses. Le lendemain, Daladier et Chamberlain sont acclamés comme les sauveurs de la paix. Commentant ce que Klaus Mann qualifie aussitôt de « trahison des démocraties », elle écrira quelques semaines plus tard à Claude Bourdet : « *On a bien tort de rendre Hitler responsable de tout ce développement fatal.* Le fascisme n'existerait pas si les démocraties ne démissionnaient pas et si le combat que les partis social-démocrate et communiste mènent contre les carences de la démocratie bourgeoise ne s'enlisait pas dans les querelles de doctrines et de programmes[18]. » Tout en observant que la France n'échappe pas à ce cas de figure, elle exprime l'espoir que le pays de son ami – qui est aussi son pays d'adoption depuis son mariage en mai 1935, et le seul, aux yeux de la loi, dont elle soit citoyenne – puisse jouer un jour au sein de l'Europe le rôle qui lui revient en tant que bastion des valeurs humanistes et libérales.

À Prague (29 septembre 1938)

À la mi-octobre, Annemarie doit abandonner la lutte qu'elle mène contre ses « nerfs ». Quand elle entre à la clinique Bellevue d'Yverdon, ville située à l'extrémité sud du lac de Neuchâtel, elle pense y rester six semaines tout au plus. Mais pendant cette fin d'année 1938, chacune de ses lettres à Martha Cadisch, la personne chargée de l'entretien de la Jägerhaus, annonce un retour sans cesse différé. Au bout du compte, cette hospitalisation se prolongera pendant près de quatre mois et demi.

Dans le service du professeur Georgi à la clinique Bellevue, les conditions sont au début les mêmes que chez Binswanger : cure d'insuline en service fermé. Mais cette fois, le traitement est plus long et plus pénible. « *Pourvu que ce dernier effort énorme me sauve* », écrit-elle à Claude Bourdet le 21 novembre. Les médecins eux-mêmes sont surpris de sa résistance et louent son courage. Au cours de cette première phase qui soumet son organisme à une véritable torture, Annemarie doit lutter en permanence pour ne pas céder à l'abattement. Elle est incapable d'écrire, en revanche elle lit beaucoup de littérature française – Bernanos, Nizan, des « *écrivains du Front populaire*[19] » – et aussi les journaux, qui ne contiennent pourtant guère de nouvelles réjouissantes.

Une fois le sevrage surmonté, commençant à se sentir mieux, elle espère pouvoir bientôt « sortir seule une fois, rester sur les collines, dans la forêt[20] ». Mais elle apprend qu'on envisage de la garder encore plusieurs mois à Yverdon. Après ces quelque huit semaines d'enfermement, son « désir farouche de solitude et de liberté[21] » se heurte à la décision de l'équipe médicale : « L'enchaînement des catastrophes commençait et s'aggravait de jour en jour – bien que les médecins, je l'avoue, eussent fait leur possible. [...] En même temps, naturellement, mes nerfs se brisaient contre "l'impossible" trop humain pour se faire accepter[22]. » Les doutes et la peur l'assaillent : les médecins auraient-ils raison ? Serait-elle vraiment malade ? Le 11 décembre, cessant de « combattre la résignation[23] », elle touche le fond du désespoir. Bien qu'elle n'ait que trente ans, elle sent dans toutes les fibres de sa chair et de son âme qu'elle ne pourra vivre très longtemps ainsi, de rechute en rechute. Mue par le pressentiment de sa mort prochaine, elle écrit son testament.

Qu'adviendrait-il, si elle disparaissait brutalement, de ses manuscrits, des lettres de ses amis, de ses journaux intimes, de ses notes de voyage, de ses photos ? La seule pensée que sa famille – sa mère en particulier – pourrait mettre le nez dans ses affaires personnelles lui est insupportable. Aussi décide-t-elle que personne ne devra pénétrer dans sa maison de Sils et examiner ses papiers avant Anita Forrer, et elle confie à cette dernière ainsi qu'à Erika Mann le soin d'éditer les textes qu'elles jugeront dignes d'être lus par un large public. Par ailleurs, elle lègue tous ses biens à son plus jeune frère et lui demande de verser à Erika Mann, d'ici cinq à dix ans, la somme de dix mille francs suisses, dont deux mille dans les six premiers mois suivant son décès. Anita Forrer hérite de ses bijoux et est chargée de répartir des « souvenirs » entre Therese Giehse, Claude Clarac, Klaus Mann, Michael Logan et Barbara Wright. Quant au produit de la vente de ses meubles et autres objets, Hans Schwarzenbach doit le verser à un organisme d'aide aux émigrés ayant fui le nazisme. Annemarie conclut son testament par ces mots : « Je remercie tous ceux qui m'ont soutenue pendant ma vie, en particulier mes parents. »

Au même moment, l'impasse dans laquelle elle se trouve lui rappelle étrangement ce qu'elle a vécu en Perse trois ans et demi plus tôt. Elle se souvient alors du manuscrit abandonné de *La Mort en Perse* et décide d'en écrire sans plus attendre une nouvelle version intitulée *La Vallée heureuse* : « Le désespoir de cette époque-là est relayé par l'indicible inquiétude d'aujourd'hui, la vallée perse se mue en terre habitée, l'impasse locale de la morphine (que je ne désignais pas non plus par son nom dans l'ancien manuscrit) prend la forme de la question de savoir comment vivre, comment supporter », écrit-elle à son ami Alfred Wolkenberg le 4 janvier 1939. Elle se jette alors dans l'écriture avec une telle frénésie qu'elle ne dort plus, ne mange plus et maigrit de jour en jour. Le professeur Georgi et son équipe voudraient lui interdire de travailler, mais face à la détermination acharnée de leur patiente ils ne trouvent apparemment pas d'autre solution que de la laisser faire et de lui accorder un statut privilégié. Elle peut désormais sortir pour faire de longues marches. Les médecins entrent également en contact avec Anita Forrer, et pendant les deux derniers mois de son séjour à Yverdon Annemarie pourra prendre sa voiture pour aller à l'autre bout de la Suisse rendre visite à son amie.

À cette situation déjà peu ordinaire vient s'ajouter le fait qu'elle s'est attachée « de fort dangereuse façon[24] » à sa doctoresse, Gustava Favez. Se sentant comprise et aimée par cette femme, elle n'a plus envie de quitter la clinique, ce qui met le médecin dans une position très délicate[25]. Mais Annemarie arrive à imposer sa volonté à tous : désormais, il est hors de question qu'elle quitte la clinique tant qu'elle n'aura pas terminé son livre.

Quant au travail d'écriture proprement dit, voici comment elle le décrit dans une lettre à Klaus Mann de la fin de janvier 1939 :

> Je n'ai encore jamais de ma vie travaillé avec autant d'ardeur. Je voulais ajouter : "sans me lasser", mais à y regarder de près je suis au bord de l'épuisement. [...] J'écris le matin, le midi, le soir, je ne fais rien d'autre et n'arrive à produire que deux pages par jour. Mais il faut que tu saches que c'est à peu près comme si j'écrivais quotidiennement deux poèmes. [...] Mes souvenirs de l'Orient y sont comme décantés, interprétés, transformés en symboles – tout cela ressemble à un cri de détresse et est affreusement pénible. Peu à peu, cela me rend véritablement folle.

Folle au point de fermer les rideaux de sa chambre en plein jour, de se boucher les oreilles avec du coton et de se mettre à pleurer quand une infirmière la dérange. L'écriture est une torture, et en même temps une nécessité. Pour la première fois de sa vie, il lui est impossible d'écrire autrement que « dans une concentration et une sincérité absolues[26] ». Elle ignore où cet état de transe, ce « style dangereux[27] », va la mener. Elle doute que le résultat puisse intéresser quiconque et pense qu'il lui faudra bien, un jour, « retrouver une relation avec le monde[28] ». Mais pour l'heure, elle « cherche chaque mot comme une pièce d'or perdue[29] » – des mots qui, sur quelque cent cinquante pages, composent une mélopée douloureuse et infiniment prolongée.

Dans *La Vallée heureuse*, ce sont toutes les expériences de ses trois séjours orientaux qui se déversent sous forme d'images et de souvenirs prenant soudain un sens encore insoupçonné. La Perse et ses vastitudes de paysages nus deviennent alors le miroir de sa destinée, avec son cortège de désespérances, de doutes et de détresses. Tout comme le sol d'éboulis ruisselle de façon ininterrompue le long des pentes arides, la réalité sans cesse se dérobe : « C'est cela le mystère : je ne sais pas ce qui existe en dehors de moi. Je suis innocente tant que je n'ai pas atteint le lieu sacré, le nom magique. [...] Ah ! fouler le sol, le rendre vivant grâce à mon souffle ! Ah ! réalité, réalité ! »

Dans une langue d'un lyrisme poignant qui confine parfois au délire hallucinatoire, elle aborde tous les thèmes qui tissent sa vie : solitude, angoisse existentielle, souffrance, soif de liberté, fuite dans la drogue, besoin insatiable d'amour, révolte, mal du pays, nostalgie de l'enfance... Voici par exemple dans quel style elle évoque son errance :

> Chaque soir, je prends congé – et le matin, me voici proche de l'inconnu. Finie, terminée l'aventure, mais j'ai mille réalités à affronter. Je m'élance, je me jette à leur rencontre, j'aime, et je n'oublie rien. Derrière moi, des cèdres, des oliveraies, des chants – colonnes, voiles, tentes.

> Et les empreintes de sabots laissées par les chevaux de peuples en marche. Et plus encore, les lointains, ah ! les lointains ! Tel un cheval craintif, mon impatience risque un écart, à droite, à gauche – et se rue toujours de l'avant. Combien de nuits blanches pour les atteindre... Les chemins ondulés sont voilés comme des voies lactées. Le froid, la faim, la soif – j'ai ce que je voulais, et nul endroit où poser ma tête. Pas une main secourable !
>
> Si après une de ces nuits je surgissais dans vos rues, les voisins ne me reconnaîtraient pas. Je serais pareille aux aveugles, aux muets, aux mendiants. J'entends votre « Bon appétit ! », mais je dédaignerais la soupe que votre pitié offre aux miséreux. La faim est mon amie. Toutes les fatigues me sont bienvenues. Et couchée près des sources je suis incapable d'étancher ma soif. Mais qu'importe ? Mon impatience est déjà par-delà les monts.

Dans d'autres pages, elle tente de justifier sa conduite en dialoguant avec ceux qui la désapprouvent :

> Le prix à payer pour *la bonne vie* était trop élevé. Je me souviens de tous les avertissements que l'on m'a prodigués, de tous les conseils. Mais vous avez utilisé une langue que je ne comprenais plus. On m'a également accusé de désertion. [...] Mais on a oublié de me dire qui serait le juge. [...]
>
> Alors vous me mettez en garde : « Tu t'éloignes de notre manière de vivre et de nos habitudes. Réfléchis : l'être humain a besoin de s'appuyer sur quelque chose, c'est pour cela qu'on a inventé la morale. [...] Réfléchis : on ne peut rester impuni... Il s'agit de ton bonheur. »
>
> C'est vrai : *le bonheur* a le dernier mot. On ne peut le mépriser impunément. Ne comprendrais-je plus les choses les plus simples ? [...]
>
> Mais si le rempart de vos usages et de vos habitudes ne résiste plus ? Si vos critères et vos buts n'ont plus cours ?

Les derniers chapitres du livre concernent l'épisode central de *La Mort en Perse* : le séjour à Téhéran, les amours avec Yalé, le campement dans la vallée du Lahr, la rencontre avec l'Ange. Mais Annemarie a préféré transformer la narratrice en narrateur, sans doute parce qu'elle destinait son manuscrit à la publication. Illustrée par des dessins d'Eugen Früh, *La Vallée heureuse* sera publiée en effet en 1940 aux éditions Morgarten de Zurich sous le nom d'Annemarie Clark-Schwarzenbach. La date est peu favorable vu le contexte politique, mais les quelques articles parus dans la presse helvétique seront plutôt positifs. Le critique littéraire Charly Clerc, qui n'a guère apprécié *Nouvelle lyrique*, écrira dans *La Gazette de Lausanne* : « Il n'est pas possible de classer, pas plus que de résumer ce livre. [...] Mais c'est un poème en prose infiniment émouvant. [...] Et voilà que je n'ai presque rien dit du métier, de l'aisance, de la robuste élégance, ni même de cette chose rare que représente une toute jeune femme de chez nous parfaitement et merveilleusement cosmopolite. » Mabel Zuppinger, rédactrice en chef du mensuel *Annabelle*, ira encore plus loin dans *Die Weltwoche*. Après avoir donné un exemple de la puissance visionnaire avec laquelle Annemarie évoque les paysages persans, elle aborde un aspect plus troublant du livre : « C'est la quête sans fin, désespérée et épuisante de ce qui se cache derrière les choses ; de l'énigme jamais résolue de la terre qui, depuis la nuit des temps, a incité les hommes à partir dans des pays inconnus et des contrées étrangères parce qu'ils croyaient et espéraient finir un jour par atteindre l'horizon du monde ; qui leur a fait endurer les privations, la faim et l'ultime solitude pour aller à la rencontre de la délivrance, de cette délivrance qu'ils ne peuvent trouver qu'en eux-mêmes. »

La Vallée heureuse contient beaucoup des plus belles pages jamais écrites par Annemarie, des pages poignantes auxquelles lyrisme et musicalité confèrent un pouvoir d'envoûtement exceptionnel. C'est aussi un document précieux qui livre au plus près, dans une langue authentique, l'univers intérieur de son auteur, avec ses fulgurances, ses contradictions, ses abîmes. Et le style souvent incantatoire et répétitif traduit au mieux l'impossibilité de trouver une issue au tragique.

Pour les fêtes de Noël, le médecin-chef de la clinique Bellevue autorise Annemarie à passer quelques jours chez Anita Forrer. Ayant appris que sa sœur Suzanne Öhman est en Suisse avec son mari et ses enfants, elle quitte le château Bothmar plus tôt que prévu et arrive un soir à l'improviste à Bocken. Toute la famille est réunie, surprise et épouvantée de la voir si maigre et si pâle. À Suzanne, qui ne l'a pas revue depuis dix-huit mois, elle fait l'effet d'un cadavre ambulant menaçant de s'effondrer au moindre souffle. Pourtant, après le dîner, la voilà qui se lève et qui se dirige d'un pas mal assuré vers le piano. Elle s'assied, pose ses doigts sur le clavier, et le miracle s'accomplit. Dans la mémoire de Suzanne resteront gravées à jamais l'émotion déchirante et la bouleversante ferveur avec lesquelles Annemarie a interprété ce soir-là une pièce de Haendel – comme si elle jouait pour la dernière fois.

CHAPITRE XII
En Afghanistan avec Ella Maillart
(1939-1940)

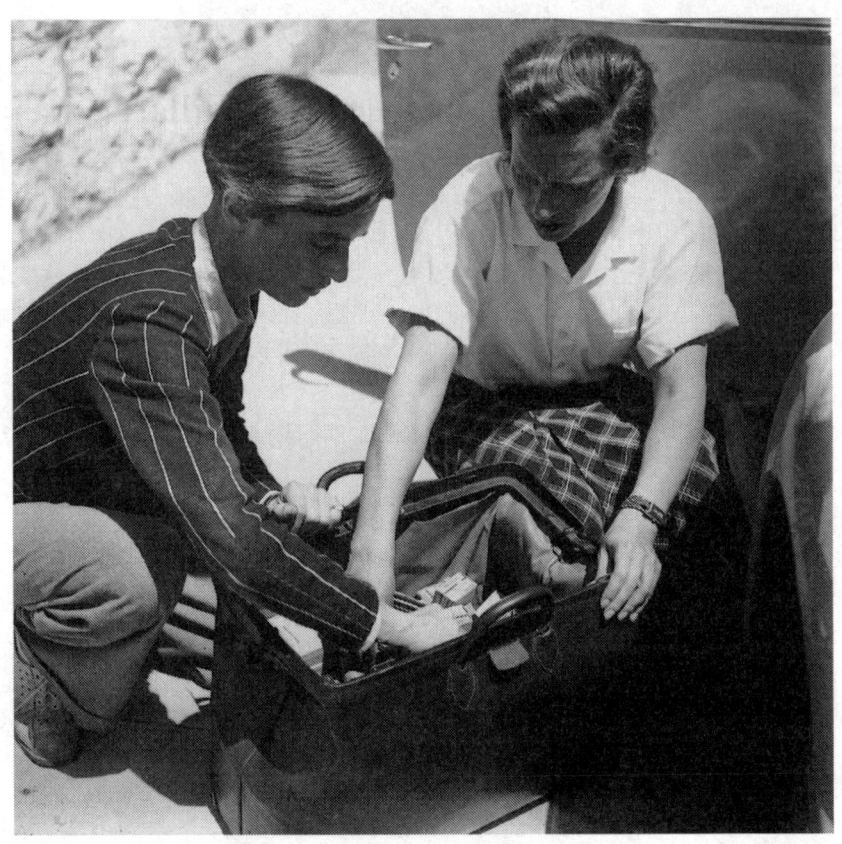

Avec Ella Maillart à Genève (juin 1939)

> Ayant exorcisé le passé et se sentant une fois de plus virginale, elle était à nouveau une proie offerte à la vie.
>
> Ella MAILLART,
> *La Voie cruelle*.

C'est à la mi-septembre 1938, juste avant de partir à Prague, qu'Annemarie a fait la connaissance d'Ella Maillart grâce à des amis communs. Henri Seyrig et son épouse Hermine de Saussure savaient en effet l'intérêt des deux Suissesses pour les expéditions lointaines. De cette première rencontre qui a eu lieu à Zurich, la nomade genevoise a gardé le souvenir d'une jeune femme « chic dans un tailleur gris, si mince qu'elle en était presque éthérée » ; au cours de leur conversation, elle a été frappée par son attitude « silencieuse et penchée », comme à l'écoute d'une « musique intérieure[1] ». De son côté, Annemarie a été fort impressionnée par le palmarès dont son interlocutrice, à trente-cinq ans seulement, pouvait s'enorgueillir : Russie, Turkestan, Mandchourie, Chine, Tibet, Cachemire, Iran, Afghanistan[2]. Ella Maillart lui a parlé de son dernier ouvrage, *Oasis interdites*, récit de sa traversée de la Chine d'est en ouest en compagnie de Peter Fleming, le correspondant du *Times*. Annemarie va le lire à Yverdon pendant la première phase de sa cure[3]. Dès qu'elle est de nouveau capable d'écrire, elle s'empresse de rédiger un long article pour le mensuel *Annabelle*[4] : si elle aime ce livre, c'est parce qu'il pose la question du pourquoi du voyage – une question qui lui est bien familière. Quoi de plus légitime que ce besoin de voir, de comprendre, de sonder le mystère du monde ? Et elle ajoute : « Quand on s'est libéré des liens de l'habitude, quand on a compris et rencontré sa solitude au milieu de cette grande et merveilleuse structure qui s'appelle le monde, on se sentira sans cesse poussé à renouveler cette rencontre. »

Désormais, les deux femmes vont s'écrire régulièrement. Ella Maillart exhorte sa nouvelle amie à tout mettre en œuvre pour retrouver « la santé et l'équilibre de l'esprit[5] ». Le 31 décembre 1938, à sa demande, elle lui rend visite à Yverdon. Annemarie se plaint de la lutte incessante qu'elle doit livrer contre les médecins pour ne pas être soumise au repos forcé comme les autres malades et poursuivre le difficile travail d'écriture dans lequel elle s'est lancée. Ce jour-là, tout en se promenant le long du lac gelé en compagnie du chien esquimau d'Ella, toutes deux découvrent qu'elles n'aspirent qu'à chercher la signification de l'existence et qu'elles sont prêtes à prendre tous les risques pour essayer de la trouver. Au moment où Annemarie doute de sa santé mentale, l'écho qu'elle rencontre chez la Genevoise la rassure infiniment. Et quand le médecin-chef lui avouera que son cas échappe à toutes les descriptions connues et qu'il y perd son latin, elle en conclura : « Cela me confirme simplement que je ne suis ni malade ni morphinomane, et c'est bien[6]. »

Lors de sa visite, Ella promet à Annemarie de la rejoindre à Sils dès qu'elle aura quitté la clinique. Promesse tenue : deux mois plus tard, elles dévalent ensemble les pentes du val Fex, et Maillart a tout loisir d'observer plus attentivement son amie et de graver dans sa mémoire ce portrait :

Bien écartés, les yeux montraient des teintes allant du gris au bleu sombre à l'abri d'épais sourcils plus foncés que les cheveux. Le regard laissait deviner une âme éprise de beauté qui, souvent blessée par les discordances du monde, avait tendance à se replier sur elle-même. L'enthousiasme pouvait les faire briller, l'affection aussi et l'amour ; ils répondaient bien à votre sourire, mais je ne les vis jamais rire. Quand on y prêtait attention, le nez surprenait par sa robustesse : une indication que [sa] constitution n'était peut-être pas aussi faible qu'elle en donnait d'abord l'impression. Mélancolique, le modelé de la bouche pâle et irrégulière dont les lèvres aspiraient la fumée avec une voracité silencieuse. [...] Petit, le menton particulièrement jeune évoquait un enfant étonné et inquiet prêt à demander protection. Les mains étaient celles d'un artisan patient qui sait ciseler une ligne pure[7].

La veille du départ de son amie, Annemarie, inquiète que sa voiture ne tombe en panne à cause des grands froids, dit en passant que son père ne va pas tarder à lui remplacer sa vieille Mercedes-Mannheim par une Ford. Une Ford ! Il n'en faut pas plus à Ella Maillart pour imaginer le fabuleux voyage que ce véhicule permettrait d'entreprendre sur la nouvelle route du nord de l'Afghanistan jusqu'aux montagnes du Kafiristan[8], où elle souhaite depuis longtemps étudier une tribu asiatique traditionnelle – dans l'espoir d'être reconnue un jour comme ethnologue.

Voyant l'enthousiasme avec lequel Annemarie accueille ce projet, Ella redescend sur terre. Comment cette jeune femme pourrait-elle supporter un voyage aussi éprouvant dans cet état d'amaigrissement extrême ? Annemarie se déclare alors prête à faire tous les efforts nécessaires : fumer moins, manger davantage, faire du sport, renoncer définitivement à la drogue. Partir est pour elle une nécessité absolue. Car elle sent que le vide laissé en elle après l'achèvement de *La Vallée heureuse* la rend réceptive aux pires tentations. Il lui faut une activité qui l'éloigne d'elle-même, des engagements qui lui imposent une discipline :

> Si je continue de vivre au hasard, d'épisode en épisode, évitant par chance un danger, me noyant dans un autre, si je reste dans le provisoire, acceptant une petite tâche ici et là, attendant un petit soulagement, une consolation d'une amie, d'un succès, tout cela ne m'apprendra pas à vivre et à tenir devant les difficultés de mon caractère, mes nerfs facilement ébranlés, mes angoisses. Une fois accepté le fait de la vie à remplir, sans honte, sans pitié de soi-même, il faut trouver les conditions, il faut les suivre avec courage. Non, je n'ai pas peur. Mais j'aurais horriblement peur de rester ici « en attendant »[9].

Ces arguments ont vite fait de briser les dernières résistances d'Ella Maillart. Impressionnée par l'intelligence, le courage et la droiture d'Annemarie, elle veut sincèrement l'aider à trouver « ce qu'il faut trouver par soi-même[10] ». Auparavant, déjà, elles étaient tombées d'accord sur le fait que si elles voulaient apprendre à se connaître elles-mêmes et découvrir cet absolu auquel elles étaient l'une et l'autre prêtes à se soumettre, il leur faudrait s'éloigner du chaos européen. Ce voyage tombe donc à pic. Et bien que plusieurs amis prédisent à Kini – surnom d'Ella – qu'elle n'ira pas loin avec une telle compagne, elle est persuadée qu'elle réussira là où tant d'autres ont échoué.

Informée de ce projet, Renée Schwarzenbach réagit très favorablement, considérant que sa fille ne doit pas laisser passer cette chance unique, pour sa carrière de photojournaliste et d'écrivain, d'accompagner une voyageuse aussi réputée qu'Ella Maillart. Cependant, peu avant leur départ, téléphonant à cette dernière pour lui souhaiter bonne chance, elle ajoutera : « Je vous décharge de toute responsabilité si vous ne pouvez pas amener Annemarie jusqu'à son travail archéologique en Afghanistan. Laissez-la où vous voudrez, *sie ist leider hoffnungslos* [son cas est malheureusement sans espoir][11]. »

Le docteur Gustava Favez, pour sa part, craint que la santé de sa patiente ne soit mise à trop rude épreuve, mais cette dernière affirme avoir une « constitution de fer ». Ne l'a-t-elle pas prouvé lors de sa dernière cure ? De toute façon, elle n'a pas l'intention d'accompagner Ella jusqu'au Kafiristan ; si elle est trop fatiguée, elle restera à Kaboul, sinon elle ira travailler sur le champ de fouilles de Bagram, dirigé par l'archéologue Joseph Hackin[12], un ami de Kini. Les inquiétudes du docteur Favez ne sont malheureusement pas dénuées de fondement : peu après avoir quitté Yverdon, Annemarie traverse à nouveau une « crise » qui l'angoisse terriblement quant à l'état réel de sa santé. Sa doctoresse s'emploie cependant à la rassurer en lui expliquant que cette réaction est normale après l'isolement dans lequel elle a vécu pendant des mois et l'intensité de l'effort fourni pour venir à bout de son manuscrit. En réalité, elle sait qu'un morphinomane invétéré est pratiquement incurable, et elle n'a d'autre solution que d'encourager sa patiente dans ses héroïques efforts pour surmonter un déséquilibre persistant.

Heureusement, les préparatifs du voyage[13] aident quelque peu Annemarie à s'abstraire de ses problèmes personnels. Il y a tout d'abord la question primordiale du véhicule sans lequel l'idée même de l'expédition n'aurait pas vu le jour. Son choix se porte très vite sur la Ford Roadster 18 CV. Si ce modèle semble bien le plus adapté au périple envisagé, il est néanmoins indispensable de lui adjoindre des équipements spécialement conçus pour affronter montagnes et déserts : suspensions et pneus sont renforcés, le radiateur d'origine est remplacé par un autre, plus susceptible de résister aux températures extrêmes. En outre, il faut se munir d'une deuxième roue de secours, d'un réservoir d'appoint de quarante litres, de deux bidons d'eau de quinze litres chacun, de nombreuses pièces de rechange, d'une pompe à essence, de chaînes... Enfin, Annemarie s'initie dans un garage de Silvaplana aux arcanes de la mécanique afin d'être en mesure d'assurer les réparations les plus simples en cas de panne. Elle veille également à se procurer les cartes nécessaires ainsi que les papiers et autorisations indispensables. À cet égard, elle compte faire bon usage de son passeport diplomatique qui vient justement de lui être renouvelé. Une excellente raison pour repousser son divorce à plus tard.

Comme les deux femmes ont l'intention de financer leur expédition grâce à leurs plumes et à leur talent de photographes, Annemarie s'occupe aussi de contacter éditeurs et rédacteurs en chef. Un contrat est signé avec l'agence zurichoise Press-Service qui leur octroie une avance de mille francs suisses sur les droits de leurs clichés. À la *Zürcher Illustrierte*, dont elles reçoivent cinq cents francs, est accordée une priorité sur ces photos, tandis que *Die Weltwoche* leur donne trois cents francs suisses. Elles espèrent aussi intéresser des revues de langue anglaise comme le *Geographical Magazine*. Viennent s'ajouter des commandes de plusieurs quotidiens et hebdomadaires helvétiques, et les éditions Morgarten – qui doivent sortir *La Vallée heureuse* à la fin de l'année 1939 – se déclarent prêtes à publier le récit de leur périple. Enfin, Annemarie obtient l'aide d'un musée de Zurich auquel elle s'engage à rapporter des objets. Pour s'informer plus précisément sur les pays qu'elles vont traverser, les deux Suissesses se rendent en mai à Londres et à Paris où elles visitent des musées, fréquentent les sociétés de géographie et interrogent des spécialistes de l'Orient. C'est au cours de leur séjour dans la capitale française qu'Ella Maillart présente son amie à Blaise Cendrars, et la Genevoise rapporte que l'auteur de *Moravagine*, très impressionné par son amie, n'a alors qu'une hâte : la revoir le plus tôt possible.

Au tout début du mois de juin, les deux femmes se retrouvent à Genève pour rassembler leur matériel. La cargaison qu'elles doivent charger dans la Ford est impressionnante : tente, sacs de couchage, machines à écrire, boîte à outils, pharmacie, batterie de cuisine, provisions, etc., sans oublier une malle remplie de films pour leurs cinq appareils – dont de nombreuses pellicules Kodakchrome seize millimètres – et une caisse de livres.

La veille de leur départ, les deux voyageuses se font

photographier avec la resplendissante Ford Deluxe. Ella exhibe un sourire rayonnant ; Annemarie, très maigre, les traits marqués par la maladie, semble triste, comme égarée. Manifestement, elles n'abordent pas ce long périple prévu pour durer un an dans le même état d'esprit, et l'expression de leur visage est le reflet de cette divergence. Si Ella Maillart se réjouit d'échapper au « désarroi européen[14] » et a bon espoir que ce voyage lui permettra à la fois d'acquérir la maîtrise d'elle-même et de sauver sa compagne de la drogue, Annemarie est plus partagée. Pressentant l'imminence de la guerre, elle a quelque scrupule à aller dans le désert alors qu'on pourrait avoir besoin d'elle pour des tâches plus utiles. Toutefois, elle se dit qu'elle n'est pas irremplaçable, et elle préfère se soumettre à la « vie sans tendresse[15] », c'est-à-dire aux épreuves d'un voyage particulièrement difficile, afin de corriger ce qu'elle appelle de « tardives erreurs de jeunesse[16] ». Les engagements contractés auprès d'Ella Maillart et de la presse helvétique lui interdisent désormais de reculer. C'est le voyage de la dernière chance, qu'elle qualifie elle-même d'« épreuve de la maturité[17] ».

6 juin 1939. À bord de la Ford immatriculée dans le canton des Grisons (GR 2111), Annemarie et Ella quittent Genève en direction du Simplon, décidées à « voyager intelligemment », c'est-à-dire sans être esclaves de la voiture ni des étapes programmées, et en prenant le temps d'observer avec attention les contrées traversées. C'est Annemarie qui a pris le volant et, à de très rares exceptions près, elle le gardera tout au long du voyage. Un an plus tard, repensant à ce grand départ pour l'Orient, elle écrira :

> En haut du col, juste avant la frontière, je voulus faire demi-tour, et il me semblait alors que le regard sur la Terre promise ne pouvait être qu'un regard jeté en arrière, sur les vallées transfigurées par le soleil couchant, et j'aurais

tout donné pour pouvoir encore une fois parcourir la ruelle d'un village pavée de pierres rondes, voir les chèvres brunes se presser autour de la fontaine, entendre le sifflement des faux et le murmure de l'eau laiteuse, respirer l'odeur des foins, des feuilles de noyer et du pain noir tout frais. [...] On grimpait en haut d'une ultime colline, on prenait un dernier virage, tout semblait irrévocable et irrémédiable. On comprend soudain, ne serait-ce que l'espace d'un instant, cette puissance de la réalité qui fait que l'on pourrait faire demi-tour, faire le même trajet en sens inverse, qu'il ne faudrait que quelques heures ou quelques jours pour revoir un visage, jeter un coup d'œil, tout réparer... Aucune raison ne peut nous contraindre à nous opposer à cette possibilité. L'homme est libre – libre de choisir de vivre ou de mourir. Les raisons que nous donnons à nos décisions ne sont toujours que des prétextes pour dissimuler nos faiblesses. Mais je crois que la décision elle-même n'est ni bonne ni mauvaise, elle est simplement irrévocable[18].

Au lieu des visions idylliques d'une Suisse paisible, les premiers kilomètres confrontent les voyageuses aux ultimes manifestations d'une Europe livrée aux fascismes : immenses inscriptions à la gloire du Duce aux environs de Trieste et, à Klostar, saluts hitlériens d'une classe entière accompagnée de son professeur. Déjà chaque nid-de-poule rencontré sur les routes yougoslaves révèle la fragilité du châssis de la Ford, et déjà Ella Maillart se rend compte que ce voyage ne ressemblera à aucun autre, car au lieu de se concentrer sur le « monde objectif » ses pensées sont entièrement accaparées par les tourments qui taraudent sa compagne et dont les signes visibles sont une consommation excessive de tabac et de café. Quand, au bout d'une semaine, elles arrivent à Sofia, une ampoule de morphine brisée sur le carrelage de la salle de bains fait comprendre à Ella Maillart combien elle a mal apprécié la difficulté de la mission qu'elle s'est fixée. Sa confiance est ébranlée, mais pas anéantie. Elle tente de raisonner

Annemarie, lui faisant valoir qu'elle gaspille son intelligence et ses multiples dons. Bien qu'elle sache que les gens les plus compétents en la matière, les médecins, ont échoué à la sauver de la toxicomanie, elle pense qu'il suffit d'avoir une volonté à toute épreuve pour renoncer à la drogue. La manière forte lui paraissant la plus adéquate, elle décide de ne pas s'attendrir sur le sort de son amie ni de la materner comme tous ses proches l'ont fait jusqu'à maintenant. De son côté, Annemarie a une telle admiration pour Kini que ce traitement inhabituel lui en impose. Ses premières tentatives de tutoiement ayant échoué, elle y renoncera pour toujours.

Après la Bulgarie, les mosquées blanches de l'ancienne Andrinople. À Istanbul, dissuadées d'emprunter les mauvaises routes de l'Anatolie, les deux voyageuses chargent la Ford sur un cargo et débarquent trois jours plus tard à Trébizonde, à l'autre bout de la mer Noire. Profitant de ce repos forcé, elles commencent à rédiger leurs articles, et Ella Maillart est témoin du perfectionnisme qui caractérise le travail d'Annemarie : « Je l'ai vue placer successivement sept feuilles blanches dans la machine à écrire avant qu'un paragraphe ait atteint le dessin aisé et parfait qui seul pouvait la satisfaire. Écrire était le seul rite de sa vie : elle y subordonnait tout[19]. »

Traversant ensuite l'Arménie turque, elles gagnent la ville d'Erzurum non loin de laquelle l'Euphrate prend sa source, passent au pied de l'Ararat et atteignent un poste de la frontière iranienne où la vue d'une voiture conduite par des femmes suscite un étonnement sans bornes. Un orage diluvien à Maku, la mosquée bleue de Tabriz, Soltaniyeh, Kazvin, puis Annemarie retrouve Téhéran – et un pharmacien qui lui présente une ancienne facture. À cause d'une épidémie de choléra, les deux voyageuses restent bloquées pendant trois semaines dans la capitale. Quand elles reprennent la route, Annemarie accroche au radiateur de la Ford un de ces colliers de grosses perles turquoise qui, dans les pays asiatiques, sont censés protéger du mauvais œil.

Après avoir admiré une dernière fois le cône strié de neige du Demavend et franchi le col de Firuzkuh, elles descendent en direction de la mer Caspienne, se baignent dans les flots tièdes puis, dans un contraste brutal, abordent la steppe turkmène qui s'étend à perte de vue.

> À ma gauche, je vis, se détachant sur un horizon maintenant éteint et couleur de plomb, quelques pauvres tentes en poil de chèvre et les silhouettes étrangement solennelles de quelques chameaux faméliques. Un chien aboya. Et de la mer Caspienne, de l'ouest, des vautours blancs arrivèrent dans un lent battement d'ailes. Ce fut tout. La steppe s'étirait dans le vide, le silence, la chaleur était mortelle, la nuit s'unit à ce « début d'Asie » dans une vision sinistre[20].

C'est dans ce paysage hostile, désormais déserté par les nomades, que surgit une tour gigantesque et austère : le Gonbad-e Kavus, tombeau royal datant de 999. À Meched, autre tombeau, beaucoup plus flamboyant avec son dôme en or : celui de l'imam Reza, mort en 819. Et le « bleu impérissable » de la mosquée de Gohar Shad. Deux jours plus tard, les Suissesses atteignent enfin l'Afghanistan, pays des cavaliers fougueux, superbes et fiers sous leur blanc turban, terre des yourtes et des tentes noires, et surtout terre où l'hospitalité n'est pas un vain mot. Peu avant le 1er août, ayant traversé un désert jaune et monotone écrasé de soleil, elles arrivent à Herat où souffle un vent brûlant qui vient des steppes du Turkestan : le Vent des cent vingt jours.

Jusqu'ici, l'itinéraire était familier à Ella Maillart : deux ans auparavant, elle l'a suivi en sens inverse, à bord d'autocars et de camions, ce qui l'a contrainte à s'arrêter dans des caravansérails bondés. À partir de l'ancienne capitale des Timourides, tout est nouveau et inconnu pour les deux femmes sur la route qu'elles ont choisie et qu'elles sont sans doute les premières à parcourir en voiture : celle du nord, à travers le Turkestan afghan, et qui n'est autre que l'ancienne route de la soie. Les noms des villes et des villages – Qal'eh-ye Now, Bala Morghab, Qaisar, Meymaneh, Andkhvoy, Shibargan, Balkh – s'égrènent au rythme de leur lente progression sur les mauvaises pistes des caravanes et les sentiers muletiers où les incidents sont légion : enlisements dans des dunes de sable, crevaisons, tempêtes de poussière, traversées de rivières à gué, rampes abruptes où la voiture manque de rendre l'âme...

Évidemment, ces deux femmes voyageant seules à bord d'une Ford suscitent une immense curiosité et, tradition afghane oblige, partout où elles passent on leur offre le gîte et le couvert. Soit c'est un notable – maire, gouverneur ou riche Afghan – qui les invite à prendre le thé et à partager le pilaf ou le mouton à la broche, soit c'est un paysan qui leur présente sa seule et unique richesse : des melons, des raisins ou des pêches. Dans les tentes des nomades, il y a toujours une galette de pain accompagnée d'un bol de *mast*, sorte de caillé, ou de *kaimak*, blanc d'œuf battu avec du sucre. Quand elles trouvent de l'aide pour sortir la Ford d'une ornière ou d'un fossé, pas question de remercier avec un billet – les Afghans sont trop fiers pour accepter un bakchich –, mais leur pharmacie rend des services non négligeables à des populations complètement démunies.

Lorsqu'elles atteignent Mazar-e Sharif, elles prennent juste le temps de faire nettoyer le moteur de tout le lœss accumulé et mettent aussitôt le cap sur le massif bleuté de l'Hindou Kouch. Tashqurghan, Aybak. À Pol-e Khomri, au cœur d'une contrée d'une terrifiante solitude, elles découvrent avec stupéfaction un énorme chantier dirigé par des ingénieurs allemands : la firme Siemens construit là un barrage destiné à alimenter en électricité une filature et une raffinerie de sucre. Les centaines d'ouvriers travaillant sur ce site sont d'anciens nomades afghans désormais astreints à un travail sédentaire. Comment ces hommes peuvent-ils supporter de travailler huit heures par jour

En Afghanistan (automne 1939)

dans des fabriques « où le bruit des machines a remplacé le chant du vent dans la steppe[21] » ? se demandent les deux femmes confrontées à cette irruption brutale du dieu Progrès dans un pays aussi sauvage.

Heureusement, cette troublante rencontre fait place quelques jours plus tard à une vision de rêve quand elles entrent dans la paisible vallée de Bamiyan blottie à deux mille cinq cents mètres d'altitude. Sculptés dans les falaises roses, les fameux bouddhas ont déjà subi la violence iconoclaste des fanatiques arabes et musulmans. La beauté de cette région incite les voyageuses à y installer leur tente pendant une semaine pour explorer les vallées voisines. Franchissant le Shibar Pass, elles s'émerveillent au spectacle inoubliable du Band-e Amir, barrage naturel dont les lacs étagés déclinent toutes les nuances de bleu. Ultime bonheur au moment où les choses commencent à se gâter. Annemarie a pris froid, elle n'arrive pas à se débarrasser d'un état fiévreux permanent. Ella décide alors de rejoindre au plus vite la DAFA[22] que Joseph Hackin dirige sur les fouilles de Bagram. Bien que les pièces exhumées pendant l'été viennent tout juste d'être emballées, Annemarie et Ella peuvent visiter le site avant d'entamer leur ultime et brève étape. Kaboul n'est plus en effet qu'à une cinquantaine de kilomètres.

Dans les derniers jours du mois d'août, après douze semaines de route – et juste au moment où Ribbentrop signe à Moscou le pacte germano-soviétique –, les deux Suissesses atteignent enfin la capitale afghane qui a vu passer successivement les armées d'Alexandre le Grand, de Gengis Khan, Tamerlan et Babour. Le 1er septembre 1939, celle d'Hitler envahit la Pologne. Cette fois, en Europe, c'est la guerre.

À Kaboul, les deux femmes commencent par camper dans le studio de Gabriel et Marthe Monod, des amis d'Ella Maillart. Dès son arrivée, Annemarie a consulté le médecin de la légation britannique. Il diagnostique une bronchite et lui prescrit dix jours de repos absolu. Elle souffre aussi d'un triple furoncle qui, creusant un énorme cratère dans sa nuque, lui immobilise la tête. Fiévreuse, contrainte à une inactivité qui la terrifie, ignorante du sort de sa famille et de ses amis, elle rumine ses pensées et mesure toute la distance qui la sépare d'Ella, cette femme dont elle admire certes la force de caractère mais qui est si détachée des passions humaines. Il lui paraît incompréhensible que la Genevoise puisse envisager d'aller en Inde se consacrer à la méditation alors que des innocents se font tuer en Europe. Cette dernière ne se rend pas compte que si Annemarie a besoin d'être active en permanence, c'est pour se prouver à elle-même qu'elle est performante et pour ne pas tomber dans la dépression. Le jour où Ella l'exhorte une fois de plus à se détendre au lieu de cultiver ses tourments, elle s'entend répondre : « Mais laissez-moi tranquille, laissez-moi au moins à ma souffrance[23] ! » Fatiguée de s'être concentrée si longtemps sur les problèmes de son amie, Ella renonce un temps à essayer de comprendre pourquoi elle s'obstine à choisir « la voie compliquée, la voie cruelle de l'enfer[24] ». De toute façon, elles doivent se séparer car on a proposé à Annemarie d'habiter à la légation française, où elle jouira d'un plus grand confort. Au moment où les deux femmes trient leurs affaires, Annemarie sort d'une valise une aiguille hypodermique et la confie à son amie en lui affirmant que ce voyage l'a libérée de la drogue. Ella décide de la croire.

En fait, Annemarie souffre d'insomnies depuis plusieurs semaines, maigrit de façon inquiétante, fume plus que jamais. Dès le début de son séjour à Kaboul, elle a exigé d'Ella qu'elle lui achète un sirop à la codéine pour calmer une toux persistante. Ignorant les « vertus » de ce produit, celle-ci s'est exécutée. Le 2 septembre, Annemarie note dans son journal : « J'ai vomi, je commets à nouveau des fautes, des fautes graves parce que, faible à ne plus tenir debout, je voulais combattre cette effroyable dépression. » En d'autres termes : elle a réussi à se procurer de la drogue.

Comment ? En s'assurant la complicité de plusieurs personnes. D'abord de Lorenz Keel, un compatriote qui représente en Afghanistan la Centrale suisse d'expansion commerciale et qui vend entre autres des produits pharmaceutiques, puis des docteurs Moody et Perlmann, les médecins des légations britannique et allemande. Quand elle est en état de manque, il lui arrive de devenir violente. Un jour, Keel ne lui ayant donné que deux ampoules de morphine, elle fracasse sa fenêtre, le menace et se précipite chez un des deux médecins pour en obtenir davantage.

Le 12 septembre elle écrit dans son journal : « Il faut que je guérisse et que je m'en débarrasse. Je n'ai pas oublié que, si je n'arrive pas à vivre par mes propres forces, je ne rentrerai pas et mettrai ici un terme. » À la fin de ce même mois de septembre, à bout d'expédients et de forces, elle finit par avouer à sa coéquipière qu'elle lui a menti. Bien que cet aveu signe la rupture de leur pacte, Ella Maillart comprend que la dureté de son attitude est en partie responsable du manque de confiance d'Annemarie à son égard. Elle la soutient du mieux qu'elle peut pendant une cure de désintoxication dirigée par le docteur Perlmann, mais manifestement Annemarie ne parvient pas à se soumettre aux doses décroissantes qui lui sont prescrites.

Depuis le déclenchement de la guerre en Europe, les étrangers n'ont pas le droit de voyager à l'intérieur du pays. Ella Maillart n'a donc plus aucun espoir d'aller au Kafiristan. Elle décide alors de répondre à l'invitation qui lui a été faite de se rendre à New Delhi, mais elle ne veut pas partir avant qu'une solution ait été trouvée pour Annemarie. Par chance, un des archéologues de la DAFA, Jacques Meunié, vient chercher du matériel et accepte d'emmener la jeune femme au camp de Konduz. Le 21 octobre, les deux voyageuses se séparent. C'est un moment d'une intense émotion car malgré la situation dramatique elles savent l'une et l'autre que leur amitié a résisté aux épreuves des mois précédents. Le lendemain, Annemarie quitte Kaboul pour le Turkestan afghan, « sans

À Tashqurghan (Turkestan afghan, octobre 1939)

seringue, sans une seule ampoule ». Et elle ajoute – mais combien de fois n'a-t-elle pas écrit ou prononcé ces mots ? – : « C'est ma dernière tentative[25]. »

Ce que va tenter Annemarie n'est en fait ni plus ni moins qu'une cure sauvage imposant à son organisme un sevrage total et brutal. Les premiers jours, chaque heure est un calvaire. Son unique secours dans cet océan de douleur, c'est l'indéfectible présence de Jacques Meunié et cet adage qu'il lui révèle : « Il n'est pas nécessaire d'espérer pour entreprendre, ni de réussir pour persévérer. » Après deux journées de voyage en voiture, ils rejoignent la DAFA à Tashqurghan via Haybak et se rendent dans le village de Deh Hassan pour explorer le site d'une ancienne ville abandonnée par ses habitants un siècle et demi auparavant à cause du manque d'eau. Les ruines se trouvent en plein désert, à une trentaine de kilomètres de la frontière soviétique matérialisée par l'Oxus (ou Amou-Daria). Il y souffle un vent glacial et bientôt la route est coupée à cause de fortes chutes de neige. L'enfermement d'Annemarie est total et sa détresse atteint son paroxysme le 29 octobre. Ce jour-là, elle se précipite dans le désert et, le visage baigné de larmes, hurle sa souffrance à la face de cette « terre à l'agonie[26] » : « Dieu ne fera-t-il donc jamais la paix avec moi[27] ? » Mais dans cette solitude de bout du monde, elle seule peut apporter une réponse : « Je suis marquée par quelque chose d'autre – quelque chose d'implacable[28]. »

Deux semaines plus tard, après avoir vécu dans des conditions d'inconfort extrêmes et essuyé averses violentes et tempêtes de poussière, les archéologues rentrent à Kaboul. Ayant réussi une fois de plus, et beaucoup plus vite qu'elle n'osait l'espérer, à se libérer momentanément de la drogue, Annemarie reprend contact avec les journaux helvétiques auxquels elle doit des articles et se met au travail avec une ardeur décuplée. Bien qu'Ella Maillart lui ait conseillé de rester loin le plus longtemps possible, elle décide de rentrer en Europe, estimant que sa place est auprès de ceux qui luttent contre l'hégémonie hitlérienne. Aussi s'empresse-t-elle de poser des jalons, assurant par exemple au rédacteur en chef de la *Zürcher Illustrierte* que toute mission qu'il lui confiera, si modeste soit-elle, sera la bienvenue.

Malheureusement, le fragile équilibre péniblement reconquis se trouve très vite menacé par l'état de transe dans lequel elle travaille au cours du mois de décembre 1939, état qui rappelle la concentration épuisante ayant accompagné l'écriture de *La Vallée heureuse* un an auparavant. À cette crise d'ordre nerveux s'en conjugue une autre d'ordre sentimental, car elle est tombée follement amoureuse de Ria Hackin qui l'a soignée des semaines entières avec un zèle tout maternel. Bien qu'ayant éprouvé d'emblée une profonde affection pour Annemarie, Ria ne tarde pas à se sentir débordée par le caractère excessif de cette relation, par cette soif d'absolu qui pousse la jeune femme à demander un amour « au-delà des possibilités humaines[29] ». Ria écrira le 14 mars 1940 à Ella Maillart : « J'ai bien dû me rendre compte que j'étais dans l'erreur quand tout a failli tourner au dramatique, quand les scènes étaient devenues insupportables et les exigences toujours plus grandes, quand mon esprit n'était préoccupé que par cela et que j'étais à bout de nerfs. »

Le 18 décembre, Annemarie scelle leurs adieux en écrivant *Le Paysage humain*[30], un texte de cinq pages qu'elle dédie à Ria et qui se termine sur une sorte d'hymne à la douleur de la séparation et à la joie renaissante au spectacle de la vie – cette vie dont elle dit pourtant qu'elle n'est que le « temps d'un vain sacrifice » et qui suscite cette question : « Vais-je toujours vivre ainsi, jusqu'à la limite de l'épuisement, endurer ces terribles blessures, puis repartir, le cœur vide[31] ? »

Trois jours plus tard, elle quitte définitivement l'Afghanistan en compagnie de Jacques Meunié. Après Jelalabad, la Ford franchit la passe de Khyber. Peshawar,

Delhi, Agra. Le 28 décembre, ils retrouvent Ella à Indore. Une Ella ravie de constater que son amie n'a plus « les yeux d'un poisson mort[32] ». Pendant les cinq journées qu'elles passent ensemble, elles visitent les ruines de Mandu et, au fil de leurs longues discussions, sentent leur amitié devenir plus solide et durable. Ella conseille à Annemarie de mener une vie différente, axée non pas sur ses angoisses et ses tourments mais sur le côté positif de chaque expérience traversée, et elle essaie de la convaincre de rester en Inde pour ancrer son existence sur de nouvelles bases. Mais Annemarie doit partir : pour s'engager dans le combat – et par amour pour Ria qui l'a conjurée de s'éloigner d'elle le plus possible. Le 7 janvier, elle embarque à Bombay sur le *Conte Biancamano* à destination de Gênes, non sans avoir écrit à Ella la veille :

> J'aurais voulu rester avec vous. Encore jamais j'ai senti [*sic*] si nettement le calme [...] que vous pouvez me donner, et compris si bien ce que vous voulez de moi. Mais je crois pouvoir promettre que je n'oublierai pas. Et d'autre part, il ne faut pas que je cherche mon équilibre simplement en m'accrochant à vous. L'essentiel, c'est que vous ne m'avez pas lâchée, et que je n'ai donc pas tué une amitié qui me tient au cœur, vous le savez. Alors elle reste une chose vivante et forte, un espoir, et cela aussi me donne un très grand encouragement[33].

Ella Maillart n'est pas rassurée pour autant, et au fil de ses lettres elle ne cessera de prodiguer ses conseils. Voici les tout premiers, formulés le 23 janvier :

> En attendant que vous trouviez un travail régulier auquel vous vouerez toute votre intelligence, envers et contre tous (parce que ce travail vous sauvera de vos paroxysmes de travail autobiographique et de non-travail), je vous supplie d'examiner avec la prudence du serpent toutes les personnes avec qui vous aurez des rapports. Écartez sans hésiter tout ce qui est intéressant, original, émouvant, lamentable, digne d'être secouru, excitant...

Le Conte Biancamano *photographié par A. Schwarzenbach lors d'une brève escale à Massaoua (Érythrée, janvier 1940)*

Vous n'êtes pas encore capable d'être maîtresse des situations possibles, et vous ne feriez que sombrer dans des tourbillons. [...]
Je vous supplie de ne pas lire émotionnellement les horreurs sur la Pologne, la Finlande, la Tchécoslovaquie, ou [...] d'en lire le moins possible. Vous n'êtes pas encore normale, vous êtes une grande blessée qui êtes à partir de maintenant soignée par vous-même et non plus par vos amies nombreuses.
Peut-être que tous ces conseils arrivent déjà trop tard. [...] Car vous êtes comme un paratonnerre – dont vous avez déjà la minceur linéaire – qui attire les catastrophes [...] parce que je crois que subconsciemment vous les désiriez, vous imaginant que ces catastrophes vous donnaient le sentiment de vivre plus intensément. Mais maintenant vous savez que ce jeu mène à la destruction.

Dans cette même lettre, Ella Maillart mise beaucoup sur ces deux semaines de navigation pour que se fortifient les résolutions d'Annemarie. Pourtant, elle précise que cet espoir va « à l'encontre de toute raison » – et son intuition ne la trompe pas. Au cours de cette traversée, en effet, son amie retombe dans un rythme d'écriture infernal qui lui fait produire un article par jour. De plus, la « maladie de Kaboul[34] » la reprend, et cette fois ce n'est pas dans la nuque mais au niveau du menton que les staphylocoques font leurs ravages. Le voyage lui-même est mouvementé. Comme le bateau appartient à une compagnie italienne, la Lloyd Triestino, il est d'abord retenu par les Anglais à Aden. Après une escale à Massaoua, port italien de l'Érythrée, c'est la traversée du canal de Suez, puis l'arrivée à Port-Saïd où l'hiver européen succède brusquement à l'haleine brûlante des déserts d'Arabie. Mais les Anglais détournent le navire sur Haïfa afin de vérifier si la cargaison n'est pas destinée au Reich. Au large de Toulon, nouveau retard pour porter secours à l'*Orazio*, un bateau de la même compagnie à bord duquel un incendie a éclaté, faisant plusieurs centaines de victimes. Après quarante-huit heures de cauchemar, Annemarie débarque enfin à Gênes le 23 janvier 1940. La Ford qui a vaillamment franchi les cols les plus escarpés de l'Hindou Kouch passe le Gothard... et connaît sa première panne au moment même où elle atteint Zurich.

Sur le plan professionnel, la moisson de cette expédition est considérable. Annemarie rapporte des centaines de photos, et près de soixante articles et reportages seront publiés dans une dizaine de journaux entre juillet 1939 et septembre 1940. Rédigés au fil du voyage, ils s'intéressent aux aspects les plus divers des contrées traversées : politique, économie, histoire, géographie, archéologie, artisanat, modes de vie, etc. Le tout premier concerne par exemple la Turquie, dont la journaliste écrit qu'elle est appelée à jouer un rôle non négligeable dans l'Europe de demain. La situation géopolitique de l'Afghanistan, État pris en étau entre les républiques soviétiques et les Indes britanniques, est maintes fois exposée. Annemarie insiste sur l'importance stratégique de ce pays dont elle pressent la fonction de « véritable centre nerveux de la politique mondiale », et elle exprime la crainte d'une « attaque russe au Turkestan [35] ».

À maintes reprises, elle déplore les conséquences du progrès qui va imposer la sédentarisation des nomades et supprimer une forme de bonheur dont ces peuples ont le secret : « Pas d'écoles ni d'hôpitaux sans usines, pas d'usines sans prolétariat, pas de prolétaires sans exploitation, pas d'exploitation sans haine de classe. Et sur les routes que l'on ouvre au progrès rouleront un jour les machines de guerre [36]. » Elle s'interroge également sur le statut de la femme afghane, prisonnière du tchadri qui dissimule son visage aux regards des hommes :

> Il est possible qu'aujourd'hui en Europe nous soyons devenus sceptiques face à des slogans tels que liberté, responsabilité, égalité des droits pour tous. Mais il suffit d'avoir vu de près cette forme sournoise d'esclavage – qui

transforme des créatures de Dieu en des individus maussades et apeurés – pour secouer comme un mauvais rêve son découragement et écouter à nouveau la voix de la raison qui nous incite à croire aux valeurs simples d'une existence digne et humaine, et à les défendre[37].

Des phrases dont on pourrait penser qu'elles ont été écrites aujourd'hui.

Outre les articles consacrés aux multiples aspects de la réalité afghane, Annemarie a écrit douze textes beaucoup plus personnels, dont *Le Paysage humain*. Ils couvrent toute l'expédition, depuis la Turquie jusqu'à l'embarquement à Bombay et le retour en Europe. L'écriture et le ton de ces trente-cinq pages rédigées pour la plupart dans un état second rappellent *La Vallée heureuse*. Le projet de l'auteur est de les regrouper dans le livre qu'elle a promis aux éditions Morgarten, un recueil qu'elle intitule *Les Quarante Colonnes du souvenir*[38] et qu'elle souhaite illustrer de photos du voyage. Pensant que certains textes pourraient aussi trouver leur place dans un quotidien, elle en a envoyé quelques-uns depuis Kaboul au rédacteur en chef de la *National-Zeitung*, accompagnés de ces mots : « On ne peut pas les qualifier d'articles ou seulement de récits de voyage. Mais c'est certainement mon travail le plus important et le plus sincère, et peut-être l'unique résultat de ce voyage[39]. » Un voyage dont Annemarie écrit qu'il est, à l'instar de tout voyage, « une image condensée de notre existence[40] » :

> Chaque fois affronter de nouveau l'aube, le jour, le monde toujours étranger, le toucher, et arracher à ce cœur ébranlé un mot unique, tout en sachant : cela ne va pas durer, c'est le moment des adieux, déjà oublié. Mais toi, épuisée et aveuglée par la souffrance, tu dois repartir, continuer de vivre, et qui t'en sait gré ? Le jeu en vaut-il la chandelle[41] ?

« Où m'attendent les grandes consolations ? » se demandait-elle dans *La Vallée heureuse*. Au bout de la route d'Afghanistan, au terme de « ce voyage à travers une longue nuit[42] », la question qui a présidé au départ – « Où est la terre des promesses[43] ? » – reste toujours sans réponse. Lorsqu'elle foule de nouveau le sol européen, Annemarie est persuadée qu'elle ne va pas le quitter de sitôt. Pourtant, à peine deux mois plus tard, elle conclura *Les Quarante Colonnes du souvenir* par cette ultime évocation qui sonne comme un appel pour un nouveau départ : « Te souviens-tu de cette route, droite et luisante comme une flèche, qui s'étirait toujours devant nous à travers d'interminables crépuscules ? »

CHAPITRE XIII

Ange dévasté

(1940-1941)

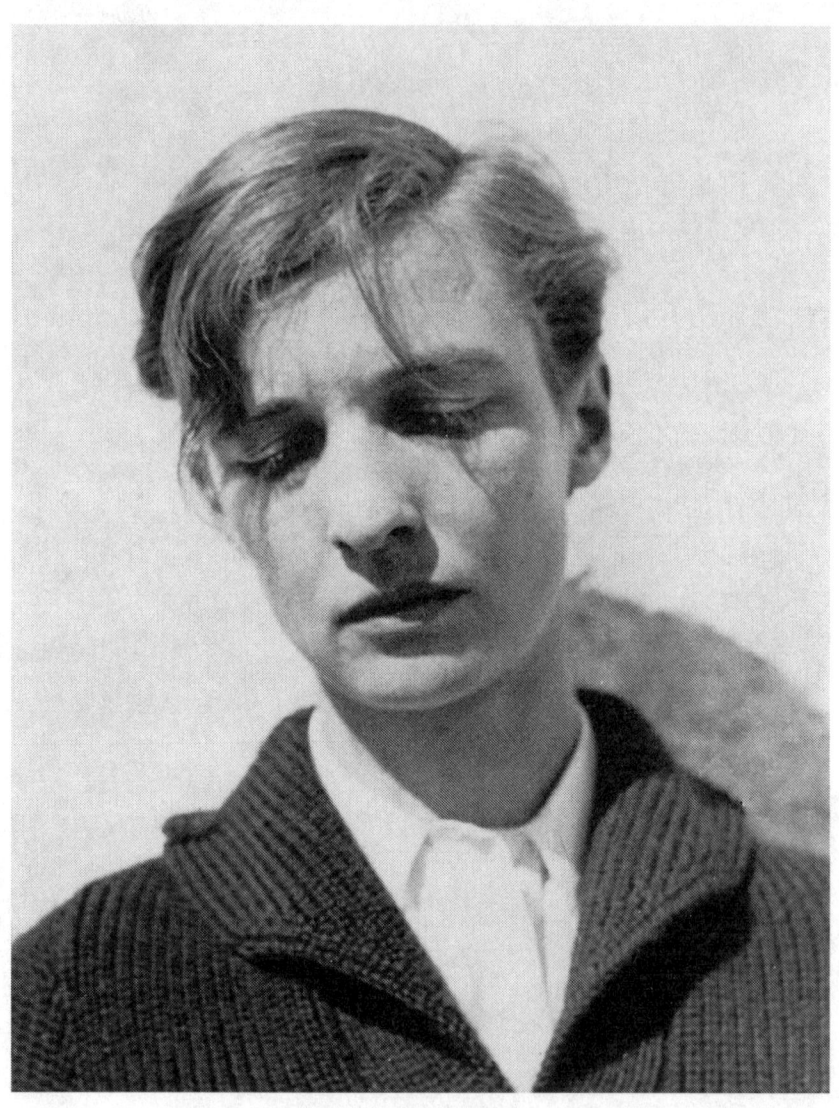
À Sils-Baselgia (1938)

> Il y a de ces traversées qui semblent être destinées à servir d'illustration à la vie et qui pourraient bien faire office de symbole de l'existence.
>
> Joseph CONRAD,
> *Jeunesse.*

Tandis que le *Conte Biancamano* se rapproche des côtes européennes, le souvenir des amis qu'elle a quittés sept mois plus tôt refait surface dans l'esprit d'Annemarie. Ses pensées vont d'abord à Klaus et Erika. Où sont-ils ? Probablement aux États-Unis, mais elle n'en a aucune certitude. De fait, après la prétendue paix de Munich qui lui a semblé une véritable trahison de la part des démocraties, Klaus Mann a décidé de s'exiler en Amérique et de s'installer à demeure à l'hôtel Bedford. Et comme, cette même année 1938, son père a accepté une chaire de professeur à Princeton, dans le New Jersey, la plupart des membres de la famille Mann se retrouvent maintenant sur la côte Est.

Le 18 janvier 1940, lorsque, encore en haute mer, Annemarie saisit sa plume pour reprendre contact avec Klaus, elle lui explique les raisons de son expédition en Afghanistan – « il me fallait en finir une bonne fois pour toutes avec une grande part de mon passé » –, lui raconte les épreuves traversées et l'assure de sa fidèle amitié. A-t-il reçu l'exemplaire de *La Vallée heureuse* qu'elle lui destinait ? De son côté, elle promet de lire dès que possible son dernier roman, *Le Volcan*, paru à Amsterdam peu avant son départ. Elle lui parle aussi de ses projets immédiats – exploiter tout le matériel rapporté d'Afghanistan – et de son espoir de trouver un emploi comme correspondante de presse à l'étranger, par exemple en Scandinavie, son passeport français lui interdisant désormais des pays comme la Pologne ou la Tchécoslovaquie.

Il est également question de sa situation financière qui s'est beaucoup détériorée au cours des derniers mois. Alors qu'elle était encore à Kaboul, Hasi, son frère cadet, lui a écrit que la firme Schwarzenbach traversait une grave crise. En fait, quelques mois plus tard, il apparaîtra que sa famille a perdu les trois quarts de sa fortune. Dans ces conditions, Annemarie envisage d'abord de renoncer au luxe que représente la maison de Sils, mais son père lui ayant assuré ensuite qu'il était encore en mesure de la louer, elle n'est pas mécontente de pouvoir garder ce refuge de l'Engadine où il lui est possible à la fois de se ressourcer et de travailler.

Les retrouvailles avec Sils ne peuvent cependant pas avoir lieu immédiatement car la staphylococcie cutanée dont Annemarie souffre de façon quasi continue depuis plusieurs mois rend nécessaire une hospitalisation dès son arrivée à Zurich. Après avoir été tirée d'affaire grâce à un autovaccin, elle prend la route des Grisons avec une amie, Lotti Baumann, et consacre les semaines suivantes à numéroter les négatifs des photos d'Afghanistan – les siennes et celles d'Ella Maillart –, à les classer, à les regrouper en séries, à rédiger des légendes. Énorme travail auquel s'ajoutent la rédaction des articles promis afin de couvrir les avances reçues, les négociations avec des revues étrangères publiant en français ou en anglais. Mécontente de la qualité des prestations de son agence de presse pendant son absence et du manque d'initiative dont elle continue à faire preuve, elle se voit contrainte, pour gagner quelque argent, à se mettre elle-même en quête de journaux susceptibles d'être intéressés. Malgré la distance, Ella Maillart est scrupuleusement informée de l'évolution de leurs affaires car Annemarie a le souci constant de placer également les textes et les photos de sa coéquipière et de partager équitablement les gains avec elle : « J'écris le matin, s'il y a des articles à faire. [...] Après le déjeuner, je sors pour marcher ou pour faire deux heures de ski. Après, je prépare nos articles-photos », lui écrit-elle le 24 février 1940. Elle est par ailleurs en relation étroite avec Dagmar Maillart, la mère d'Ella, qui s'occupe elle aussi du matériel journalistique et photographique de sa fille.

À l'intérieur de la Jägerhaus, l'odeur forte des cigarettes d'Annemarie se mêle à celle plus subtile du bois d'arolle qui tapisse les murs. La pièce où elle travaille – celle qui donne sur le lac de Sils – est remplie de livres, de fleurs, de souvenirs, d'objets en bronze rapportés de ses lointains voyages. Sur un vieux tabouret, une valise grande ouverte révèle son contenu de pellicules et de clichés. Justement ceux qu'elle est en train de mettre en ordre. Dehors, la Ford, tel un gros animal tombé d'une autre planète, excite la curiosité avec son collier de perles turquoise encore accroché au radiateur. Tout le monde à Sils se réjouit que la Frau Doktor soit de retour. On connaît son énergie, son courage, sa volonté farouche ; on n'ignore pas ses faiblesses, ses maladies, ses nombreux séjours en clinique ; on apprécie sa chaleur humaine, sa générosité simple et naturelle, sa bonté, son amour des enfants. Mais elle, que ressent-elle un mois après son retour d'Afghanistan ? Elle confie à Ella Maillart :

> Je vois que je suis beaucoup trop nerveuse, et je souffre à chaque instant de fatigue et de tourments. Mais je ne crois plus à la thèse de la « libération » et guérison une fois pour toutes. Je crois qu'il faut un effort constant. [...] Je ne me laisse pas accabler, ni par moi-même ni par la guerre. Je crois devoir accepter que pour moi une vie bonne et responsable est possible, mais que *jamais* je ne déborderai de joie. [...] Et en renonçant à la drogue, je ne crois pas

atteindre le bonheur, une joie soudaine ou une facilité de vivre sans souffrance. Mais je crois que la souffrance (non pas la « catastrophe ») est la condition même pour tout ce que je saurai faire de ma vie ou mon talent[1].

Au mois de mars Annemarie reçoit plusieurs visites, dont celle de Busy Bodmer. Pendant ce séjour, leur affection mutuelle devient plus profonde. En outre, elles ont désormais un intérêt commun pour le journalisme. Depuis deux ans, en effet, Busy contribue régulièrement à la rubrique « La femme élégante et son foyer » de l'hebdomadaire *Die Weltwoche*. Elle écrit aussi pour le mensuel féminin *Annabelle* qui a vu le jour en mars 1938 et dont la rédactrice en chef, Mabel Zuppinger, signe sous le pseudonyme de « Claudine ». En janvier 1939, Annemarie y a publié sa recension du livre d'Ella Maillart *Oasis interdites*, puis, deux numéros plus tard, « Interview sans reporter ». Dans une longue introduction à cet article, probablement rédigée par Mabel Zuppinger, on peut lire ces lignes :

> Écrire n'est pour elle ni un passe-temps ni un sport. C'est à ses yeux un travail rigoureux et exigeant. Sa faculté de concilier le sérieux de son métier avec la bonté et la grâce naturelle à son sexe, de ne jamais perdre de vue son travail, même lors d'expéditions audacieuses et épuisantes, de voyages périlleux à travers des contrées sauvages et dangereuses, de ne jamais vivre pour elle-même mais pour sa mission, tout cela fait l'importance et la valeur de ses travaux – reportages et livres de voyage.

C'est donc aussi à titre professionnel que Busy Bodmer vient voir Annemarie à Sils. Au cours de leurs longues soirées en tête à tête, celle-ci lui raconte en détail les péripéties de son expédition afghane, et dans le numéro d'*Annabelle* de juin 1940 paraîtra sous la signature de « M.-L. B. » (Marie-Louise Bodmer) un grand article de deux pages illustré de sept photos et d'une carte géographique retraçant le voyage avec Ella Maillart.

Au cours de ce même mois de mars 1940, Annemarie

fait plus ample connaissance avec une femme qu'elle a souvent croisée ces cinq dernières années dans les palaces de Saint-Moritz : Margot von Opel, la femme de Fritz von Opel[2]. En mars 1929, pressentant une crise économique, le constructeur automobile a transformé son entreprise en une société par actions et vendu quatre-vingts pour cent de ses titres à la General Motors – puis les vingt pour cent restants deux ans plus tard. Le nazisme ne lui inspirant rien de bon, il a très tôt quitté l'Allemagne pour la Suisse. Étape provisoire, car son intention est de s'établir dès que possible aux États-Unis où il a fait transférer la quasi-totalité de sa fortune. C'est dans ce contexte de rupture imminente et douloureuse avec ses racines et toutes ses habitudes de vie que Margot von Opel se rapproche d'Annemarie, de huit ans sa cadette. Elles font ensemble de longues promenades à cheval ; bientôt la Suissesse en oublie presque son travail, et l'idée de suivre son amie aux USA ne tarde pas à faire son chemin dans son esprit. Ce projet, pense-t-elle, offrirait de nombreux avantages : il lui permettrait notamment de retrouver Klaus et Erika et d'échapper au piège d'une Europe de plus en plus menacée par les nazis – peut-être aussi de trouver de meilleurs débouchés professionnels. Certes, elle pourrait accepter le poste que le comité international de la Croix-Rouge lui a proposé dans son département de presse ; certes, elle pourrait trouver un emploi en tant que correspondante de guerre. Mais elle ne se sent pas assez forte pour assumer ces tâches. De son côté, et comme bien d'autres avant elle, Margot von Opel croit qu'en entourant Annemarie de soins attentifs et en lui offrant une sécurité matérielle elle va pouvoir l'aider à conjurer ses démons.

Pour l'heure, la Annemarie hésite encore. Elle continue donc d'exploiter le matériel accumulé en Afghanistan, prépare deux conférences dont l'une, intitulée *L'Afghanistan d'aujourd'hui*[3] a lieu en avril à Saint-Gall. Elle en fait une adaptation en anglais pour le *Geographical Magazine* de Londres, qui paraîtra en septembre de la même année sous le titre *Afghanistan in Transition*. Mais le projet qui lui tient le plus à cœur, c'est l'ouvrage promis aux éditions Morgarten. Dans son esprit, loin d'être un ouvrage politique ou géographique qui serait hors de ses compétences, *Les Quarante Colonnes du souvenir* seront plutôt un livre de photos ponctuées par des textes à caractère poétique. Elle songe donc à sélectionner les meilleures photos qu'Ella Maillart et elle-même ont prises au cours de leur périple, et comme il faudrait s'assurer un tirage de dix mille exemplaires pour que l'opération soit rentable, elle commence à négocier une publication simultanée et bilingue en Suisse et en Angleterre.

Le 28 avril, elle écrit de Zurich à Ella Maillart qu'elle va bien : « Mes amis ne me reconnaissent pas. La drogue, je ne m'en souviens que vaguement, avec un vague étonnement. » Pourtant, les incertitudes qui l'assaillent mettent ses nerfs à rude épreuve. Comment la guerre va-t-elle évoluer ? Maintenant que sa famille ne peut plus lui assurer des revenus suffisants, parviendra-t-elle à vivre de son métier de journaliste ? Doit-elle aller tenter sa chance ailleurs, profiter du fait que son frère est prêt à lui donner trois mille francs suisses pour qu'elle entreprenne un nouveau voyage ? Toutefois, aucune des destinations envisagées depuis son retour d'Afghanistan – Scandinavie, Alaska, Colombie britannique – ne semble possible. Et puis brusquement elle décide d'accompagner Margot en Amérique. Départ pour le moins précipité. Elle a tout juste le temps de s'assurer que les rédacteurs en chef jugent intéressant qu'elle leur envoie des articles, et de s'engager auprès de cinq journaux à leur fournir un certain nombre de reportages.

Mais qui va s'occuper de la maison de Sils, qui va résilier le contrat d'assurance de la Ford, gérer les demandes de textes et de photos du voyage en Afghanistan, négocier avec la presse helvétique le matériel concernant les États-Unis ? Dans l'urgence de la situation, un nom s'impose à elle : Busy Bodmer. Ses relations avec le monde de la presse, ses compétences de journaliste et son amitié jamais démentie en font une personne de confiance toute désignée. Loin de décevoir les attentes de son amie, Busy accepte bien volontiers d'être la représentante d'Annemarie en Suisse tout le temps que durera son absence. Cette étroite collaboration va donner lieu pendant deux ans et demi à une correspondance intensive. Les quelque cinquante-cinq lettres de cette époque conservées par Busy sont une véritable mine d'informations, tant sur la façon extrêmement professionnelle dont Annemarie abordait son travail journalistique et littéraire que sur son état psychique pendant les dernières années de sa vie. En outre, ce qui fait le caractère unique de cet échange épistolaire, c'est que Busy Bodmer a eu la présence d'esprit de faire des doubles de seize de ses propres lettres. Ainsi, contrairement à toutes les autres correspondances d'Annemarie dont la deuxième voix est absente, on dispose là d'un véritable dialogue. Il en ressort que Busy est une amie parfaitement dévouée et désintéressée. Intimement convaincue du talent d'Annemarie, elle ne ménage pas sa peine pour la soutenir et l'encourager. Les lignes suivantes sont un témoignage particulièrement éloquent de son indéfectible amitié pour celle qu'elle appelle son « gars de Sils » :

> Je ne veux pas que tu sois déçue et que tu perdes foi en toi-même et en ton travail ! Oui, je n'en démordrai pas, car je t'aime comme on ne pourrait aimer davantage son meilleur camarade, comme une sœur infiniment dévouée ; je t'aime tant que je pourrais vraiment me jeter dans le feu pour toi... et j'ai pour toi, pour ton savoir et ton talent une si haute estime que je mobilise toutes mes forces et mon énergie pour t'aider et te soutenir en sorte que tu puisses faire un travail créatif et que te soient accordés la reconnaissance et le succès que tu mérites. [...] Y a-t-il pour nous, tes amis, ambition plus belle et plus digne que celle de t'encourager dans ton œuvre, de te donner la possibilité de développer ton talent et de lui faire produire ses plus belles fleurs[4] ?

Le 4 mai 1940, Annemarie est à Gênes en compagnie du couple von Opel. Avant de traverser l'Atlantique, elle concrétise l'accord verbal conclu avec Busy par un contrat en bonne et due forme : celle-ci est désormais chargée des contacts avec les salles de rédaction helvétiques en vue de placer le matériel photo et les articles de son amie. Elle est habilitée, le cas échéant, à modifier et compléter les textes, à rédiger des légendes pour les photos. Annemarie lui envoie une procuration pour son compte en banque sur lequel elle peut faire toutes les opérations nécessaires, par exemple prélever les sommes à payer pour les tirages des négatifs, ou verser les honoraires reçus. Mais les attributions de Busy ne s'arrêtent pas là : Annemarie compte aussi sur elle pour trouver des sous-locataires à installer dans la maison de Sils et pour veiller à ce que Martha Cadisch, qui entretient la Jägerhaus, perçoive ses vingt francs suisses de salaire mensuel. Le contrat stipule que Busy touchera vingt pour cent des sommes versées par les rédactions et la comptabilité tenue par Busy Bodmer révélera que les dépenses ont été globalement supérieures aux honoraires versés par les journaux et revues.

En se retrouvant à l'endroit même où elle a débarqué de Bombay trois mois plus tôt, Annemarie a le curieux sentiment de reprendre le fil de son voyage pour le poursuivre encore plus vers l'ouest. Mais ce nouveau départ lui coûte : « C'est comme si, confie-t-elle à Busy, docile mais aveugle, on entrait dans son destin. C'est pourtant ce que je devais faire, et il suffira que je poursuive avec courage dans ce sens désormais[5]. » En fait, elle est contrainte de partir car tel est le désir de sa mère, et si on lui donne de l'argent c'est justement pour faire en sorte qu'elle quitte l'Europe au plus vite. Certes, elle part avec une femme qu'elle aime, mais elle souffre de s'éloigner de sa terre natale au moment où tout porte à penser que la guerre se rapproche : « Vraiment, que le ciel protège ce beau pays que j'aime tant », conclut-elle dans sa lettre à Busy, comme pour conjurer le sort. En vain. Alors que le *Manhattan* est encore au milieu de l'Atlantique, ses pires craintes se confirment : le 10 mai, la Wehrmacht attaque par surprise les Pays-Bas et la Belgique, violant ainsi leur neutralité. Arrivée à New York le 13 mai, Annemarie vit au rythme des nouvelles angoissantes diffusées par la radio. Le lendemain, les divisions blindées allemandes réussissent à percer les lignes de défense françaises à Sedan. Les Allemands mettront un mois, jour pour jour, à atteindre Paris.

D'emblée, ce séjour aux États-Unis s'annonce donc sous de sombres auspices. À l'instar des événements politiques, ceux de la vie privée d'Annemarie ne feront que s'aggraver au fil des mois. Pour l'heure, elle retrouve Klaus et Erika, soit à l'hôtel Bedford, soit chez leurs parents à Princeton, bien décidée à regagner leur confiance. Mais elle ressent cruellement le fossé qui sépare les Mann, engagés corps et âme dans la lutte antifasciste, du couple von Opel. En outre, la présence de Fritz von Opel l'exaspère au plus haut point, et ce pour deux raisons majeures : d'une part il est une entrave dans sa relation avec Margot ; d'autre part, bien que résolument antinazi, il ne se mobilise pas activement contre Hitler. Aussi la présence des von Opel aux côtés de Miro suscite-t-elle la méfiance de Klaus et Erika. Et pas seulement la leur, d'ailleurs. Déjà au moment où Fritz von Opel était sur le point d'embarquer pour l'Amérique, ses origines germaniques l'ont rendu suspect aux yeux des autorités, et son départ a dû être différé. Soupçonné d'espionnage, il sera même interné avec sa femme à Miami après l'entrée en guerre des USA en décembre 1941.

Or c'est justement la lutte antifasciste qui est au centre des pensées et des actes d'Annemarie dès qu'elle pose le pied sur le continent américain ; elle a aussi mauvaise conscience d'être trop loin pour partager les souffrances de ceux qu'elle a quittés, de ne pas être au cœur des événements. Cette obsession, elle la partage avec Klaus Mann, en proie lui aussi aux pires angoisses et se demandant s'il ne devrait pas rentrer en Europe pour se « mettre à disposition ». Mais « DE QUI ? POURQUOI[6] ? » s'interroge-t-il.

Un énorme réconfort au milieu de ce « cauchemar monstrueux[7] » : le 16 mai, devant le Congrès, Roosevelt appelle les Américains à mettre fin à leur isolationnisme et à se préparer à entrer dans la guerre. Une augmentation du budget militaire est aussitôt votée. Dans un de ses tout premiers articles, Annemarie se réjouit qu'on ait compris outre-Atlantique que « si une défaite des Alliés en Europe devenait subitement de l'ordre du possible, cela signifierait l'effondrement d'un principe moral, d'une vision du monde qui est aussi celle de la démocratie américaine, une défaite qui menacerait donc directement le noyau même de l'idéal américain, de l'idée que les Américains se font de l'avenir ». Et elle termine par ces mots : « Le président n'a fait qu'exprimer ce que chaque Américain sait déjà : c'est une question de vie ou de mort, de ce côté-ci de l'océan comme de l'autre[8]. » Son optimisme est bien vite tempéré quand elle apprend que l'organisation syndicale CIO, qu'elle a énergiquement défendue lors des toutes premières luttes de John Lewis pour les droits des travailleurs, proteste contre le programme militaire de Roosevelt de peur que ces mêmes droits ne se trouvent remis en cause.

Après l'invasion des Pays-Bas, les comités de soutien aux réfugiés créés aux États-Unis redoublent d'efforts. Dirigé par le président de l'université de Newark, le docteur Frank Kingdon, l'Emergency Rescue Committee (ERC) s'occupe par exemple de fournir aux personnes menacées billet de bateau, visa de transit, affidavit et permis de séjour. Klaus et Erika sont engagés dans ce comité soutenu par Eleanor Roosevelt, Thomas Mann et Albert Einstein. On s'y efforce en particulier de secourir les détenus des camps de concentration de Gurs et du Vernet, ainsi que les intellectuels menacés d'arrestation par la Gestapo. Quand Annemarie arrive à New York, la famille Mann est fort inquiète du sort d'Heinrich, le frère de Thomas, de sa femme Nelly et de Golo, le frère cadet de Klaus et Erika. Le 23 mai, au lendemain d'un lunch chez Thomas Mann, elle envoie un télégramme à Busy Bodmer lui demandant d'entamer des recherches. On lui propose aussi de faire partie d'un comité de soutien aux enfants réfugiés, « mais Erika trouve comme moi que je devrais me tenir à l'écart de tout cela. Ce n'est pas ma façon de travailler, ce mélange de parlotes, d'ambition féminine, de mondanités, de réunions de comités et de vagues projets – ça fait tellement "dilettante", ça me rend malade[9] ». Le projet de Klaus Mann de fonder une nouvelle revue lui sied davantage, et elle est disposée à essayer de demander de l'argent à de riches Américains : « Ce projet mobilise toutes mes pensées car il est temps de rassembler nos forces, comme ce fut le cas à Amsterdam en 1933. Tu étais à l'époque l'homme de la situation, tu vas donc l'être à nouveau, d'autant plus que tu te sens déjà très bien intégré et à l'aise en Amérique, et il ne fait aucun doute que le rassemblement de nos forces ne sera possible que dans ce pays », lui écrit-elle[10]. Ses quelques rares tentatives pour trouver des gens prêts à cofinancer le projet de Klaus se révéleront cependant infructueuses. Le premier numéro de *Decision* réussira à paraître en janvier 1941, mais la revue ne pourra se maintenir qu'une seule année, au prix de difficultés sans nombre qui pousseront son rédacteur en chef au désespoir et au suicide.

À l'heure où elle écrit à Klaus les lignes qui précèdent, Annemarie a quitté New York pour s'installer avec le couple von Opel « dans un coin de campagne verdoyant[11] », à Lowell, Massachusetts. Un mois plus tard, dans ce même État, les deux amies trouvent une maison à Siasconset, sur l'île de Nantucket, où elles resteront jusqu'à la fin de l'été. Tout comme Margot, Annemarie supporte mal le rythme trépidant de la grande ville, et les quatre premières semaines passées en déplacements, rendez-vous, sorties et cocktails harassants ont suffi pour lui faire comprendre qu'elle n'aspire à rien d'autre qu'à s'asseoir à son bureau pour écrire. D'ailleurs, il lui faut honorer ses contrats avec les journaux suisses. Depuis son arrivée aux États-Unis, outre des articles sur le salutaire revirement des Américains quant à leur éventuel engagement dans la guerre, elle a rédigé par exemple un article sur l'Exposition universelle qui se tient à New York. Un texte auquel elle tient d'autant plus qu'elle a rencontré sur le *Manhattan* seize de ses compatriotes qui devaient travailler au pavillon suisse comme serveuses, caissières ou réceptionnistes. Mais le cœur n'y est pas. Le maréchal Pétain vient tout juste de demander l'armistice. Dans les dernières lignes, elle énumère les pavillons des pays déjà tombés sous le joug hitlérien et termine par cette évocation qui fait office de métaphore : « Au bord de l'eau, les ailes d'un moulin à vent hollandais projettent leur ombre immobile[12]. » Ce qui transparaît clairement dans chacun ou presque de ses textes, c'est que la seule vue du mot WAR s'étalant jour après jour sur les manchettes des journaux lui gâche l'existence, et qu'elle s'interdit tout plaisir « tandis que chez nous les morts s'entassent et que des cohortes anonymes de réfugiés se pressent sur les routes[13] ».

À la mi-juin, Alfred Schwarzenbach, qui vient de passer comme tous les ans quelques semaines au siège new-yorkais de son entreprise – dirigé par Freddy, son fils cadet –, a du mal à trouver un vol lui permettant de regagner la Suisse. Annemarie aimerait retourner là-bas avec son père, mais sachant que Renée y est farouchement opposée Alfred arrive à convaincre sa fille de se tenir éloignée de la guerre, et il fait en sorte que lui soit assuré un revenu mensuel minimum tant qu'elle restera sur le continent américain. Annemarie a le sentiment qu'un piège se referme sur elle. Impossible de rentrer dans son pays.

Impossible d'aller faire en Alaska les reportages que la *Zürcher Illustrierte* attend d'elle – on ne lui accorderait pas de visa pour remettre les pieds aux USA. Soudain, les fruits de son travail des dernières années lui semblent anéantis, elle qui avait réussi tant bien que mal à se constituer un public de lecteurs. Quel avenir a désormais un écrivain de langue allemande ? Va-t-il falloir qu'elle se mette à écrire en anglais, comme son ami Klaus s'y emploie avec courage depuis déjà plus d'un an ? Mais « ce ne serait pas la même chose. Cela gâcherait tout ce que je possède », écrit-elle à Ella Maillart. Et ne sachant sur quel pied danser, elle traduit par ces mots un sentiment que beaucoup d'émigrés partagent : « Bien qu'étant en sécurité dans un pays en paix, je me sens menacée et inquiète, en attente[14]. »

Pourtant, les démarches entreprises depuis qu'elle a débarqué à New York ne sont pas restées infructueuses : elle a déjà vendu quelques photos de Kaboul à la revue *Asia*, pris des contacts avec *Travel*, *Nation*, le *Washington Post* ainsi qu'avec *Life*, trouvé un agent littéraire sur place, le docteur Franz Horch, et elle apprend de surcroît que l'Intercontinental News Service manifeste de l'intérêt pour ses articles de la *Zürcher Illustrierte*. Mais ces succès, somme toute relatifs, sont oblitérés par de douloureuses réalités : un sentiment de paralysie, l'impossibilité de savoir de quoi sera fait l'avenir, l'ignorance de ce qui se passe réellement en Europe, et en particulier en Suisse. Malgré les lettres plutôt rassurantes de ses amis, Annemarie est littéralement obsédée par ce qu'elle considère comme une véritable tragédie pour son pays : elle pense en effet que la Suisse, du fait même qu'elle ait été épargnée par Hitler, n'a pas eu la chance – comme cela a été le cas de la Finlande, qui a résisté longtemps et héroïquement face à l'Armée rouge – de lutter pour défendre les valeurs démocratiques qui fondent son existence. Sollicitée par des amis de Washington pour écrire un article sur ce petit modèle de démocratie encerclée par des pays régis ou envahis par le fascisme, elle se met à rédiger un texte intitulé « La Suisse, le pays qui n'a pas pu tirer un seul coup de feu[15] », dans lequel elle exprime ainsi ses craintes que sa patrie ne devienne un satellite voire un État vassal de l'Allemagne :

> À compter du jour où la France a capitulé, la Suisse était condamnée à satisfaire aux exigences allemandes. À compter de ce même jour, l'indépendance suisse ne fut plus qu'une fiction. La neutralité suisse n'est plus elle aussi qu'un vain mot, une idée reçue à laquelle s'accrochent néanmoins beaucoup de Suisses, tout comme à la notion de liberté suisse. [...] Que peut donc prétendre faire la petite Suisse si les Allemands exigent demain le passage de leurs troupes, ou la libre disposition des aérodromes suisses, ou la livraison d'or ou de vivres, ou simplement l'extradition d'un seul réfugié allemand jouissant en Suisse du droit d'asile politique ? Le gouvernement suisse prendra-t-il la responsabilité de repousser les demandes de l'Allemagne, provoquant ainsi l'incendie des villes et des villages, et la mort de milliers ou de dizaines de milliers de jeunes gens ? [...] Dès l'instant où la Suisse se verra contrainte de livrer le premier réfugié à l'Allemagne et d'enfreindre sa séculaire tradition du droit d'asile, elle ne sera plus le même État, elle ne sera plus cette démocratie fédérative réussie qui devrait servir de modèle à la fédération européenne à venir.

Elle fustige également la sacro-sainte notion de neutralité :

> Ne pas provoquer l'Allemagne d'Hitler, respecter vis-à-vis d'elle les lois de la neutralité et du droit des peuples, est d'une parfaite absurdité, car ce pays ne respecte ni lois ni obligations, pas plus celles-ci que d'autres, elle ne reconnaît que les lois de sa « dynamique » propre, c'est-à-dire de sa volonté de conquête et de puissance. La Suisse ne sera ni plus ni moins attaquée ou épargnée par Hitler en vertu de sa neutralité envers lui ; le traitement qu'elle subira sera uniquement fonction des intérêts d'Hitler. Il

est vain d'essayer d'imaginer quelles exigences et prétentions exactes l'Allemagne pourrait prochainement formuler à l'égard de la Suisse. Mais il faut bien se rendre compte que la Suisse devra s'y plier. L'Allemagne peut réclamer la livraison de réfugiés, l'interdiction de journaux et de livres, le licenciement de fonctionnaires antifascistes, la discrimination des Juifs – et elle le fera. Chacune de ces exigences est contraire aux lois et à l'idéologie démocratique de la Suisse. Elles sont également contraires à la sensibilité de la plupart des Suisses. Jusqu'à maintenant, il a été impossible en Suisse d'imposer une chose rejetée par la majorité des citoyens. Dans une Europe dominée par Hitler, le gouvernement suisse ne pourra plus demander l'avis des citoyens et agir en conséquence. La Suisse ne méritera pas plus le titre de vraie démocratie que l'un des États conquis par l'Allemagne.

Cet article ne sera finalement pas publié de son vivant. Mais ce qu'Annemarie déplore surtout, ce sont les réactions de dénégation et les commentaires parfois désobligeants de ses amis suisses :

> Je me suis rendu compte alors qu'il n'était déjà plus évident pour eux de penser et de juger comme avant. Ils suivaient déjà le mouvement, acceptaient beaucoup de choses que nous aurions combattues autrefois. Et au lieu de reconnaître que nous étions contraints en Suisse d'accepter ceci et cela, ils déformaient déjà tout. C'est ce qui est à mes yeux le plus grave. Car alors [...] les vainqueurs auraient raison de mépriser les êtres humains, et ils auraient raison de traiter les peuples comme ils le font[16].

Ces préoccupations déstabilisent Annemarie à tel point qu'elle n'arrive pas à travailler sans avoir bu. Whisky et gin, secs – « ou un vin californien ordinaire dont un seul verre suffit à vous flanquer par terre », précisera Margot von Opel, qui affirmera avoir vécu un véritable calvaire pendant cet été 1940 à Nantucket[17]. À vrai dire, les problèmes ont déjà commencé à New York, à peine deux semaines après leur arrivée. Au Plaza, célèbre hôtel de luxe

À Nantucket (été 1940)

sur la Cinquième Avenue, face à Central Park, Annemarie, sous l'emprise de l'alcool et de la drogue, a été prise de véritables crises de rage. Les voisins de chambre des von Opel se sont plaints de hurlements et de bruits d'objets violemment jetés sur le sol. Dès cette date, en effet, et à l'insu de Margot, elle consomme de la Bencédrine, un psychostimulant appartenant à la classe des amphétamines, en vente libre dans n'importe quel drugstore de New York. Au début de leur séjour à Nantucket, elle s'accorde une heure à la plage avec Margot, elles font aussi du cheval ensemble ; mais très vite elle s'enferme, tous rideaux tirés, refuse de s'alimenter, fume et boit. Entre les deux femmes, les relations deviennent de plus en plus tendues. Puis Annemarie part seule trois jours à New York. Elle veut revoir Erika Mann avant le départ de cette dernière pour la côte Ouest. Quand elle revient à Nantucket, elle est dans un tel état d'agitation que Margot la soupçonne cette fois de s'être droguée – ce qu'Annemarie finit par avouer, d'autant que la Bencédrine lui donne des démangeaisons infernales. Margot raconte :

> Pendant toute cette période, elle n'a pas dormi. Elle a passé les nuits debout dans sa chambre, la tête appuyée contre le mur, s'arrachant la peau et les ongles, et elle était dans un tel état qu'elle a fini un soir par m'agresser (ayant malheureusement un bras en écharpe à la suite d'une fracture de la clavicule, je dus appeler Fritz au secours, ce qui était bien sûr à tout point de vue une situation épouvantable !) et a tenté de m'étrangler[18].

Le 23 juillet 1940, Annemarie rapporte ces mêmes événements à Klaus Mann sous une forme évidemment moins dramatique :

> Je ne sais pas comment te raconter [...] ce qui ne fonctionne pas bien chez moi. Il serait bien sûr inopportun de consigner par écrit les discussions que nous menons Margot et moi la moitié du jour et de la nuit, avec tant

d'intensité et de sincérité de part et d'autre que l'enjeu devient presque vital. Car ce qui subsiste en définitive de toutes les difficultés mineures et de tous les sujets douloureux en ce moment, c'est que si je m'adapte facilement à tel ou tel environnement et n'ai rien à y opposer, je suis quand même malheureuse parce que je ne suis pas encore devenue sédentaire et qu'aucun environnement ne me paraît assez convaincant pour être reconnu comme le mien. Et il se peut qu'en réalité j'aie envie d'être malheureuse, c'est-à-dire que j'aie besoin des tensions extérieures et souhaite donc à nouveau me lancer sur les routes. [...] En tout cas, il est clair que pour les autres, pour Margot, il n'en ressort qu'une chose, à savoir que je ne suis ni apte ni prête à vivre avec quelqu'un et à l'aimer.

Klaus Mann lui répond aussitôt par « un petit sermon », l'accusant de recommencer à « rêver des champs de pavots » – ce qu'elle nie catégoriquement –, lui reprochant son « obstination morbide » et son « désir maladif de souffrir ». Ces griefs la touchent beaucoup car d'autres les lui ont déjà exprimés, des amis dont elle sait qu'ils ne prononcent pas de tels mots à la légère et qu'ils lui veulent du bien. Ella Maillart ne lui a-t-elle pas dit un jour à Kaboul qu'elle se « nourrissait de catastrophes » ? Cherchant à voir clair en elle-même, Annemarie répond à Klaus le 1er août qu'elle se trouve confrontée à cette question existentielle :

> Suis-je capable de répondre à un sentiment, de m'engager dans l'amour ou dans tout autre domaine sans aliéner cette liberté intérieure dont j'ai besoin pour écrire, ou puis-je demander aux autres pardon et compréhension pour cette façon qui est la mienne d'aller-dans-le-désert, ou dois-je renoncer à toute forme de vie conviviale et civile, à toute relation (ce qui m'angoisse beaucoup) ?

Elle pose aussi la question d'une autre façon : si elle a besoin de la « romantique insécurité de la grand-route », est-ce parce qu'elle est « malade » ou parce qu'elle « n'arrive pas à concilier sa façon d'écrire avec les exigences de la vie normale » ?

Au moment où elle se livre à ces réflexions, Annemarie doit se débattre au milieu d'un imbroglio sentimental infernal. D'habitude, c'est elle qui poursuit de ses assiduités une femme plus âgée qu'elle. Mais cette fois les rôles sont inversés : une très jeune femme est tombée follement amoureuse d'elle. Une jeune fille de vingt-trois ans devenue au tout début du mois de juin la révélation littéraire de l'année après la publication de son premier roman, *Le cœur est un chasseur solitaire* : Carson McCullers.

En quelques jours cette gloire soudaine propulse l'Américaine de sa Géorgie natale à New York. Le 12 juin, à peine arrivés, n'ayant pas encore eu le temps de chercher un appartement, Carson et son mari Reeves se retrouvent à l'hôtel Bedford, au milieu des intellectuels européens en exil. C'est ce jour-là qu'ils font la connaissance de Klaus et Erika Mann – et d'Annemarie. Une rencontre qui sera l'une des plus importantes de l'existence de Carson et qu'elle raconte en ces termes dans *Illuminations et nuits blanches* :

> Elle avait un visage qui, je le savais, me hanterait jusqu'à la fin de ma vie, très beau, avec des cheveux blonds coupés court. Il y avait sur ce visage un air d'indéfinissable souffrance. Face à une telle splendeur, je ne pus m'empêcher de penser à la rencontre de Muichkine avec Nastasie Philippovna dans *L'Idiot*, où il éprouve « terreur, pitié et amour ». Erika nous la présenta comme étant madame Clarac. Elle portait ce qui se faisait de mieux et de plus sobre en mode d'été, si bien que même moi j'y reconnus la griffe d'un grand couturier parisien. [...] Elle m'aussitôt demandé de l'appeler Annemarie et nous sommes tout de suite devenues très amies. À sa demande, je l'ai revue le lendemain.

Quant à Annemarie, avant même d'apprendre qu'elle a en face d'elle l'auteur du livre dont tout le monde littéraire parle à New York, elle est frappée par « ce mélange de résignation précoce et d'innocence[19] » qu'elle perçoit d'emblée chez la jeune femme. Le jour suivant, elles se revoient au bar du Bedford et prennent rendez-vous pour le lendemain. Annemarie doit quitter New York ce vendredi-là pour aller rejoindre Margot von Opel à Lowell. Mais auparavant elle souhaite interviewer Carson afin d'informer ses lecteurs suisses sur ce premier roman qui a immédiatement reçu le « prix du livre du mois » et sur cette Amérique qui sait détecter les talents cachés, même au fin fond d'une petite ville des États du Sud.

Les deux femmes se retrouvent donc le 14 juin à l'heure du lunch dans un bar-restaurant. La jeune Américaine commande un verre de lait et une tartine de beurre. Fascinée par la beauté androgyne de son interlocutrice, elle ne peut rien avaler. De l'autre côté de la table un peu crasseuse, Annemarie sirote un café – et fume. Et se raconte. Carson rapporte le dialogue suivant dans ses souvenirs :

– Tu n'imagines pas ce que cela signifie [...] de guérir d'une si terrible dépendance.
– De quelle terrible dépendance ?
– Personne ne t'en a parlé ?
– Non, qu'aurait-on pu me dire ?
– Je suis morphinomane depuis l'âge de dix-huit ans.

Et quand Carson lui demande depuis quand elle ne prend plus de morphine, Annemarie répond : « Depuis aujourd'hui. »

L'Américaine écrira plus tard : « Son visage était un Donatello, ses cheveux souples et blonds étaient coupés comme ceux d'un garçon ; son regard bleu foncé vous examinait avec lenteur ; sa bouche était enfantine et douce[20]. » Annemarie, quant à elle, évoquera « son visage d'enfant pâle, ses grands yeux gris et rêveurs, et son expression intelligente et enfantine, à la fois triste et pleine de témérité[21] ». Au fil de leur conversation, Carson McCullers croit découvrir en elle son propre reflet, son double. Il est vrai qu'entre les deux femmes les similitudes sont frappantes : toutes deux ont publié leur premier livre à l'âge de vingt-trois ans ; toutes deux ont failli faire une carrière de pianiste ; toutes deux ont subi la domination d'une mère possessive. Et Carson, telle qu'elle apparaît sur les célèbres clichés de Cartier-Bresson et Louise Dahl-Wolfe, a elle aussi un air androgyne, s'habille volontiers comme un garçon. Elle écrit elle aussi sur la solitude de l'homme, sur son besoin effréné d'amour. Elle a elle aussi une perception aiguë de l'humanité souffrante. C'est d'ailleurs son « étonnant sens de l'humain », sa capacité à « mettre en scène des personnages de Noirs, avec la même simplicité et la même justesse que ceux de sa propre race » qui impressionneront le plus l'écrivain Richard Wright. Carson a-t-elle vu les photos réalisées par Annemarie dans les États du Sud en 1938 ? C'est peu probable, mais il ne fait guère de doute qu'elle y aurait retrouvé son propre regard, sa propre « attitude devant la vie » qui lui donne « la possibilité d'échapper aux pressions de son environnement pour rassembler les Blancs et les Noirs, dans une même compréhension et une même tendresse[22] ».

Immédiatement après cette rencontre, Annemarie se met en devoir d'écrire son article. Toutefois, ce n'est pas vraiment le livre de Carson qui l'intéresse. Certes elle le trouve bon, mais sans plus. La deuxième moitié de son texte est consacrée en fait à son propre isolement et à son désespoir dans cette Amérique si éloignée des champs de bataille européens. Dans une première version, non publiée, elle insère un long extrait traduit par ses soins d'une « lettre charmante[23] » de Carson. Une lettre qui donne un aperçu de la teneur et de la nature de leurs échanges :

Je crois que tu m'as porté bonheur car vendredi, après le déjeuner avec toi, mon mari et moi avons trouvé exactement le genre d'appartement que nous cherchions. Il est calme, ce qui est essentiel pour moi, et au cinquième étage d'un immeuble sur la 11ᵉ Rue Ouest. Maintenant, je cherche un piano, un lit et un bureau. Nous espérons emménager vendredi prochain.

Je crois que cette névrose typiquement new-yorkaise, cette tension presque angoissante, est surtout provoquée par le bruit. Même quand on n'en perçoit aucun, l'impression de vibration, de léger martèlement dans les veines agit de façon si continue qu'il est difficile de trouver la paix et le repos. Je ne crois pas que quelqu'un puisse jamais s'y habituer tout à fait.

Ce matin, au réveil, j'ai pensé à la sonate de Brahms en *ré* mineur pour violon et piano, et je me sens depuis étrangement heureuse. Dès que nous serons installés, je me mettrai sérieusement à travailler... et mon travail sera différent et plus pur que tout ce que j'ai écrit jusqu'ici. En gros, j'essaie de trouver une nouvelle forme poétique, un style poétique qui dépendrait autant de l'imagination que du ton, mais dont l'effet proprement dit proviendrait davantage du monde psychique du lecteur que d'une perfection technique manifeste et facile à atteindre. Naturellement, je parle de « poésie » au sens abstrait du terme, car les vers m'intéressent peu pour le moment. Il me faudra probablement des années pour trouver la bonne technique et découvrir le ton exact dont j'ai besoin. Ces dernières phrases sont assez verbeuses et confuses. Peut-être n'est-ce pas le bon moment pour faire de l'« esthétique ». Peut-être que d'ici dix ans tous les gens bons seront morts[24].

Carson et Annemarie sont donc faites pour s'entendre, et elles ont d'emblée beaucoup de choses à se dire, entre autres « sur le difficile et torturant problème de l'écriture, impossible à résoudre complètement[25] ». Leur rencontre du 14 juin – ou une autre ? – s'est prolongée fort tard dans la nuit, ce qui a mis Reeves dans une rage folle. Souffrant de voir son épouse s'enflammer pour une femme, il est devenu violent. De son côté, Annemarie n'est sans doute pas insensible à l'adulation dont elle est l'objet, mais elle ne peut répondre aux sentiments de la jeune Américaine et elle ne tient pas à ce que sa relation avec Margot se détériore. Cependant, l'insistance de Carson la perturbe considérablement. Dans cette même lettre du 23 juillet à Klaus Mann où elle évoque son incapacité à aimer, elle écrit :

> Tu auras sans doute beaucoup de mal à comprendre que c'est la jeune Carson McCullers qui a déclenché une crise aussi intense ; elle est gravement malade[26] et vit dans un monde imaginaire si bizarre et si éloigné qu'on ne peut absolument pas lui faire entendre raison. Je pensais avoir agi avec toute la prudence requise et l'avoir traitée avec ménagement, mais elle s'attend, étant persuadée que je suis son destin, à ce que j'arrive un jour ou l'autre. Et maintenant son mari l'a quittée à cause de cela. Margot a bien sûr raison de dire que l'on n'est pas tout à fait irresponsable de telles choses.

En réalité, ce n'est pas Reeves qui quitte Carson mais plutôt l'inverse. Invitée à participer à la Bread Loaf Writer's Conference – une importante rencontre littéraire organisée tous les ans pour permettre à des écrivains de côtoyer leurs pairs et de travailler pendant deux semaines dans de bonnes conditions –, Carson se rend à la mi-août dans le Vermont. Seule. Elle espère qu'Annemarie ne tardera pas à la rejoindre, mais elle a beau la harceler au téléphone, rien n'y fait. Renonçant à la convaincre de venir à Bread Loaf, Carson lui propose alors de la retrouver à la fin du mois à Boston où elle doit rencontrer son éditeur, Robert Linscott. Annemarie reste inébranlable et écrit à celui-ci le 23 août pour lui demander d'aider la jeune femme à surmonter sa déception : « Je suis désolée de ne pas être en mesure de faire quelque chose pour Carson. Je l'aime profondément, j'aimerais que le monde soit différent et plus facile à affronter pour elle. J'aimerais ne jamais lui faire de mal. Mais elle est très candide et ne peut admettre certaines réalités. »

Début septembre, de retour à New York, Carson McCullers quitte le domicile conjugal et part vivre à Brooklyn Heights dans la maison de trois étages que George Davis, le rédacteur en chef de *Harper's Bazaar*, vient de louer. Wystan Auden s'étant joint à eux, elle se retrouve sous le même toit que le mari d'Erika Mann ! Très vite, le 7, Middagh Street devient le foyer d'une communauté d'intellectuels et d'artistes si recherchée qu'il faudra s'inscrire sur une liste d'attente pour espérer y obtenir une chambre. Y séjourneront dans les tout premiers temps la strip-teaseuse Gypsy Rose Lee, le compositeur Benjamin Britten et son compagnon le ténor Peter Pears, ainsi que le poète Louis MacNeice et Janet Flanner, la célèbre chroniqueuse du *New Yorker*. Plus tard : Richard Wright, Golo Mann, Jane et Paul Bowles, Christopher Isherwood, Leonard Bernstein, Kurt Weill, Salvador Dali et sa femme Gala, Aaron Copland, Denis de Rougemont – et bien d'autres encore. C'est d'ailleurs au sein de ce groupe que Klaus Mann va trouver des écrivains prêts à collaborer à *Decision*, cette nouvelle revue qu'il conçoit comme « un instrument destiné à intensifier les relations entre les mondes intellectuels américain et européen », et dont il prépare le premier numéro pour le mois de janvier 1941 ; parmi les noms cités plus haut, ceux de Wystan Auden, Janet Flanner et Christopher Isherwood figurent sur la couverture.

Le 26 septembre, une semaine après son retour de la côte Ouest, Klaus dîne avec Annemarie, elle-même tout juste rentrée de l'île de Nantucket avec Margot von Opel. Les deux femmes ne logent pas au même endroit : Annemarie est au Bedford, Margot à l'hôtel Pierre. Au cours de l'après-midi précédant cette rencontre, Margot téléphone en secret à Klaus pour l'informer de l'état déplorable dans lequel se trouve la Suissesse. Elle a beaucoup maigri et n'arrive pas à travailler depuis un bon mois, obsédée en permanence par l'idée qu'il est impératif pour elle de retourner en Europe. Elle envisage tour à tour de partir pour Londres, de rejoindre la résistance autour du général de Gaulle ou même d'aller retrouver son mari en poste à Tétouan. À Arnold Kübler qui lui a versé cinq cents francs d'avance pour des reportages destinés à la *Zürcher Illustrierte*, elle explique ainsi son silence :

> Je sais bien que la vie continue et que les poissons d'Alaska, les puits de pétrole du Texas et même la botanique continueront d'être des sujets importants, et je sais que les moines du Tibet ne se doutent même pas que notre monde est devenu la proie des flammes. Et il ne sert à rien que je n'aie pas voulu entendre parler de guerre ; maintenant elle est là, notre monde a été mis devant cette réalité, nous n'avons pas le choix. Et tant qu'il en sera ainsi, je ne pourrai pas trouver la sérénité, même au Tibet, et il me sera tout simplement impossible de me concentrer sur le pétrole du Texas. Soyez donc patient[27].

Jusqu'à la mi-août, elle a cependant pu envoyer en Suisse des articles sur les États-Unis, en particulier sur la campagne présidentielle qui bat son plein – une aubaine pour Hitler, écrit-elle, constatant que jusqu'en novembre les Américains vont être mobilisés par cette échéance électorale et donc détournés de la guerre en Europe. Mais les rédactions helvétiques refusent nombre de ses articles, ainsi la *Thurgauer Zeitung*, dont le rédacteur en chef Eric Streiff écrit à Busy Bodmer : « J'avais espéré recevoir d'A. Clark des articles sur les réalités de l'Amérique ; à la place, elle m'a envoyé des textes dans lesquels elle décrit surtout ses sentiments personnels. [...] J'espère que les articles d'Alaska répondront mieux à notre demande d'informations objectives[28]. »

Le 30 septembre, les événements se précipitent quand Annemarie apprend que son père est tombé gravement malade. Elle envoie aussitôt un télégramme à Busy Bodmer pour la prier de faire livrer de sa part un bouquet de fleurs à Bocken. Sachant que sa présence en Suisse est indésirable, elle n'en poursuit pas moins l'idée qu'elle pourrait commencer à se rapprocher de l'Europe, d'autant qu'elle espère retrouver sa capacité de travail en s'éloignant de Margot von Opel. Est-ce en partie pour ces raisons qu'elle achète un billet de bateau à destination du Maroc via Lisbonne ? Ou est-ce aussi, comme elle l'écrira plus tard – « Je savais en tout cas qu'entre le premier médecin consulté et la camisole de force, il n'y avait qu'un pas[29] » –, parce qu'elle se sent basculer dans un état psychique incontrôlable ? Toujours est-il qu'au dernier moment elle ne partira pas. A-t-elle cédé aux pressions de Margot ou de ses amis ? A-t-elle été influencée par l'arrivée si longtemps différée d'émigrants célèbres, heureux d'avoir pu échapper aux camps nazis ? Le 13 octobre, en effet, le *Nea Hellas* accoste à New York. À bord : Golo Mann, Heinrich Mann et sa femme Nelly Kröger, Franz Werfel et Alma Mahler. Tous les cinq ont franchi ensemble et clandestinement la frontière espagnole avant de s'embarquer à Lisbonne. Annemarie est une exilée volontaire, certes, mais n'a-t-elle pas été repérée par les autorités allemandes depuis sa participation à *Die Sammlung* ? Sans doute n'oublie-t-elle pas non plus qu'elle est française par son mariage et que la France, maintenant, est sous la botte nazie.

Le silence qui s'installe dès le début du mois d'octobre 1940 entre elle et ses correspondants habituels signe le début de sa descente aux enfers. Ruth Landshoff-Yorck rapporte qu'à cette époque elle déambule dans les rues de New York le visage baigné de larmes. Le 18 octobre au soir, Klaus Mann est à l'hôtel Pierre en compagnie d'Annemarie et d'une des nombreuses admiratrices qui gravitent autour d'elle, l'écrivain Erica Andersen. La soirée se prolonge dans la suite de Margot von Opel avec Martin Gumpert. Klaus rapporte dans son journal le lendemain :

Miro, de nouveau dans un état extrêmement préoccupant. L'affreuse altération de son regard. La marque effrayante entre ses sourcils. Son éloquence trompeuse, puis l'effondrement brutal – après un verre de whisky. Sa tête plonge en avant. Apathie de son visage qui s'avachit. Je crains que ce ne soit très sérieux cette fois. Longue discussion avec Margot et Gumpert après qu'elle est partie au lit, rétive et chancelante. G. : « Au bord, sinon déjà au début d'une psychose. » *Pauvre enfant*[30].

Un peu plus tard, Annemarie essaie d'étrangler Margot von Opel pendant son sommeil, puis, horrifiée par ce qu'elle allait faire, elle se met à pousser des cris qui ameutent tout l'hôtel en pleine nuit. Margot et Martin Gumpert appelé en urgence ont toutes les peines du monde à convaincre le directeur de ne pas faire intervenir la police. Le lendemain, Margot, complètement désemparée, se rend au siège de la firme Schwarzenbach pour confier sa détresse au frère d'Annemarie : « Sa première réaction, rapporte-t-elle, [fut] de vouloir la faire arrêter par la police, et c'est seulement parce que j'ai objecté qu'il ne pouvait pas se permettre un scandale dont s'empareraient tous les journaux (je sais malheureusement avec quelles armes il faut combattre les gens de cette sorte) qu'il ne l'a pas fait[31]. »

Peu après, Erika Mann rentre de Londres. Annemarie est invitée à passer une semaine à Princeton : un intermède bienvenu. Quand elle retrouve Margot à New York, début novembre, celle-ci exige qu'elle consulte un médecin, et, par mesure de précaution, elle informe Freddy Schwarzenbach des difficultés que traverse sa sœur. Ne jugeant pas nécessaire d'hospitaliser Annemarie, le médecin en question – « un abruti », à en croire Margot von Opel qui ne jure que par le docteur Sakel, l'inventeur de la cure à l'insuline – prescrit un simple traitement ambulatoire. C'est alors que tombe le 17 novembre la nouvelle du décès d'Alfred Schwarzenbach, terrassé par un infarctus. Annemarie ne peut se consoler de ne pas avoir été auprès de son père dans ses derniers instants. Elle sait en outre qu'avec lui elle perd un précieux médiateur.

Une semaine plus tard, elle retient une bonne partie de la nuit Erica Andersen au téléphone, lui assurant qu'elle va se suicider. Ce qu'elle tente aussitôt en ingurgitant un cocktail inédit : une bouteille de whisky, une demi-bouteille de Canadian Club, quatre somnifères et un demi-flacon de Bencédrine. Quand Erica Andersen, inquiète, la retrouve au matin inerte sur le sol de sa chambre du Bedford, elle alerte Margot. Celle-ci prévient un médecin qui, vu l'état de grande agitation d'Annemarie à son réveil, appelle Freddy Schwarzenbach pour lui demander de l'autoriser à faire transporter sa sœur au Doctor's Hospital. Ces incidents irritent Freddy au plus haut point. Il en veut non seulement à sa sœur qui est à ses yeux « une enfant trop gâtée et incapable de discipline[32] », mais également à toutes les femmes de son entourage, Margot von Opel en tête, à qui il ne se prive pas de le faire sentir. La lettre qu'il envoie le 28 novembre à son frère Hans en dit long sur son attitude :

> La conclusion des médecins est la suivante : [...] il faudrait qu'Annemarie passe plus d'un an, peut-être deux, dans un sanatorium de Topeka (Kansas) où on pourrait *peut-être* la guérir. Coût de l'opération : à peu près 700 dollars par mois, ce qui ferait pour deux ans un total de 16 800 dollars ou de 70 000 francs suisses environ. Et je pense qu'Annemarie n'en vaut absolument pas la peine. Si on la laisse comme elle est, elle va sombrer toujours plus bas. Alors, qu'est-ce que je dois faire ? Je t'avoue que ça me fait suer de me démener pour Ann. car tu ne peux jamais la voir seule, il y a toujours une bonne femme avec elle, et je ne te dis pas comment sont ces bonnes femmes, c'est à vous dégoûter. Elle aime toutes ces femmes, mais en même temps elle me dit que ce sont elles qui la rendent folle. Va y comprendre quelque chose. Et elle n'est pas folle au point d'être enfermée dans un asile d'aliénés, au contraire, elle sait très bien ce qu'elle fait et pense

probablement qu'il lui faut se comporter comme cela pour être un génie. Et elle est persuadée qu'elle en est un. D'ailleurs, elle a écrit des poèmes dimanche soir ; je te les envoie ci-joint, juge par toi-même.

Quatre jours plus tard il ajoute, après avoir rencontré le médecin qui a fait hospitaliser Annemarie : « Le médecin [...] trouve maintenant qu'Annemarie est parfaitement normale. Une fois de plus, elle lui a raconté des histoires et il est tombé dans le panneau. »

L'état d'Annemarie ne s'étant effectivement pas amélioré, Margot von Opel continue de consulter médecin sur médecin – elle dira en avoir vu onze au cours du dernier trimestre 1940 ! Début décembre, un docteur conseille un séjour en sanatorium, où Annemarie entre de son plein gré. Margot von Opel écrit :

> Dès le début j'avais déconseillé de choisir cet endroit parce que A. était beaucoup trop malade pour une tranquille « maison de repos » pour dames âgées, et que des soins dans un hôpital de N.Y. auraient été la seule solution valable. Dès la troisième nuit, on a renvoyé A. de cet établissement, et on voulait la transférer dans une clinique parce qu'elle s'était mise à se déchaîner et à faire un tel vacarme que le médecin, par égard pour les autres patients, ne pouvait pas la garder[33].

Le 17 décembre, Annemarie cède une fois de plus aux instances conjuguées d'Erika Mann et de Margot von Opel : elle accepte d'aller se reposer pendant deux semaines dans une clinique psychiatrique de Greenwich, dans le Connecticut. Il est convenu qu'elle ira ensuite chez les Mann à Princeton puis retrouvera Margot en Floride, où Fritz von Opel s'impatiente depuis la mi-novembre. Margot a rencontré le docteur Sakel et fait promettre à Annemarie qu'elle se fera soigner par lui. Mais au bout de trois jours à Greenwich, cette dernière est prise de telles crises de violence – elle défonce les vitres à coups de pied – qu'on doit lui mettre la camisole de force et la transférer dans un service fermé. Un soir, peu après Noël, elle a comme une révélation : l'heure de son évasion est venue. Le personnel infirmier ne la voit pas se diriger vers la sortie où, « comme par miracle[34] », la clé est restée dans la serrure. Quelques secondes plus tard elle est de nouveau libre, et bien que l'alerte ne tarde pas à être donnée, on ne la retrouve pas au milieu des fourrés où elle s'est cachée, face contre terre. Au petit matin, frigorifiée, elle arrête un taxi et se fait conduire à Manhattan chez son ami Alfred Wolkenberg. Quand elle téléphone aux Mann et les supplie de lui permettre de passer la Saint-Sylvestre avec eux, elle se heurte à une fin de non-recevoir. Cruauté ou lucidité face à une réalité elle-même cruelle ? Aux États-Unis, tout fugitif tombe sous le coup de la loi, qu'il se soit évadé d'un établissement psychiatrique ou d'une prison.

Ruth Landshoff-Yorck fait partie des rares amis qui répondront à son appel. Lors de sa visite, Annemarie lui montre le poème qui, selon ses dires, lui a permis de s'évader. Ruth témoigne : « Dans plus d'un passage, les vers étaient d'une austère beauté. Mais les mots allaient dans plusieurs directions à la fois, sans aboutir nulle part. [...] Ce n'était pas un poème. Ni une confession. Ni une réponse. Mais le chaos. Cela ressemblait à ces jeux de société appelés cadavres exquis. Quand personne ne connaît la ligne qui précède[35]. »

Dans les tout premiers jours de janvier 1941, Carson McCullers reçoit un télégramme d'Annemarie. Tombée malade un mois auparavant, la jeune Américaine est rentrée peu avant Noël dans sa ville natale de Columbus. Mais elle n'hésite pas à sauter dans le premier train pour rejoindre son amie qui depuis son évasion n'a qu'une idée en tête : convaincre Margot von Opel de rentrer à New York. Ses coups de fil quotidiens donnent lieu à des scènes épouvantables. Au moment où Carson arrive chez Alfred Wolkenberg, Annemarie est en train de jouer au piano quelques mesures de Mozart qu'elle répète inlassablement. Elle supplie son amie d'appeler Margot von Opel. Carson tente de la calmer mais Annemarie n'est plus accessible à aucun argument. Elle finit par s'emparer du téléphone. À l'autre bout du fil, Margot essaie une fois de plus de l'inciter à se faire hospitaliser. Pour lui faciliter cette démarche, elle lui propose même de l'accompagner. Désespérée de se sentir aussi incomprise, Annemarie jette l'appareil par terre, s'enferme dans la salle de bains, s'ouvre les veines. Alertée par ses cris et ceux de Carson, la police fait irruption et la conduit en camisole de force à l'hôpital public de Bellevue – une véritable cour des miracles. Martin Gumpert a tout juste eu le temps de recoudre ses poignets tailladés.

« Après trois jours d'horreur[36] », son frère parvient à la faire transférer à la clinique privée de White Plains. Là, elle est soumise à un régime très strict dans un service fermé. Pas de courrier, pas de téléphone, aucun contact, ni avec ses amis ni avec son frère :

> Et cette fois, Ella, la porte semble fermée. Dès le premier jour, les docteurs m'ont jetée à l'étage des cas graves de démence. J'erre parmi eux, torturée la plupart du temps par des bains, des packs + autres camisoles de force – soi-disant moyens de « relaxation » (!!). Les infirmières s'exécutent, ne sachant pas plus que moi *pourquoi* les docteurs m'ont fait subir tout cela. Mes nerfs, déjà maltraités, cette fois je les contrôle, parce que le moindre mot de colère pour protester ou demander justice et un traitement plus humain me vaut un nouveau châtiment. Oui, je suis dans un endroit sinistre, mais la crainte de nouvelles tortures m'a obligée à apprendre une forme d'autoprotection, une force de concentration – j'oublie que je n'ai ni thé + cigarettes, j'oublie même pendant des heures toute crainte + souffrance. Mais, Ella, se rappeler la vie, apercevoir un bout de ciel ou sentir pendant une heure le soleil de l'après-midi sur mon visage, cela risque de me donner envie de pleurer. J'ai été libre autrefois. Oh ! je serai libre de nouveau. Mais quand ? Un seul jour de plus dans cette prison silencieuse me paraît insupportable[37].

Dans ces moments de profonde détresse, c'est vers Ella Maillart que se tournent en effet ses pensées – et c'est à Ella qu'elle se livre dès le jour où on l'autorise à écrire. Elle n'a pas encore droit au stylo à encre, seulement au crayon.

> Tandis que vous trouvez aux Indes, auprès de votre maître, une plus grande liberté intérieure + indépendance par rapport aux conditions extérieures, il est possible que je trouve, grâce à cette expérience terrible + dure, le moyen de me libérer de ma dépendance, de mes amis ou de la drogue, d'aller vers cette même liberté. C'est pourquoi je suis heureuse de parler avec vous + je suis sûre que vous avez envie de m'écouter.
>
> Vous vous souvenez : madame Forrer, même ma mère, + maintenant, d'une façon encore plus frappante, Margot ainsi qu'Erika M., finissent toujours par me remettre entre les mains de médecins ou d'étrangers, car elles se sentent incapables de faire face à mon amour, à mes exigences, à mes tendances à l'autodestruction. Confiée à d'autres, je me suis toujours retrouvée dans la camisole de force (depuis Forel, Yverdon, Binswanger, jusqu'à Greenwich, N.Y. – ici), et cependant tous les docteurs pensaient au départ que je suis absolument normale. Et tout comme maintenant, le fait de me retrouver au milieu d'aliénés est une terrible erreur.
>
> Mais puisque maintenant, pour la première fois, je suis forcée de « céder » – et que je me sens capable de vivre sans cigarettes, seule, dans le silence, arrivant à contrôler parfaitement mes sautes d'humeur, mes nerfs usés, mes peurs + mes larmes, je me suis demandé : « Les docteurs auraient-ils [...] raison ? Ai-je eu tort de faire preuve d'orgueil ? Serai-je dans quelques semaines, comme le reste de mes compagnons *malades*, une patiente pleine de gratitude envers l'homme que je méprise aujourd'hui à cause de son manque d'amour + injustice ? »
>
> Non, Ella. Je peux supporter les murs + je peux me plier à l'abus de pouvoir des médecins, tout d'un coup, parce que je regarde au-delà – je ne vois + n'entends plus

mon médecin, sachant bien que mon destin extérieur dépend de lui. Il me prive de cigarettes, mais qu'en est-il si je ne ressens plus cela comme une privation ? Et je sens lentement à l'intérieur de moi-même la chaleur + l'amour du monde l'emporter sur l'amertume de la révolte qui a failli me détruire. Pensez-vous que je sois sur la bonne voie [38] ?

Quelques paragraphes plus haut, elle analyse ainsi sa relation avec Margot von Opel et l'évolution intérieure provoquée par son internement :

Qu'est-ce qui n'allait pas chez moi ? Margot – il est vrai qu'elle m'accaparait trop, mais elle m'aime + je donnerais ma vie pour la retrouver, j'aurais donc dû être capable de régler le côté pratique, ce qui n'a pas été le cas. J'ai fait le sacrifice de renoncer à mon billet de clipper pour Lisbonne-Maroc, mais je lui ai fait peur. Et j'ai fait la même chose avec d'autres amis. Je les ai torturés avec mon amour et cet impétueux « Réponds-moi ! ». Un jour, un docteur célèbre (Sakel) m'a dit que je n'avais aucun moyen d'auto-protection. C'est certainement vrai. Mais en même temps, Margot m'a dit (et elle n'est pas la première) que je détruis sa vie... Et maintenant, mortellement seule, confrontée à cette étrange obscurité, Ella, que je n'ai jamais connue (car j'avais toujours un moyen d'y échapper, comme la drogue) + confrontée à la souffrance, aux privations, aux barreaux de cette salle remplie des cris + des larmes de ces malheureuses créatures – maintenant, Ella, je pense que je comprends clairement. [...] Isolée, sans même un téléphone ou une cigarette, perdue, je me tourne vers une autre forme de concentration, beaucoup plus proche de celle dont j'avais besoin pour écrire + beaucoup plus proche encore de la concentration + libération intérieure que vous m'avez enseignée.

Le 25 janvier 1941, Annemarie a enfin le droit de recevoir la visite de son frère. Freddy Schwarzenbach pense que la sortie de sa sœur est imminente, mais il n'en est rien. Les médecins l'informent qu'ils considèrent leur patiente comme *insane* et qu'il n'y a dans ces conditions qu'une solution pour qu'elle puisse sortir de clinique : quitter le continent américain sur-le-champ et être accompagnée d'une infirmière pendant toute la traversée. Cette « déportation » – terme employé par Margot von Opel – signifie qu'Annemarie ne pourra plus jamais obtenir un visa pour les États-Unis. Le sait-elle ? Peut-être pas dès cet instant, mais de toute façon elle est prête à payer le prix fort pour échapper à l'« inutile martyre » que lui font subir des médecins « irresponsables » et « bornés ». C'est en ces termes qu'elle écrit à Alfred Wolkenberg le 28 janvier, ajoutant qu'on lui a fait ce même jour une ponction de liquide rachidien qui lui a donné des maux de tête épouvantables, et qu'on la force à rester allongée dans l'obscurité pendant des heures entières, la tête en bas.

Elle ignore la date exacte de son départ, mais elle sait que les heures lui sont comptées. Elle écrit aussitôt à Alfred Wolkenberg pour le charger de régler toutes ses affaires, qu'elles soient d'ordre privé ou professionnel. Elle reprend également contact avec Klaus Mann :

> Je me suis parfois demandé ce que toi et aussi Eri pouviez bien avoir imaginé – *qui* allait s'occuper de moi, qui viendrait me tirer des mains de la police –, ou bien existe-t-il des limites à l'amitié telles que quand quelqu'un est vraiment *in trouble* on le laisse purement et simplement crever dans sa misère ?
>
> Mais laissons cela. [...] Une relation d'amour au monde telle que la mienne (qui s'est exacerbée dans ma relation avec Margot jusqu'à la catastrophe finale) ne peut que se terminer par une défaite, ou bien elle doit se transformer en haine, ou bien il faut arriver à ressentir le noir silence, le silence absolu où l'on puise sa propre force, son invulnérabilité[39].

Quelques semaines plus tard, Margot von Opel fera pour Busy Bodmer une analyse nuancée des récents événements :

Ce qui est grave chez Annemarie, c'est qu'il y a en elle un clivage funeste : d'une part, une logique claire et, à côté, cette face obscure – pour moi et, je crois, pour nous tous qui l'aimons –, cette face insaisissable qui la jette un jour dans la morphine et le lendemain dans un autre excès. Peu importe comment cela s'exprime, la seule chose, c'est que cela peut provoquer des catastrophes plus ou moins graves. Bien sûr, il y a dans ses arguments mille vérités et mille problèmes auxquels nous sommes tous confrontés et avec lesquels on a dû se colleter dans sa vie – même le problème concernant la création artistique pour laquelle un être doit jouir de sa liberté intérieure alors que par ailleurs il est animé de l'éternel désir de s'attacher et de se donner à un autre être. La différence entre Annemarie et, disons, quelqu'un de « normal », c'est que ce problème la détruit, la désespère, et qu'elle « se retire du monde », soit en prenant de la morphine, soit en allant en « clinique », tandis que nous nous disons qu'il faut que nous nous en sortions, que personne ne va le faire à notre place, et nous y laissons des plumes, et des larmes, et nous vieillissons, devenons plus silencieux, et finalement, avec un peu de chance, plus « sages ». Annemarie ne peut et ne veut pas admettre qu'elle est adulte. C'est une enfant, et elle le reste parce qu'elle le veut ainsi. Elle a souvent hurlé : « Tu veux donc vraiment que je devienne comme tous les adultes, dure et méchante ? » Oui, Busy, c'est là qu'est le problème.

Je sais que sur certains points *j'ai fait* de grosses erreurs. Et quand je pense à toutes les souffrances ainsi provoquées, j'ai aujourd'hui encore envie de pleurer. Mais il n'en reste pas moins vrai qu'on est comme on est. Quand Annemarie ne cessait de rouvrir des blessures qui n'ont pu cicatriser au cours de ma vie qu'au prix de bien des efforts et bien des larmes, je me suis débattue et je me suis défendue. Et tout cela m'a fait prendre conscience d'une chose, c'est qu'on ne peut pas vivre avec Annemarie comme *compagne*. On peut être son amie, on peut l'aimer infiniment, mais on ne peut ni ne doit la faire entrer dans sa propre vie. Personne n'est à la hauteur d'une telle tâche. [...] Malgré le funeste passé d'Annemarie, malgré toutes les catastrophes des années précédentes, j'ai cru en mars dernier que je réussirais. Elle est entrée dans ma vie au moment où je touchais moi-même le fond (et c'est probablement là qu'est mon erreur !). Je n'ai jamais vécu avec quelqu'un de malade, j'ignore ce que cela signifie de ne plus pouvoir compter, à partir d'un certain moment, sur le discernement, l'entendement, la raison de quelqu'un. J'ai sans doute sous-estimé les difficultés ! Je me disais : si Annemarie mène une vie saine, si elle bénéficie d'une certaine forme de sécurité matérielle et n'a pas ce qu'on appelle des soucis quotidiens, si elle peut travailler (même si la guerre et les circonstances extérieures entraînent telle ou telle difficulté, concernant les voyages, etc.), si sa santé est relativement bonne, alors ses nerfs iront mieux aussi et elle n'aura plus du tout tendance à prendre de la drogue, etc. Et c'est vraiment ce qui s'est passé au début. Mais c'était illusoire, et je ne l'ai compris que beaucoup trop tard. Tant que les sentiments d'Annemarie pour moi ont été sa seule nourriture, tant que ces sentiments ne sont pas entrés en contradiction avec ce que l'on appelle la vie et le monde – en l'occurrence l'« îlot » de Saint-Moritz – tout s'est bien passé. Mais après, elle n'a plus su gérer la situation. Elle se confrontait sans cesse à des « décisions » (imaginaires ! car personne n'en attendait d'elle). Elle avait peur d'être forcée de choisir entre son travail, ses amis (Erika Mann) et ses sentiments pour moi. J'ai fait alors des erreurs épouvantables. J'étais moi-même dans un grand désespoir, n'arrivant pas à faire le deuil de l'Europe, à accepter ce nouveau monde et la douleur d'être séparée de tout ce qui avait été ma vie jusqu'à maintenant. Je me sentais comme abandonnée, quand A. se mit elle aussi à m'exclure de son « univers » dans lequel je n'avais pas de place, prétendait-elle, parce que Fritz était « un trop gros handicap pour moi » (du fait qu'il ne lutte pas *activement* aux côtés de ses amis !).

Il y a chez elle des choses et des forces qui se sont déchaînées. Je crois, Busy, que vous ne pourriez comme moi qu'y assister, impuissante, et pleurer. On refuse jusqu'à la dernière limite de croire à de la véritable démence. Mais ce que j'ai vu pendant ces mois-là, c'est impossible à raconter. Ce ne sont plus des crises comme elle en a eu encore au printemps, en Suisse, quand je suis allée avec elle en pleine nuit à Samedan ! C'est l'enfer[40].

Un enfer qui prend fin le samedi 1er février 1941. Ce jour-là, Annemarie embarque sur le *Siboney* à destination de Lisbonne avec le sentiment de ne laisser « dans ce pays que ruines et chaos en ce qui concerne projets, travail et toutes les relations qui constituent une vie[41] ». Pourtant, sur ces ruines encore fumantes, elle entreprend déjà d'ériger une vie nouvelle. L'avenir n'est pas mort. N'a-t-elle pas elle-même assuré à Klaus Mann : « Il y aura toujours des champs de bataille où nos combats seront les mêmes[42] » ?

CHAPITRE XIV
Au cœur des ténèbres
(1941-1942)

Aux États-Unis (été 1940)

> L'esprit de l'homme contient tous les possibles,
> parce que tout est en lui, tout le passé comme tout
> l'avenir.
>
> Joseph CONRAD,
> *Au cœur des ténèbres.*

Malgré une profonde amertume face à ce qui ressemble fort à une expulsion manu militari, Annemarie est bien décidée à relever la tête. Dès qu'elle a retrouvé un certain équilibre, elle s'est rendu compte que près de trois mois s'étaient écoulés depuis qu'elle avait envoyé son dernier article en Suisse. Ce texte, intitulé « La lutte pour la présidence américaine[1] », elle l'avait écrit à Princeton, le 1er novembre 1940, c'est-à-dire trois jours avant les élections présidentielles opposant le démocrate Roosevelt – candidat à un troisième mandat – au républicain Willkie. Malheureusement, les difficultés d'acheminement du courrier avaient fait que la rédaction de la *Neue Zürcher Zeitung* l'avait reçu fort tard, bien après la victoire de Roosevelt ; elle avait cependant jugé si intéressant l'éclairage jeté par sa journaliste sur les prises de position des différents acteurs de la vie politique américaine qu'elle avait publié le papier en première page de son édition du mercredi 11 décembre. Avoir un article occupant les quatre colonnes du plus grand quotidien de Suisse alémanique était un signe incontestable de la reconnaissance d'un travail de qualité – et tous les amis d'Annemarie restés en Suisse n'avaient pas manqué de se réjouir de ce succès. Un succès que n'ont pas rencontré tous ses textes : sur la trentaine d'articles écrits entre mai et décembre 1940, une bonne douzaine seulement ont été publiés.

Aussi le premier souci d'Annemarie à White Plains, dès qu'on l'a autorisée à écrire, a-t-il été de rattraper le retard accumulé depuis le mois de novembre. Elle était particulièrement mortifiée de n'avoir pu envoyer qu'un seul reportage à Arnold Kübler[2]. Pour honorer dignement son contrat, elle aurait aimé aller chercher du matériel photographique aux archives gouvernementales de Washington, mais elle était pieds et poings liés. Une seule solution : faire appel à l'aide amicale d'Alfred Wolkenberg. Dans une longue lettre où elle énumérait les choses à régler avant son départ, elle lui a demandé de contacter Robert Capa à l'hôtel Bedford – « c'est le garçon qui a fait ces merveilleuses photos de la guerre d'Espagne[3] » – et de voir s'il ne pourrait pas lui céder des clichés à un prix abordable. Elle a songé également à différentes agences qui lui avaient proposé du travail : à celle de Pierre Lazareff et à l'agence Pix, dirigée par Leon Daniel. Ce dernier lui enverra d'ailleurs une avance de soixante-quinze dollars pour des sujets sur Lisbonne, et Alfred Wolkenberg trouvera effectivement chez Pix des photos susceptibles d'illustrer des reportages pour Arnold Kübler.

Simultanément, elle a travaillé avec une telle ardeur qu'elle est arrivée à boucler dix articles pendant les dix derniers jours passés à la clinique de White Plains. Sept d'entre eux seront presque aussitôt publiés en Suisse. Ils concernent des aspects variés de la vie américaine : réélection de Roosevelt, mouvement ouvrier, politique de réarmement, soutien aux agriculteurs, recrutement d'infirmières au sein de l'armée. Annemarie a également consacré un article au film de Chaplin *Le Dictateur,* dont elle ne goûte pas l'humour, et un autre à Dorothy Thompson, dont elle apprécie les prises de position antifascistes, le courage et l'intégrité. La célèbre journaliste du *Herald Tribune* de New York[4], républicaine dans l'âme, avait été pendant des années une farouche adversaire de la politique de Roosevelt auquel elle reprochait trop de tolérance et de libéralisme face aux extrémismes de gauche comme de droite – syndicats et partis, gros industriels et capitalistes. Après avoir effectué un voyage en Europe au début de l'année 1940, elle a opéré une volte-face spectaculaire, prenant publiquement position pour le président parce qu'il considérait comme une priorité absolue de soutenir la Grande-Bretagne contre les puissances de l'Axe. Elle est même allée jusqu'à proposer aux républicains de ne pas présenter de candidat afin que le pays ne perde pas six mois en campagne électorale et puisse se concentrer sur sa politique extérieure et son effort de réarmement.

Pendant la traversée de l'Atlantique, Annemarie continue d'écrire à un rythme accéléré. Le *Siboney*, modeste navire des American Export Lines, pourvu d'une seule classe et prévu pour quelque cent soixante passagers, n'en transporte qu'une trentaine. Mais pour le retour vers New York, trois cent cinquante passagers ont déjà réservé leur place, en majorité des réfugiés impatients d'échapper aux persécutions. Annemarie fait partie des quatre femmes à bord. Le voyage lui a coûté une petite fortune : trois cent cinquante dollars, bien plus qu'un billet de première classe avant la guerre sur des paquebots aussi prestigieux que le *Queen Mary* ou le *Normandie*, capables d'assurer la liaison New York-Cherbourg en cinq jours. Cette fois, après une brève escale à Hamilton, capitale des Bermudes, il lui faudra une douzaine de jours avant de rallier la capitale portugaise.

Aussitôt débarquée, elle envoie à Busy Bodmer le fruit de la traversée : neuf articles, dont six seront publiés dans les trois mois suivants. Elle y joint une liste des dix-neuf textes écrits depuis le 1er janvier et signale qu'elle abandonne le pseudonyme de Clark. Désormais, elle signera de son véritable patronyme : Annemarie Clarac-Schwarzenbach. Prévoyant d'être à Zurich d'ici la fin du mois de février, elle termine sa lettre à Busy par ces mots : « Je ne suis pas un déserteur, et j'aimerais bien pouvoir le prouver maintenant[5]. »

Comme d'habitude quand elle arrive dans une ville étrangère, sa première visite est pour la légation de Suisse où elle est toujours sûre de trouver du courrier. Cette fois, elle a de surcroît la surprise d'y rencontrer un ami dont elle a fait la connaissance à Ankara sept ans plus tôt : Henri Martin, ambassadeur de Suisse, depuis peu en poste à Lisbonne. Impressionné par l'intelligence d'Annemarie, par la qualité de son travail et par son « sens inné du journalisme », il lui propose de rester à Lisbonne, « cet observatoire sur le monde en feu », et d'y travailler pour les journaux helvétiques. Il lui offre également toutes les facilités possibles pour disposer des informations nécessaires et la fait bénéficier des meilleures relations en l'invitant à la légation en même temps que ses propres amis. C'est ainsi qu'elle fait entre autres la connaissance du colonel Iselin, représentant local du Comité international de la Croix-Rouge (CICR), et de l'épouse du consul de Hongrie, Viola Bajan, avec qui elle restera en contact épistolaire. Annemarie séduit, on loue sa conversation. Henri Martin la guide, corrige ses articles, l'aide à surmonter ses moments de dépression qui constituent « jusqu'à un danger pour sa vie ». Il dira plus tard : « Elle me consultait toujours, suivait mes avis comme un enfant[6]. »

Dans ce climat de confiance et de fidèle amitié, le travail d'Annemarie avance vite. L'ambassadeur a bien compris que la presse helvétique ne pouvait qu'accueillir favorablement des sujets sur Lisbonne, la capitale portugaise étant désormais l'un des derniers ports francs de la côte Atlantique et le plus important lieu de ravitaillement pour la Suisse. Sur cette question cruciale de l'acheminement de denrées vitales – céréales, sucre, cacao, café, huile, laine, coton, etc. – par voie de terre et de mer, Annemarie écrit pour la *NZZ* un article très documenté illustré de quatre photos, ainsi qu'un autre intitulé « La Croix-Rouge à Lisbonne[7] »[8]. Arnold Kübler reçoit un reportage sur « La flotte suisse dans le port de Lisbonne[9] », mais trop tard pour le publier dans la *Zürcher Illustrierte* qui a cessé de paraître fin février. C'est la *Schweizer Illustrierte* qui s'en chargera. Kübler, lui, retiendra pour le deuxième numéro du mensuel *Du* qu'il dirige désormais une photo très émouvante accompagnée d'un texte illustrant les difficultés des réfugiés pour trouver une place sur un bateau à destination des États-Unis. Au total, Annemarie aura écrit sept articles pendant les trois semaines passées à Lisbonne. Sept articles qui seront tous publiés. Mais elle ne veut pas s'attarder davantage. Ses amis l'attendent, et aussi sa maison de Sils. Elle éprouve cependant quelque appréhension à devoir affronter sa mère après les événements de New York.

Le 7 avril, elle monte dans le train pour Madrid. Elle y rencontre par hasard Madeleine Cuénod, une jeune femme de vingt-trois ans originaire de Vevey, dont elle dira qu'elle est « bien plus que ma bonne étoile depuis mon départ de Lisbonne[10] ». Elles se sont connues par l'intermédiaire d'Ella Maillart. Barcelone. Narbonne. Genève. « C'est enchantant de retrouver la Suisse, ce pays heureux, et je prie pour que nous, les Suisses, comprenions que cette faveur accordée à nous n'est pas la suite d'un mérite, mais une grande responsabilité », écrit-elle à Ella. Mais ces retrouvailles idylliques sont de courte durée car, comme elle le redoutait, l'accueil de sa famille est des plus glacials :

> Bocken a un peu changé depuis la mort de papa. *Ils me mettent sous une pression terrible*, m'accusant, surtout, d'une manière cruelle, de prendre et d'avoir pris du dope. [...] *Pour ménager les nerfs de ma mère*, on me demande de ne pas rester en Suisse. Comme il y a des questions d'argent qui se mêlent, je ne vois pas quoi faire, excepté d'exécuter

un projet de partir pour l'Afrique qui s'est formé à Lisbonne[11].

À peine rentrée dans son pays, elle est sommée d'en repartir. Malade mentale en Amérique, brebis galeuse à Bocken. Mais à Bocken seulement, où elle subit pendant trois jours les reproches de sa mère. À Sils, en revanche, on l'attend avec ferveur. Depuis le départ d'Annemarie pour les États-Unis, rares sont en effet les lettres de Busy Bodmer où celle-ci ne lui transmet pas le bon souvenir de ses amis de Sils : « Que ce soit mademoiselle Eggenberger de l'épicerie, les Zuan de la poste, les Schulze, les Gartmann, Heiri Ritter, etc., ils sont tous rayonnants chaque fois qu'ils demandent de tes nouvelles. » Quant à Martha Cadisch, « elle est la personne la plus fidèle et la plus adorable que je puisse imaginer. Elle ne vit qu'en pensant à toi. [...] Elle aime les gens qui te veulent du bien, les autres elle pourrait les tuer. Elle veille sur tes biens comme un cerbère, et aucun intrus ne se voit autorisé à franchir le seuil de ta maison[12] ». Aussi le retour de la Frau Doktor est-il dans ce petit village d'Engadine un véritable événement – que Martha Cadisch décide de fêter en lui préparant ses plats préférés : « Boulettes et risotto[13]. » Le 17 mars, Annemarie lui écrit de Bocken pour lui confirmer son arrivée :

> Ma chère Martha !
> Madame Bodmer et moi-même arriverons à Sils vendredi ! Il est possible que mademoiselle Cuénod vienne aussi, je vous tiendrai au courant.
> Merci de bien chauffer la grande pièce ainsi que les chambres. Remettez l'électricité dans la cuisine et la salle de bains. Nous apporterons du café, du thé et des œufs. N'achetez donc que du pain, du beurre, un peu de lait, une bouteille de chianti et un peu de viande des Grisons pour le premier soir. J'apporterai des cartes de rationnement.
> J'envoie dès maintenant ma valise noire et mon tourne-disques. Vous trouverez ci-joint la clé de ma valise, merci de tout déballer. Même les disques.

Ne faites pas d'économies de chauffage. Je vous joins vingt francs pour vos dépenses.

À très bientôt, donc ! Meilleures salutations à tout le monde !

Bien à vous,

Annemarie Clarac.

Outre Annigna Godly, la propriétaire de la pension Chastè, avec qui Annemarie est en contact épistolaire, le pasteur Ernst Schulthess compte lui aussi parmi ses amis de Sils les plus fidèles. Des amis dont elle a bien besoin car sa famille, considérant cette maison comme un luxe, a résilié le bail de la Jägerhaus en février. Pour Annemarie, le seul moyen de garder ce refuge est de reprendre le bail à son nom afin d'éviter que quelqu'un d'autre ne le fasse ou que la maison ne soit mise en vente. Mais qui va payer le loyer en son absence ? C'est là que ses amis interviennent et s'organisent pour occuper la maison à tour de rôle. Therese Giehse l'a déjà réservée pour un mois et demi en été, Mabel Zuppinger se déclare même prête à avancer le loyer chaque fois que cela se révélera nécessaire. Busy Bodmer, confirmée dans ses fonctions d'agent littéraire, se charge de gérer le calendrier d'occupation des lieux.

Annemarie est profondément touchée par l'accueil que lui réservent les habitants de Sils quand elle arrive le 21 mars, accompagnée de Madeleine Cuénod et de Busy. Mais elle sait qu'elle ne peut y rester plus de deux semaines – sa famille lui a offert sept mille francs suisses pour quitter le pays à la mi-avril. Deux semaines qu'elle met à profit pour classer les photos et négatifs qu'Ella Maillart et elle ont rapportés d'Afghanistan. Chaque cliché est généralement pourvu d'un titre et/ou d'une légende. Après avoir établi des listes de tout ce matériel, elle en remet des copies à monsieur Häusermann, de l'agence Photo-Press, qui est habilité à en vendre les droits en Suisse uniquement. Toujours très soucieuse d'informer Ella Maillart sur l'état de leurs affaires, elle veille à ce que Dagmar Maillart reçoive une copie du contrat avec Häusermann et les listes en question. Ainsi, Ella saura exactement ce qui a été confié à leur agent.

Du fait de la guerre, certains pays du Proche-Orient se trouvent propulsés au cœur de l'actualité. Leur situation au carrefour des voies menant au canal de Suez et en Inde en fait des points stratégiques – et l'Irak est le principal fournisseur en pétrole de l'armée et de la flotte britanniques. Les journaux sont donc à la recherche de documents sur ces régions, et c'est tout naturellement à Annemarie que s'adresse l'hebdomadaire *Sie und Er* pour obtenir des clichés sur l'Irak, la Turquie, la Syrie et même l'Union soviétique. On lui demande également un reportage sur les tapis et broderies d'Orient. Entre la mi-avril et la fin de juin 1941, dix grandes pages de *Sie und Er* seront illustrées de ses photos – certaines datant des voyages effectués en 1934. En octobre paraîtra un reportage photographique intitulé « L'Afghanistan va-t-il entrer dans la fournaise[14] ? ».

Ce travail journalistique, Annemarie l'effectue pendant la journée. La nuit, elle écrit. Neuf pages de prose, *Les Chemins de la tendresse, notre solitude*[15], et un poème intitulé *L'Ineffable*[16]. Dans le premier texte resurgissent des réminiscences confuses de la Perse et du Turkestan afghan. Elle y évoque une fois de plus ces moments d'absolu désespoir où rien ne répond aux cris d'une détresse si intense qu'elle « pourrait stopper une armée d'hommes valeureux ». Le poème en rimes libres, composé de cinq parties sur huit pages, reprend l'épisode de l'évasion de la clinique de Greenwich[17]. Dans une lettre à Alfred Wolkenberg datée du 1er avril 1941, Annemarie lui en envoie l'extrait suivant :

> Elles nous sont familières, ces nuits
> que l'on passe sans sommeil,
> tu as beau fermer les yeux, tu es
> prisonnier du cercle silencieux,
> tel un rêveur esclave de la clarté lunaire.

> Si seulement tu voulais ne pas avoir peur.
> Les toits blancs sont plats, et
> les pentes enneigées s'avancent vers toi,
> enveloppées de flocons qui tombent, si bien
> qu'un météore pourrait y être capté, et
> qu'une étoile filante s'y engloutirait sans bruit.
> Tu ne feras aucun vœu qui ne
> soit exaucé. Aucune envie de lever la main,
> elle pourrait jeter une ombre.
> Et le violon qui te touchait,
> il s'est tu.

Et elle ajoute aussitôt à l'adresse de son ami : « Évidemment, je passe par des moments de véritable agonie, mais que veux-tu, il le faut bien. » Ces nuits où elle est esclave de l'écriture l'épuisent. « Quel métier ! » s'écrie-t-elle dans cette même lettre. Elle repense alors à Carson McCullers, à leurs longues discussions « sur le difficile travail de l'écriture, jamais tout à fait résolu, jamais libérateur, douloureusement oppressant. Sur le tourment de ne vivre que dans ce but, le tourment d'être quand même forcé de vivre[18] ». Et lui revient en mémoire ce manuscrit que Carson lui a fait lire à New York et qu'elle avait l'intention de lui dédier : *Reflets dans un œil d'or*. Annemarie a beaucoup aimé ce livre. A-t-il déjà été publié ? Carson a-t-elle tenu parole ? Il faut qu'elle sache. Le 10 avril, avant-veille de son départ pour l'Afrique, elle lui écrit :

> Carson, ma petite, ma chérie [...], je me suis souvenue du très fort sentiment de bonheur que j'ai ressenti : si ce livre, *Reflets dans un œil d'or*, venait à être imprimé + m'était dédié, ce serait très probablement la seule trace que j'aurai laissée aux USA, mais même si ce pays représente pour moi une défaite terrible + affreusement douloureuse, je serai heureuse de cette trace solitaire : savoir qu'un livre comme celui-là sera lu, qu'un talent profond comme le tien, Carson chérie, existe, sera une compensation pour moi-même + ma défaite[19].

À Vevey (avril 1941)

Quelques heures après avoir rédigé ces lignes, elle trouve un paquet dans le courrier qui lui a été adressé à Bocken. C'est le livre tant attendu. Carson McCullers le lui a envoyé dès sa parution à la mi-février. Annemarie lit sur la page de garde : « Pour Annemarie Clarac-Schwarzenbach. » Elle reprend sa lettre, remercie chaleureusement Carson, lui écrit qu'elle aimerait le traduire à son retour d'Afrique, et elle ajoute : « Carson, souviens-toi des moments où nous nous comprenions + combien je t'aimais. N'oublie pas la terrible obligation de travailler, ne te laisse jamais détourner, écris, et, ma chérie, prends soin de toi. »

Cette dernière semaine, Annemarie l'a passée chez Busy Bodmer à Zollikon dans la proche banlieue de Zurich. Avant de partir, il lui fallait rendre visite aux rédactions des journaux pour lesquels elle travaille. Trois d'entre eux lui ont versé des avances : la *National-Zeitung*, *Die Weltwoche* et la *Thurgauer Zeitung*.

Le 12 avril, elle quitte Zurich en train, s'arrête à Lausanne, à Vevey puis à Genève, où elle a l'intention de rendre visite à Dagmar Maillart et Gustava Favez. Le 19, elle franchit la frontière. Commence alors une épique traversée de la France avec des nuits interrompues par d'incessants changements de train. Les noms des gares défilent sans fin : Aix-les-Bains, Lyon, Nîmes, Narbonne, Port-Bou, puis Barcelone et Madrid, et enfin Lisbonne qu'elle atteint le 23 avril.

Deux mois auparavant, ayant déjà conçu le projet de rejoindre les forces de la France libre en Afrique, elle avait acheté un billet pour effectuer la traversée sur le navire portugais *Colonial*. Mais maintenant on refuse de lui accorder les visas nécessaires ; il lui faudra faire jouer toutes ses relations et attendre encore trois semaines avant de pouvoir embarquer. Un temps qu'elle met à profit pour commencer à honorer ses contrats et écrire une demi-douzaine d'articles. L'un d'eux, non publié, concerne le peintre suisse Edmond Bille. Elle va lui rendre visite début mai dans son domaine de Quinta da Fonte près de Sintra, à une trentaine de kilomètres de Lisbonne. Ayant raté l'exposition qui vient d'être consacrée à cet artiste dans la capitale, elle est heureuse de retrouver les mêmes tableaux accrochés aux murs de sa demeure. Elle découvre parmi eux une gravure sur cuivre représentant le fils prodigue qui, s'étant égaré avec son troupeau bien loin des pâturages, a lâché son bâton de berger et s'abîme dans une profonde tristesse.

Le 15 mai 1941, deux jours avant d'embarquer, elle écrit à Annigna Godly : « Mon séjour ici a été si beau et si satisfaisant que j'ai du mal à partir. J'ai été si incroyablement choyée que je me demande souvent ce que j'ai fait pour mériter la sympathie et l'affection dont on m'entoure de toute part. »

« Je vais découvrir une nouvelle partie du monde, a-t-elle écrit à Ella Maillart le 23 mars, et apprendre à vivre seule. » Un apprentissage qui va se nourrir des convictions acquises au fil des épreuves subies et dont elle confie la substance à Ella :

> Ce qui compte, c'est d'accepter la condition de cette vie humaine sans accepter que ce soit humiliant. Aimer, Ella, ce n'est pas un esclavage, c'est la noblesse même, l'expression délicieuse de notre désir de toucher le monde, de communiquer, [...] et le désir, finalement, de trouver la mort, non pas d'une manière hostile mais comme la solution très douce, la compréhension universelle, la fin de notre pénible limitation. [...] Aimer, tout en acceptant la condition de notre solitude, se lançant de nouveau et encore et encore dans un élan amoureux envers le monde et l'être aimé, accepter la douleur de notre condition sans nier que nous savons, profondément, notre amour désespéré, et rester courageux : c'est ce que je voulais dire. [...] Je vois clairement la possibilité d'une vie plus heureuse et plus juste et complète. Si elle ne m'est pas accordée, je serai reconnaissante déjà d'en avoir connu le contact riche, doux et touchant.

Le *Colonial* est un petit navire portugais. À bord, beaucoup de Portugais se rendant avec femme et enfants dans une de leurs colonies – São Tomé, Angola, Mozambique –, des Belges, des Français, des réfugiés cherchant une terre d'asile. Certains passagers ont pour destination finale Bagdad ou le Japon, et même les États-Unis. Le canal de Suez étant fermé, il leur faut faire l'énorme détour par le cap de Bonne-Espérance. Première escale à Funchal, capitale de Madère. Le bateau passe ensuite au large des îles Canaries puis aborde cette zone climatique où l'air, chargé de chaleur et d'humidité, est plus difficile à respirer. Le 23 mai, jour des trente-trois ans d'Annemarie, il franchit le tropique du Cancer. Puis, après avoir laissé à bâbord le Sénégal, la Guinée et le Liberia, il entre dans le port de Freetown (Sierra Leone). Durant la traversée, la Suissesse a fait la connaissance d'un ancien officier français qui lui conseille d'y débarquer avec lui pour rejoindre le Tchad, et comme personne ne semble savoir quelles zones de l'Afrique-Équatoriale française sont reliées à la France libre, elle est tentée de le suivre. Heureusement, les autorités britanniques lui évitent de tomber entre les mains des fonctionnaires de Vichy. Une fois dans le golfe de Guinée, le *Colonial* fait une dernière escale sur l'île de São Tomé – Annemarie y photographie la cueillette des noix de coco et les femmes au lavoir –, franchit l'équateur, et retrouve la terre ferme sur la jetée de Pointe-Noire. Pour parcourir les cinq cents kilomètres qui la séparent de Brazzaville, elle doit emprunter le chemin de fer en circulation depuis 1934, cette section du fleuve Congo n'étant pas navigable. C'est alors qu'elle vit sa première mésaventure : la micheline déraille. Rien de grave, cependant, puisque les wagons restent debout. L'occasion de faire quelques photos qu'elle enverra à la rédaction du mensuel *Du*.

À cette date, Brazzaville est le centre administratif de l'Afrique-Équatoriale française et un lieu important de la résistance autour du général de Gaulle. Il suffit de traverser le fleuve Congo – deuxième fleuve du monde par son débit – pour se retrouver à Léopoldville, la capitale du Congo belge. Extérieurement, les deux villes n'ont pas grand-chose en commun. Alors que Léopoldville est une cité moderne avec hôtels, magasins, sociétés d'import-export et voitures flambant neuves, Brazzaville a tout d'une garnison militaire. Mais dans l'une comme dans l'autre on a engagé un combat sans merci contre les nazis, et si Annemarie a fait le voyage c'est avec l'intention de se faire un nom comme correspondante de guerre. Dès le 9 juin, elle écrit :

> Nous ne partageons pas la vision de Vichy selon laquelle la France aurait perdu la guerre. Une partie de la France a perdu une bataille, une partie de la nation française a été obligée de se rendre. Le gouvernement qui a voulu alors livrer à l'ennemi toute la France et l'honneur de la nation a commis une trahison envers nous et envers nos alliés. Il a enfreint ses obligations, et il continue de le faire en prétendant devoir remplir les nouvelles obligations qu'il a contractées vis-à-vis du vainqueur. Comme il sait bien que ce dernier ne tient jamais parole et que l'armistice n'est donc qu'un faux-semblant, il utilise sa propre parole pour couvrir une autre trahison. Cette hypocrisie, cette profanation consciente du terme d'honneur national, réclamant que l'on respecte vis-à-vis de l'ennemi les obligations issues de la défaite, qui ne sert en réalité pas d'autre but que celui de couvrir et de soutenir l'ennemi – voilà la source de la terrible démoralisation qui s'empare aujourd'hui de la partie de la France qui s'est rendue.
> Mais ce n'est qu'une partie de la France. [...] Les forces de la France libre en Afrique, en Syrie et à Londres sont aujourd'hui la source du renouvellement moral et la garantie future de la nation française qui doit reprendre sa place dans l'avenir des peuples[20].

En tant que femme de diplomate, elle est hébergée à Léopoldville par le consul de Suisse, monsieur Orlandi. Sa deuxième lettre de recommandation est pour le gouverneur général du Congo belge. Et quand le directeur du

Service de l'information en personne lui propose de collaborer aux émissions en allemand qui vont commencer à être diffusées début juillet par Radio Brazzaville, elle s'empresse d'accepter. « Jamais je ne me suis sentie si près des événements, si impliquée de façon positive dans le combat tragique à venir, qu'ici, sur le territoire du gouvernement de la France libre », écrit-elle alors à Erika Mann qui fait elle-même ce type de travail à Londres pour la BBC. Mais c'est compter sans l'atmosphère de suspicion qui règne à Léopoldville et sans les « préjugés bourgeois[21] » des « coloniaux ». On se demande ce que vient faire au Congo cette aventurière dont la famille entretient d'excellentes relations avec l'Allemagne et dont le mari diplomate est obligé de travailler pour le gouvernement de Vichy. On s'offusque de ses mœurs peu conventionnelles, de l'attirance qu'elle exerce sur les femmes des officiers et des diplomates, et bientôt le bruit court qu'elle serait une espionne à la solde des nazis. Les invitations se font plus rares. À plusieurs reprises, les autorités militaires la convoquent pour l'interroger, et pour la première fois de sa vie elle se trouve confrontée à des gens qui non seulement mettent en doute ses intentions mais ne sont pas disposés à accorder le moindre crédit à ses tentatives de justification : « Il apparut très vite que le champ des accusations était sans limite et qu'aucun être humain ne peut se disculper à partir du moment où il se trouve en position d'accusé face à ses semblables qui se considèrent tous comme ses accusateurs et ses juges[22]. »

Ce sentiment d'être livrée sans défense à une force aveugle et injuste incite Annemarie à prendre ses distances. De toute façon, elle ne pensait pas rester longtemps dans cette région au climat éprouvant, où le courrier met plusieurs mois pour arriver à destination. Elle envisage de se rendre en Égypte ou en Abyssinie, ou même au Proche-Orient, mais pour cela il faut que les rédactions suisses envoient les informations susceptibles d'avaliser aux yeux des autorités britanniques ses fonctions de correspondante de guerre. En attendant, elle continue d'écrire. Des articles pour les journaux, et des poèmes en prose. Un monde sépare ces deux formes d'écriture, tout comme le fleuve Congo sépare les deux villes entre lesquelles elle évolue. Les textes journalistiques sont nourris d'informations précises et objectives sur les réalités politiques et économiques de l'heure. Quand, à la fin du mois de juin, les Allemands déclenchent l'opération Barbarossa, Annemarie écrit pour *Le Courrier d'Afrique* son premier article en français sous le titre « J'ai vu surgir ce conflit ». On peut y lire ces lignes :

> La manœuvre pratique de s'allier avec la Russie n'a pas assez rendu, Hitler a donc repris la croisade contre le bolchevisme. [...] Si les Allemands se sentent rassurés d'avoir retrouvé l'ennemi numéro un du national-socialisme en faisant la guerre aux Russes, nous avons de meilleures raisons pour en être infiniment satisfaits. Car en guerre on ne choisit pas ses alliés, on les accepte pour lutter contre l'ennemi commun[23].

Quant aux poèmes, ils puisent aux sources les plus secrètes de sa subjectivité. Inspirée par le fleuve majestueux, elle a commencé un cycle intitulé *Rivages du Congo* où elle exprime sa nostalgie du pays natal et son mal existentiel à travers des images rappelant parfois certaines évocations de *La Vallée heureuse* :

> Les heures s'écoulent, je voulais me plaindre car
> ils m'ont ballottée en tous sens depuis tant de jours,
> et je n'ai qu'une vie.
> Je veux la perdre,
> la consumer en l'espace
> d'un battement de cœur ; mais j'ai vu
> des flammes, perçu des sons
> qui, telle une souffrance jaillissante,
> effaçaient tous les doutes, et des souvenirs traversent
> parfois comme des fleuves tout-puissants le

paysage. Cent fois ma pauvre âme
s'est éprise de la mort qui lui est refusée.

Quel feu dévorant nourrit sans cesse mon orgueil
après de telles défaites, quel amour
ai-je à donner à ce ciel livide,
à cette lune trop petite, et à la boule de feu
qui, au nom de l'attelage divin et de la roue éternelle
s'élèvera lentement, demain[24].

Quand Annemarie entend parler d'un Genevois du nom de Vivien dont la plantation est située à Molanda, au cœur de la forêt équatoriale, elle voit là, à juste titre, un sujet susceptible d'intéresser les journaux helvétiques. C'est aussi pour elle l'occasion d'échapper à l'atmosphère malsaine de Léopoldville et la possibilité de découvrir cette fameuse vie en brousse dont on lui a tant parlé. Pour atteindre Molanda, le seul moyen est de remonter le Congo sur douze cents kilomètres jusqu'à Lisala – ce petit poste que Joseph Conrad a décrit dans *Au cœur des ténèbres*. La forêt est si dense qu'il est impossible d'y tracer une route. Au tout début du mois de juillet, Annemarie a l'opportunité, en tant que journaliste, d'obtenir un « ticket de service » sur le *Colonel Chaltin*, un petit vapeur. Munie de ses deux sacs de voyage, elle y embarque avec six autres personnes – un couple de missionnaires écossais, deux officiers français et deux Belges. Le capitaine est un Flamand, son second le seul Blanc de l'équipage. Pendant sept jours, ils n'ont pour horizon que le mur impénétrable formé par la forêt vierge qui s'étend à perte de vue sur les deux rives du fleuve, seulement interrompue ici et là par de petits villages de paillotes où il faut s'arrêter pour laisser les indigènes charger le bois qui va permettre au vapeur de poursuivre sa route. Le silence est profond, parfois déchiré par des cris d'oiseaux ou de singes, ou par le son des tam-tams annonçant l'approche du bateau.

À Lisala, Annemarie constate que le télégramme envoyé par le consul de Suisse pour annoncer sa visite à monsieur et madame Vivien ne leur a pas été transmis. Et pour cause : un Noir ne vient chercher le courrier que deux fois par mois, et il lui faut cinq jours pour faire le trajet à vélo ! Quant à elle, elle devra attendre douze jours avant de trouver une voiture pour Molanda. Douze jours pendant lesquels elle découvre la vie en brousse sans eau courante ni électricité :

> C'est très pénible, mais il est impossible de dire exactement pourquoi. C'est que rien ne vous protège du contact direct avec la terre nue, de la jungle envahissante, du Congo qui s'écoule éternellement, du toit de plomb du ciel, de la nuit étouffante qui glisse imperceptiblement dans le jour suivant. Et le jour passe aussi sans bruit, la nuit tombe vite, et la seule chose que l'on sache, c'est que l'on est encore plus fatigué[25].

Elle habite chez un vieux planteur qui lui a cédé une pièce attenante à son petit magasin. Le matin, quand elle a bu son café, elle va écrire chez les propriétaires de l'Interfina, le meilleur magasin du poste. En l'espace de trois ans, ils ont pu s'aménager une belle maison en brique. Leur salon est à la disposition d'Annemarie avec qui ils partagent aussi la plupart de leurs repas. Elle ne tarde pas à faire la connaissance de la quarantaine de Blancs qui vivent là. À part quelques Portugais, surtout des Belges. La moitié sont des commerçants et des représentants de sociétés, les autres soit des planteurs, soit des fonctionnaires. Certains soirs, elle se rend chez le juge, un Luxembourgeois qui, grâce à des batteries électriques, peut écouter la radio. Au milieu de nulle part, c'est presque un miracle de pouvoir être en communication avec Londres, Moscou et New York – tout en dégustant un rôti d'antilope arrosé d'une bouteille de framboise alsacienne !

Le 22 juillet, une camionnette Chevrolet est enfin prête à faire les deux cent cinquante kilomètres jusqu'à Molanda :

Juste derrière la colline de Lisala, nous débouchâmes sur la piste de la forêt, et la pénombre humide et étouffante de la jungle se referma sur nous ; c'est à ce moment-là seulement que je compris dans quel accablement contre nature l'homme doit vivre au sein de cette prison verte – prisonnier, enfoui, comme au fond de la mer, les yeux captifs de ces murs de verdure immuables et toujours identiques à eux-mêmes[26].

Mais au bout d'une journée de route, la forêt s'éclaircit, et le ciel, enfin, renaît. Sous la voûte étoilée, au bout d'une allée de palmiers, apparaît la maison des Vivien.

La plantation privée où Annemarie va passer près de deux mois est non seulement la plus grande du Congo – douze cent cinquante hectares – mais elle a aussi la réputation d'être la mieux entretenue. Voilà quinze ans que les Vivien ont commencé à défricher la forêt pour planter palmiers et caféiers robusta. À partir de dix tonnes de fruits, ils produisent maintenant deux tonnes d'huile de palme par jour. Un résultat obtenu à force de courage, de savoir-faire et de persévérance. Madame Vivien est une femme à la personnalité exceptionnelle, une femme qui n'a peur de rien : ni des éléphants, ni des léopards qu'elle abat avec son fusil quand ils menacent de dévaster les champs ou de dévorer ses canards, ni des centaines de Noirs qui travaillent sous sa houlette. Quand son mari est tombé gravement malade en 1932 et a dû rentrer en Suisse, elle est restée seule à Molanda, et les Noirs qui voulaient profiter de la situation pour se tourner les pouces ont vite compris leur erreur. Maintenant, non seulement ils la respectent, mais ils l'aiment bien plus que les missionnaires. « Elle est presque devenue une figure légendaire dans cette région, et depuis que je suis arrivée, originaire de Suisse moi aussi, portant moi aussi des pantalons, ayant à leurs yeux l'allure d'un garçon tout en prétendant comme elle être une femme, les Noirs Gombe et Gwaka croient maintenant que les femmes suisses sont toutes d'une espèce aussi étrange[27] », écrit Annemarie, pleine d'admiration pour cette forte femme qui lui rappelle tantôt sa mère, tantôt Annigna Godly, et beaucoup Anita Forrer. Car malgré ses allures autoritaires et masculines, madame Vivien sait être douce et aimante, et son « beau visage de paysanne noble et calme » est « plein de bonté, avec cette expression de résignation sans amertume qui devient de la simple sagesse[28] ».

Molanda tire son nom d'un petit cours d'eau qui se jette à cet endroit dans la Mongala, un affluent du Congo. Annemarie dispose pour elle toute seule d'une grande maison avec un toit de paille, construite sur une élévation de terrain. Après la chaleur humide et étouffante de la forêt équatoriale, elle trouve là un climat plus agréable et une qualité de silence qui lui permet de se concentrer. Avant, écrit-elle à Ella Maillart, elle avait besoin d'un excitant comme l'alcool ou la drogue pour entendre ce qu'elle appelle la « voix intérieure », et elle écrivait alors en état de transe, le plus souvent la nuit. À Molanda, elle est contrainte de renoncer à tout artifice : « Et maintenant se fait l'unité entre ce qui parle en moi et le monde du dehors, et cette pénétration me donne un sentiment très heureux d'unité, je ne dois plus partager mon amour et mon ardeur entre ce "moi" qui écrit et la vie de la terre qui m'entoure et réclame mon attention. Cela se nourrit mutuellement[29]. » Trois jours plus tard, le 5 août, elle envoie à Busy Bodmer un récapitulatif de tout ce qu'elle a écrit depuis son départ de Léopoldville : une quinzaine d'articles et deux textes poétiques – le cinquième et dernier poème du cycle *Rivages du Congo* et trois pages de prose intitulées *Le Cratère des animaux*[30]. À propos de ces textes écrits sous la dictée de la « voix intérieure », elle précise qu'ils nécessiteraient sans doute quelques corrections formelles, mais elle ajoute :

> Cela ne me semble pas si important, je devrais me contenter de ne remplir que modestement la tâche qui m'est confiée. Mais nous ne sommes que des êtres

humains, et quand Dieu nous envoie ses messages de consolation pour que nous nous souvenions de lui, une fois exprimés dans notre langue ils porteront toujours les marques de nos limitations humaines.

Si vous, en Suisse, vous êtes pour que ces choses paraissent, alors n'attendez pas que j'y apporte quelque amélioration. Ce serait pour moi une grande joie que de les savoir imprimées et placées. Car je ne crois plus comme autrefois qu'un jour lointain, ayant beaucoup appris, j'écrirai quelque chose de très très beau. Je dis cela avec beaucoup de gravité. [...] Je me rends compte de plus en plus que notre désir de perfection et de plus grande compréhension est en fait identique à l'instinct vital lui-même, et tout aussi continu, mais les exigences auxquelles nous devons faire face, rien que du fait des conditions imposées par cette vie, mobilisent tellement notre énergie que nous devons nous efforcer d'atteindre un certain équilibre extérieur et une certaine stabilité pour pouvoir la gérer à peu près correctement. Ces efforts couvrent souvent les voix réclamant un progrès vers la perfection, et nous ne les entendons plus que dans les rares moments de grande émotion, parfois en rêve, souvent dans l'amour, quand la rencontre et la fusion avec l'être aimé nous font pressentir ce que sera la libération hors des limites de l'individu, la fusion dans l'univers ; alors, pourvus de facultés auditives, visuelles et intellectuelles illimitées, nous ne ferons qu'un avec l'être qui, au cours de notre existence terrestre, ne nous émeut et ne se rappelle à nous qu'à certains moments de vague pressentiment. Quand j'écris bien, je le fais en m'efforçant simplement d'en être consciente, mais l'effort de volonté et de concentration que cela réclame est exténuant, et j'en oublie de prendre les mesures d'autoprotection nécessaires pour me « stabiliser » dans la vie extérieure, non pas parce que je dédaigne le calme et l'équilibre, ou que je n'en ai pas besoin, mais parce que je crains de les acquérir de façon trompeuse, c'est-à-dire aux dépens de l'âme que l'on engourdit souvent sans le vouloir. Pourtant je vois tout autour de moi des gens de mon âge qui vivent de façon beaucoup plus posée et assurée que moi, et mon

> apparence soi-disant « jeune » correspond à une disposition intérieure qu'Ella Maillart qualifiait de « refus d'être adulte ». Si tant est que l'on puisse dire cela d'une personne de trente-trois ans, elle avait passablement raison. J'en reste peut-être plus réceptive, mais aussi plus vulnérable, et cela exige une telle tension qu'il y a quelques jours, par exemple, ayant terminé *Le Cratère des animaux*, je n'étais tout simplement plus capable de rien ; le résultat fut une fuite dans la maladie dont je subis encore les secousses maintenant. [...] J'ai le mal du pays, et ce qui me manque c'est de ne pouvoir espérer aucun soulagement, aucun réconfort de tendresse humaine ; après chaque effort accompli pour travailler un peu, je me retrouve seule. Souvent, j'ai le sentiment de me rapprocher à une vitesse inquiétante de la limite de mes forces.

Au moment où elle écrit ces mots, Annemarie s'apprête à quitter Molanda. Madame Vivien n'a pas tardé à se rendre compte que l'écriture mettait ses nerfs à vif. Après l'avoir soignée comme une mère lors de sa récente crise, elle lui conseille de se changer les idées en poursuivant son voyage au cœur des ténèbres, et elle décide de l'accompagner. La Chrysler des Vivien est équipée pour un périple de cinq à six semaines qui va les conduire vers les frontières de l'Ouganda et du Ruanda, dans la région des grands lacs, puis en direction du nord, en Afrique équatoriale. Pendant des jours et des jours, les deux femmes suivent les pistes obscures de la forêt dense. Les villages se succèdent : Bumba, Aketi, Buta. Annemarie photographie des éléphants, des femmes pygmées attendant le bac pour franchir l'Ituri, des hommes exécutant des danses, d'autres exploitant les mines d'or de Kilo Moto. Mais elle aspire de toute son âme à sortir de cette prison verte pour déboucher sur l'espace ouvert de la savane :

> Cela n'en finissait pas, et j'essayais en vain de m'assurer sur la carte que le royaume de la forêt équatoriale a bien des limites terrestres et que j'atteindrais bientôt le pied du Ruwenzori, les rives des grands lacs et les splendides mon-

tagnes se trouvant au cœur de l'Afrique. Cela se passa en pleine nuit. Mais je m'étais tellement habituée à l'atmosphère pesante de la forêt, je sentais de façon si tangible la proximité permanente des épais fourrés, des lianes pendantes, des troncs éclatés et pourrissants dressés vers le ciel invisible, et j'avais si longtemps vécu dans le cercle étroit de ces menaces sournoises, tant cherché à découvrir des yeux incandescents parmi les branches, que je reconnus infailliblement le premier souffle de la délivrance. Respirais-je plus facilement ? Dans l'obscurité légère et mouvante, étaient-ce les lisières de la clairière que je voyais, les champs de maïs et de bananiers, les collines bleutées dans le lointain ? Était-ce le passage somnolent des nuages et des oiseaux que j'entendais dans le silence ? J'exultais, j'avais envie de pleurer, et je restais pétrifiée de bonheur.

Le lendemain matin, en sortant de la hutte ronde où j'avais dormi, je vis que je me trouvais sur une hauteur d'où mon regard plongeait dans une plaine parsemée de collines, montant en pente douce vers des montagnes splendides, traversée par les ondoiements des couleurs bleutées, de la brume, des nuages et des flots de la lumière naissante. Ce lieu s'appelait Beni. En regardant derrière soi, on pouvait voir les langues sombres de la forêt céder la place à la savane, mais elles se perdaient dans l'ondulation légère des herbes. Devant moi, pas très loin, la puissante base du Ruwenzori se libérait d'une verdure luxuriante. En direction des montagnes serpentait une route que je ne tarderais pas à suivre. Une aura de félicité planait sur cette terre baignant dans la solennité du silence matinal et s'élevant vers la lumière – le cœur de l'Afrique[31].

Annemarie retrouve alors des paysages familiers : des lacs – qui n'ont pas pour noms Saint-Moritz, Silvaplana ou Sils, mais Kivu, Édouard, Albert – et un paysage de hautes montagnes qui lui rappellent les Alpes de sa chère Engadine – le plus haut sommet de la chaîne du Ruwenzori, le mont Stanley, culmine à cinq mille cent dix-neuf mètres. Les deux femmes suivront ensuite la frontière avec

Au Congo (été 1941)

le Soudan, passeront en Afrique équatoriale, visiteront Fort-Archambault puis Fort-Lamy.

Ce qu'Annemarie retiendra de ce voyage au cœur de l'Afrique, c'est le souvenir impérissable du bonheur éprouvé au spectacle de « la splendeur sans tache des grandes montagnes du Kivu[32] » ; un sentiment qui décuple ses facultés sensorielles et redonne en même temps un sens à l'écriture. Cette expérience entre en résonance avec une autre faite deux mois plus tôt à Léopoldville, au moment où elle était la cible d'injustes accusations : une nuit, regardant un eucalyptus dans la clarté de la lune, elle avait senti que cet arbre exigeait d'elle toute son attention, « comme une musique céleste[33] », et qu'il était de son devoir de ne pas se laisser distraire par les aléas du monde extérieur afin de trouver la concentration nécessaire pour écouter « la musique de la terre en mouvement[34] » et tenter d'accéder à la vérité, au mot vrai. À partir de ce qui ressemble à une sorte d'illumination, Annemarie élabore une théorie très personnelle du réel qu'elle expose à maintes reprises dans ses lettres à Ella Maillart et à Carson McCullers. Il y a d'une part la réalité artificielle et futile du monde, de la société – la fausse réalité –, et d'autre part la réalité plus profonde de l'âme aspirant à communier avec le monde. Notre âme, c'est notre « moi intérieur », la partie pure, invulnérable et éternelle de nous-même. Malheureusement, le moi intérieur est contré par notre « moi inférieur », trop dépendant des contingences et des conventions du monde qui nous entoure. Mais plus on souffre, plus on se heurte aux difficultés, et plus on se débarrasse de ce moi inférieur, permettant ainsi à son âme de se libérer. Être libre, c'est rester plus fort que les événements. En d'autres termes : c'est en se détachant complètement des contingences, en refusant d'être atteint par elles, que l'on accède à la liberté intérieure. Certes, ce détachement ne peut se faire sans souffrance, mais il est la condition nécessaire pour se mettre à l'écoute de la voix intérieure.

Ce processus, Annemarie Schwarzenbach l'a déjà vécu

lors de son internement à la clinique de White Plains. À partir du moment où elle a décidé de ne plus ressentir le fait d'être privée de cigarettes comme une privation, elle a retrouvé la capacité de surmonter sa révolte et d'avoir un rapport chaleureux avec le monde. En Afrique, face à des gens qui refusaient de croire à la pureté de ses intentions, traitée comme une ennemie par ceux dont elle pensait qu'ils étaient des alliés, elle a réitéré l'expérience. En se dégageant de la « fausse réalité », elle se débarrasse de son moi inférieur et conquiert peu à peu l'espace de liberté indispensable pour réaliser la mission sacrée qui lui a été confiée par Dieu : écrire, trouver les mots s'approchant au plus près de la vérité.

> J'ai compris que « ces gens » qui m'ont fait de si grosses injustices ne sont même pas mes ennemis, mais ils ne sont pas libres, ils ont peur, et ils mettent leur foi, Ella, comme leur jugement, sur un plan arbitraire et périssable. Pour retrouver les sources de notre foi, de notre conscience, notre savoir du bien et du mal, et de notre amour envers ce monde, notre *partner,* il faudrait renouveler tout notre être, chaque mot, chaque haleine, vérifier tout dans la lumière seule sincère de notre rencontre avec le visage divin. Nous le retrouvons dans le visage des humains, mais c'est là un long chemin, et ce sera là la seule vraie compassion, la seule fraternité.
> Tout ce qui me restait à faire, ce fut donc de trouver le moyen pour ne pas être *blessée* par cette puissance hasardeuse du monde extérieur. Car je peux être tuée par les hommes, comme par la faim et par une pierre, et je peux être forcée par des circonstances de me débattre jour et nuit, pour gagner mon pain ou, comme ici, pour défendre ma propre existence, et cela ne touche quand même pas à ce que je porte en moi de l'éternel, et nous sommes quand même nés libres, en dehors de toute loi de ce monde.
> Il est curieux qu'il me fallait cette double expérience, l'enchaînement et la révolte psychologique, l'année passée, parce que je me croyais victime d'un amour sans solution et que je mettais tout mon espoir de pouvoir partir pour

la guerre, sacrifice que je croyais juste et noble, ma contribution à cette « réalité » en dehors de nous. Et maintenant, en ce pays, mon but extérieur presque atteint : de me trouver repoussée encore par la puissance des hommes et des choses. Pour que je comprenne que notre relation avec le monde doit se faire dans un domaine infiniment plus vrai, et invulnérable, qui est celui de l'âme, celui des enfants de Dieu.[35]

Nul doute que cette philosophie personnelle n'ait été influencée par ce qu'Ella Maillart lui transmet dans ses lettres des leçons reçues auprès de ses maîtres en Inde, et qu'Annemarie ne se soit sentie confortée dans ses idées – par exemple en lisant cette parole d'un sage rapportée par la Genevoise : « Recevez de ce monde autant de coups que vous pouvez : cela vous conduira à un état de conscience de Dieu. » Ou encore : « Tout ce qui vous aide à surmonter votre ego – tout ce qui sacrifie le moi inférieur – est vertu et le contraire vice. L'anéantissement complet de l'ego est la vertu suprême. » Ella Maillart ne cesse de s'étonner que son amie ait si vite et si bien assimilé son enseignement :

> Oui, on ne peut pas « atteindre » le monde en dehors de soi, car le monde est saturé d'erreur : on ne peut l'atteindre qu'en soi. Vous dites des choses tellement justes sur ceux qui haïssent parce qu'ils ont peur ou parce qu'ils placent leur amour sur un plan arbitraire et périssable que je me demande si vous avez près de vous une influence bienfaisante qui vous aide à découvrir ces choses ? Ou bien les avez-vous tout simplement en vous-même – comme je le crois dès toujours ? Vous souvenez-vous de mon leitmotiv : tout ce que vous avez pris pour vous-même jusqu'ici n'est pas votre vraie nature !
> Bref, vous comprenez maintenant que le monde et vous-même tels que vous les connaissiez ne sont pas l'ultime Réalité – quoique existant seulement grâce à cette Réalité. Je crois que votre cœur et sa grande soif vous font deviner peu à peu ce qu'il importe de savoir. [...] Tout ce que je vous dis ici est très sec et mental, mais je pense que vous

saurez l'enrichir de la Vérité qui est dans votre Cœur et qui est là depuis toujours : à vous d'apprendre à l'entendre ; et quand vous lui obéissez, vous devez sentir en vous un apaisement-épanouissement vous faisant comprendre que vous êtes dans le Vrai. Et alors peu à peu vous renouvelez tout votre être, et vous êtes à même de voir le divin dans le visage des humains[36].

Au moment où Ella Maillart écrira ces lignes, Annemarie se trouvera depuis plus d'une semaine à Thysville – un village situé à une centaine de kilomètres au sud de Léopoldville –, et depuis quatre mois déjà elle sera rentrée de son voyage au cœur du continent noir en compagnie de madame Vivien. À la mi-septembre 1941, elle a rejoint la capitale du Congo belge, empruntant le même itinéraire qu'à l'aller, c'est-à-dire en redescendant le grand fleuve, cette « artère de plomb dans l'océan inexploré de la forêt vierge[37] ». Au cours de ces deux mois, elle n'a pas oublié ses obligations envers ses commanditaires suisses, expédiant même des articles pendant son périple – « La savane[38] », « Montagnes au cœur de l'Afrique[39] » –, puis de Lisala – « Les sept merveilles du Congo[40] ». De retour à Léopoldville, elle continue de travailler avec une ardeur si soutenue qu'elle produit au cours du seul mois de septembre une bonne douzaine d'articles. Des textes qui ne sont probablement jamais arrivés à destination car on n'en a pas retrouvé la trace jusqu'à aujourd'hui[41].

À Léopoldville, l'accueil est plus agréable qu'elle n'aurait pu le supposer après l'hostilité rencontrée au mois de juin ; cependant, malgré l'aide des autorités belges et britanniques, on refuse de lui accorder un visa pour l'Égypte. Elle a d'abord fondé beaucoup d'espoirs sur la possibilité de travailler comme correspondante de guerre dans ce pays, mais ses récentes réflexions la portent désormais à penser que son activité journalistique n'est « d'aucune importance réelle comparée à une seule page d'écriture sincère[42] ». C'est ce qu'Ella Maillart a essayé de lui faire comprendre au cours de leur voyage en Afghanistan, la conjurant de « cesser de courir d'un pays ou d'un continent à l'autre », de se « griser d'une activité sans réel fondement[43] ». Maintenant qu'Annemarie a la certitude de ne pas se rendre au Caire, elle peut mobiliser toute son énergie au service de l'« écriture sincère », du livre de la vérité. Et ce n'est pas un hasard si elle choisit de le commencer à Léopoldville le 22 octobre 1941, jour de l'anniversaire de son père. Quatre mois plus tard, le 20 février 1942, elle mettra le point final à un manuscrit de trois cent soixante-quinze pages intitulé *Le Miracle de l'arbre*.

La trame narrative de cet ouvrage en trois parties peut être ainsi résumée : Marc est un jeune Suisse que le hasard des circonstances a conduit en Afrique où il est interné à cause de la suspicion des autorités à son égard et de sa consommation excessive d'alcool. Après une évasion miraculeuse, il est repris. Confronté à la cruauté de l'univers carcéral, il réussit cependant à trouver en lui les forces nécessaires pour s'abstraire du monde réel et faire l'expérience de sa liberté intérieure. Une fois libéré, il rencontre Louise, la femme d'un pilote anglais mort à la guerre. Mais leur amour ne tarde pas à se heurter au fait que pour rester ensemble ils devraient l'un et l'autre trahir leur âme. Louise préfère sacrifier son amour ; elle oblige Marc à la quitter afin qu'il puisse préserver sa liberté.

Le Miracle de l'arbre se nourrit des expériences les plus récentes d'Annemarie : on y reconnaît notamment l'épisode amoureux vécu avec Margot von Opel aux États-Unis, l'évasion de la clinique de Greenwich, l'internement à Bellevue puis White Plains, les difficultés rencontrées avec les autorités du Congo, les enseignements d'Ella Maillart. Ce livre est avant tout la traduction de l'évolution philosophique d'Annemarie – une philosophie essentiellement fondée sur le renoncement. Il s'agit de renoncer à tout désir, de renoncer à l'amour, et même de renoncer à exister. Dès les premières pages, elle écrit en effet à propos de Marc : « Il ne devait plus ressentir ni faim ni soif, ni amour ni haine, ni la chaleur brûlante de cette terre paralysante, ni l'étrangeté, il lui fallait endiguer son désespoir, il ne devait connaître ni doute ni crainte, il devait à peine [...] rester un être humain[44]. » Cette idée renoue avec le désir déjà exprimé dans La Vallée heureuse de s'approcher au plus près du « silence de la créature », de prendre modèle sur la nature, que les événements du monde laissent imperturbable. C'est d'ailleurs ce qu'Annemarie tente de faire en se retranchant dans la solitude de l'écriture. Oubliant le monde extérieur, elle ne vit plus que pour son manuscrit, ce « juge infaillible » qui est une manifestation de la grâce de Dieu ; dans un état de concentration qu'elle qualifie d'« agonie » ou de « transe[45] », les visions se succèdent, semblables à des rêves « qui s'évanouissent presque et s'enfuient sitôt que nous tentons de les atteindre avec des mots[46] ». Des mots qu'elle a le sentiment de bafouiller ; aussi s'étonne-t-elle, en les relisant, qu'ils aient été tracés par sa propre plume, tant « la beauté et la force du style[47] » lui semblent au-delà de ses propres capacités.

Au bout de deux mois, elle a quasiment terminé les deux premières parties de son manuscrit. Mais elle souffre de la chaleur torride qui règne à Léopoldville – et des rumeurs concernant ses relations avec une Anglaise. Un certain mystère règne autour de cette femme, sans doute l'épouse d'un diplomate. Annemarie ne la mentionne dans aucune lettre à Busy Bodmer. Elle ne révèle l'existence de cette amie qu'à Ella Maillart et à Carson McCullers, mais sans jamais livrer son nom. On apprend ainsi que la présence et l'amitié de cette femme l'ont beaucoup aidée au début de son séjour en Afrique, quand elle était en butte aux soupçons des autorités. On sait également que l'inconnue a sculpté la tête d'Annemarie à son retour de Molanda – sculpture que l'écrivain John Latouche découvrira quelque temps plus tard dans le hall d'entrée d'une ambassade de Léopoldville. C'est elle aussi qui conseille à Annemarie de se retirer à Thysville pour terminer son manuscrit. Bien que le village ne soit situé qu'à sept cents mètres d'altitude, on y respire mieux que dans la capitale. Annemarie s'y rend seule peu avant Noël. Elle aime ce paysage de collines plantées d'eucalyptus. Le 26 décembre, elle entame la troisième partie du *Miracle de l'arbre*, la plus importante, la plus difficile. Elle mène une vie régulière, entièrement organisée autour de l'écriture : « Je travaille le matin trois heures, après déjeuner encore une ou deux heures. Avant le petit déjeuner, et à cinq heures de l'après-midi, je vais nager. Je fais une grande promenade, souvent seule, parfois avec des amis, jusque vers sept heures et demie ou huit heures, et je trouve le soir une heure de recueillement, de concentration, de prière, de libération dans le silence[48]. »

Quand son amie anglaise vient lui rendre visite à la mi-janvier, avec l'intention de rester deux semaines à Thysville, Annemarie craint d'abord que sa présence ne réduise à néant les efforts accomplis pour conquérir un certain calme intérieur, condition nécessaire pour que son travail avance. Toutefois, ce problème coïncide justement avec celui qu'elle traite dans son manuscrit, si bien que la réalité et le livre se nourrissent mutuellement : Marc doit-il rester avec Louise ? Et elle, Annemarie, doit-elle rester avec cette femme qui l'aime ? La réponse est non, « car j'ai toujours su que des limites sont assignées aux relations entre les êtres humains. De même que, dans ce monde, nous ne pouvons nous unir complètement à notre prochain ni à l'être le plus cher, ni à aucun partenaire ou objet, de même que la fusion et la compréhension totales ne seront possibles que quand notre âme sera libérée de la cuirasse de notre personnalité liée à la terre, de même nous ne ferons jamais dans cette vie, poussées par notre intuition, que tendre vers l'absolu, le savoir total, la vérité entière et la parole en parfaite adéquation avec la pensée[49] ».

Le 1er février, elle entame le dernier chapitre du *Miracle de l'arbre* mais doit être hospitalisée peu de temps après à cause d'une crise de malaria – provoquée, dit-elle, par l'énorme effort de « concentration "poétique"[50] » des dernières semaines. Autorisée à sortir le 17 février, il ne lui faudra plus que trois jours pour conclure son manuscrit par cette ultime phrase : « Et tu pars, indemne, comme endurci par les flammes, léger[51]. » Des mots qu'elle semble s'adresser à elle-même et qu'elle réitère sous une autre forme pour Carson McCullers : « Quand j'eus terminé mon livre, je me sentis libre pour la première fois, n'ayant peur de rien qui puisse m'arriver[52]. » Maintenant qu'elle a dit toute la vérité sans la moindre concession à la « fausse réalité » du monde et des hommes, elle veut partir, retourner en Suisse ou à Lisbonne. Mais vu les soupçons qui n'ont cessé de peser sur elle depuis son arrivée en Afrique, elle s'imagine qu'au moment où elle voudra rentrer en Europe on saisira ce qu'elle considère désormais comme son bien le plus précieux, comme une partie d'elle-même : le manuscrit du *Miracle de l'arbre*. Elle choisit alors de devancer les événements en le donnant à lire à l'un des plus hauts fonctionnaires du gouvernement. « Tous mes amis ont cru que j'étais devenue folle », écrit-elle à Ella Maillart[53]. Le lendemain, elle est convoquée par le fonctionnaire en question qui lui reproche de donner une image négative du Congo belge. Pendant deux heures, elle défend son point de vue pied à pied, essayant de démontrer qu'elle a seulement voulu dire que c'est l'ordre du monde qui est injuste et impur, pas spécialement le Congo. Il lui faut ensuite attendre encore deux jours avant de connaître la décision des autorités. Mais tandis que ses amis sont de plus en plus inquiets, elle, curieusement, éprouve un intense sentiment de paix intérieure :

> J'essayais de me faire à l'idée qu'il me faudrait vivre internée quelque part en Afrique et perdre mon livre. Je crus comprendre alors que ce livre n'avait pas d'importance. Il est aussi vulnérable et éphémère que tout bien terrestre, et que toute création ici-bas. S'il venait à être publié, il serait possible qu'il ne captive personne, qu'il n'apporte pas la moindre aide à quiconque – mais ce que moi j'avais reçu de ce livre, cette manifestation de ma

volonté intime qui avait fortifié et accru ma liberté intérieure, c'était invulnérable, inaliénable[54].

Finalement, son texte est approuvé et remis sous scellés au consulat de Suisse, où l'attend également depuis le mois de janvier, grâce aux bons soins de son ami Henri Martin, un visa pour le Portugal.

Le 14 mars 1942, Annemarie Schwarzenbach embarque dans le port angolais de Luanda sur le *SS Quanza* à destination de Lisbonne. Non sans regret de quitter cette amie qui l'a tant aidée et qui aurait maintenant besoin d'elle. Sur le bateau, des Français, des Belges, des Hollandais, des Suisses, quelques Italiens libérés de camps d'internement – des gens heureux de rentrer dans leur pays, même s'ils ont dû quitter des proches, même s'ils savent les risques qu'ils prennent. À l'aller, se souvient-elle, les gens étaient heureux au contraire d'échapper au brasier européen. Pourquoi sommes-nous si dépendants de nos perceptions immédiates, de ce monde extérieur que nous appelons réalité ? Quelle est l'autre réalité ? Mue par ces interrogations, elle tape à la machine pendant les deux semaines de traversée un texte de quatre-vingts pages qu'elle intitule *En quittant l'Afrique*. Les vingt-trois premières pages sont, selon ses propres termes, des « notes de voyage » concernant son premier séjour à Léopoldville, puis ses périples sur le Congo et au cœur de la forêt équatoriale. Le manuscrit lui-même commence par le récit des réactions d'injuste suspicion à son égard, et il se termine par l'épisode du livre soumis à la censure des autorités congolaises. Annemarie y fait le bilan de son séjour de dix mois en Afrique :

> J'y avais appris à surmonter ma peur des puissances terrestres, j'y avais trouvé la source d'une joie vraie et une liberté intérieure qui équivalaient à une nouvelle joie de vivre, et qui avaient décuplé toutes mes capacités. J'y avais appris à différencier notre « moi » véritable et indestructible

de cette personnalité vulnérable dépendante du caractère favorable ou défavorable de l'environnement et des partenaires terrestres. Et enfin, dans mon exil montagnard, j'avais pressenti pour la première fois la possibilité de subordonner ce moi mortel, vulnérable et souffrant au savoir et à la volonté du seul véritable et éternel moi qui se manifeste dans notre conscience morale infaillible et dans notre liberté la plus profonde. Oui, cet endroit des montagnes du bas Congo était devenu pour moi quelque chose comme un paradis sur terre, et je savais que j'allais avoir la nostalgie de l'Afrique[55].

Cette évolution de nature philosophique n'est pas sans rejaillir sur ses idées en matière d'engagement politique. En effet, ses déboires avec les autorités de Brazzaville l'ont amenée à la conclusion qu'on ne peut partager le monde entre les méchants nazis et les bons alliés. Car si cette distinction était pertinente, il serait incompréhensible que des gens engagés dans le même combat qu'elle lui aient été hostiles :

> Je crois que chaque homme malheureux est mon frère, même si, victime de soupçons non fondés sur des preuves, il se retrouve prisonnier dans un camp en tant que communiste ou nazi ou défaitiste. Mais je ne crois pas que quelqu'un puisse être mon frère uniquement parce que le hasard a voulu qu'il soit, par exemple comme « Français libre », du même bord politique que moi[56].

En conséquence, elle ne croit plus que tel ou tel système politique soit capable de soulager la misère de l'humanité. Elle continue certes de considérer la dictature nazie comme le pire de tous les régimes, mais force lui est de constater que les mêmes maux existent du côté des fascismes comme du côté des démocraties :

> Je me suis rendu compte que mon « antifascisme » était issu d'une autre source que la position de la plupart des ennemis des puissances de l'Axe face à la guerre. La conviction selon laquelle il faut vaincre les puissances de

l'Axe pour pouvoir établir une paix meilleure est aujourd'hui largement répandue. Mais elle est fondée sur les motifs les plus divers, souvent très éloignés de l'idée simple visant à faire triompher la cause de la liberté. C'est pourquoi la victoire des Alliés ne nous apportera tout d'abord rien de plus qu'une chance d'exploiter cette victoire pour le plus grand bien de l'humanité souffrante, rien de plus qu'une chance...

Mais pour le moment, la guerre a répandu ses horreurs, et ce ne sont pas seulement des destructions extérieures, ce sont des ravages pour les âmes. On alimente et on encourage la haine, et la brutalité dont j'ai été témoin est stupéfiante. Au lieu de considérer la guerre comme une nécessité tragique et comme une épreuve, nombreux sont ceux qui l'accueillent avec jubilation quand elle leur donne une occasion de vengeance. Et elle sert de prétexte à l'expression des instincts les plus vils, habituellement masqués et camouflés par notre « civilisation »[57].

Ce qui l'intéresse désormais, c'est de « comprendre les racines profondes de notre crise européenne » et de « chercher la source des forces réelles dont nous aurons besoin pendant et après cette guerre terrifiante pour édifier dans chaque âme la résistance non seulement contre le fascisme mais aussi contre tout le mal et toute la "vie fausse" qui l'a provoquée[58] ». Face à ce qu'elle appelle « l'immense problème du monde », elle a l'intention de « rester dans la modestie de travailler sans voir la fin[59] ».

Effectivement, dès son arrivée à Lisbonne, le 30 mars, elle est de nouveau happée par son activité journalistique interrompue pendant près de sept mois. Henri Martin la met en contact avec Antonio Ferro, le directeur de la Propagande nationale, et avec le docteur Tavarez de Almeira, le directeur de la presse[60]. En tant que consul de Suisse, il juge bon que des journalistes portugais et suisses contribuent à intensifier les relations culturelles et touristiques entre les deux pays, et il est pleinement satisfait de la qualité du travail d'Annemarie. En sept semaines, elle écrit une vingtaine d'articles dont les deux tiers environ paraîtront dans la presse helvétique, notamment sur la jeunesse portugaise, sur les échanges commerciaux et diplomatiques entre le Portugal et la Suisse. Elle fait tant et si bien qu'Henri Martin lui suggère de travailler à Lisbonne comme correspondante de la *NZZ* – proposition à laquelle elle veut se donner le temps de réfléchir car avant de prendre toute décision il lui faut d'abord régler sa situation conjugale.

Voilà en effet près d'un an qu'elle essaie de récupérer son passeport suisse, la nationalité française lui interdisant de prolonger ses séjours à Sils au-delà de trois mois. Busy Bodmer a remué ciel et terre pour résoudre le problème, elle a contacté des gens compétents en matière juridique, alerté Hans Schwarzenbach, et il est apparu au bout du compte que la seule solution serait le divorce. C'est pour cette raison qu'Annemarie veut le plus vite possible rejoindre Claude Clarac à Tétouan, la capitale du Maroc espagnol, où il occupe depuis l'armistice le poste de consul. Son arrivée est prévue pour la fin du mois de mai. Entretemps, elle rencontre par hasard une amie d'enfance, Marie-Louise Lüscher, surnommée Bumy. Les familles Schwarzenbach et Lüscher se sont beaucoup fréquentées autrefois, et quand Annemarie apprend que Bumy doit aller rendre visite à son père à Séville, elle décide de l'accompagner. Le 25 mai, les deux femmes s'envolent pour Madrid. Marie-Louise Lüscher rapporte :

> Annemarie avait parlé à papa de son manuscrit *Le Miracle de l'arbre*. Aussi nous emmena-t-il de Séville sur sa plantation d'eucalyptus près de Huelva. Annemarie alla vers un grand nombre de ces arbres au tronc argenté pour les caresser, et elle écoutait le « chant » des feuilles bleutées.
>
> Papa avait lui aussi un faible pour Annemarie, et après qu'elle nous eut dit au revoir, il déclara, quelque peu bouleversé : « Quelle tragédie[61] ! »

Le 27 mai, Annemarie est de nouveau à l'aéroport de Madrid pour rallier Tanger où l'attend Claude Clarac. Voilà cinq ans qu'ils ne se sont pas revus, mais ni le temps ni l'éloignement ne semblent avoir entamé l'affection qu'ils ont l'un pour l'autre. Claude trouve sa femme plus détendue et plus calme qu'autrefois, plus confiante dans l'avenir, et en meilleure santé. Quant à Annemarie, elle tombe d'emblée sous le charme du Maroc et apprécie que son mari l'accompagne pour lui faire visiter le pays. Dès le 2 juin, ils sont à Casablanca. Le lendemain, à Rabat, elle fait la connaissance du commandant Faure, chef du Service de la jeunesse et des sports – ce qui va lui permettre d'écrire un article dans la continuité de celui déjà rédigé au Portugal sur les mouvements de jeunesse. Ils rentrent ensuite à Tétouan, non sans avoir fait un crochet par Meknès et le site archéologique romain de Volubilis au pied du Moyen Atlas. Le 7 juin, Annemarie écrit à Busy Bodmer :

> Claude et moi avons fait ensuite un voyage absolument magnifique en passant par Meknès, et j'ai de nouveau de la matière pour écrire : je suis contente de pouvoir mener maintenant pendant quelques semaines, dans le silence de Tétouan, exactement le genre de vie qui est le plus approprié pour moi – beaucoup de travail, de longues promenades, une bibliothèque et un peu de musique le soir. Claude a un agrandisseur, si bien que nous nous amusons aussi à faire des photos et que je vais pouvoir rapporter quelques beaux clichés.

De son côté, elle apporte à Clarac un soutien moral fort appréciable à un moment particulièrement difficile pour un diplomate chargé de représenter la France de Vichy : « Nos idées, nos sentiments sur les événements et les choses se complétaient sans s'identifier. Elle avait de plus le sentiment que, dans la terrible crise où la France et les Français se débattaient, sa présence à mes côtés était un témoignage précieux de solidarité. De fait, son court passage à Tétouan fut pour moi une oasis au milieu du désert[62]. »

En l'espace de deux semaines, une douzaine d'articles sont prêts à être publiés. Huit seront retenus par la presse helvétique. Annemarie y décrit la vie au Maroc, les villes qu'elle a visitées, les paysages qui l'émeuvent, en particulier les montagnes bleutées du Rif visibles depuis sa table de travail. Mais elle a bientôt envie de passer à un autre genre d'écriture, de se remettre à l'écoute de cette voix qu'elle percevait si distinctement quand elle rédigeait *Le Miracle de l'arbre*. Un cycle de quatre poèmes intitulé *Tétouan*[63] prend forme. À peine évoquées, les images, insaisissables, s'évaporent, le sens s'échappe.

Le 26 juin 1942, elle donne de ses nouvelles à Carson McCullers. Pendant son séjour au Congo, elle lui a souvent écrit, l'assurant en permanence de sa tendresse. Elle lui a parlé comme elle se parlerait à elle-même, disait-elle, car elles sont frères, elles sont sœurs aussi, unies dans une même conception de leur métier d'écrivain auquel tout doit être subordonné. Ayant appris que Carson était tombée gravement malade pendant l'année écoulée – à vingt-quatre ans, la jeune Américaine a été victime d'une crise cardiaque –, elle s'est inquiétée de sa santé et a essayé de lui redonner courage, de l'inciter à être patiente :

> Ne dis pas que nous ne nous reverrons jamais. Cela aussi n'est qu'une question de hasard, mais je vis avec un désir intense d'amour + d'amitié pour toi, le sentiment que tu vis + que tu m'aimes, que tu écris dans le même esprit d'absolu, + que tes livres pourraient être meilleurs + plus purs que les miens. C'est un espoir et une consolation pour moi[64].

Elle lui a écrit le 29 décembre 1941 que son poème *The Twisted Trinity*[65] pourrait servir de devise au *Miracle de l'arbre* et que pour cette raison elle serait la personne la plus à même de comprendre, d'aimer et de traduire ce livre. De Lisbonne, elle lui a envoyé ces lignes :

> Je crois toujours que les forces spirituelles, la relation sincère + véritable entre des êtres humains qui s'aiment sont plus fortes que les obstacles matériels du monde extérieur, de même que la relation sincère + véritable avec n'importe quel ami, n'importe quel objet extérieur, une pierre, un arbre, est plus forte que la séparation artificielle que nous impose l'unité brisée. Je me sens très patiente quant aux événements à venir[66].

Cette idée frappera tellement Carson qu'elle interrompra son travail sur *Frankie Addams* pour écrire une courte nouvelle intitulée *Une pierre, un arbre, un nuage*. Elle y met en scène un vagabond qui expose à un très jeune livreur de journaux sa théorie personnelle de l'amour, élaborée après que sa femme l'a quitté : vouloir commencer par aimer un autre être est une erreur car c'est le stade suprême de l'amour, le plus difficile. Il faut donc débuter modestement en aimant une pierre, un arbre, un nuage. Publié au mois de novembre suivant, ce récit sera sélectionné pour figurer dans l'anthologie des meilleures nouvelles américaines de l'année 1942.

À la fin du mois de juin, l'heure du départ pour Sils a sonné. Claude Clarac accompagne sa femme à Ceuta, d'où elle doit prendre le bateau pour gagner l'Europe. Il n'est plus question de divorce entre eux. Annemarie a décidé au contraire de revenir à l'automne. Toutes ses lettres envoyées de Tétouan débordent d'enthousiasme ; elle dit se sentir dorénavant plus à même de s'adapter aux exigences de la carrière de son mari. Le visa de transit aller et retour, valable jusqu'au 31 octobre, que le consul de France Clarac lui a délivré garantit qu'ils se reverront. Mais leurs adieux sont déchirants, comme si, au moment de la séparation, un sombre pressentiment les assaillait. Il lui écrit aussitôt après son départ :

> Ma chérie, [...] mon cœur était bien lourd lorsque je t'ai vue t'éloigner du quai de Ceuta. Je me suis trouvé soudain

si heureux par ta simple présence à mes côtés que je crains de payer cette joie imméritée par des traverses nouvelles et par la longue attente de ton retour. Au fond de moi-même, je n'ai jamais perdu la confiance profonde que j'avais placée en toi, en ton cœur et ton intelligence. C'était un de ces sentiments intuitifs qui vont plus loin que tous les raisonnements. Nous nous sommes retrouvés l'un et l'autre, plus mûrs, mieux armés contre les difficultés d'une vie qui promet d'être dure, pour constater la solidité de notre affection mutuelle, pour approfondir sa signification et regarder ensemble l'avenir. Je vais maintenant compter les jours jusqu'au mois d'octobre et me désespérer si quelque événement retarde ton voyage d'automne à Tétouan. [...] J'ai besoin de toi dans l'air que je respire. La solitude, qui est souvent un plaisir, est épuisante lorsque les nerfs doivent à chaque seconde réagir contre les entraînements au désespoir que les faits et l'imagination ont aujourd'hui trop d'occasions de provoquer. Si tu es avec moi, je me sens plus sûr de moi-même, de mon courage, de ma patience. Tes conseils, ton affectueux appui, que je suis sûr de trouver chaque fois que je puis en avoir besoin, me rassurent contre les incertitudes qui me harcèlent, et je me sens plus calme. J'ai un peu de honte à penser que je ne te rends pas entièrement un service analogue. Mais je ne serais pas un homme si je n'avais pas d'égoïsme, et beaucoup de littérature m'encourage à penser que le don gratuit est, en général, agréable aux femmes[67].

Pendant son voyage vers la Suisse, Annemarie aussi lui donne de ses nouvelles : dès Algésiras, puis de Madrid. Elle passe la frontière française à Cerbère et retrouve à Genève son frère Hans. Il lui apprend que leur mère vient de faire une assez grave chute de cheval. Souffrant d'une forte commotion cérébrale, Renée Schwarzenbach a besoin de repos complet. Annemarie devra attendre dix jours avant de la revoir. Renée lui trouve « assez bonne mine », mais elle a le sentiment que sa fille est « sous l'influence d'un poison[68] ». Un peu plus tard, Annemarie lui envoie des disques. Le 24 juillet, d'une main mal assurée, Renée lui écrit un mot de remerciement. Si sa relation à sa mère préoccupe toujours Annemarie, elle ne la tourmente plus autant qu'autrefois car elle est convaincue que leur réconciliation est proche.

À son retour du Maroc, début juillet, elle passe d'abord une dizaine de jours chez Busy Bodmer, où elle trouve toujours un foyer accueillant. Avant de partir pour Sils, il lui faut faire un certain nombre de démarches liées à l'héritage qu'elle a touché de sa grand-mère paternelle décédée quatre mois plus tôt. Une somme d'argent bienvenue car à peine est-elle arrivée en Engadine qu'un acquéreur se manifeste pour acheter la Jägerhaus, semant un véritable vent de panique dans le village. Tous ses amis s'emploient alors à accélérer les démarches nécessaires pour qu'elle puisse passer devant cet indésirable.

L'autre souci d'Annemarie au cours de cet été 1942 est d'assurer son avenir professionnel. En des termes on ne peut plus chaleureux, Henri Martin est intervenu auprès du directeur de la *NZZ* pour l'inciter à la nommer correspondante à Lisbonne :

> Avec son talent de description, son goût pour les problèmes sociaux, son don aigu d'observation, son sens de la politique internationale et son flair dans les interviews, je considère madame Schwarzenbach comme une journaliste susceptible de rendre les plus grands services. En outre, elle ne manque jamais d'aller puiser aux meilleures sources et de se procurer des introductions si elle ne les connaît pas. [...] Elle a fait ici du très bon travail qui lui était encore facilité par le fait que, comme femme du monde, elle était finalement invitée partout[69].

Le 30 août, Annemarie transmet copie de cette lettre à Karl von Schumacher, le rédacteur en chef de *Die Weltwoche*, et elle lui propose de travailler également pour lui à Lisbonne. Consciente cependant que l'intérêt limité de la presse helvétique pour des articles sur le Portugal ne justifie pas la présence permanente d'un correspondant, elle suggère d'y séjourner deux fois par an et de compléter cette activité par des reportages à Madrid et au Maroc.

Mais sa principale préoccupation, c'est le manuscrit du *Miracle de l'arbre*. Les gens à qui elle l'a fait lire lui ont assuré qu'il ne pouvait être publié sous sa forme originale. Mabel Zuppinger, qui passe ses vacances dans la Jägerhaus au moment où « la Divine[70] » y arrive, trouve que les deux premiers tiers ne sont pas à la hauteur du troisième. Quant à Charly Clerc, le critique littéraire qui a suivi toute sa carrière depuis *Les Amis de Bernhard*, bien que tombé sous le charme de ce « roman d'élévation spirituelle » dont il juge certaines pages « aussi magiques que magnifiques[71] », il lui conseille de le raccourcir de cinquante ou cent pages. Convaincue que ces critiques sont justifiées, Annemarie s'attèle aussitôt à la tâche de récrire au moins les deux premières parties. Il lui faut le silence absolu, retrouver les conditions dans lesquelles elle a rédigé la fin du *Miracle de l'arbre* à Thysville. Cela signifie notamment qu'elle doit renoncer à recevoir chez elle tous les amis qu'elle souhaitait inviter. Après le départ de Mabel Zuppinger, seule Therese Giehse lui tient compagnie pendant le mois d'août 1942. Se succèdent alors pour Annemarie des semaines d'une concentration semblable à « une aspiration religieuse ou à une méditation[72] » – une concentration qui lui coûte des efforts surhumains. Sa crainte de ne pas arriver à terminer avant son départ pour Lisbonne et Tétouan est permanente. Isabelle Trümpy[73], une amie qu'elle retrouve régulièrement en fin d'après-midi, parlera de « son besoin d'exprimer l'inexprimable » et ajoutera : « Ces heures où elle écrivait, ou plutôt où elle tâchait d'atteindre un monde hors de nos limites normales, étaient ses plus heureuses, malgré leur âpreté souvent extrême. [...] Elle avait la passion d'artiste qui ne peut résister à se consumer – pour créer, pour tendre la main vers l'infini[74]. »

En réalité, Annemarie transforme son roman en un poème en prose qui est « davantage qu'une version entièrement nouvelle du premier manuscrit[75] ». Après cinq semaines de travail acharné, elle écrit à Klaus Mann le 2 septembre : « J'ai le sentiment d'écrire pour la première fois comme je suis censée le faire, en donnant le meilleur de moi-même, et tous mes efforts. Le résultat est très surprenant + bien au-delà de mon propre savoir ou de ma pensée ; pourtant, en le lisant, je trouve que chaque mot + ligne est vrai, + vient directement de la source commune de l'expérience + de l'innocence. » Ce poème intitulé *Marc* est désormais investi d'une telle importance qu'elle le destine à remplacer définitivement *Le Miracle de l'arbre*. Elle ajoute en effet dans sa lettre à Klaus Mann qu'elle lui a fait envoyer du Congo une copie du premier manuscrit, mais elle précise : « N'en tiens pas compte – il va être brûlé + anéanti. »

C'est effectivement un tout autre texte qui prend naissance, un texte dont Annemarie ne sait rien de précis au moment où elle saisit sa plume et s'abandonne à l'inspiration. Il commence comme le roman, mais sous une forme plus concise qui traduit parfaitement l'état d'esprit de son auteur : « En lui se déclencha un processus merveilleux auquel il ne pouvait donner de nom, qu'il pouvait à peine écouter, qui le tourmentait comme une obsession, et qui pourtant l'accaparait entièrement, irrésistiblement[76]. » Marc est désormais l'unique héros de cette longue prière divaguant au gré d'une pensée qui sans cesse change d'objet. Les évocations des voyages passés se mêlent aux images bibliques, les incantations aux plaintes. Divisé en quatre parties, le poème se déroule sur soixante-trois pages au fil desquelles les lignes ne cessent de se rétrécir pour ne plus compter parfois que deux ou trois mots. Le désespoir est partout présent. Désespoir de vivre – « Pourquoi avons-nous été jetés dans ce monde[77] ? » –, d'avoir perdu l'enfance – « C'est révolu comme le paradis[78] » –, désespoir d'aimer – « car l'amour est si proche de notre tristesse[79] ». Comment arracher « à la détresse de notre cœur » le mot qu'il faut léguer « pour qu'il puisse être le témoin de la partie impérissable de notre voyage et toucher d'autres êtres[80] » ? Comment exprimer « ce qui n'est peut-être plus notre langue » ? Annemarie a le sentiment de se retrouver « comme autrefois, devant la page blanche, / non concernée par notre souffrance, / non brûlée par notre repentir, et / laissée intacte par nos doutes. Et / rien n'est nouveau, sinon l'effort quotidien[81] ».

Le 5 septembre, elle trace un mot qui occupe à lui seul une ligne de la dernière page de son manuscrit : « Fanfares ! » Un mot qui résonne comme un appel à un nouveau départ. Fidèle à l'image qui n'a cessé de la hanter depuis son enfance, elle trace ces mots – ses mots ultimes : « Et nous le voyons s'éloigner, le Fils prodigue. »

Ainsi se termine le quatrième chapitre. Ce n'est pas le dernier. Annemarie a l'intention de poursuivre. Comment ? Elle l'ignore elle-même. C'est la voix qui doit la guider...

Mais le destin en a décidé autrement.

CHAPITRE XV
La chute
(1942)

Dans la Jägerhaus (septembre 1942)

> La mort solitaire [...] n'est que le symbole de la vie solitaire.
>
> Annemarie SCHWARZENBACH,
> *Conversation*.

Le 6 septembre 1942 est un dimanche de fin d'été particulièrement radieux. À Sils, tout est paisible. La saison est terminée. Un seul hôtel reste ouvert, la pension Chastè, à quelques pas de la Jägerhaus.

Ce jour-là, Annemarie a commandé une voiture à cheval pour se rendre à Saint-Moritz avec ses amies Isabelle Trümpy et Mutz Burkholter. Il est quatorze heures quand les trois femmes quittent la Jägerhaus. Sur la route goudronnée de Silvaplana, elles rencontrent une autre amie, Helen Rutishauser, juchée sur un vélo d'homme, un vieux clou en piteux état. Est-ce elle qui propose à Annemarie d'échanger leurs places, ou le contraire ? Toujours est-il que quelques minutes plus tard, c'est la chute.

On raconte qu'Annemarie a voulu voir si elle savait encore pédaler en lâchant le guidon. On dit aussi que la route était accidentée ; que la tête de la jeune femme a heurté une pierre à l'arête tranchante ; que la plaie béante saignait abondamment ; qu'elle est restée trois jours dans le coma.

Le médecin appelé à son chevet – elle a immédiatement été transportée chez elle – constate une grosse égratignure

Le lac de Sils

sur la tempe gauche, à la racine des cheveux, pas suffisamment importante toutefois pour nécessiter des points de suture. Annemarie est parfaitement consciente, et même très agitée. Aux yeux du docteur, il est clair qu'elle souffre d'une forte commotion cérébrale, mais il se rend compte également qu'il est en présence d'un syndrome psychiatrique sévère. Les deux amies qui veillent sur sa patiente l'informent qu'elle sort tout juste d'une cure de désintoxication et qu'il ne faut surtout pas lui donner de morphine. Il lui administre un sédatif. Craignant une hémorragie cérébrale, il revient plusieurs fois au cours de l'après-midi pour surveiller sa tension. Il a le plus grand mal à contenir l'agitation d'Annemarie. Deux jours plus tard, convoqué pour aller faire ses classes, il doit la confier aux bons soins du collègue qui le remplace.

Le 11 septembre, Hans Schwarzenbach arrive à Sils. Sa mère n'a pu se déplacer car elle n'est pas encore tout à fait remise de sa chute de cheval. Le médecin juge l'état d'Annemarie de plus en plus préoccupant. En accord avec Hans, il décide de la faire transporter en ambulance aux Rives de Prangins, la clinique du docteur Forel où Gustava Favez travaille depuis 1940. C'est elle qui prend en charge Annemarie. Celle-ci ne la reconnaît que par intermittences. L'équipe médicale met tous les moyens en œuvre pour sortir la malade de son « état de confusion[1] ».

Claude Clarac apprend l'accident de sa femme la veille de son départ pour la France, où il a prévu de passer son congé. De Marseille il téléphone au docteur Forel. Celui-ci lui conseille d'aller voir sa mère à Nantes et de ne venir à Prangins qu'à la fin de son séjour en Europe. Il pense qu'Annemarie sera alors suffisamment rétablie pour rentrer à Tétouan avec son mari.

Le 1er octobre, Claude Clarac arrive à Prangins. Il ne peut rencontrer le docteur Favez, qui se trouve à Genève pour raisons professionnelles. Quant au docteur Forel, il lui interdit de voir Annemarie, prétextant que précisément ce jour-là elle va mieux et qu'il faut lui éviter la moindre émotion. La mort dans l'âme, Claude Clarac repart, non sans avoir laissé au médecin un bref message écrit destiné à sa femme. « Je convins avec le docteur de remettre toutes les décisions à madame Schwarzenbach[2]. »

Claude Clarac gardera un très mauvais souvenir de l'attitude du docteur Forel :

> Je crus trouver dans ses discours une certaine charlatanerie doublée de beaucoup d'incohérence. En particulier, après m'avoir dit que la guérison d'Annemarie serait peut-être très longue, il me demanda de l'emmener avec moi à Tétouan. Je lui fis observer qu'il paraissait au moins imprudent d'entreprendre un tel voyage avec une malade si fatiguée que l'accès de sa chambre m'était interdit[3].

Gustava Favez expliquera plus tard que le docteur Forel voulait lui épargner le pire : Annemarie « était la plupart du temps sur le sol, réagissant de la façon la plus primitive, pas comme un être humain[4] ».

Le 5 octobre, Renée Schwarzenbach vient voir Annemarie à Prangins. Elle la trouve « dans un état pitoyable[5] ». Les médecins, eux, constatent un mieux et lui conseillent de l'emmener à Bocken. La mère repart donc avec sa fille et engage une garde-malade car la jeune femme ne peut ni marcher ni s'alimenter sans aide. Elle ne reconnaît plus certains membres de sa famille. Il est question d'encéphalopathie toxique, c'est-à-dire d'une souffrance du cerveau en rapport avec des toxicomanies multiples.

Le 15 octobre, Marie-Louise Bodmer se rend à Bocken pour voir Annemarie. Elle écrit le soir même dans son journal intime : « Spectacle déchirant. » Son amie ne l'a pas reconnue, elle se traînait sur le sol comme un animal. Ce même jour, Gustava Favez écrit à Marie-Louise Bodmer : « Elle était mieux et réalisait parfaitement son retour à Bocken. Depuis, nous avons eu des nouvelles assez bonnes. Évidemment, il est impossible de prévoir les réactions, mais avec un peu d'optimisme – parce qu'on le désire ainsi – on peut penser à une issue favorable quant à l'état confusionnel. »

Toutes les personnes autorisées s'accordant à penser que la convalescence d'Annemarie sera longue, et sachant combien sa fille est attachée à sa maison de Sils, Renée Schwarzenbach, avec le consentement du médecin de famille, décide de l'y envoyer accompagnée de deux gardes-malade. Le 19 octobre, Annemarie entame son dernier voyage à destination de Sils. Les infirmières ayant pour consigne de s'opposer à toute visite, elle se retrouve totalement isolée et coupée de ses amis. À Sils, ses forces déclinent rapidement. Sa mère vient la voir une fois par semaine, mais dès sa deuxième visite Annemarie ne la reconnaît plus. Sa sœur, Suzanne Öhmann, qui vit près de Stockholm, reçoit alors un télégramme d'une amie de Sils. Celle-ci s'indigne de la brutalité avec laquelle les infirmières s'occupent d'Annemarie. Suzanne Öhman organise aussitôt son départ et demande les visas nécessaires pour rejoindre la Suisse au plus vite.

Le 8 novembre, le psychiatre Manfred Bleuler – fils du célèbre psychiatre Eugen Bleuler à qui l'on doit le concept de schizophrénie – vient à Sils au chevet d'Annemarie.

Le dimanche 15 novembre, dix semaines jour pour jour après son accident, à l'heure où les cloches de Sils appellent les fidèles à se rendre à l'église, Annemarie s'éteint, seule, dans la Jägerhaus.

« Cent fois ma pauvre âme s'est éprise de la mort qui lui est refusée[6] », a-t-elle écrit dix-huit mois plus tôt au bord du Congo. La mort l'a enfin exaucée – cette mort qu'elle conjure une dernière fois dans *Marc* de façon si poignante :

> Parfois je voudrais porter la main à mon cœur,
> pour savoir s'il bat encore, s'il est resté le même. Il bat
> [lentement,
> comme en rêve. Mes tempes frémissent, ma respiration
> [s'essouffle,

ma poitrine, rétrécie,
est devenue si chétive, afin de ne pas gêner ce peu de vie et de mouvement pour lesquels nous
devons lutter. Les images disent que c'est comme la flamme trop faible d'une bougie. Mais soudain, je sens qu'il pourrait bondir et déborder d'énergie, et
répandre une clarté surnaturelle, silencieuse et terrible.

Je pense à la rondeur brisée des cimes qui nous
offraient leur luminescence bleutée,
et je pense au ruisseau charmant qui, dans
la chaleur de midi, pendant la moisson,
déversait des flots de fraîcheur
sur les pierres argentées,
et à l'abreuvoir où le soir les chevaux dorés
secouaient leur crinière,
et au désert.

Mais quand je me réveille la nuit et que mon regard,
quittant l'obscurité, plane dans un air de plomb,
aveugle et comme anéanti, et quand la vie alentour
commence à bouger,
quand ma main est sans force et que mes pieds sont loin,
quand je ne m'appartiens plus, et que seules les pulsations de mon cœur solitaire murmurent comme les fontaines de mon
[enfance,
et quand je dois, dans de tels tourments, toujours être à
[l'écoute,
alors l'agonie s'élève au-dessus de la lisière magique du monde plongé dans un profond sommeil,
et je ne suis plus[7].

Épilogue

Couverture de Sie und Er *(20 novembre 1942)*

> La vérité, c'est qu'il n'y avait pour moi sur cette terre point de secours.
>
> Heinrich von KLEIST.

15 novembre 1942. – À son arrivée à Tanger, Claude Clarac trouve un télégramme lui apprenant le décès de sa femme : « Je fus stupéfait. En effet, j'avais toujours cru que son état général ne donnait pas d'inquiétudes et que la confusion mentale dont elle souffrait ne mettait pas ses jours en danger. Le coup me laissa presque insensible tant il était soudain et douloureux. Ce ne fut qu'après quelques jours que je pus me livrer à mon chagrin[1]. » En fin de journée, Annigna Godly est autorisée à entrer dans la Jägerhaus pour voir Annemarie sur son lit de mort : « Elle faisait partie de nous maintenant, comme les montagnes éternelles », écrit-elle à Busy Bodmer[2].

16 novembre 1942. – Un faire-part est publié dans la *Neue Zürcher Zeitung*. Rédigé le jour même de la mort d'Annemarie, il est ainsi libellé : « Ce matin, notre chère Annemarie Clarac-Schwarzenbach a été délivrée de ses souffrances. » La famille a fait figurer le nom de Claude-Achille Clarac en tête des proches de la défunte ; viennent ensuite ceux de sa mère et de ses frères et sœurs avec leurs conjoints respectifs.

Ce même jour, Renée Schwarzenbach arrive à Sils et déclare le décès au bureau d'état civil du village. Elle photographie Annemarie sur son lit de mort, puis elle vide la Jägerhaus de tous les papiers de sa fille, charge le cercueil dans sa voiture et repart à Bocken.

Plusieurs quotidiens signalent le décès de la journaliste.

18 novembre 1942, onze heures. – La famille d'Annemarie et quelques-uns de ses proches amis se retrouvent au crématorium de Zurich autour du cercueil couvert d'asters blancs. Un violoncelle joue la litanie *Ruh'n in Frieden*[3] de Schubert et un largo extrait d'une cantate de Bach. Dans son long hommage à la défunte, le pasteur Spinner compare la solitude d'Annemarie à celle de Nietzsche quand il écrivit *Zarathoustra* à Sils, soixante ans plus tôt :

> Elle aussi était toujours à la recherche de l'amitié idéale, de l'aide déterminante. Car au fond elle avait terriblement besoin d'aide. Cette vie – fort brève, mais si intense qu'elle paraît très longue du fait de l'abondance de ce qui a été vécu et vu, combattu et souffert – devait se consumer comme la bougie qui disparaît dans sa propre flamme. Et il y a eu, face à tous les dangers l'ayant menacée au cours de ses voyages souvent aventureux, ceux qui émanaient en permanence de sa propre personnalité. Était-ce la surabondance des dons d'une nature géniale portée sans cesse vers la démesure, était-ce une « maladie du moi » qui l'entraînait dans une course sans répit ? Des forces de destruction démoniaques planaient. Elle se battait, et livrait avec une énergie toujours renouvelée un combat contre sa destinée. Toutes ses défaites étaient traversées par la nostalgie d'une vie authentique, d'un équilibre harmonieux – nostalgie qui se parait de plus en plus des paroles éternelles de la quête et de la lutte religieuses.

Annemarie est ensuite inhumée dans le caveau familial du cimetière de Horgen. Au même moment, toutes les cloches des églises de Sils se mettent à sonner en hommage à la Frau Doktor qui a su se faire aimer de tous les villageois.

Pour des raisons d'éloignement – sans compter les difficultés de déplacement dans une Europe en guerre –, Claude Clarac n'a pu faire le voyage. Il a envoyé un télégramme à Renée Schwarzenbach, la priant de laisser reposer Annemarie à Sils-Baselgia. Le télégramme de Clarac arrive trop tard, mais Renée Schwarzenbach ne semble tout d'abord pas s'opposer à ce que les restes d'Annemarie soient éventuellement transférés à Sils. Deux ans plus tard, Claude Clarac paraît moins optimiste. Il garde cependant le désir de « consacrer une sorte de reposoir[4] » du souvenir d'Annemarie à Sils-Baselgia : « Certes, ses restes auraient été là plus solitaires qu'à Horgen, auprès de son père. Mais nous aurions pu nous y rendre en pèlerinage, les uns et les autres, retrouvant dans ce paysage qu'elle a tant aimé un souvenir plus vivant, plus profond de son activité[5]. » Ce projet sera toutefois abandonné.

Les premiers articles paraissent dans la presse helvétique – il y en aura en tout une vingtaine. Ils déplorent unanimement la disparition brutale d'une femme de trente-quatre ans « extraordinairement douée », évoquent sa carrière, les multiples facettes de son activité, sa sensibilité, son ouverture au monde, son professionnalisme. La *National-Zeitung*, quotidien de Bâle dans lequel Annemarie a publié le plus grand nombre d'articles, rappelle l'aisance de son style, ses évocations si vivantes de contrées lointaines et de peuples inconnus, et souligne que « son bagage le plus important était sa machine à écrire ».

20 novembre 1942. – L'hebdomadaire *Sie und Er*, pour lequel Annemarie réalisa de nombreux reportages photographiques, rend hommage à la journaliste disparue en publiant sur toute sa couverture un portrait réalisé quatre ans plus tôt par la photographe Marianne Feilchenfeldt-Breslauer. *Die Weltwoche* lui consacre une demi-page, louant son insatiable curiosité, son regard toujours neuf et ouvert sur le monde. Et Emmanuel Gasser d'ajouter : « Elle ressemblait à cet homme qui, cherchant avec peine une certaine porte marquée d'une croix, réalise soudain que ce signe est tracé à la craie sur chaque porte. »

La plupart des amis d'Annemarie vivant à l'étranger n'apprennent son décès qu'avec plusieurs jours voire plusieurs semaines de retard. Cas extrême : Ella Maillart ne recevra que le 15 février 1943 le télégramme du docteur Forel lui annonçant la triste nouvelle ! Les rumeurs les plus fantaisistes se mettent à circuler sur les circonstances de sa mort. Dans son autobiographie, Klaus Mann écrit :

> Annemarie, [...] notre chère « petite Suissesse »... Tu sais certainement qu'elle aussi s'est retirée de ce monde : non sans lutte ni sans souffrance, malheureusement. Ce fut un accident de vélo, me dit-on maintenant. Oui, une vulgaire bicyclette s'est emballée avec elle comme un cheval sauvage. En Engadine, il y a des routes très raides avec beaucoup de virages – c'est ainsi que c'est arrivé. L'engin rétif a projeté notre petite Suissesse contre un arbre suisse, et sa tête – sa chère et belle tête, « son beau visage d'ange inconsolable » – s'y est abominablement fracassée. Elle n'est pas morte sur le coup, elle a vécu encore pendant des semaines, très diminuée. Martyre saugrenu et macabre, décidé par quelque instance atroce aux desseins impénétrables ! Comme si, sur les champs de bataille, dans les camps d'extermination et les chambres de torture, il n'y avait pas eu suffisamment d'agonies interminables et cruelles[6] !

Claude Bourdet n'apprendra la mort d'Annemarie qu'en 1945, à son retour de Buchenwald. Accident de cheval, lui a-t-on dit. « Ou bien s'est-elle tuée, comme elle voulait souvent le faire[7] ? » s'interrogera-t-il encore bien des années plus tard.

1er décembre 1942. – Carson McCullers apprend la nouvelle par Klaus Mann :

Ta lettre est arrivée cet après-midi. Je l'ai regardée pendant des heures sans arriver à y croire. Aujourd'hui, il a neigé. J'avais marché dans les bois toute la journée, me sentant particulièrement proche d'Annemarie, si bien que la neige était comme celle de son pays, et les sapins noirs sa forêt. Puis quand je suis rentrée, il y avait la lettre. Il n'y a rien à dire. Tu sais ce qu'Annemarie représentait pour moi[8].

4 décembre 1942. – Claude Clarac écrit à Busy Bodmer :

Ce qui [...], dans votre lettre, m'a apporté un peu de réconfort, c'est l'impression que j'ai eue, en vous lisant, de commencer avec vous, qui, comme moi, l'avez connue, aimée, admirée, une conversation sur elle. Ici, où elle n'a passé que peu de temps, cela n'est pas possible. À parler d'elle, nous pourrions évoquer sa présence et atténuer ainsi ce qu'a d'intolérable une absence que je me refuse à accepter comme réelle. J'ai toujours dans les yeux sa silhouette, ses gestes, ses mains fines, qui d'une manière toute personnelle paraissaient comprendre en touchant du bout des doigts, et surtout, ce regard inoubliable qu'elle avait et qui voyait, au-delà de l'apparence des choses, une réalité invisible aux autres, pleine de sens mystique et de profondeur poétique. Elle avait aimé Tétouan où elle avait retrouvé ses montagnes natales. Et puis, dans ce trop court mois d'été, je l'avais retrouvée telle que je l'avais rêvée, comme je savais depuis toujours qu'elle était, mais enfin comme je ne l'avais encore qu'entrevue. [...] Je voyais ouverte devant moi une route de long bonheur à ses côtés, route librement choisie par nous deux. Les épreuves de la France avaient encore rapproché nos deux cœurs, car elle savait combien j'en souffrais. Dans sa générosité naturelle, je trouvais un appui moral très précieux et qui me manque cruellement aujourd'hui. Dans la tranquillité dont elle jouissait ici, le travail lui avait été facile. La conscience de ce que je pouvais ainsi lui donner – si peu – justifiait dans un certain sens le miracle de sa présence auprès de moi. Miracle est le mot juste. Non que j'eusse jamais cessé d'y compter. Mais la joie que, au milieu de tant de tristesses, il m'a dispensée me paraissait trop intense, trop peu méritée pour que le sort n'en tire pas une éclatante vengeance. Peut-être le sentait-elle aussi. La tristesse résignée mais poignante qu'elle avait manifestée en me quittant à Ceuta m'avait frappé, l'espace d'un instant, comme un pressentiment. Je l'avais écarté en haussant les épaules. Il semblait qu'en laissant ce rivage où nous nous étions retrouvés elle s'en allait vers une aventure dont elle ne reviendrait pas.

Clarac ignore tout des dispositions testamentaires de sa femme. Il n'en est pas moins inquiet du sort réservé à ses œuvres : « Il m'importe particulièrement que ses écrits ne soient pas maniés par des mains trop zélées qui en distraient ou en suppriment une partie. Je voudrais que tout, sans aucune exception, soit recueilli – manuscrits publiés, inédits, articles de journaux, etc. »

Mi-décembre 1942. – Anita Forrer rentre des États-Unis après trois ans d'absence. Elle ignore qu'elle est la légataire de tous les papiers personnels, lettres et manuscrits d'Annemarie. Elle n'en sera informée qu'au printemps de l'année suivante.

Janvier 1943. – Dans la *Gazette de Lausanne* du 3 janvier, Charly Clerc écrit :

> J'espère pouvoir vous parler prochainement d'un livre singulier, profond et merveilleusement pur de forme, *Le Miracle de l'arbre*, d'Annemarie Clarac-Schwarzenbach ! Morte le mois dernier, elle nous en laisse le manuscrit auquel sa pensée revenait sans cesse au cours des dernières semaines. [...] Dirai-je qu'on ne lui fit pas la place qu'elle méritait ? Je dirai surtout que des amitiés l'ont entourée que son âme multiple et ardente a su retenir jusqu'au dernier moment.

Et après avoir cité un passage de *La Vallée heureuse*, il conclut : « Oui, quelque chose d'ailé. »

Renée Schwarzenbach demande à Marie-Louise Bodmer de lui remettre tout texte de sa fille en sa possession – articles, poèmes, etc.

En hommage à Annemarie, et pour faire découvrir au public une autre facette de sa créativité, le magazine *Annabelle* publie dans son intégralité le quatrième poème du cycle *Rivages du Congo* ainsi qu'une photo grand format signée Margareta Fellerer.

12 février 1943. – *Die Tat* publie à titre posthume un article d'Annemarie intitulé « Entre l'Afrique et l'Europe[9] ».

Mars 1943. – Le mensuel *Du* rend sur sept pages un vibrant hommage à Annemarie Schwarzenbach. Dans un long article, son rédacteur en chef, Arnold Kübler, loue la conscience professionnelle de la journaliste et évoque son rayonnement exceptionnel. En outre, il retrace sa carrière à l'aide de photos qu'elle a prises au cours des différents reportages réalisés pour la *Zürcher Illustrierte* depuis 1934. Interprétant sa vie, et en particulier son œuvre journalistique, comme une quête passionnée de vérité au-delà de l'apparence des choses, il conclut sur ces mots, dont il signale que Nietzsche se les appliquait à lui-même : *Fugitivus et errans*.

Avril 1943. – Informée de sa fonction de légataire testamentaire, Anita Forrer demande à Renée Schwarzenbach de lui remettre les lettres et manuscrits d'Annemarie. Dans l'énorme quantité de documents qui lui sont remis, elle se rend très vite compte qu'il n'y a plus qu'une dizaine de lettres. C'est qu'entre-temps la mère a détruit la totalité de la correspondance de sa fille – des centaines de lettres. Parmi elles, celles de Klaus et Erika Mann, de Carson McCullers, Claude Bourdet, Roger Martin du Gard, Ella Maillart, pour ne citer que ses correspondants les plus connus. Jugeant que les quelques lettres conservées sont trop anciennes et « sans le moindre contenu justifiant qu'on les préserve[10] », Anita Forrer les détruit.

En accord avec la famille Schwarzenbach, elle décide d'honorer la mémoire d'Annemarie en faisant don de tous ses livres à la bibliothèque municipale de Sils. Parmi les documents qui lui ont été remis, elle découvre des journaux intimes. Elle en informe Renée Schwarzenbach qui souhaite les lire. Anita Forrer n'hésite pas un instant à les lui prêter. Renée et sa mère Clara Wille s'accordent à penser que ces documents doivent être détruits, ce à quoi s'oppose Anita Forrer. Le conflit est ouvert.

Mabel Zuppinger et le pasteur Spinner font part à la légataire testamentaire de leur souhait – et de celui de beaucoup d'amis d'Annemarie – que soit publié *Marc*. Anita Forrer écrit à ce propos : « J'ai lu tout le manuscrit, à plusieurs reprises, et je le trouve absolument malade : il y a certes quelques beaux passages, mais le tout plane dans les airs sans aucune substance. Claudine[11] dit elle-même qu'il faudrait que quelqu'un y ajoute des commentaires[12]. » Sollicité pour donner son avis, Charly Clerc répond qu'il préférait la première version.

25 septembre 1943. – Clara Wille écrit à Anita Forrer :

Chère madame Anita,
Vous savez, j'espère, que je suis toujours ravie quand vous venez nous voir – et vous devez aussi savoir que j'ai toujours soutenu Annemarie pour qui j'avais beaucoup d'affection. C'est assurément dans son seul intérêt que je vous demande d'ignorer ces journaux dont elle avait elle-même certainement oublié l'existence depuis longtemps ! Quelqu'un qui écrivait autant et aussi volontiers qu'Annemarie, qui de plus m'a dit très souvent qu'elle ne ferait jamais rien contre sa mère, ne peut naturellement pas être tenue pour responsable de tels épanchements momentanés et irréfléchis, d'autant plus que ces épanchements ne feraient que lui nuire ! Il ne s'agit là en vérité que de choses dépourvues d'intérêt pour les autres, et le tact le plus

élémentaire interdit de les utiliser à des fins pas tout à fait propres. Vous voyez que Renée est vraiment honnête, sinon elle n'y aurait pas prêté attention et les aurait immédiatement détruits, comme vous l'avez fait vous-même pour certains documents, et c'est ce qu'il faut faire avec ces « journaux ». Moi, du moins, j'en assume l'entière responsabilité, et j'ai toujours trouvé que c'était une bassesse d'aller remuer les choses désagréables et la boue. Croyez-moi, chère madame Anita, c'est ainsi. Il y a déjà suffisamment de « folles » rumeurs.

28 septembre 1943. – Anita Forrer répond à Clara Wille :

Madame la Générale,
J'ai été extrêmement surprise de découvrir dans votre lettre que vous m'attribuez des motifs dont vous devez pourtant savoir qu'ils me sont totalement étrangers. Je suis convaincue que vous n'avez pas voulu personnellement me blesser, mais vous comprendrez que ce genre de discussion, quelle qu'en soit l'origine, est affligeante et désagréable pour moi, et c'est pourquoi je ne souhaite pas la prolonger davantage. Il n'en demeure pas moins que les journaux font partie des documents qui me sont confiés par testament. Quand Renée m'a demandé de les lui prêter, je n'ai pas hésité à le faire. Il va de soi que je comptais qu'ils me soient rendus. J'insiste pour que ces journaux me soient restitués car ils me reviennent absolument de droit.
Je vous prie de bien vouloir agréer, Madame la Générale, l'expression de ma haute considération.

Les journaux d'Annemarie n'ont jamais été restitués à qui de droit. Un seul a échappé – partiellement – à la destruction. Anita Forrer ne l'a découvert que plus tard, parmi différents manuscrits. Il s'agit du journal écrit en 1939 pendant le voyage en Afghanistan. Anita Forrer le confiera à Ella Maillart, qui en fera une copie tapée à la machine – une copie manifestement incomplète. L'original de ce journal est toujours introuvable.

14 novembre 1944. – Une cérémonie a lieu pour inaugurer la bibliothèque de Sils à laquelle Anita Forrer a fait don de tous les livres ayant appartenu à Annemarie.

9 novembre 1945. – Ayant appris qu'Ella Maillart était en train d'écrire un livre sur son voyage en Afghanistan avec Annemarie, Renée Schwarzenbach lui demande de le soumettre à ses enfants et à elle-même avant publication. Ella Maillart devra faire quelques « rectifications », notamment supprimer un passage où Renée apparaissait sous un jour peu favorable, et utiliser le pseudonyme de « Christina » pour désigner Annemarie.

1947. – Le récit d'Ella Maillart est publié à Londres sous le titre *The Cruel Way*.

1952. – *La Voie cruelle* paraît à Genève dans une traduction française d'Ella Maillart elle-même.

1980. – Anita Forrer lègue tous les documents d'Annemarie Schwarzenbach aux archives littéraires de la Bibliothèque nationale de Berne.

1985. – Deux chercheurs suisses tombent presque simultanément sur les documents remis aux archives de Berne. Deux ans plus tard, *La Vallée heureuse* est publiée sous la direction de Charles Linsmayer.

1988. – Avec *Nouvelle lyrique*, Roger Perret entame aux éditions Lenos (Bâle) la publication d'œuvres choisies d'Annemarie Schwarzenbach. Neuf volumes – dont trois ouvrages non publiés du vivant de leur auteur et trois volumes de reportages – seront publiés entre 1988 et 2003. Près d'un demi-siècle après sa mort, la vie et l'œuvre d'Annemarie Schwarzenbach sortent de l'oubli.

Notes

Prologue

1. Écrivain inclassable – elle fut à la fois essayiste (*Peau d'âme*), nouvelliste (*Agnès*), philosophe, poète, diariste, épistolière, traductrice de poèmes de Stefan George –, Catherine Pozzi (1882-1934) correspondit entre autres avec R. M. Rilke, J. Paulhan, E. R. Curtius, L. Massignon, J. Maritain, D. Halévy et M. Schwob.

I. Bocken, une cage dorée (1908-1923)

1. À Claude Bourdet, 8 février 1934. (Dans les lettres d'Annemarie Schwarzenbach à Claude Bourdet, les passages en français dans le texte apparaissent en italique.)
2. « *Interview ohne Reporter* (Interview sans reporter) », *Annabelle*, mars 1939.
3. *Das Märchen von der gefangenen Prinzessin* (*Le Conte de la princesse prisonnière*), 1929, tapuscrit, p. 1.
4. *Pariser Novelle II* (*Nouvelle parisienne II*), 1929, tapuscrit, p. 24.
5. *La Vallée heureuse* (*Das Glückliche Tal*), Éditions de l'Aire/Éditions du Griot, 1991, p. 60-61.

II. Premiers envols (1923-1930)

1. « *Zur Mädchenfrage* (La question des filles) », *Wandervogel*, octobre 1925.
2. À Ernst Merz, 12 février 1926.
3. *La Voie cruelle. Deux femmes, une Ford vers l'Afghanistan*, Payot, « Petite Bibliothèque Payot/Voyageurs », 2001, p. 125.
4. *Gespräch* (*Conversation*), 1928, tapuscrit, p. 1.
5. Ernst MERZ, *Tradition und Einkehr*, Castrum Peregrini Presse, 1985, p. 89.
6. *Nouvelle parisienne II, op. cit.*, p. 11.
7. *Pariser Novelle I* (*Nouvelle parisienne I*), 1929, tapuscrit, p. 7.
8. *Nouvelle parisienne II, op. cit.*, p. 4.

9. *Conversation, op. cit.*, p. 3-4.
10. « *Stellung der Jugend* (Position de la jeunesse) », *NZZ*, 20 avril 1930.
11. *Nouvelle parisienne I, op. cit.*, p. 9.
12. *Nouvelle parisienne II, op. cit.*, p. 11-12.
13. De 1947 à 1950, Claude Bourdet (1909-1996) reprit le journal *Combat*. Il fut l'un des fondateurs de *L'Observateur*, qui devint *France-Observateur* puis *Le Nouvel Observateur*. Figure de la gauche protestataire, il cofonda le PSU en 1960.
14. Il s'agit de trois pages manuscrites intitulées *Annemarie Schwarzenbach*. Après la mort de Claude Bourdet en 1996, elles furent retrouvées dans l'enveloppe contenant les quelque cinquante-sept lettres, cartes et télégrammes que la Suissesse lui envoya entre 1931 et 1938. Aucune mention de date.
15. À Catherine Pozzi, 24 juillet 1930.

III. Les enfants terribles (1930)

1. À Erika Mann, début octobre 1930.
2. À Erika Mann, 15 octobre 1930.
3. À Erika Mann, 24 décembre 1932.
4. À Erika Mann, 3 mars 1931.
5. *Freunde um Bernhard*, Almathea Verlag, 1931 ; rééd. Lenos, 1993.
6. À Erika Mann, 18 août 1931.
7. Oskar Maria GRAF, *Reise in die Sowjetunion, 1934*, Luchterhand, 1974.
8. *Le Condamné à vivre*, Denoël, 1999, p. 17-18.
9. À Erika Mann, décembre 1930.
10. Article paru le 10 novembre 1929.
11. *Journal de Kaboul*, 30 août 1939, inédit.
12. « Interview sans reporter », art. cité.
13. Art. cité.
14. *Le Tournant*, 10-18, 2001, p. 318.

IV. Berlin (1931-1932)

1. Lettre de mai 1931.
2. L'éditeur de Coblence Karl Baedeker (1801-1859) créa en 1839 une collection de guides de voyage très documentés qui devinrent vite célèbres et furent traduits dans de nombreuses langues.
3. *Aufbruch im Herbst*.
4. À Erika Mann, septembre 1931.
5. Ruth LANDSHOFF-YORCK, *Klatsch, Ruhm und kleine Feuer. Biographische Impressionen*, Fischer, 1997, p. 176.
6. À Erika Mann, 9 septembre 1931.
7. À Erika Mann, décembre 1931.
8. À Erika Mann, 21 septembre 1931.
9. Interview avec Carole Bonstein, réalisatrice du film *Une Suisse rebelle, Annemarie Schwarzenbach*, Troubadour Films, 2000.
10. *Nouvelle lyrique (Lyrische Novelle)*, Verdier, 1994.
11. À Charly Clerc, 15 juin 1933.
12. À Erika Mann, décembre 1931.

13. Klaus MANN, *Le Condamné à vivre, op. cit.*, p. 27.
14. *Le Tournant, op. cit.*, p. 365-366.
15. *Ibid.*, p. 367.
16. *Ibid.*, p. 319-320.
17. *La Voie cruelle, op. cit.*, p. 68.

V. *Le nuage noir (1933)*

1. *Le Tournant, op. cit.*, p. 339.
2. À Claude Bourdet, avril (?) 1933.
3. *Ibid.*
4. *Le Refuge des cimes (Flucht nach oben)*, Payot, 2004.
5. *Der Fluss*, 1933, inédit.
6. Cette supposition est d'autant plus justifiée que l'éditeur Emil Oprecht et sa femme étaient des amis personnels d'Annemarie. Il est attesté qu'elle correspondit jusqu'à la fin de sa vie avec Emmie Oprecht.
7. À titre indicatif, signalons qu'à l'époque un livre de cinq cents pages se vendait environ treize francs suisses.
8. Cette formule est manifestement une allusion au *Guerrier appliqué* que Jean Paulhan publia en 1917 et dans lequel le héros « s'applique » à se forger une « conscience guerrière ».
9. À Claude Bourdet, 23 août 1933.
10. À Dominique Laure Miermont, 8 janvier 1989.
11. À Claude Bourdet, 28 août 1933.
12. Claude BOURDET, « Un homme nouveau en Europe : Dollfuss », *L'Illustration*, 12 août 1933.
13. *Ibid.*
14. *La Mort en Perse (Tod in Persien)*, Payot, 1997 ; rééd. « Petite Bibliothèque Payot/Voyageurs », 2001, p. 166.

VI. *Un désir d'Orient (1934)*

1. *Winter in Vorderasien (Hiver au Proche-Orient)*, Rascher, 1934 ; rééd. Lenos, 2002, p. 22.
2. *Hiver au Proche-Orient, op. cit.*, p. 49.
3. *Ibid.*, p. 50.
4. Henri Seyrig (1895-1973) : archéologue français, il fut nommé en 1929 directeur du Service des antiquités de Syrie et du Liban (alors sous mandat français). Il épousa Hermine de Saussure (surnommée Miette, amie d'enfance d'Ella Maillart, qui entama avec elle sa première carrière de navigatrice) ; d'elle il eut une fille née en 1932 à Beyrouth : la future actrice Delphine Seyrig (décédée en 1990). Après la guerre, il dirigea l'Institut français d'archéologie de Beyrouth.
5. Daniel Schlumberger (1904-1972) : il fut entre 1929 et 1941 le plus proche collaborateur d'Henri Seyrig à Beyrouth. En 1945, c'est lui qui rouvrit la DAFA (Délégation archéologique française en Afghanistan), dont il quitta la direction en 1965 pour celle de l'Institut français d'archéologie de Beyrouth.
6. *Hiver au Proche-Orient, op. cit.*, p. 64.
7. *Ibid.*, p. 78.

8. *Ibid.*, p. 81.
9. *Ibid.*, p. 82.
10. *Ibid.*, p. 116-117.
11. *Ibid.*, p. 161, 163, 164.
12. À Klaus Mann, 3 avril 1934.
13. Max Rascher à Annemarie Schwarzenbach, 6 juillet 1934.
14. À Max Rascher, 7 juillet 1934.
15. À Claude Bourdet, 1er novembre 1933.
16. *Hiver au Proche-Orient, op. cit.*, p. 66.
17. À Claude Bourdet, 4 avril 1934.
18. À Klaus Mann, 4 juillet 1934.
19. En français dans le texte.
20. À Max Rascher, 10 juillet 1934.
21. À Claude Bourdet, 14 juillet 1934.
22. À Klaus Mann, 4 juillet 1934.
23. *Le Tournant, op. cit.*, p. 442.
24. *Ibid.*, p. 436.
25. *Notizen zum Schriftstellerkongress in Moskau* (Notes sur le congrès des écrivains à Moscou), 22 août 1934, non publié du vivant de l'auteur, *Auf des Schattenseite. Reportagen und Fotografien*, Lenos, 1990, p. 46.
26. *Reise in die Sowjetunion, 1934, op. cit.*
27. *Notes sur le congrès des écrivains à Moscou, op. cit.*, p. 46, 22 août 1934.
28. *Ibid.*, p. 50, 25 août 1934, en français dans le texte.
29. *Ibid.*, p. 50-51, 25 août 1934.
30. *Ibid.*, p. 51, 28 août 1934.
31. À Claude Bourdet, 31 août 1934.
32. À Claude Bourdet, 19 août 1934.
33. *Notes sur le congrès des écrivains à Moscou, op. cit.*, p. 58-59, 6 septembre 1934.
34. À Claude Bourdet, 31 août 1934.

VII. *La Perse (1934-1935)*

1. À Klaus Mann, 7 mai 1934.
2. *Annemarie Schwarzenbach, op. cit.*
3. À Claude Bourdet, 14 juillet 1934.
4. *Annemarie Schwarzenbach, op. cit.*
5. Klaus MANN, journal, 5 octobre 1934.
6. *Ibid.*, 27 octobre 1935.
7. À Claude Bourdet, 24 septembre 1934.
8. Claude Clarac à Roger Perret, 23 janvier 1986.
9. « Car c'est ce qu'elle est plus que tout pour moi. »
10. « Mon père peut-être. » À Catherine Pozzi, 25 octobre 1934.
11. Jean Pozzi, alors ambassadeur de France en Iran, était en effet le frère de Catherine Pozzi.
12. Membre éminent de la résistance, Claude Bourdet sera arrêté fin mars 1944 par la Gestapo et déporté aux camps de Neuengamme, Oranienburg et Buchenwald.
13. *Annemarie Schwarzenbach, op. cit.*

14. Journal, 30 novembre 1934. (Le passage en italique est en français dans le texte.)
15. Erika Mann à Eva Hermann, 18 avril 1933.
16. Thomas MANN, journal, 20 novembre 1934.
17. À Klaus Mann, 5 juillet 1934.
18. Lisa von Cramm, épouse du champion de tennis Gottfried von Cramm.
19. *Annemarie Schwarzenbach, op. cit.*
20. Vera Borea (1899-1987) : comtesse d'origine vénitienne, elle a fondé rue Saint-Honoré au début des années 1930 une maison de haute couture qu'elle a vendue à une firme américaine après plus de vingt ans d'activité.
21. À Claude Bourdet, sans doute février 1935.
22. À Claude Bourdet, 14 avril 1935.
23. *Ibid.*
24. Lettre du 6 avril 1935.
25. Lettre du 28 mars 1935.
26. *La Voie cruelle, op. cit.*, p. 39.
27. Lettre non datée à sa sœur Annick (sans doute fin 1934).
28. À Dominique Laure Miermont, 23 juillet 1989.

VIII. La mort en Perse (1935)

1. Curieusement, les époux envoient à leurs connaissances et amis un faire-part ainsi libellé : « Monsieur Claude Clarac et madame Annemarie Clarac née Schwarzenbach ont l'honneur de vous faire part de leur mariage qui a eu lieu à Beyrouth, avril 1935. Téhéran, légation de France. »
2. Aujourd'hui, cette demeure est la résidence de l'ambassadeur d'Italie.
3. À Klaus Mann, 4 novembre 1934.
4. *Eine Frau allein.*
5. *Der Falkenkäfig.*
6. Les douze autres, accompagnés de deux récits datant de la même époque, ont été publiés en Suisse sous le titre *Bei diesem Regen* (Lenos, 1989) et en France sous le titre *Orient Exils* (Payot, « Petite Bibliothèque Payot/Voyageurs », 2003).
7. À Claude Bourdet, 14 juin 1935.
8. *Orient Exils, op. cit.*, p. 139.
9. *Ibid.*, p. 111.
10. À Claude Bourdet, 27 juillet 1935.
11. À Klaus Mann, 19 mai 1935.
12. À Klaus Mann, 8 juillet 1935.
13. À Claude Bourdet, 27 juillet 1935.
14. *Ibid.*
15. À Klaus Mann, 19 mai 1935.
16. Klaus MANN, journal, 3 septembre 1935.
17. *La Mort en Perse, op. cit.*, p. 22.
18. *Ibid.*, p. 62.
19. À Klaus Mann, 9 août 1935.
20. À Klaus Mann, 26 août 1935.
21. Journal, 20 septembre 1935.
22. À Klaus Mann, 9 août 1935.

23. À Klaus Mann, 27 septembre 1935.
24. « Prendre une décision. »
25. À Dominique Laure Miermont, 13 août 1989.
26. À Dominique Laure Miermont, 23 juillet 1989.

IX. *Sils-Baselgia (1935-1936)*

1. Journal, 15 janvier 1935.
2. *Ibid.*, 9 janvier 1935.
3. *Ibid.*, 11 janvier 1935.
4. *Ibid.*, 22 octobre 1935.
5. *Ibid.*, 26 octobre 1935
6. Erika Mann à Klaus Mann, 12 octobre 1935.
7. Journal, 27 octobre 1935.
8. En français dans le texte.
9. Journal, 9 novembre 1935.
10. *Ibid.*, 14 novembre 1935.
11. À Klaus Mann, 17 novembre 1935.
12. *Ibid.*
13. Klaus Mann à Katia Mann, 7 juin 1937.
14. Journal, 23 novembre 1935.
15. À Klaus Mann, fin novembre 1935.
16. À Klaus Mann, 28 janvier 1936.
17. Journal, 13 décembre 1935.
18. *Das Buch von der Schweiz. Ost und Süd (Le Livre de la Suisse. Est et Sud)*, Piper, 1932, p. 178.
19. À Erika Mann, 6 janvier 1933.
20. *Le Livre de la Suisse. Est et Sud, op. cit.*, p. 178.
21. À Klaus Mann, 8 février 1934
22. À Klaus Mann, 12 juin 1935.
23. Sonia Sekula, écrivain et peintre suisse née en 1918. Elle émigre aux États-Unis en 1942 où elle fréquente les surréalistes autour d'André Breton, puis plus tard des artistes comme John Cage, Merce Cunningham, Morton Feldmann. De retour en Suisse en 1955, elle effectue des séjours répétés en hôpital psychiatrique. Elle se suicide à Zurich en 1963.
24. À Klaus Mann, 28 janvier 1936.
25. Née Preiswerk, elle est la petite-fille de Jules Maggi, le fondateur de la firme alimentaire du même nom.
26. Erika Mann à Busy Bodmer, 21 novembre 1935.
27. Journal, 7 mars 1936.
28. «*Ankunft in Mallorca* (Arrivée à Majorque) », *National-Zeitung*, 11 juin 1936.
29. Journal, 20 juin 1936.
30. Thomas MANN, journal, 27 juillet 1936.
31. À Busy Bodmer, 18 juillet 1936.
32. À Busy Bodmer, 16 août 1936.
33. À Klaus Mann, 9 août 1936.
34. *Ibid.*
35. *Ibid.*

X. Le Nouveau Monde (1936-1937)

1. *Loin de New York. Reportages et photographies (1936-1938)*, Payot, 2000, p. 43-44
2. *Ibid.*, p. 48
3. Erika Mann à Katia Mann, 27 novembre 1936.
4. À Klaus Mann, 1er février 1937.
5. À Klaus Mann, 5 mars 1937.
6. « *Die eiserne Stadt Amerikas* (La ville du fer de l'Amérique) », *Die Weltwoche*, 26 mars 1937.
7. *Ibid.*
8. « *Bilder als Dokumente : die Zeitschrift* Life (Les photos en tant que documents : le magazine *Life*) », sans doute novembre 1937, inédit.
9. « *Bei den Vereinigten Bergarbeitern Amerikas* (Chez les Mineurs unis d'Amérique) », *ABC*, 13 mai 1937.
10. « La ville du fer de l'Amérique », art. cité.
11. *Ibid.*
12. « Chez les Mineurs unis d'Amérique », art. cité.
13. À Arnold Kübler, 4 février 1938.
14. À Ernst Merz, 11 août 1937.
15. *Lorenz Saladin. Ein Leben für die Berge*, Hallwag, 1938.
16. « *Kleine Begegnungen in Deutschland* (Petites rencontres en Allemagne) », sans doute mai 1937, article publié partiellement du vivant de l'auteur, *Auf der Schattenseite, op. cit.*, Lenos, 1990, p. 101-111.
17. « *Kleine Begegnungen in Danzig* (Petites rencontres à Dantzig) », *Luzerner Tagblatt*, 4 septembre 1937.
18. À Klaus Mann, 2 juin 1937.
19. À Klaus Mann, 11 septembre 1937.
20. *Loin de New York, op. cit.*, p. 87.
21. *Ibid.*, p. 91-92.
22. *Ibid.*, p. 93.
23. *Ibid.*
24. *Ibid.*, p. 130.
25. Myles Horton (1905-1990). Fondée en 1932, son école s'illustra aussi dans la lutte pour la défense des droits civiques, en particulier pour mettre fin à la ségrégation raciale et à l'illettrisme des Noirs.
26. « *Das Drama im amerikanischen Plantagen-Gürtel.* »
27. À Ferdinand Lion, 25 août 1938.
28. « *Das Drama der amerikanischen Südstaaten.* »
29. Mot à mot : *Mesure et valeur*. Cette revue littéraire – « bimensuel pour la culture allemande libre » –, fondée par Thomas Mann et éditée par Emil Oprecht, prône un « humanisme militant ». Elle paraîtra entre 1937 et 1940. Y collaboreront entre autres R. Musil, H. Broch, H. Hesse, A. Kolb et G. Kaiser.
30. Ce livre ne sera publié en Allemagne qu'en 1986 sous le titre *Zehn Millionen Kinder* (traduction française : *Dix Millions d'enfants nazis*, Tallandier, 1988).
31. Ce sera *The 400 Millions* (1939), un film dans lequel Ivens défend la cause de la Chine contre le Japon.
32. *Loin de New York, op. cit.*, p. 36.
33. *Ibid.*

XI. Les champs de pavots (1938)

1. Journal, 22 mars 1938.
2. « L'Autriche attend un nouveau libérateur », signé « Annemarie Clark », article en français, inédit.
3. « *Massenverhaftungen im österreichischen Offizierskorps : Nationalsozialismus ohne Maske ?* (Arrestations massives dans le corps des officiers autrichiens : le national-socialisme sans masque ?) », 24 avril 1938, article non publié du vivant de l'auteur, *Auf der Schattenseite, op. cit.*, p. 187-195.
4. Ami personnel de Freud, Ludwig Binswanger fut le fondateur de l'analyse « existentielle » qui, inspirée de la phénoménologie de Heidegger, se proposait d'analyser « l'être au monde ».
5. Journal, 12 avril 1938.
6. À Klaus Mann, 18 mars 1938.
7. Lettre du 14 mai 1938.
8. *Ibid.*
9. À Klaus Mann, 22 mai 1938.
10. En 1927, le docteur Manfred Joshua Sakel (1900-1957) découvre les vertus du coma hypoglycémique provoqué par l'administration de fortes doses d'insuline. Ayant obtenu par cette méthode de bons résultats avec les morphinomanes, il l'utilise ensuite pour soigner les schizophrènes. Du fait de la souffrance qu'elle provoque au niveau des cellules nerveuses, l'insulinothérapie (ou « cure de Sakel ») sera abandonnée. Signalons que les neuroleptiques ne seront découverts que dans les années 1950.
11. Lettre du 22 mai 1938.
12. À Klaus Mann, 22 mai 1938.
13. Pendant ce séjour, Klaus et Erika Mann travaillent ensemble à *Escape to Life*, sorte de Who's Who de l'intelligentsia allemande en exil. Le 25 septembre 1938, Klaus Mann est de retour à New York. Mobilisé dans l'armée américaine en 1942, il quittera les États-Unis un an plus tard pour participer à la campagne d'Italie.
14. À Klaus Mann, 30 juillet 1938.
15. Journal, 22 juillet 1938.
16. « *Unfreiwilliger Streik der Prager Korrespondenten* (Les correspondants à Prague en grève malgré eux) », 27 septembre 1938, article non publié du vivant de l'auteur, *Auf der Schattenseite, op. cit.*, p. 200-204.
17. *Ibid.*
18. Lettre du 21 novembre 1938.
19. *Ibid.*
20. À Ella Maillart, 11 décembre 1938. (Sauf mention contraire, les citations des lettres d'Annemarie Schwarzenbach à Ella Maillart sont en français dans le texte.)
21. *Ibid.*
22. *Ibid.*
23. À Claude Bourdet, 21 novembre 1938.
24. À Klaus Mann, fin janvier 1939.
25. Ce sera probablement la raison de sa démission. Quelque temps plus tard, Gustava Favez retrouvera un poste chez le docteur Forel à la clinique de Prangins, où Annemarie sera hospitalisée en septembre 1942.
26. À Charly Clerc, 7 avril 1940.
27. *Ibid.*

28. À Alfred Wolkenberg, 4 janvier 1939.
29. À Ella Maillart, 7 janvier 1939.

XII. *En Afghanistan avec Ella Maillart (1939-1940)*

1. *La Voie cruelle*, op. cit., p. 126.
2. Avant d'entreprendre les voyages qui devaient la rendre célèbre, Ella Maillart a été championne de ski. Également passionnée de navigation, elle a porté les couleurs de la Suisse à Paris aux jeux Olympiques de 1924 dans l'épreuve de régate en solitaire.
3. La traduction allemande venait de paraître aux éditions Rowohlt.
4. « *Eine Schweizerin reitet durch verbotenes Land* (Une Suissesse traverse à cheval une contrée interdite) », *Annabelle*, janvier 1939.
5. À Ella Maillart, 24 novembre 1938.
6. À Alfred Wolkenberg, 4 janvier 1939.
7. *La Voie cruelle*, op. cit., p. 24-25.
8. Aujourd'hui le Nouristan.
9. À Ella Maillart, mars 1939.
10. *La Voie cruelle*, op. cit., p. 27.
11. Lettre d'Ella Maillart à Annemarie Schwarzenbach, 23 janvier 1940.
12. Joseph Hackin (1886-1941) : orientaliste et archéologue français, il fut le conservateur en chef du musée Guimet puis, de 1929 à 1941, le directeur de la Délégation archéologique française en Afghanistan (DAFA). Il participa à la fameuse Croisière jaune – traversée de l'Asie centrale – organisée par Citroën en 1931-1932. Son nom et celui de sa femme Ria, qui fut sa collaboratrice, sont surtout attachés à la découverte d'un trésor d'objets précieux sur le site de Bagram, témoignant de la prospérité de l'Afghanistan sous l'empire kouchan (IIe siècle de notre ère). Après avoir rejoint la France libre à Londres en 1940, il disparut en mer le 24 février 1941 avec son épouse et son architecte Jean Carl : le bateau qui les transportait pour une nouvelle mission en Afghanistan fut torpillé par les Allemands.
13. Ella Maillart a fait un récit détaillé de ce voyage dans son livre *La Voie cruelle*. À la demande de la famille Schwarzenbach, elle a déguisé l'identité d'Annemarie sous le pseudonyme de Christina.
14. *La Voie cruelle*, op. cit., p. 59.
15. À Erika Mann, 14 juin 1939.
16. *Ibid.*
17. *Ibid.*
18. « *Nach Westen* (Vers l'ouest) », *National-Zeitung*, 21 mai 1940.
19. *La Voie cruelle*, op. cit., p. 25.
20. *Où est la terre des promesses ? Avec Ella Maillart en Afghanistan (1939-1940)*, Payot, 2002, p. 48.
21. « *Nomaden als Achtstunden-Arbeiter* (Les nomades transformés en ouvriers) », *Zürcher Illustrierte*, 12 avril 1940.
22. Délégation archéologique française en Afghanistan.
23. *Journal de Kaboul*, 2 septembre 1939. Titre donné par Dominique Laure Miermont à un manuscrit dont l'original a disparu. On n'en a retrouvé que onze feuillets d'une version dactylographiée (très probablement par Ella Maillart) et truffée de fautes essentiellement dues à une connaissance médiocre de l'allemand. Quelques rares commentaires ont été ajoutés, et il

apparaît nettement que des passages de ce journal ont été volontairement omis. Pour ces raisons, l'authenticité de ce document ne peut être garantie de façon absolue.

24. *La Voie cruelle*, op. cit., p. 125.
25. *Journal de Kaboul*, op. cit., 25 octobre 1939.
26. *Où est la terre des promesses ?*, op. cit., p. 82.
27. *Journal de Kaboul*, op. cit., 30 octobre 1939.
28. *Ibid.*
29. *La Voie cruelle*, op. cit., p. 129.
30. *Die Menschliche Landschaft*, inédit.
31. *Journal de Kaboul*, op. cit., 20 décembre 1939.
32. *La Voie cruelle*, op. cit., p. 306.
33. À Ella Maillart, 6 janvier 1940.
34. À Klaus Mann, 18 janvier 1940.
35. «*Aus dem heutigen Afghanistan* (L'Afghanistan aujourd'hui) », *Visions d'Afghanistan*, Payot, « Petite Bibliothèque Payot/Voyageurs », 2002, édition hors commerce, p. 53 et suiv.
36. « *Der Friedensmonat* (Le mois de la paix) », *National-Zeitung*, 5 février 1940.
37. *Où est la terre des promesses ?*, op. cit., p. 97.
38. Malgré des tentatives répétées, *Les Quarante Colonnes du souvenir (Die Vierzig Säulen der Erinnerung)* ne seront pas publiées.
39. À Otto Kleiber, 20 décembre 1939.
40. *Où est la terre des promesses ?*, op. cit., p. 42.
41. *Ibid.*, p. 155.
42. *Les Quarante Colonnes du souvenir*, op. cit., p. 32.
43. *Où est la terre des promesses ?*, op. cit., p. 164.

XIII. Ange dévasté (1940-1941)

1. Lettre du 24 février 1940.
2. Petit-fils d'Adam von Opel, qui fonda la firme en 1862. Fritz von Opel se distingua notamment comme inventeur de la voiture-fusée qui battit un record mondial à Berlin le 23 mai 1928 (jour des vingt ans d'Annemarie Schwarzenbach !) en atteignant la vitesse de deux cent trente kilomètres-heure.
3. *Visions d'Afghanistan*, op. cit., p. 53 et suiv.
4. Lettre du 21 août 1940.
5. Lettre du 4 mai 1940.
6. Journal, 30 mai 1940.
7. *Ibid.*, 26 mai 1940.
8. « *Amerikanischer Stimmungsumschwung* (Revirement de l'opinion américaine) », *Luzerner Tagblatt*, 5 juin 1940.
9. À Ella Maillart, 15 juin 1940, en anglais dans le texte.
10. Lettre du 21 juin 1940.
11. À Ella Maillart, 15 juin 1940, en anglais dans le texte.
12. « *Amerikanisches Tagebuch : die Weltausstellung* (Journal américain : l'Exposition universelle) », I, juin 1940, inédit du vivant de l'auteur, *Auf der Schattenseite*, op. cit., p. 259-261.

13. « *Carson McCullers, eine junge Amerikanerin* (Carson McCullers, une jeune Américaine) », *National-Zeitung*, 7 juillet 1940.
14. Lettre du 15 juin 1940.
15. « *Die Schweiz, das Land, das nicht zum Schuss kam* », *Der Alltag*, n° 2, 1987, p. 17-21.
16. À Annigna Godly, 21 septembre 1940.
17. À Busy Bodmer, 21 mars 1941.
18. À Busy Bodmer, 19 janvier 1941.
19. *Das Buch des Monats* (Le Livre du mois), juin 1940, inédit.
20. Essai inédit, sans titre et non daté (cité par Josyane SAVIGNEAU, *Carson McCullers, un cœur de jeune fille*, Stock, 1995, p. 95-96).
21. « Carson McCullers, une jeune Américaine », art. cité.
22. Richard WRIGHT, *New Republic*, 5 août 1940.
23. À Klaus Mann, 21 juin 1940.
24. « *Carson McCullers* », juin 1940, non publié du vivant de l'auteur, *Auf der Schattenseite*, *op. cit.*, p. 265-266.
25. *Ibid.*
26. Annemarie Schwarzenbach fait allusion à la maladie qui devait emporter Carson McCullers à l'âge de cinquante ans. Il semble que l'Américaine ait souffert des séquelles d'un rhumatisme articulaire aigu non diagnostiqué pendant son adolescence.
27. Lettre du 16 septembre 1940.
28. Cité dans une lettre de Busy Bodmer à Annemarie Schwarzenbach, 21 août 1940.
29. À Klaus Mann, 28 janvier 1941.
30. En français dans le texte.
31. À Busy Bodmer, 21 mars 1941.
32. Lettre de Margot von Opel à Busy Bodmer, 19 janvier 1941.
33. À Busy Bodmer, 19 janvier 1941.
34. À Busy Bodmer, 22 mars 1941.
35. Ruth LANDSHOFF-YORCK, *op. cit.*, p. 172-173.
36. À Ella Maillart, janvier 1941, en anglais dans le texte.
37. *Ibid.*
38. *Ibid.*
39. Lettre du 28 janvier 1941.
40. Lettre du 21 mars 1941.
41. À Alfred Wolkenberg, 28/29 janvier 1941.
42. Lettre du 28 janvier 1941.

XIV. Au cœur des ténèbres (1941-1942)

1. « *Der Kampf um die amerikanische Präsidentschaft.* »
2. Publié sur quatre pages le 14 février 1941, il concerne la navigation sur les grands fleuves américains et est illustré de photographies de Paul Briol, Américain d'origine helvétique nostalgique des vieux bateaux à vapeur et à aubes reconvertis peu à peu à des fins touristiques.
3. Lettre du 28/29 janvier 1941.
4. Mariée à l'écrivain Sinclair Lewis (prix Nobel en 1930), elle avait été dans les années 1920 la correspondante d'un journal de Philadelphie à Vienne

et à Berlin. À ce titre, elle était devenue une grande spécialiste des questions européennes.

5. Lettre du 14 février 1941.
6. À Marie-Louise Bodmer-Preiswerk, Lisbonne, 8 décembre 1942.
7. « *Das Rote Kreuz in Lissabon* », *Neue Zürcher Zeitung*, 18 mars 1941.
8. En raison des problèmes de circulation liés à la guerre, le CICR a établi une représentation permanente à Lisbonne, et les agences des pays vaincus se sont également exilées dans la capitale portugaise. C'est ainsi que le courrier entre la France libre et les camps de prisonniers en zone occupée passe par Lisbonne.
9. « *Die Schweizer Flotte im Hafen von Lissabon* », *Schweizer Illustrierte*, 26 mars 1941.
10. À Alfred Wolkenberg, 1er avril 1941.
11. À Ella Maillart, 23 mars 1941, original en français entrecoupé de passages en anglais (signalés par des italiques).
12. Lettre du 21 août 1940.
13. Lettre de Martha Cadisch à Busy Bodmer, 22 février 1941.
14. « *Kommt nun die Reihe an Afghanistan ?* », *Sie und Er*, 24 octobre 1941.
15. *Die Zärtlichen Wege, unsere Einsamkeit*, printemps 1941, inédit.
16. *Das Namenlose*, mars-avril 1941, inédit.
17. C'est très probablement une première version de ce poème qu'Annemarie a fait lire à Ruth Landshoff-Yorck quand celle-ci est venue la voir chez Alfred Wolkenberg (voir p. 314).
18. « Carson McCullers, une jeune Américaine », art. cité.
19. Toutes les lettres à Carson McCullers sont en anglais.
20. « *Irgendwo in Französisch-Westafrika* (Quelque part en Afrique-Occidentale française) », 9 juin 1941, *Auf der Schattenseite, op. cit.*, p. 300-302.
21. À Busy Bodmer, 14 juin 1941.
22. *Beim Verlassen Afrikas (En quittant l'Afrique)*, 14-30 mars 1942, inédit.
23. Article paru le 9 juillet 1941.
24. *Kongo-Ufer (Rives du Congo)*, IV, 26 juin 1941, inédit.
25. « *Kleines Kongo-Tagebuch* (Petit journal du Congo) », III, *National-Zeitung*, 20 avril 1942.
26. *En quittant l'Afrique, op. cit.*, p. 22.
27. À Carson McCullers, 29 juillet 1941.
28. À Ella Maillart, 2 août 1941.
29. *Ibid.*
30. *Der Krater der Tiere*, 31 juillet-1er août 1941, inédit.
31. *En quittant l'Afrique, op. cit.*, p. 22-23.
32. À Ella Maillart, 21 novembre 1941.
33. *Das Wunder des Baums (Le Miracle de l'arbre)*, 22 octobre 1941-20 février 1942, inédit.
34. À Carson McCullers, 3 octobre 1941.
35. À Ella Maillart, 21 novembre 1941.
36. Lettre du 7 janvier 1942.
37. « Petit journal du Congo », art. cité, IV, 4 mai 1942.
38. « *Die Savane* », art. inédit.
39. « *Berge im innersten Afrika* », art. inédit.
40. « *Die sieben Wunder des Kongo* », art. inédit.

41. Comme il s'agit de six envois différents, il est également possible que certains articles, expédiés non pas à Busy Bodmer mais directement aux rédactions, n'aient pas trouvé preneur.
42. À Carson McCullers, 3 octobre 1941.
43. Ella Maillart à Annemarie Schwarzenbach, 7 janvier 1942.
44. *Le Miracle de l'arbre, op. cit.*, p. 10.
45. À Ella Maillart, 1er février 1942.
46. À Carson McCullers, 29 décembre 1941.
47. À Ella Maillart, 17 février 1942.
48. À Ella Maillart, 11 janvier 1942.
49. *En quittant l'Afrique, op. cit.*, p. 54.
50. À Ella Maillart, 17 février 1942.
51. *Le Miracle de l'arbre, op. cit.*, p. 375.
52. À Carson McCullers, 20 mars 1942.
53. Lettre du 18 mars 1942, en anglais dans le texte.
54. *En quittant l'Afrique, op. cit.*, p. 79.
55. *Ibid.*, p. 44-45.
56. *Ibid.*, p. 38.
57. *Ibid.*, p. 36-37.
58. À Ella Maillart, 18 mars 1942, en anglais dans le texte.
59. À Ella Maillart, 17 février 1942.
60. Ces sources d'information strictement gouvernementales expliquent sans doute qu'elle ait suivi le discours officiel et fait l'éloge du régime fasciste de Salazar.
61. « *Erinnerungen an Annemarie Schwarzenbach* (Souvenirs d'Annemarie Schwarzenbach) », *Schweizer Frauenblatt*, juillet/août 1988.
62. Claude Clarac à Ella Maillart, 18 février 1944.
63. *Aus Tetouan*, juin 1942, inédit.
64. Lettre du 20 mars 1942.
65. Ce poème est la première version de *Stone Is Not Stone* (*La pierre n'est pas la pierre*).
66. À Carson McCullers, 22 mai 1942.
67. Lettre du 2 juillet 1942.
68. Renée Schwarzenbach à Ella Maillart, 21 août 1943, en français dans le texte.
69. Au docteur Weibel, 18 août 1942.
70. C'est ainsi que Mabel Zuppinger désigne Annemarie dans une lettre à Busy Bodmer.
71. Extraits d'une lettre de Charly Clerc à Annemarie Schwarzenbach, recopiés par la destinataire.
72. À Klaus Mann, 2 septembre 1942.
73. Isabelle Trümpy (1903-1951) : fille d'un notable de Mitlödi (canton de Glarus), elle pratiqua la course automobile et se fit une réputation dans l'aviation en se rendant seule avec son appareil dans le Hoggar. Rilke lui dédia un poème dans un exemplaire de *Vergers*.
74. À Ella Maillart (?), 18 décembre 1943.
75. À Klaus Mann, 2 septembre 1942, en anglais dans le texte.
76. *Marc*, été 1942, tapuscrit, p. 1.
77. *Ibid.*, p. 52.
78. *Ibid.*, p. 47.
79. *Ibid.*, p. 15.

80. *Ibid.*, p. 37.
81. *Ibid.*, p. 49-50.

XV. La chute (1942)

1. Gustava Favez à Busy Bodmer, 1er octobre 1942.
2. À Ella Maillart, 18 février 1944.
3. *Ibid.*
4. Anita Forrer à Ella Maillart, 7 août 1944.
5. Renée Schwarzenbach à Ella Maillart, 21 août 1943.
6. *Rives du Congo, op. cit.*, IV.
7. *Marc, op. cit.*, p. 13.

Épilogue

1. À Ella Maillart, 18 février 1944.
2. Lettre du 15 novembre 1942.
3. *Toutes les âmes reposent en paix.* Il s'agit de la *Litanie pour la fête de la Toussaint*, D. 343.
4. À Ella Maillart, 1er décembre 1944.
5. À Busy Bodmer, 4 décembre 1942.
6. *Le Tournant, op. cit.*, p. 656.
7. *Annemarie Schwarzenbach, op. cit.*
8. Lettre du 1er décembre 1942.
9. « *Zwischen Afrika und Europa.* »
10. Anita Forrer à Ella Maillart, 3 novembre 1943.
11. Rappelons que Mabel Zuppinger signait ses articles sous le pseudonyme de « Claudine ».
12. À Dagmar Maillart, 28 août 1943.

Annexes

CHRONOLOGIE

1908   Naissance le 23 mai à Zurich d'Annemarie Minna Renée Schwarzenbach. Elle est le troisième enfant de l'industriel de la soie Alfred Schwarzenbach et de Renée Schwarzenbach-Wille, fille du général Ulrich Wille et de Clara von Bismarck.

1912   Sa famille s'installe dans la propriété de Bocken, au-dessus du village de Horgen.

1916   Enseignement à domicile jusqu'en 1923. Piano et équitation.

1923   Fréquente pendant deux ans une école privée de Zurich.

1924   Adhère au Wandervogel. Écrit pour la revue de ce mouvement de jeunesse.

1925   Confirmation avec le pasteur Ernst Merz.
Fréquente pendant deux ans l'Institut haut-alpin pour jeunes filles de Fetan.

1927   Obtient la *Matura*. Entame des études d'histoire à l'université de Zurich.

1928   Octobre : part étudier pendant deux semestres à la Sorbonne.

1929   13 octobre : publication de la nouvelle *Erik* dans le quotidien zurichois *Neue Zürcher Zeitung* (*NZZ*).

1930   24 avril : parution dans la *NZZ* d'un essai sur la jeunesse. Fait en juin la connaissance de Claude Bourdet et en septembre celle d'Erika Mann. Écrit la nouvelle *Ruth*, qui sera publiée deux ans plus tard.
Décembre : organise une lecture-conférence pour Klaus et Erika Mann à Zurich.

1931   25 avril : termine son doctorat sur l'histoire de la haute Engadine.
Juin : parution de son premier roman, *Les Amis de Bernhard*.
Août : travaille à un deuxième roman, *Départ en automne*, aujourd'hui disparu.
Début septembre : écrit des articles pour le premier volume du guide sur la Suisse des éditions Piper.
Fin septembre : s'installe à Berlin. Écrit *Nouvelle lyrique*. Débuts dans le journalisme (rubrique cinéma pour la *NZZ*).

1932   Mai : à Venise avec Klaus et Erika Mann. Écrit *Cromwell* (drame).
Été : à Stockholm puis en Finlande.
Septembre : écrit des articles pour le deuxième volume du guide Piper.
Octobre : première prise de morphine.

1933   Écrit *Le Refuge des cimes*. Parution de *Nouvelle lyrique*.
Mai : projet de revue antifasciste avec Klaus Mann et Claude Bourdet. Reportage dans les Pyrénées espagnoles avec la photographe Marianne Breslauer.
Juin : rencontre Catherine Pozzi et Jean Paulhan à Paris.
Mi-octobre : départ pour un voyage de six mois au Proche-Orient avec un groupe d'archéologues (Turquie, Syrie, Liban, Palestine, Irak, Perse).

1934   Écrit et publie son journal de voyage, *Hiver au Proche-Orient*.
Commence un cycle de nouvelles inspirées par son séjour en Orient *(La Cage aux faucons)*.
Août : à Moscou avec Klaus Mann pour le congrès des écrivains soviétiques.
De septembre à décembre : à Téhéran, où elle travaille comme archéologue (sur le site de Rhagès). Se fiance avec Claude Clarac, deuxième secrétaire à la légation de France en Perse.
27 décembre : prend publiquement la défense du cabaret antifasciste d'Erika Mann, victime d'une cabale des frontistes suisses.

1935   Janvier : cure de désintoxication dans une clinique de

Samedan. Tentative de suicide. Loue à l'année la Jägerhaus, à Sils-Baselgia.

Mars : va seule à Nantes se présenter à ses futurs beaux-parents.

21 mai : épouse Claude Clarac à Téhéran. Commence *La Mort en Perse*. Liaison avec Barbara Wright.

Octobre : retour en Suisse. Cure de désintoxication à Prangins.

1936 Été avec Klaus et Erika Mann (Majorque, Côte d'Azur, Sils).

Klaus Mann et son père interviennent vainement pour favoriser la publication du cycle de nouvelles orientales.

Fin août : embarque pour les États-Unis et réalise avec Barbara Wright une série de reportages dans le Maine.

1937 Reportages dans la région industrielle de Pittsburgh.

Mi-février : retour en Suisse.

Mai : voyage à travers les pays baltes jusqu'à Moscou, où elle récupère les papiers de l'alpiniste Lorenz Saladin dans le but d'écrire une biographie. Retour par la Suède.

Été à Sils, où se succèdent Klaus et Erika Mann, Therese Giehse, Barbara Wright, Michael Logan et Claude Clarac.

5 octobre : arrivée à New York avec Barbara Wright. Reportages dans les États du Sud.

1938 Février : retour en Europe. Cures de désintoxication à Samedan, Kreuzlingen, Yverdon.

Mars : à Vienne, juste après l'Anschluss, pour établir le contact entre émigrants allemands et résistants autrichiens.

Septembre : reportage à Prague juste avant la paix de Munich. Fait la connaissance d'Ella Maillart.

Octobre : parution de *Lorenz Saladin, une vie pour la montagne*. Commence, à la clinique d'Yverdon, *La Vallée heureuse*.

11 décembre : rédige son testament.

1939 Février : projet de voyage jusqu'en Afghanistan avec Ella Maillart.

6 juin : départ de Genève. Arrivée à Kaboul fin août. Toxicomanie.

Fin octobre : se sépare d'Ella Maillart et rejoint l'équipe d'archéologues de Joseph Hackin au Turkestan afghan. Commence le cycle *Les Quarante Colonnes du souvenir.*
Fin décembre : quitte l'Afghanistan et retrouve Ella Maillart en Inde.

1940 Début janvier : retour en Europe.
Mai : départ pour les États-Unis avec Margot von Opel. Marie-Louise Bodmer devient son agent en Suisse.
Juin : rencontre Carson McCullers à New York. Toxicomanie.
Octobre : crise psychotique.
Novembre : mort de son père. Tentative de suicide. Hospitalisations. S'évade de la clinique de Greenwich.

1941 Tentative de suicide, internements. N'est autorisée à sortir qu'à la condition de quitter les États-Unis. Embarque le 1er février et rentre en Suisse via Lisbonne, où elle passe trois semaines et reprend son activité de journaliste.
14 février : parution du roman de Carson McCullers *Reflets dans un œil d'or,* qui lui est dédié.
Avril : doit quitter la Suisse sur ordre de sa mère. Se rend au Congo belge, via Lisbonne, avec l'intention de rejoindre les Forces françaises libres.
Juillet : remonte le Congo jusqu'à Lisala, écrit le cycle de complaintes *Rives du Congo,* puis voyage au cœur de l'Afrique.
Fin octobre : de retour à Léopoldville, commence *Le Miracle de l'arbre.*

1942 Fin février : termine son roman à Thysville puis embarque pour Lisbonne. Écrit pendant la traversée *En quittant l'Afrique.*
Fin mai : retrouve son mari, consul de France, à Tétouan. Écrit le cycle de poèmes *Tétouan.*
Fin juin : retour à Sils. Transforme *Le Miracle de l'arbre* en un poème en prose intitulé *Marc.*
6 septembre : fait une chute de vélo.
15 novembre : décède à Sils.

LETTRE À KLAUS MANN

Berlin, 8 avril 1933.

Mon cher Klaus,

Il s'est passé si longtemps depuis notre dernier échange que la première lettre, dans les circonstances actuelles, est difficile à écrire. Je suis ici depuis huit jours seulement, ce qui suffit pour d'innombrables observations, discussions et réflexions. Évidemment, la situation est à tous égards terrifiante, les manifestations du Troisième Reich absolument répugnantes, indignes de l'humanité du point de vue d'une sensibilité humaniste qui va de soi pour chacun de nous, et en profonde opposition avec toute notion de culture. Évidemment, la « discipline » est à tout le moins pure invention, car malgré les appels et les exhortations d'Hitler, il se produit chaque jour des actions isolées de la pire espèce. Évidemment, l'exclusion des Juifs a des conséquences catastrophiques, non seulement pour eux mais aussi pour tous les établissements et commerces concernés, et sans doute pour toute l'économie allemande. Évidemment, l'Allemagne est à nouveau en train de s'isoler, de se rendre odieuse et d'alimenter chez elle la haine pour des générations entières. Inutile de nous étendre sur le sujet : tu en entends certainement parler plus que nécessaire. Les discussions à ce propos me semblent d'ailleurs complètement stériles, car tout individu axé un tant soit peu sur les choses de l'esprit, et européen de surcroît, ne peut que faire partie de l'opposition. Je me demande seulement – et la question devient chaque jour plus pressante – si les gens saisissent vraiment la signification des événements, à savoir que non seulement une tendance odieuse prend provisoirement le dessus, mais qu'un peuple tout entier – un peuple malgré tout extrêmement talentueux, et que l'on ne peut pas rayer de l'histoire de la culture européenne – s'engage sur cette voie pour des années par le biais d'une révolution considérable. Le théoricien peut se permettre d'ignorer de tels processus, mais quand on essaie de penser en termes historiques et plus encore quand on est impliqué, on doit essayer de les comprendre, de les maîtriser. Impliqués, nous le sommes tous. Se détourner équivaut en fait à une forme d'abnégation et de suicide. Il nous faut bien vivre, et nous appartenons à la sphère culturelle allemande. Si l'on se range dans l'opposition – et que pouvons-nous faire d'autre ? –, il faut le faire en étant pleinement conscient qu'il est impossible d'échapper à ces processus parce qu'ils visent le cœur même de notre existence. L'opposition a elle aussi une mission à remplir. Je veux dire par là qu'il n'est pas possible de se détourner de l'Allemagne, ce serait surestimer la liberté de l'individu. S'opposer ne signifierait donc pas fuir, se désintéresser ou se retrancher dans un mépris pharisien, ce serait au contraire cultiver les valeurs spirituelles auxquelles on croit, dans l'attente de temps meilleurs.

Voilà pour l'opposition. Mais allons plus loin : ceux qui aujourd'hui appartiennent à cette opposition – donc, pour le moment, ce qu'il reste des « poètes et penseurs » – étaient jusqu'ici d'accord sur les mêmes choses, c'est-à-dire, d'une façon générale, sur ce qui est de l'ordre du bien et du raisonnable, sur l'entente internationale et la tolérance, bref, sur le progrès de l'humanité et de la culture. Le programme de la social-démocratie ne visait pas autre chose. C'était ce que pensaient bien des Allemands. Beaucoup d'entre eux avaient les meilleures intentions du monde, beaucoup ont essayé d'agir dans cet esprit. Ce fut un échec pendant quatorze ans, et l'État a fini par s'effondrer comme un château de cartes. Comment est-ce possible ? Seuls ceux qui ignorent tout des lois de l'histoire, en particulier des causes et des effets, peuvent décréter : les méchants nazis sont arrivés et ont saboté les projets des gentils sociaux-démocrates. D'après Marx, le prolétariat aurait dû étrangler le capitalisme dans la lutte des classes, ce qui ne s'est pas produit. Pourquoi ? La situation du prolétariat n'était-elle pas suffisamment catastrophique ? Pourquoi les nazis ont-ils pu arriver au pouvoir ? « Le mouvement nationaliste est irrésistible » : comment peut-il l'être si la social-démocratie offre aux gens un modèle étatique tellement plus humain et évident ?

Certaines raisons tombent sous le sens : le poids des conditions de paix, la politique française, le réarmement effréné de toute l'Europe – la Pologne y consacre la moitié de son budget, l'Angleterre a depuis la guerre une armée permanente, la France, la Russie, l'Italie fasciste réarment sans relâche –, la montée du chômage et la démoralisation des masses. Bref, le contrecoup devait se produire. Encore une fois : pour le théoricien – disons, entre autres, pour l'homme de lettres –, ce contrecoup reste tout aussi haïssable, même s'il était inévitable, mais ceux qui le vivent doivent reconnaître son caractère inéluctable et comprendre le mouvement qui en est issu, même s'il leur déplaît profondément. Finalement, ces brigands et ces lansquenets en uniforme devenus de véritables brutes sont ceux-là mêmes qui, il y a quelques années, s'en allaient passer le week-end au grand air avec leur petite amie, leur ballon et leur canot pneumatique, et ce n'est pas sans raisons qu'ils se sont laissé séduire par des tribuns.

Bref – c'est la vieille tragédie du conflit entre la pensée et l'action –, à quoi sert-il que trente, cent, cinq cents esprits cultivés puissent tomber d'accord sur ce qui est progressiste, humain et souhaitable, si les millions de gens qui constituent le « peuple » parlent un autre langage, obéissent à la nécessité, désespèrent ?

Je commence à penser qu'en fait Platon n'était pas un homme d'État et que les grands mouvements qui font l'histoire dépassent complètement les connaissances acquises par la réflexion, les réfutent, et nous nous retrouvons tout d'un coup entraînés dans le courant, que ce soit à notre corps défendant ou de notre plein gré. Je ne sais pas si c'est là le début du fatalisme.

En attendant, beaucoup de gens avisés se rendent compte que ce mouvement « national », qui prêche si fort l'ordre et la discipline, montre déjà les sinistres symptômes de dégénérescence qui conduisent au bolchevisme. Peut-être les bourgeois vont-ils comprendre que la terreur de classe venant de la droite ne leur réussit pas mieux que celle de gauche, malgré les petits drapeaux militaires. Les entreprises capitalistes, surveillées par des commissaires, commencent à en avoir quelque idée.

Klaus – il est *très* tard –, j'arrête là, et je pense qu'en me lisant tu devineras tout de suite pourquoi je te raconte toutes ces choses – auxquelles tu as déjà réfléchi toi-même – de façon si naïvement schématique. En tout cas, nous ne pourrons pas cultiver de sentiment de vengeance face à la tragédie que représentent de tels événements sans issue, et presque sans « culpabilité », car ce que l'on veut et que l'on devrait reprocher aux nouveaux dirigeants n'est pas grand-chose comparé au déferlement de malheurs dans lequel nous sommes entraînés. Écris-moi bientôt, cher Klaus, pour me dire comment tu vas. Prends garde au suppôt du diable que je n'aime pas du tout. Toi, en revanche, je t'aime beaucoup.

Ta Miro.

LETTRE À CLAUDE BOURDET[1]

Moscou, hôtel Métropole, chambre 582,
le 19 août [1934].

Mon cher Claude,
Je me trouve donc à Moscou, cette ville miraculeuse qui a toujours été un objet de ma plus profonde curiosité. Je suis arrivée avec Klaus pour un congrès d'écrivains qui, en effet, n'est pas la partie la plus intéressante de notre séjour, comme nous ne comprenons pas le russe. Mais voilà le premier fait émouvant : l'intérêt fervent de toute la population envers les questions littéraires. C'est quelque chose qui concerne et qui intéresse tout le monde. Alors qu'en Europe il n'y a quasiment plus de gens qui lisent, que l'écrivain ne jouit d'aucune considération et doit s'estimer heureux quand il trouve un éditeur qui le paie mal, ici, un homme comme Gorki est, avec Staline, au centre de l'intérêt du plus grand nombre, c'est un véritable héros national – et ici tout le monde s'occupe de littérature.

Je suis au lit avec un peu de fièvre, je n'ai pas de thermomètre, mais je pense que je serai remise en très peu de temps. C'est mon collègue très admiré Gustav Regler qui me soigne un peu. Je ne sais pas si tu connais son roman, Der verlorene Sohn[2]. *C'est un peu le mérite de Klaus de l'avoir découvert ; il était élève jésuite – un catholique fervent – et il s'est transformé en un ennemi aussi fervent de l'Église. Il est le meilleur et le plus intéressant des jeunes communistes qui sont réunis à Moscou en ce moment.*

---

1. Les passages en italique sont en français dans le texte.
2. *Le Fils prodigue.*

Mon ami, je regrette tellement d'entreprendre tout cela sans toi. Je voulais que tu connaisses Klaus, je voulais surtout te revoir. Me voilà de nouveau très loin de toi.

De tes compatriotes il y a Malraux – très nerveux d'ailleurs, très épris de l'URSS – et Jean-Richard Bloch, qui me semble très sympathique. Il m'est impossible de te raconter tout ce dont nous nous occupons ici, mais je vais tenir un bon journal qui nous servira de base de discussion quand nous nous reverrons. En tout cas, aujourd'hui, face au Désastre européen, personne ne peut avoir la présomption d'ignorer la République soviétique. Ce qui se passe ici est plein d'avenir.

Au revoir, mon chéri. Écris-moi ici. Klaus va quitter Moscou en peu de jours, moi je compte rester encore deux semaines : tu sais que je suis toujours trop curieuse pour être satisfaite par une simple visite. Je pense continuer alors vers Bakou et la mer Caspienne, où je rencontre (je l'espère) un jeune architecte, Krefter, de Persépolis.

Écris-moi ce que tu fais. Il y a tant de choses que je voudrais te demander.

Tendrement à toi, mon vieux.

Annemarie.

LETTRE À ELLA MAILLART[1]

Kaboul, légation de France,
3 décembre 1939.

Ma très chère Ella,

Je vous écris après avoir bien réfléchi et pris mes décisions, qui ne correspondent pas tout à fait à ce que vous attendiez. Je veux rentrer en Europe, et cela assez immédiatement, après avoir fini ici les articles que je suis strictement obligée de faire, et après que M. Hackin [aura] fini le partage des objets au musée – ce qui sera [fait], du reste, en quelques jours.

Je pense donc quitter Kaboul avec Meunié qui rentre lui aussi, vers le 20 décembre au plus tard, et prendre un bateau italien (le *Biancamano*) à Bombay le 6 janvier. Nous passerons par Peshawar, Lahore, Delhi, Agra, Benarès (?), Indore, et j'ai l'espoir de vous trouver encore à Delhi. Écrivez-moi, je vous en prie, tout de suite à Peshawar, c/o M. K.E.Gai. Je ne vois pas l'intérêt de rester longtemps aux Indes, sinon pour attendre le printemps et préparer une nouvelle entreprise, comme vous le faites.

Je déteste *sightseeing as a tourist*, et en plus, les Indes étant très chères, tandis qu'ici je suis bien installée et que j'ai du travail, même beaucoup de travail, je crois préférable de limiter le séjour et voyage à travers les Indes à un minimum.

Mais parlons de mes raisons de rentrer : Kini, vous vouliez que je reste « loin » aussi longtemps que possible. Je l'avais compris. Et après la maladie et la rechute grave de Kaboul, je

---

1. Rédigée en français.

croyais, moi aussi, qu'il me faudrait longtemps pour me retrouver, me libérer, et me rassurer.

Mais il y a trois raisons contre :

1. Rester, pour entreprendre quelque chose au printemps, ce serait compter vous rejoindre. Et je crois que je suis plus loyale et une meilleure amie si je vous laisse, pendant quelque temps, tout à fait libre, en vous débarrassant de toute responsabilité envers ma personne. Vous avez devant vous une tâche et un avenir difficiles – j'ai prouvé que je ne sais pas toujours tenir. Alors. Je te retrouverai, à une autre occasion, et sûre de ma contribution loyale.

2. Je me suis remise plus vite que [je n']osais l'espérer. J'ai fait un très grand effort. Kini, croyez-moi, j'ai atrocement souffert. Mais je suis très nerveuse. Et je sais que la DAFA va se décomposer, M. Hackin ayant fait sa demande pour rentrer. Je ne veux pas rester inoccupée à Kaboul. Je me sens assez sûre pour commencer une autre vie.

3. Il y a la guerre. J'espère trouver, en Suisse ou en France, de quoi m'occuper. Peut-être pourrai-je repartir pour un journal, en Scandinavie peut-être. Tout me semble valoir mieux, en ce moment, que d'inventer, ici, loin, des occupations artificielles, des intérêts qui ne m'intéressent pas vraiment. Je sais que vous pensez autrement. Moi, je ne tiens plus ici. Je veux, au moins, essayer de rentrer.

Vous ne savez pas encore que ma situation financière a, d'après une lettre de mon frère Hans, sensiblement changé. Je [ne] toucherai un peu d'argent qu'en janvier. Rentrée, je ne pense pas pouvoir conserver Sils. Cela me rend très triste. Mais peut-être est-ce bien ainsi. Je resterai à Bâle ou Zurich ou bien là où la *Zürcher Illustrierte* ou la *Weltwoche* ou la *National-Zeitung* voudront m'envoyer.

Écrivez-moi tout ce que je peux faire pour vous en Suisse, si je ne vous trouve plus à Delhi.

Comment vais-je faire avec Wehrli ? Comme il nous a payé une avance, il sera impatient de publier assez pour être couvert. Donc, si moi j'arrive en Suisse fin janvier, avec mes photos, et disponible, Wehrli commencera sans doute à vendre de mes photos. Alors comment éviter que votre matériel à vous perde les occasions d'être publié par Wehrli ?

Je propose que vous m'envoyiez à Bombay, c/o Volkart Brothers, Volkart Building, des films ou copies, ceux que vous pouvez me confier, pour que moi je les montre à Wehrli avec les miennes.

Si vous préférez garder tout votre matériel, je propose que nos comptes se fassent de la manière suivante : tout ce qui passe par Wehrli, donc entrant dans notre contrat commun, nous partageons les honoraires. Parce que je crains qu'autrement, moi, en publiant dès mon retour, je vous gâcherai le marché.

Je suis très fatiguée, presque épuisée – cela tient au travail, très concentré, de mes articles. Et aussi aux événements en Europe... L'avenir est comme un ciel lourd. Je réagis de toute mon énergie, mais vous savez que cela aussi c'est dangereux.

Je vois la DAFA, les Bonneau, les Frazer-Tytlar (grand amour pour lui surtout !), les Quaroni, Anselotti, Keel et les autres Suisses, Schapiro.

Et je dois terminer la lettre. Dites-moi ce que vous devenez. Pensant à vous, je [ne] sens que de la tendresse, et du regret – il faut, Kini, que vous me pardonniez.

Votre Annemarie.

LES BLANCHES PLAINES[1]

Il était environ huit heures du soir lorsque je remarquai que le niveau d'essence de ma Ford était à zéro – mais on avait l'impression d'être en pleine nuit. À cette époque de l'année, le crépuscule tombe en effet très tôt dans les États de la Nouvelle-Angleterre, et l'hiver est long et rude, même si les chutes de neige et les vents glacés sont souvent entrecoupés de périodes d'une douceur humide qui font l'effet de manifestations printanières précoces et trompeuses. Les routes, il y a peu encore gelées et verglacées, se crevassent ; leur sombre revêtement goudronné se boursoufle comme une peau tendue au point d'éclater, car, dessous, l'argile, le gravier et la terre sont gonflés d'exhalaisons humides, et partout à la ronde s'élève des prairies enneigées ou simplement jaunies une foule de frêles colonnes de fumée. Fatigué par cette atmosphère doucement ondoyante et trop molle, on essaye en vain de se reposer les yeux sur le bleu du ciel qui, sous des voiles invisibles, atténuant cependant la clarté de la lumière, dissimule de dangereux mystères. Pendant de telles journées d'hiver, on ressent, en pleine Amérique du Nord, la lassitude qu'engendre un climat tropical, mais, pareille à un cauchemar, elle s'évanouit du jour au lendemain, voire en l'espace d'une heure, et un vent qui se précipite brutalement des montagnes Rocheuses sur les plaines du Middle West, fonçant vers l'est telle une cohorte de cavaliers, fait geler à pierre fendre tout le pays ; ou bien de lourds nuages de neige descendent des forêts canadiennes en direction du sud, franchissent les collines du Maine et du New Hampshire, atteignent

---

1. « *Die weissen Ebenen* » [janvier 1941], *National-Zeitung*, 7 avril 1941.

le Massachusetts, le Connecticut, le Vermont, et arrivent aux limites de New York. Dans la bise nocturne, la neige se transforme presque en grêle et tourbillonne en anneaux glacés au-dessus des rues jusqu'à les recouvrir d'une mince couche de glace qui crépite. Les phares des voitures glissent comme sur la surface polie d'une piste de patinage artificielle ; les rafales de neige remplacent le mouvement ondoyant des tutus.

C'est dans une tempête de neige de ce genre que je fus prise une nuit. Je n'avais aucun public. Des deux côtés de la route s'alignaient pins et sapins ; la forêt paraissait immense, et devenir plus dense à mesure qu'elle s'étendait à des profondeurs insondables dans toutes les directions. À cette heure tardive, il y avait évidemment très peu de circulation ; je guettais en vain une voiture arrivant en face ou prête à me dépasser, et qui pourrait peut-être me céder un gallon d'essence ou avertir la station-service la plus proche. Je n'avais pas la moindre idée de la distance qui m'en séparait, sinon je serais peut-être partie à pied, bien qu'une telle entreprise n'eût rien de réjouissant par un froid coupant et une tempête aussi violente. Pendant ces derniers mois, circulant dans New York et dans les environs immédiats de la ville, j'avais perdu l'habitude de surveiller ma jauge car il y avait des pompes tous les deux mètres, près de chaque parking et de chaque croisement, sauf dans le centre-ville. Mais même là, on n'était pas pris de court car le garage qui venait prendre la voiture le soir s'occupait de vérifier les niveaux d'essence, d'huile et d'eau, de contrôler les pneus, de nettoyer le pare-brise, et demandait de temps à autre si l'on était d'accord pour faire laver la voiture moyennant un dollar. J'avais laissé la ville me dépouiller de mes droits, comme un prisonnier à qui l'on prend son argent, ses vêtements, ses cigarettes et ses allumettes quand il arrive en prison, de façon à ce qu'il entame sa morne vie carcérale sans le moindre souci – et c'est ainsi que j'avais perdu toute relation véritable avec ma propre petite Ford, plus très neuve mais ayant fait ses preuves et parfaitement fiable.

Et maintenant j'étais là, devant le capot relevé, essayant une fois encore de pomper quelques gouttes d'essence dans le carburateur – en vain. Comme je refermais le capot, un renard traversa la route juste devant la voiture et s'arrêta un instant devant les phares, subjugué, fixant la lumière jaune en plissant les yeux. Des flocons de neige brillaient d'un éclat argenté dans sa fourrure soyeuse et luisante qu'il avait ébouriffée comme le plumage d'un oiseau. Puis il se ramassa sur lui-même et se glissa dans le sous-bois, avec souplesse et sans un bruit. J'étais abominablement gelée, je battais la semelle, me frottais les oreilles jusqu'à ce qu'elles fussent en feu, puis finis par me rasseoir dans la voiture. La fumée de ma cigarette créait une légère illusion de chaleur. Ce n'est pas une aventure bien terrible, me disais-je, au contraire, c'est même plutôt réjouissant, car pourquoi ai-je quitté ce monstre qu'est New York, si ce n'est pour retrouver la nature, pour redécouvrir le pays qui m'était si familier et agréable l'été dernier, mais que j'avais complètement oublié depuis, rayé de ma mémoire, dans le vacarme des rues en canyon et des énormes artères que j'avais été si longtemps contrainte d'accepter comme seul univers ! Maintenant, je peux enfin aspirer une bonne bouffée d'air, réapprendre la différence entre le jour et la nuit, ressentir la morsure du froid, et quel bonheur ce sera de goûter la chaleur du soleil matinal !

Je baissai la vitre, me penchai au-dehors et fis à nouveau le guet, mais je ne voyais que des flocons voltigeant et des arbres graves et sombres recevant patiemment sur leurs branches étendues le poids toujours croissant de la neige qui les faisait insensiblement se déployer et s'incliner. Attendant ainsi, je me mis à réfléchir, et tandis que le vent faisait claquer la capote, m'ébouriffait les cheveux et me brûlait les yeux, je me demandais si je n'aurais pas préféré être à New York, dans une pièce bien chauffée, dans un environnement préservé, au milieu de gens contents, protégés et civilisés. Ne serais-je pas prête, pour une bonne tasse de thé chaud, à renoncer à cette expédition nocturne en pleine campagne et à retourner dans ces rues longitudinales et transversales nettoyées et séchées par les soins de balayeurs payés pour cela, et qui, à la place de noms, portent de façon bien lisible de simples numéros ? N'avais-je pas envie d'échanger la liberté de cette route de campagne et sa solitude, dans laquelle j'étais perdue, contre le réseau routier planifié et réglementé par des experts et où je n'avais rien d'autre à faire que de respecter quelques consignes élémentaires : m'arrêter au feu rouge, appuyer sur l'accélérateur quand il passait au vert, et conduire le plus régulièrement possible à quarante kilomètres à l'heure, ce qui était d'ailleurs incroyablement facilité par le fait qu'on ne roule jamais seul mais toujours dans une file, souvent triple, souvent transformée en troupeau ; impossible alors de sortir du rang ou de s'arrêter brusquement, ou même de tourner, et on avait si vite fait de s'habituer à ce système de circulation de masse qu'on réagissait comme le rouage d'une machine et qu'on aurait pu conduire en dormant sans jamais griller un feu rouge. Oui, tout en enlevant avec mes mains engourdies la neige gelée collée à mon pare-brise, je repensais au cauchemar qu'est l'existence dans les grandes villes américaines, car il n'y a aucune différence entre Chicago et New York, et si peu avec Boston, Baltimore ou Buffalo. Certes, j'étais transie, et j'aurais bien aimé apercevoir une lueur ou un être humain, me retrouver près d'un feu et humer une bonne odeur de soupe fumante ; certes, je ne cessais de tendre l'oreille et essayais de percer du regard les tourbillons de neige à la recherche de la lointaine lueur d'un véhicule se rapprochant – et pourtant, lorsque je repensais aux longs mois passés dans la ville, ils me faisaient l'effet d'une longue captivité vécue dans un délire entretenu par la souffrance. Bien sûr, on pouvait tout y trouver, pour peu que l'on sache se comporter selon les règles et se plier aux normes d'une loi appliquée par un pouvoir anonyme mais puissant. La tyrannie des villes était comme la tyrannie compacte, d'autant plus cruelle et absolue, d'une civilisation qui était née et avait grandi pour le progrès et l'élévation de l'être humain ; devenue ensuite mécanique, elle abaissait et exploitait l'homme qui, à ses formules et prescriptions toutes-puissantes, ne cessait d'opposer vainement ce qu'il avait de meilleur, à savoir la discipline spontanée de sa conscience morale libre et responsable. Et au lieu de vivre ensemble de leur plein gré dans une société libre, fière, prête au dévouement, les citadins vivaient désormais en masse et en troupeau, mais chacun pour soi. Car le simple fait de manifester trop de fraternité, ou même de solidarité, ou même de pitié, se payait très cher. C'est pourquoi chacun ne s'occupait que de ses affaires, trompait les étrangers pour en tirer avantage et ne respectait plus que les règles du jeu de la vie dans une société bien organisée ; et cela d'ailleurs uniquement par habitude, pour ne pas entrer en conflit avec la loi et la police, et parce que c'était plus commode ainsi et conforme à l'usage.

Ces derniers temps, j'avais vu en Amérique beaucoup de prisons et un grand nombre d'établissements consacrés aux malades ou à la charité publique. J'avais vu se révolter des prisonniers désespérés et entendu leurs cris, bientôt étouffés en raison de leur impuissance et de leur caractère répréhensible, ce qui entraînait de nouveaux châtiments et de nouveaux tourments. Dans cet état de misère, dépouillés de toute fierté et de toute responsabilité, j'avais vu des hommes, des femmes et même des enfants perdre tout sentiment humain et tout désir d'affection ; méfiants, ils restaient tapis dans leur coin, chacun pour soi, et ils ne tardaient pas à s'endurcir, au point de ne plus prêter attention aux cris et aux larmes de leurs frères juste à côté d'eux.

Prisonnière du réseau routier de la grande ville, prise au piège de lois, d'habitudes et de conventions régissant l'existence jusque dans les actes les plus infimes, j'avais ressenti la vie comme un reflet de ces cas grossiers de captivité. Ou ceux-ci n'étaient-ils pas plutôt la caricature des formes d'existence qui me paniquaient et me paralysaient comme une chape de plomb ?

Arrivée au bout de mes réflexions, et aussi de ma provision de cigarettes, j'ouvris la portière et me mis à n'écouter que le vent, à ne regarder que les étoiles. J'imaginais que le lendemain matin j'atteindrais la lisière de cette forêt et qu'on m'offrirait un bon café bien chaud dans une ferme en bois, blanche ou rouge brique, ou dans une auberge de campagne, et que je découvrirais de blanches plaines, de vastes étendues de champs et de pâturages couverts de neige. Et je poussai un profond soupir de bonheur.

Un peu plus tard, je vis surgir des phares. C'était un gros camion de l'armée américaine dont les occupants, coiffés de casquettes de fourrure, remorquèrent ma petite Ford jusqu'au prochain poste à essence, situé huit kilomètres plus loin.

RIVES DU CONGO (IV)[1]

Enfin je l'ai retrouvé, le silence,
et c'est comme si un ange, sans mot dire,
élevait la main. Ange, à quel signe
t'ai-je autrefois reconnu ?
Ils disent que la terre étrangère est riche de leçons,
mais j'ai seulement peur, et
les yeux me brûlent ; tous mes pas
semblent se perdre, mon souffle me fait mal,
mes mains se joignent, s'écartent à nouveau
et retombent sans vie.
Je ne sais où me tourner. Ma détresse
est si grande.

Les heures s'écoulent, je voulais me plaindre car
ils m'ont ballottée en tous sens depuis tant de jours,
et je n'ai qu'une vie.
Je veux la perdre,
la consumer en l'espace
d'un battement de cœur ; mais j'ai vu
des flammes, perçu des sons
qui, telle une souffrance jaillissante,
effaçaient tous les doutes, et des souvenirs traversent
parfois comme des fleuves tout-puissants le
paysage. Cent fois ma pauvre âme
s'est éprise de la mort qui lui est refusée.
Quel feu dévorant nourrit sans cesse mon orgueil

1. *Kongo-Ufer (IV)*, Léopoldville, 26 juin 1941, *Annabelle*, janvier 1943.

après de telles défaites, quel amour
ai-je à donner à ce ciel livide,
à cette lune trop petite, et à la boule de feu
qui, au nom de l'attelage divin et de la roue éternelle,
s'élèvera lentement, demain.

Peut-être devrais-je me coucher comme les damnés
enchaînés qui attendent le chant du coq,
j'aurais dû savoir que les feux errants à l'horizon peut-être
nous épargnent, et qu'un toit sur la tête
suffit au sans-abri qui, enfant,
tenait dans ses mains la douce colombe,
jadis.
Ô tendresse !

Mais je sais que les chemins de la nuit
sont comme des ponts suspendus,
et qu'il suffit toujours d'avancer d'un pas
dans les champs de pavots. Dans mon désarroi,
je ne cesse de faire amende honorable,
tournant le dos et ouvrant grand mes yeux
brûlés de poussière.
Voici la lumière blanche et intacte.
Voici le fleuve large que rien ne peut arrêter.
Des étoiles tournoient et s'immobilisent, là-bas,
au-dessus de ma vallée où les bouquetins reposent
et où les glaciers reculent
devant les lacs endormis,
où le Fils de l'homme devrait entrer
en paix, amen.

PREMIÈRE PAGE D'UNE LETTRE À CLAUDE BOURDET
(24 SEPTEMBRE 1934)

THE JOINT EXPEDITION
TO PERSIA
ERICH F. SCHMIDT, FIELD DIRECTOR

THE MRS. WILLIAM BOYCE THOMPSON FOUNDATION   THE MUSEUM OF FINE ARTS
THE UNIVERSITY MUSEUM, PHILADELPHIA   BOSTON, MASSACHUSETTS

Adr. Joint Expedition
c/o American Consulate General — Sept. 24th
      Teheran

Mon cher Claud ! il faut bien que tu m'écrives, mon grand gosse, comme il n'y a pas d'autre moyen pour que tu ne m'oublies pas pendant que j'suis en Perse — presque familier — et toi, encore au Service. Quelle longue année ! Je l'ai commencé en Syrie, il y a Baghdad — cette grande notion de rives, de Tigris, et de chasse à cheval — il y a la Perse et la maison de Mme von Blücher — il y a le retour en Suisse, l'Autriche, ma Mère, et Erika — il y a Lugano et Gastein. Ensuite Moscou — quelques jours sur les grandes routes du Caucase — et encore la Perse.

Me voilà bien seule. Je n'habite pas chez les Blücher, comme tu sais que j'ai des difficultés avec les autorités allemandes. Je suis devenu volontaire d'une expédition archéologique, j'apprends la vie seule avec des camarades de travail, des journées qui commencent à 5h avant le lever du soleil, et qui consistent d'occupations assez fatiguantes jusqu'au tomber de la nuit. Un court repas et un nouveau jour. Voilà tout. Je trouve cela étrange, dur et consolant. C'est assez près — j'm'imagine — de la vie.

BIBLIOGRAPHIE

ŒUVRES D'ANNEMARIE SCHWARZENBACH

Publications en traduction française

La Vallée heureuse, Éditions de l'Aire/Éditions du Griot, 1991.
Nouvelle lyrique, Verdier, 1994.
Orient exils, Autrement, 1994 ; rééd. Payot, 2000, 2003.
La Mort en Perse, Payot, 1997, 1998, 2001.
Loin de New York. Reportages et photographies (1936-1938), Payot, 2000.
Où est la terre des promesses ? Avec Ella Maillart en Afghanistan (1939-1940), Payot, 2002, 2004.
Visions d'Afghanistan, Payot, 2002, hors commerce.
Le Refuge des cimes, Payot, 2004.

Publications en langue originale

Ouvrages littéraires et universitaires[1]

Erik [1928], *Neue Zürcher Zeitung*, 13 octobre 1929.
Ruth [1930], *Amalthea Almanach*, 1932.
Beiträge zur Geschichte des Oberengadins im Mittelalter und zu Beginn der Neuzeit, Diss. phil., 1931.
Freunde um Bernhard, Almathea Verlag, 1931 ; rééd. Lenos, 1993.
Lyrische Novelle [1931], Rowohlt, 1933 ; rééd. Lenos, 1988.
Das Buch von der Schweiz. Ost und Süd, Piper, 1932.

---

1. Les dates entre crochets indiquent celles de rédaction quand elles diffèrent des dates de parution.

Das Buch von der Schweiz. Nord und West, Piper, 1933.
Flucht nach oben [1933], Lenos, 1999.
Winter in Vorderasien. Tagebuch einer Reise, Rascher, 1934 ; rééd. Lenos, 2002.
Tod in Persien [1935-1936], Lenos, 1995.
Der Falkenkäfig [1935-1936], publié partiellement sous le titre : *Bei diesem Regen*, Lenos, 1989.
Lorenz Saladin. Ein Leben für die Berge, Hallwag, 1938.
Das Glückliche Tal [1938], Morgarten, 1940 ; rééd. Huber, 1987.

Articles, reportages et photographies, correspondances

Auf der Schattenseite. Reportagen und Fotografien, Lenos, 1990.
« *Wir werden es schon zuwege bringen, das Leben.* » *Annemarie Schwarzenbach an Erika und Klaus Mann. Briefe (1930-1942)*, Centaurus, 1993.
Jenseits von New York. Reportagen und Fotografien (1936-1938), Lenos, 1997.
Alle Wege sind offen. Die Reise nach Afghanistan (1939-1940), Lenos, 2000.

Entre 1930 et 1942, Annemarie Schwarzenbach a publié – principalement dans des journaux et des revues helvétiques – environ deux cent quatre-vingt-dix articles et reportages photographiques sur des sujets concernant essentiellement l'Allemagne, l'Autriche, les pays baltes, les pays scandinaves, l'Espagne, le Portugal, l'Iran, l'Afghanistan, les États-Unis, le Congo et le Maroc. Cent vingt-cinq articles environ n'ont pas été retenus par la presse. Ils se trouvent à l'état de tapuscrits aux Archives littéraires suisses (Berne).

Quant à l'œuvre photographique répertoriée aux archives de Berne, elle comprend plus de deux mille négatifs.

Principaux textes inédits, disponibles aux Archives littéraires suisses (Berne)

Gespräch, s.l., 1928.
Das Märchen von der gefangenen Prinzessin, Paris, janvier 1929.
Pariser Novelle I / Pariser Novelle II, s.l., 1929.
Paris III, s.l., 1930.
Römische Skizze, s.l., 1930.

Der Hut, s.l., 22 novembre 1930.
Yelinda, s.l., 27 décembre 1930.
Cromwell, s.l., 1932.
Der Fluss, s.l., 1933.
Die Vierzig Säulen der Erinnerung, s.l., 1939-1940.
Die Zärtlichen Wege, unsere Einsamkeit, Sils, printemps 1941.
Das Namenlose, Sils, mars-avril, 1941.
Kongo-Ufer, Léopoldville/Lisala, juin-juillet 1941.
Der Krater der Tiere, Molanda, 31 juillet-1er août 1941.
Das Wunder des Baums, Léopoldville/Thysville, 22 octobre 1941-20 février 1942.
Beim Verlassen Afrikas, Luanda/Lisbonne, 14-30 mars 1942.
Aus Tetuan, Tétouan, juin 1942.
Marc, Sils, été 1942.

Origine des principales correspondances

À Klaus et Erika Mann : Monacensia, Munich.
À Claude Bourdet : fonds privé famille Bourdet, Paris.
À Marie-Louise Bodmer : fonds privé Esther Gambaro, Schwyz, Suisse.
À Ella Maillart : Archives littéraires suisses, Berne, Suisse.
À Carson McCullers : archives Harry Ransom Humanities Research Center, Austin, Texas.
À Martha Cadisch : fonds privé Gitta Bühler-Schmidt et Annemarie Ruoss-Schmidt, Binz, Suisse.
À Albrecht Haushofer : Archives littéraires suisses, Berne, Suisse.
À Ernst Merz et à Alfred Wolkenberg : fonds privé Roger Perret, Zurich, Suisse.

Journaux et revues dans lesquels Annemarie Schwarzenbach a publié (ordre chronologique)

Wandervogel
Neue Zürcher Zeitung
Schweizer Student
Zürcher Illustrierte
Schweizer Illustrierte
Die Weltwoche

Schweizer Frauenkalender
Die Sammlung
National-Zeitung
Zürcher Post
ABC
Luzerner Tagblatt
Thurgauer Zeitung
Atlantis
Geographical Magazine
Annabelle
Mass und Wert
Sie und Er
Der Bund
Schweizer Radio-Zeitung
Auto
Die Tat
Schweizer Frauenblatt
Du
Le Courrier d'Afrique
Schweizer Illustrierte Zeitung

AUTRES OUVRAGES

La famille Mann

KEISER-HAYNE (Helga), *Erika Mann und ihr politisches Kabarett « Die Pfeffermühle » (1933-1937)*, Rowohlt, 1995.
KROLL (Fredric), *Klaus-Mann-Schriftenreihe*, 6 vol., Klaus Blahak, 1976-1996.
LÜHE (von der) (Irmela), *Erika Mann*, Campus, 1994.
MANN (Erika), *Briefe und Antworten*, DTV, 1988.
–, *Mein Vater, der Zauberer*, Rowohlt, 1996.
MANN (Golo), *Une jeunesse allemande*, Presses de la Renaissance, 1988.
MANN (Katia), *Thomas Mann*, Albin Michel, 1975.
MANN (Klaus), *Mephisto*, Denoël, 1975.
–, *Le Volcan*, Orban, 1982.
–, *Le Tournant*, Seuil, 1986.
–, *Briefe und Antworten*, Spangenberg, 1987.

–, *Treffpunkt im Unendlichen*, Rowohlt, 1987.
–, *Die Neuen Eltern (1924-1933)*, Rowohlt, 1992.
–, *Zahnärzte und Künstler (1933-1936)*, Rowohlt, 1993.
–, *Das Wunder von Madrid (1936-1938)*, Rowohlt, 1993.
–, *Zweimal Deutschland (1938-1942)*, Rowohlt, 1994.
–, *Auf verlorenem Posten (1942-1949)*, Rowohlt, 1994.
–, *Alexandre*, Solin, 1989.
–, *Fuite au Nord*, Grasset, 1998.
–, *Journaux intimes*, 2 vol., Grasset, 1998.
–, *Le Condamné à vivre*, Denoël, 1999.
–, *Speed*, Denoël, 1999.
MANN (Klaus et Erika), *Fuir pour vivre*, Autrement, 1997.
MANN (Thomas), *Lettres*, Gallimard, 1966, 1970.
–, *Journal*, Gallimard, 1985.
NAUMANN (Uwe), *Klaus Mann*, Rowohlt, 1984.
SCHAENZLER (Nicole), *Klaus Mann*, Campus, 1999.
SCHRÖTER (Klaus), *Thomas Mann*, Rowohlt, 1964

Claude Bourdet et Catherine Pozzi

BOURDET (Claude), *L'Aventure incertaine*, Stock, 1975.
–, *L'Europe truquée*, Seghers, 1977.
–, *Mes batailles*, Éditions in Fine, 1993.
LAWRENCE (Joseph), *Catherine Pozzi. Une robe couleur du temps*, La Différence, 1988.
POZZI (Catherine), *Journal (1913-1934)*, Ramsay, 1987 ; rééd. Seghers, 1990.
–, *Correspondance avec Jean Paulhan (1926-1934)*, Claire Paulhan, 2000.

L'Orient

BYRON (Robert), *La Route d'Oxiane*, Payot, 1993.
GORSHENINA (Rapin), *De Kaboul à Samarcande*, Gallimard, 2001.
MAILLART (Ella), *Croisières et caravanes*, Payot, 1993.
–, *La Voie cruelle. Deux femmes, une Ford vers l'Afghanistan*, Payot, 2001.
RAMADE (Frédéric) et BAILHACHE (Alexandre), *La Perse des écrivains voyageurs*, Chêne, 1999.

SACKVILLE-WEST (Vita), *Une Anglaise en Orient*, Anatolia/ Éditions du Rocher, 1996.

Carson McCullers

McCULLERS (Carson), *Romans et nouvelles*, Hachette, 1994.
–, *Illumination et nuits blanches*, 10/18, 2001.
SPENCER CARR (Virginia), *The Lonely Hunter*, Carrol & Graf Publishers, 1985.
SAVIGNEAU (Josyane), *Carson McCullers. Un cœur de jeune fille*, Stock, 1995.
TOURNIER (Jacques), *À la recherche de Carson McCullers. Retour à Nayack*, Calmann-Lévy, 2001.

La Suisse

GILLIARD (Charles), *Histoire de la Suisse*, PUF, 1944.
JOST (Hans-Ulrich), *Le Salaire des neutres*, Denoël, 1999.
MEIENBERG (Nicolas), *Le Délire général*, Zoé, 1988.
ZIEGLER (Jean), *La Suisse, l'or et les morts*, Seuil, 1997.

La toxicomanie

BOULGAKOV (Mikhaïl), *Morphine*, Mille et Une Nuits, 2000.
COCTEAU (Jean), *Opium*, Stock, 1983.
FARRÈRE (Claude), *Fumée d'opium*, Mille et Une Nuits, 2002.
Journal d'un morphinomane, Allia, 1997.
SALGUES (Yves), *L'Héroïne. Une vie*, Lattès, 1987.
TAILHADE (Laurent), *La Noire Idole*, Mille et Une Nuits, 2001.

Autres thèmes

ABERDAM (Daniel), *Berlin entre les deux guerres : une symbiose judéo-allemande ?*, L'Harmattan, 2000.
CONRAD (Joseph), *Jeunesse*, Gallimard, 1993.
CORNEVIN (Robert), *L'Afrique noire de 1919 à nos jours*, PUF, 1973.
DAVID (Claude), *Hitler et le nazisme*, PUF, 1972.
DROZ (Jacques), *Histoire de l'Allemagne*, PUF, 1970.
EISNER (Lotte H.), *F.W. Murnau*, Le Terrain vague, 1964.

GIEHSE (Therese), *Ich habe nichts zum Sagen. Gespräche mit Monika Sperr*, Bertelsmann, 1973.
KASPI (André), *Les Américains*, Seuil, 1986.
LANDSHOFF-YORCK (Ruth), *Klatsch, Ruhm und kleine Feuer. Biographische Impressionen*, Fischer, 1997.
MERZ (Ernst), *Tradition und Einkehr*, Castrum Peregrini Presse, 1985.
PALMIER (Jean-Michel), *Weimar en exil*, Payot, 1988.
–, *Retour à Berlin*, Payot, 1989.
RILKE (Rainer Maria) et FORRER (Anita), *Briefwechsel*, Insel, 1982.
– et POZZI (Catherine), *Correspondance (1924-1925)*, La Différence, 1990.
SAHL (Hans), *Survivre est un métier*, Austral, 1995.
TAMAGNE (Florence), *Histoire de l'homosexualité en Europe. Berlin, Londres, Paris (1919-1939)*, Seuil, 2000.

REMERCIEMENTS

Nombreux sont ceux et celles qui, à des titres extrêmement divers, m'ont apporté leur soutien au cours de ce travail. Qu'ils soient ici très chaleureusement remerciés de m'avoir fait confiance : Tina d'Agostini, Bologne ; Christian Aliverti, Zurich ; Barbara Andrunik, Cracovie ; Nasser Bakhti, Genève ; Anne et Armelle de Bascher, Barbechat ; André Bodmer, Thalwil ; Freddy Bodmer, Aarau ; Carole Bonstein, Genève ; Herbert et Maryse Bonstein, Lausanne ; Jean-Claude Bouffard, Paris ; Catherine et Nicolas Bourdet, Paris ; Gitta Bühler-Schmid et Annemarie Ruoss-Schmid, Binz ; Dominique Denvil, Paris ; Regina Dieterle, Zurich ; Dagmar Ernst, Senantes ; Gérard Favez, Saint-Sulpice ; Walter Feilchenfeldt, Zurich ; Thomas Feitknecht, Berne ; Monica Fiorini, Bologne ; Armand Forel, Nyon ; Nelly Fray, Périgueux ; Cécile Faure-Frèrebeau, Saint-Germain-en-Laye ; Esther Gambaro, Schwyz ; Huldrych Gastpar, Berne ; Areti Georgiadou, Francfort ; Christina Godly, Sils ; André von Graffenried, Varsovie ; Heinz Gruner, Horgen ; Catherine Guérin, Paris ; Michel Guinard, Berne ; Dirk Heisserer, Munich ; Anneliese Hollmann, Chambésy ; Barbara Hummel, Munich ; Marie-Claire Jur, Saint-Moritz ; Urs Kienberger, Sils-Maria ; John Kinsella, Paris ; Fredric Kroll, Fribourg-en-Brisgau ; Inès Lacroix-Pozzi, Suresnes ; Marie-Annick Lerat, Paris ; Valeska Lindtberg-Hirsch, Zurich ; Marie-Louise Lüscher, Zurich ; Jean-Pascal Mahieu, Nantes ; Frido Mann, Zurich ; Ursula de Meuron, Chézard ; Éric Müller, Genève ; Nicole Müller, Küsnacht ; Uwe Naumann, Hambourg ; Henri Pagau-Clarac, Oudon ; Igor Pahlen, Meudon ; Mario Pasa, Paris ; Roger Perret, Zurich ;

Alexandra Prusa, Zurich ; Frédéric Ramade, Paris ; Sébastien Reichmann, Paris ; Françoise Renard-Couture, Paris ; Yvette de Rougemont, Colombier ; Nathalie de Saint-Phalle, Paris/Naples ; Rainer Schachner, Paris ; Veit Schmidinger, Munich ; François Schwarzenbach, Thalwil ; Marlis Stähli, Zurich ; Rudolph Straub, Zurich/Uzès ; Dieter Strauss, Rabat ; Enrico Valsangiacomo, Marin ; Elvira Willems, Berlin ; Isabelle Wybo-Wehrli, Bruxelles.

Bien qu'ils ne soient malheureusement plus là pour la recevoir, j'exprime ma vive gratitude à Claude Clarac, Marianne Feilchenfeldt-Breslauer, Suzanne Öhman-Schwarzenbach et Gundalena von Weizsäcker-Wille. C'est avec générosité qu'ils ont ouvert pour moi les archives de leur mémoire.

Enfin, je remercie ma famille et mes amis pour la patience dont ils ont dû faire preuve tandis que j'étais absorbée par la préparation et la rédaction de cette biographie.

INDEX

Albers-Schönberg (Elisabeth, née Wille) : 48, 86.
Albert (Eugène d') : 26.
Aminoff (Hans) : 97.
Andersen (Erica) : 308, 310.
Andurain (Marga d') : 171.
Aragon (Louis) : 145.
Auden (Wystan Hugh) : 190, 306.
Auzépy (Janine) : 194.

Bach (Jean-Sébastien) : 97, 378.
Backhaus (Wilhelm) : 26.
Baedeker (Karl) : 83.
Baumann (Lotti) : 284.
Becher (Johannes Robert) : 142, 144, 222.
Beckmann (Max) : 85.
Beethoven (Ludwig von) : 29, 43, 133.
Bell (Gertrude) : 139.
Bermann (Gottfried) : 204.
Bernstein (Leonard) : 306.
Bille (Edmond) : 333.
Binswanger (Ludwig) : 240, 243, 314.
Bismarck (Otto von) : 20, 117, 239.
Bleuler (Manfred) : 373.
Bleuzet (Marcel) : 172.
Bloch (Jean-Richard) : 145.

Blücher (Wippert von) : 139.
Bodmer (Marie-Louise, dite Busy) : 11, 199-204, 213, 286, 288-290, 307, 316-318, 325-326, 328-329, 333, 342, 352, 358-359, 363, 372, 377, 381-382.
Bodmer (Robert, dit Bobby) : 199, 201.
Boréa (Vera) : 165.
Bourdet (Claude) : 11-12, 15, 28, 35, 54-57, 97, 111-112, 115, 117-119, 123, 128, 136-137, 143, 147, 152-154, 156, 161-163, 165-166, 172, 177, 183, 245, 247, 380,383.
Bourdet (Édouard) : 55.
Bouvier (Nicolas) : 14.
Bowles (Paul et Jane) : 306.
Brahms (Johannes) : 133.
Brecht (Bertolt) : 84, 118.
Breslauer (Marianne, ép. Feilchenfeldt) : 9, 12, 88, 121-122, 379.
Britten (Benjamin) : 306.
Brüning (Heinrich) : 96.
Burckhardt (Carl Jacob) : 85.
Burkholter (Mutz) : 369.

Cadisch (Martha) : 247, 290, 328.
Capa (Robert) : 324.

Capy (Marcelle) : 92.
Cartier-Bresson (Henri) : 303.
Cendrars (Blaise) : 262.
Chamberlain (Arthur Neville) : 245
Chaplin (Charlie) : 324.
Chopin (Frédéric) : 97.
Clarac (Claude Achille) : 12, 155-156, 163, 165, 167, 170-173, 175-178, 180-185, 193, 223-225, 358-359, 361-362, 371-372, 377, 379, 381-382.
Claudel (Paul) : 155.
Clerc (Charly) : 89, 252, 364, 382, 384.
Cocteau (Jean) : 7, 61-62, 71, 91, 98, 118.
Conrad (Joseph) : 283, 323, 339.
Copland (Aaron) : 306.
Cramm (Gottfried et Lisa von) : 88, 162.
Crevel (René) : 98, 190.
Cuénod (Madeleine) : 327, 329.
Curtiss (Thomas Quinn) : 223-225.

Dahl-Wolf (Louise) : 303.
Daladier (Édouard) : 245.
Dalí (Salvador) : 306.
Dante (Durante Alighieri, dit) : 143.
Davis (George) : 306.
Dietrich (Marlene) : 84, 91, 205.
Daelen (Maria) : 86, 88, 105-106, 11, 128.
Döblin (Alfred) : 118.
Dollfuss (Engelbert) :123, 156, 237-239.

Ehrenbourg (Ilya) : 145.
Ehrenstein (Albert) : 142.
Einstein (Albert) : 118, 292.
Eisenstein (Serge) : 91.
Evans (Walker) : 210.

Favez (Gustava) : 249, 260-261, 333, 371-372.
Fellerer (Margareta) : 383.
Ferro (Antonio) : 357.
Fisher (Samuel) : 64.
Flanner (Janet) : 306.
Fleming (Peter) : 257.
Forel (Oscar Louis) : 192, 314, 371-372, 380.
Forrer (Anita, dite Nickie) : 242, 248-249, 253, 314, 342, 382-386.
Franco (Francisco) : 236.
Frank (Bruno) : 90.
Franz (Herbert, dit Babs) : 95.
Furtwängler (Wilhelm) : 26, 75, 85.

Gasser (Manuel) : 83, 380.
Gaulle (Charles de) : 307, 335.
George (Stefan) : 49, 66.
Gide (André) : 118.
Giehse (Therese) : 62, 83, 105, 142, 163, 190, 195, 201, 203-204, 213-215, 219, 243-244, 248, 329, 364.
Godly (Anna Paulina, dite Annigna) : 195, 329, 334, 342, 377.
Goebbels (Joseph) : 158, 221.
Gorki (Maxime) : 144.
Graf (Oskar Maria) : 142-143.
Gründgens (Gustaf) : 62, 198.
Gumpert (Martin) : 213, 215, 243, 308-309, 313.

Hackin (Joseph) : 261, 269.
Hackin (Ria) : 274.
Hallgarten (Richard, dit Ricki) : 63, 83, 93, 95, 110.
Hampson-Simpson (John) : 190.
Hamsun (Knut) : 89.
Hauptmann (Gerhart) : 26, 74.

Haushofer (Albrecht von) : 15, 51-52, 55.
Hemingway (Ernest) : 89, 118, 121, 140.
Henne (Rudolf) : 157, 159.
Henning (Magnus) : 105, 194, 201, 214, 237.
Herrmann (Eva) : 83.
Hess (Rudolf) : 158.
Hesse (Hermann) : 118.
Hirsch (Valeska, ép.Lindtberg) : 30.
Hitler (Adolf) : 69, 76, 88, 106-108, 123, 158, 162, 189, 201, 219, 221, 235-239, 244-245, 269, 291, 295-297, 338.
Hohenlohe (Ursula von) : 88, 92.
Honegger (Arthur) : 26.
Horch (Franz) : 295.
Horton (Myles) : 228.
Hubermann (Bronislaw) : 133.
Huxley (Aldous) : 118.

Isherwood (Christopher) : 306.
Ivens (Joris) : 146, 231.

Jannings (Emil) : 121.
Jung (Carl Gustav) : 32.

Keel (Lorenz) : 271.
Kesten (Hermann) : 198.
Kiel (Hanna) : 81-82, 85, 88, 92, 96, 140.
Kingdon (Frank) : 292.
Kleiber (Otto) : 229, 279.
Kommer (Rudolf K.) : 204.
Korrbrunner (Valérie) : 57, 82.
Korrodi (Eduard) : 15, 74, 83, 89.
Krüger (Emmy) : 25-27, 33, 74, 114.
Kübler (Arnold) : 123, 127-128, 307, 324, 327, 383.

Landshoff (Fritz) : 117, 175, 178, 198, 202-203.
Landshoff-Yorck (Ruth) : 15, 64, 87-88, 91, 98, 308, 310.
Lang (Fritz) : 84, 90-91.
Lange (Dorothea) : 210.
Latouche (John) : 352.
Lawrence (Thomas Edward, dit Laurence d'Arabie) : 139.
Lazareff (Pierre) : 324.
Lee (Gypsy Rose) : 306.
Lee (Russell) : 210.
Lewis (John L.) : 216, 218, 228, 292.
Lind (Margot) : 163, 166.
Linscott (Robert) : 305.
Logan (Michael) : 222-224, 248.
Lorre (Peter) : 84.
Lüscher (Marie-Louis, dite Bumy) : 358.

MacNeice (Louis) : 306.
Mahler-Werfel (Alma) : 308.
Maillart (Dagmar) : 285, 333.
Maillart (Ella, dite Kini) : 14-15, 32, 43, 100, 151, 166, 255-277, 284-286, 288, 295, 299, 313, 315, 327, 329, 334, 342, 344, 347, 349-352, 354, 380, 383, 385-386.
Malraux (André) : 145-146.
Mann (Erika, dite Eri) : 10, 35, 60-69, 73-77, 81-83, 85, 87, 90-99, 101, 105-107, 112-114, 117, 123, 128, 137-138, 140-141, 157-163, 165-166, 176, 178, 181, 189-195, 198, 201-202, 204-205, 211, 213-216, 219, 223, 225-226, 230-232, 237, 242-244, 248, 283, 287, 291, 293, 298, 301, 306, 309, 311-312, 314, 316, 318, 337, 383.

Mann (Golo) : 69, 203, 293, 306, 308.
Mann (Heinrich) : 76, 118, 293, 308.
Mann (Katia) : 62, 69, 203.
Mann (Klaus) : 9, 10, 15, 35, 60-77, 81-82, 84-85, 89-90, 92-93, 95-100, 106-108, 110-115, 117-119, 121, 123, 136-143, 145, 151-153, 156-157, 161-162, 165-166, 176-177, 180-181, 189-195, 197-198, 201-202, 204-205, 211, 213, 215, 218, 221, 223-226, 229, 232, 235-237, 240, 242-245, 248-249, 283-284, 287, 291-293, 295, 298-299, 301, 305-306, 308, 312, 316, 319, 365, 380, 383.
Mann (Nelly) : 293, 308.
Mann (Thomas) : 15, 61-63, 77, 95, 111, 114, 117, 119, 128, 158, 160, 161, 163, 175, 191, 203-204, 225, 229, 244, 283, 292, 312.
Martin (Henri) : 326, 355, 357-358, 363.
Martin du Gard (Roger) : 13, 35, 90, 383.
McCullers (Carson) : 15, 32, 35, 301-306, 312-313, 331, 333, 347, 352, 354, 360-361, 380, 383.
Maupassant (Guy de) : 198.
Mettler (Hugo) : 45.
Merz (Ernst) : 39-42, 48, 51, 105, 218.
Meunié (Jacques) : 271, 273-274.
Mozart (Wolfgang Amadeus) : 30.
Murnau (Friedrich Wilhelm) : 64.
Musil (Robert) : 118.
Mussolini (Benito) : 219, 264.

Nietzsche (Friedrich) : 66, 194, 378, 383.
Nikisch (Arthur) : 26, 29-30.

Öhmann (Suzanne, née Schwarzenbach) : 21, 25, 27-28, 33, 39, 97, 202, 222, 253, 373.
Olden (Balder) : 142.
Opel (Fritz von) : 287, 290-291, 293, 298, 311, 318.
Opel (Margot von) : 287, 290-291, 293-294, 297-299, 302, 305-316, 351.
Oprecht (Emil) : 110.

Papen (Franz von) :96, 106.
Pasternak (Boris) : 118.
Pasternek (Alfred) : 128.
Paulhan (Jean) : 113, 117-118.
Pears (Peter) : 306.
Pétain (Philippe) : 294.
Plivier (Theodor) : 142.
Pozzi (Catherine) : 12-13, 15, 55, 112, 115-117, 119, 153, 156.
Pozzi (Jean) : 156, 172.
Pozzi (Samuel) : 55.

Radek (Karl) : 145, 222.
Ray (Man) : 9, 88.
Rascher (Max) : 136, 140.
Reinhardt (Georg) : 113-114, 118.
Reinhardt (Max) : 61, 204.
Remarque (Erich Maria) : 35, 90, 128.
Rembrandt : 145.
Rilke (Rainer Maria) : 49, 242.
Ripper (Rudolf Carl von) : 98.
Röhm (Ernst) : 141.
Rolland (Romain) : 76.
Roosevelt (Franklin Delano) : 210-211, 217, 227, 229, 292, 323-325.

Roosevelt (Eleanor) : 292.
Rosen (Maud von) : 175.
Roth (Joseph) : 69, 118.
Rothstein (Arthur) : 210.
Rougemont (Denis de) : 306.
Ruppanner (Dr) : 162, 199, 237, 240-241.
Rutishauser (Helen) : 369.

Sagan (Leontine) : 43, 90.
Sakel (Manfred Joshua) : 309, 311, 315.
Saladin (Lorenz) : 219-220, 243.
Saussure (Hermine, dite Miette, ép.Seyrig) : 175, 257.
Schlumberger (Daniel) : 131.
Schlumberger (Dominique) : 55-56.
Schmid (Hans Rudolf) : 83.
Schmidt (Erich) : 135, 154.
Schulthess (Ernst) : 206, 329.
Schumacher (Karl von) : 128, 363.
Schumann (Robert) : 30.
Schuschnigg (Kurt) : 235-236, 239.
Schwarzenbach (Alfred) : 19, 21-28, 65, 85, 100, 114, 159, 162, 166, 202, 225, 294, 309.
Schwarzenbach (Alfred, dit Freddy) : 21-22, 199, 202, 294, 309-310, 313, 315.
Schwarzenbach (Hans, dit Hasi) : 21, 25, 34, 92, 248, 284, 310, 358, 362, 371.
Schwarzenbach (James) : 159.
Schwarzenbach (Johannes) : 19.
Schwarzenbach (Renée) : 20-29, 31-35, 39-40, 55-56, 64-65, 74, 85, 92, 100, 114, 160, 166, 218, 241-244, 260, 294, 314, 327, 362, 372, 378-379, 382, 384-386.
Schwarzenbach (Robert) : 19.

Schwarzenbach (Robert-Ulrich, dit Robuli) : 21.
Seelig (Carl) : 15, 89.
Sekula (Sonia) : 198.
Seyrig (Henri) : 131, 171, 175, 257.
Shahn (Ben) : 210.
Silone (Ignazio) : 121.
Siodmak (Robert) : 121.
Speyer (Wilhelm) : 15, 90.
Spinner (Gerhard) : 24, 378.
Staline (Joseph) : 144, 222.
Stein (Gertrud) : 71.
Sternberg (Josef von) : 91.
Sternheim (Carl) : 98.
Sternheim (Dorothea, dite Mopsa) : 98, 141, 236.
Strauss (Richard) : 26.
Streiff (Eric) : 229, 307.
Stroheim (Erich von) : 121.
Stryker (Roy) : 210-211.

Thyssen-Bornemisza (Maud von) : 140-140.
Toller (Ernst) : 142.
Thompson (Dorothy) : 324-325.
Toscanini (Arturo) : 26, 96.
Trakl (Georg) : 66.
Trümpy (Isabelle) : 364, 369.
Turin (Victor) : 96.

Valéry (Paul) : 12, 116.
Vivien : 339, 341, 344, 350.
Vollmoeller (Karl Peter) : 64.

Wagner (Richard) : 25-26, 64.
Wagner (Sigfried et Winifred) : 26.
Walser (Robert) : 15.
Walter (Bruno) : 26, 61, 75, 77.
Wasserman (Jakob) : 118.
Wedekind (Pamela) : 62.
Weill (Kurt) : 85, 306.

Weizäcker (Gundalena von, née Wille) : 23, 33-34, 48.
Werfel (Frane) : 308.
Wertheim (Maurice) : 213, 215.
Wille (François) : 20.
Wille (Inez) : 25.
Wille (Jürg) : 160.
Wille (Ulrich) : 20, 23, 25, 28.
Wille (Ulrich Georg) : 158-160.
Wille (Clara, née von Bismark) : 20, 35, 160, 384-385.
Willkie (Wendell) : 323.
Winsloe (Christa) : 90.
Wolfe (Thomas) : 121.
Wolkenberg (Alfred) : 249, 312, 316, 324, 330.
Woolley (Leonard) : 134.
Wright (Barbara) : 181, 183, 205, 210, 213, 216-217, 222, 224-226, 229, 248.
Wright (Richard) : 303.

Zuppinger (Mabel, dite Claudine) : 252, 286, 329, 364, 384.
Zweig (Stefan) : 68, 72, 118-119, 175.

TABLE DES MATIÈRES

Prologue	9
I. Bocken, une cage dorée (1908-1923)	17
II. Premiers envols (1923-1930)	37
III. Les enfants terribles (1930)	59
IV. Berlin (1931-1932)	71
V. Le nuage noir (1933)	103
VI. Un désir d'Orient (1934)	125
VII. La Perse (1934-1935)	149
VIII. La mort en Perse (1935)	169
IX. Sils-Baselgia (1935-1936)	187
X. Le Nouveau Monde (1936-1937)	207
XI. Les champs de pavots (1938)	233
XII. En Afghanistan avec Ella Maillart (1939-1940)	255
XIII. Ange dévasté (1940-1941)	281
XIV. Au cœur des ténèbres (1941-1942)	321
XV. La chute (1942)	367
Épilogue	375
Notes	387
Annexes	401
Chronologie	403
Lettre à Klaus Mann	407
Lettre à Claude Bourdet	411

Lettre à Ella Maillart 413
Les blanches plaines 417
Rives du Congo (IV) 423
Première page d'une lettre à Claude Bourdet
(24 septembre 1934) 425
Bibliographie 427
Remerciements 435
Index 437

Achevé d'imprimer
par Corlet, Imprimeur, S.A.
14110 Condé-sur-Noireau

N° d'Imprimeur : 82239
Dépôt légal : janvier 2005
Imprimé en France